회계감사이론, 제도 및 적용

■ 손성규 ■

博 英 社

머 리 말

본서는 저자가 지난 10년간 회계감사와 관련되어 수행한 연구, 용역/보고서 및 관계된 위원회 활동에서 축적한 지식을 바탕으로 저술되었다. 본 연구의 목적은 회계감사와 관련된 제도/정책 결정에 중점을 두었으며 최근의 국내외의 문헌이 또한 중점적으로 인용되었다.

본서는 연세대학교 경영대학원에서 저자가 강의하던 중급회계 및 본 대학원에서의 회계학 과목에서 강의하였던 강의 노트 및 강의 내용을 중심으로 저술되었으며 또한 저자가 지난 10년간 저술한 20여 편의 회계감사연구가 가장 큰 기초가 되었다.

본서는 학부 회계감사 과정의 교과서로 저술되지 않았으나 회계감사를 수강하는 학생들이 제도/정책적인 면과 관련되어 참고할 수 있는 보고서 및 국내외 문헌, 법령 등의 내용을 담고 있기 때문에 참고서로 사용될 수 있다. 또한 본서의 내용에는 정책적 차원에서의 의미하는 바가 많이 포함되어 있기 때문에 금융감독원, 재정경제부, 국회, 회계법인, 회계/회계감사 관련 법률전문가, 한국공인회계사회의 정책입안자들에게 도움이 되리라고 생각한다. 정책적인 면을 다루고 있으므로 시사적인 내용도 많이 포함된다.

회계 전공자뿐만 아니라 회계정보를 이용하는 이용자에게도 회계정보의 투명성과 관련되어 좋은 참고서가 되리라고 판단한다. 본서는 많은 학술적인 논문을 인용하고 참조하였지만 가능한 평이한 문장으로 기술하도록 노력하였다. 따라서 회계학에 대한 기초지식만을 갖고 있는 독자들도 큰 어려움 없이 본서를 읽고 참고할 수 있으리라 판단한다. 각 장이 주제별로 기술되었기 때문에 앞의 내용의 이해가 이후 장의 내용을 이해하는 데 필수적이지 않으며 주제별로 관련된 내용을 검토할 수 있다. 다만, 각 주제의 이전과 이후에 기술된 내용이 연관될 경우는 이러한 연결부분을 가능한 기술하였다.

본서는 일반적인 회계감사교과서에서 설명되는 감사기법 등과 관련된 내용은 기술하지 않는다. 이는 본서가 제도/정책적인 또한 학술적인 목적을 띠고 저술되었기 때문이다. 본서에서 전혀 다루지 못한 부분으로 회계감사 관련된 행동과학적인 또한 실험실에서의 검증과 관련된 연구가 있다. 이는 저자가 이와 관련된 연구에 대한 전문성이 없기 때문이다. 회계감사와 관련되어 여러 가지 통제하기 어려운 환경이 존재한다. 이러한 통제하기 어려운 환경은 실험실에서 통제할 수 있는데 이러한 연구가 아직 국내에는 본격적으로 도입되지 못하였다.

미국의 경우에도 회계감사와 관련되어서는 교과서 이외에 전문서적이 거의 없다고 해도 과언이 아니다. 아마도 본서와 유사한 경우의 서적으로는 1985년 미국회계학회의 회계감사분과에서 간행된 Research Opportunities in Auditing: The Second Decade를 들 수 있다. 그러나 이 책자도 지난 20년간 개정판을 내지 못하고 있다.

저자의 연구를, 또한 정책적 시사점이 있는 회계감사연구를 정리해 보고 싶은 뜻에서 본 연구의 저술은 시작되었다. 몇 개월의 작업을 거쳐서 완성되는 학술 논문에 비해서 본 저술은 2003년 1월 처음 시작된 이후 2년여간의 작업 끝에 미흡하지만 완성되었다. 저술활동 중에 본 연구가 시사적인 내용을 많이 담고 있기 때문에 내용이 진부화(out-dated)되기 이전에 책을 간행하여야 한다는 조바심이 항상 저자에게 많은 정신적 압박을 주었다. 회계감사는 항상 제도와 같이 연동되기 때문에 수년이 경과되면 제도와 관련된 논의는 당연히 死藏되게 된다.

본서는 회계감사와 관련된 내용을 기술하지만 회계감사만으로 내용이 국한되지는 않는다. 미국 용어로의 assurance란 보고된 정보가 사실과 원칙에 입각하여 전달된다는 것을 입증하는 것이며 이러한 역할은 외부감사인이 수행할 수도 있지만 내부에서 이러한 업무가 수행될 수도 있다. 따라서 assurance 업무일 경우 내부감사 및 외부감사와 관련된 내용을 모두 포괄한다. 또한 낮은 수준의 assurance인 검토일 경우도 본서의 내용에 포함된다. 검토는 중간재무제표와 내부통제제도에 대한 인증에 대해 수행된다.

본서의 출간은 최근의 미국과 한국에서의 분식회계의 문제와 무관하지 않다. 미국의 경우 2001년 엔론(Enron) 사태로부터 시작된 일련의 분식회계의 문제가 크게 사회적인 문제로 부각되었다. 우리나라에서도 한보, 기아, 대우, SK글로벌(네트워크)로 이어지는 재벌기업의 분식 문제가 경제 전체를 뒤흔드는 큰 사건으로 기억된다.

회계감사는 특히 제도와 연관되기 때문에 본서가 출판되는 과정에도 지속적으로 제도는 변경되었다. 따라서 본서가 독자들에 의해서 읽히는 시점에 시기적으로 증권거래법, 공인회계사법, 주식회사의 외부감사에 대한 법령(외감법), 집단소송법 등의 법령개정에 의해서 제도가 변경된 부분도 없지 않을 것이다. 그러나 본서를 저술하는 기간에 이미 개정의 방향 등에 관련된 논의는 충분히 반영되었고 개정의 방향은 적어도 본서의 내용에 기술되어 있다.

분식회계와 관련된 문제는 작게는 회계의 문제이지만 이는 경제 전체의 펀더멘털을 송두리째 흔들 수 있는 큰 문제로 부각될 수 있다. 자본주의 시장에서 정보전달의 매개체로서의 역할을 수행하는 것이 회계정보인데 이러한 회계정보가 흔들린다면 시장의 안정성은 심각하게 타격을 입게 된다. 회계정보가 정보의 매체라고 하면 회계감사는 이를 지탱해 주는 버팀목이다. 부적절한 회계정보 때문에 한국기업의 가치가 디스카운트된다는 Korea Discount는 이미 진부한 단어가 되었다.

저자는 감사와 관련된 실무를 하지 않았기 때문에 금융감독원 감리위원회에서 활동하던 2002년 3월부터 2005년 2월까지의 3년간의 간접 경험이 회계감사의 실무를 이해하는 데 큰 도움이 되었으며 이 과정에서 만났던 기업의 회계담당자, 감독기구의 실무자, 회계감사 실무자와의 접촉에서 많은 것을 배웠다.

본서의 출간에 있어서 가장 큰 도움을 준 사랑하는 아내 두연과 우리의 두 아들 승현, 승모에게 감사한다. 무엇보다 삶의 가치를 일깨워 준 이들에게 감사하며 부모님과 장인/장모님께도 감사한다. 지난 20여 년 동안 저자가 유학/교수 생활을 하면서 경제적으로 부족함이 없도록 지원해 주신 부모님께 감사드린다. 교육 이외의 남는 시간에 연구에 매진할 수 있었던 것은 이러한 경제적인 지원이 없었다면 가능하지 않았을 것이다. 유학 생활 중 어려움을 겪을 때마다 격려해 주신 장인/장모님께도 큰 힘을 얻었다.

또한 저자에게 숙명여자대학교 박종성 교수와의 만남은 저자가 이 분야에 대한 연구에 관심을 갖게 된 주요한 계기가 되었다. 회계감사와 관련된 용역/연구를 공동으로 수행한 고려대학교 권수영 교수와의 만남을 매우 소중한 경험으로 간직하며 그의 연구활동에서의 추진력과 일에 대한 열정을 항상 존경한다. 저자의 직장인 연세대학교의 은사 선생님이신 송자, 정종암, 주인기, 김준석 교수님과 김지홍, 이경태, 최원욱, 장진호, 이호영, 장명, 곽병진 교수님께 감사한다. 이분들이 편안한 마음으로 연구에 정진할 수 있는 환경을 만들어 주셨다. 또한 동덕여대 이은철 교수, 김태동 박사, 오원정 박사, 이정화 박사, 이영한, 김연화, 곽지영, 오명전 박사과정 학생으로부터 많은 것을 배우고 같이 연구할 기회가 있었다. 현재 연구실에서 조교로 일하는 김대원, 이종혁, 이유영, 김효정 학생에게 감사한다. 대원에게는 자료 수집의 도움을 받았으며 대원, 효정과 종혁은 편집을 도와 주었다. 또한 회계실무와 관련되어 여러 차례 자문을 해준 연대 경영 78 동기들, 삼일회계법인의 김영현 상무, 안진회계법인의 김세환 전무, 한영회계법인의 김종태 상무에게 감사한다. 삼일회계법인 한종철 상무와 심리실장 안영균 부대표께서도 여러 경로를 통해 많은 도움을 주었다.

2001년 저자가 미국 University of Southern California에서 연구년을 보내며 청강하였던 Palmrose 교수와 Defond 교수의 과목들이 저자의 회계감사 연구에 대한 시야를 넓히는 데 큰 도움이 되었다. 본서를 집필하는 데 참고가 되었던 회계학연구, 회계저널, 회계와 감사연구 및 경영학연구에 게재된 논문의 연구자들에게도 감사한다.

본서를 저술하며 저자는 가능하면 저자 이외의 연구자에 의한 연구업적도 폭넓게 반영하도록 노력하였다. 그러나 저자가 직접 저작하였던 논문에 주안점이 주어졌다는 점은 부정할 수 없다. 본서는 이론서이며 학술적 성격의 책이지만 동시에 정책적 시사점이 넓게 포함되었다. 따라서 경제신문 등의 기사를 폭넓게 담고 있다.

회계감사는 재무회계와 불가분의 관계를 갖는다. 회계정보의 공정성 없는 회계감사의 투명성은 생각하기 어렵다. 분식회계와 부실감사는 거의 항상 짝으로 사용되는 문구가 되었다. 본서를 이용할 때, 재무회계와 관련된 내용을 본 저자가 공저자로 참여한 전문서적인 "자본시장에서의 회계정보의 유용성"(신영사, 2003)의 내용을 참조하면 본서의 이해를 돕는 부분도 적지 않을 것이라고 판단된다. 예를 들어, 감사인이 교체되는 시점의 회계이익의 조정은 회계감사에서 주의 깊게 검토하여야 하지만 이익조정을 측정/판단함은 재무회계적인 접근이다.

이 책을 집필하면서 좋은 논문을 쓰는 것도 어렵지만 전문서를 쓴다는 것도 고되고 지루한 작업이라는 것을 실감하였다. 이 기간 중 가장 큰 부담으로 저자에게 주어진 것은 몇 편의 논문도 중요하지만 한 전공분야에 대한 전문서적을 더 늦기(?) 전에 책으로 남기고 싶다는 저자의 욕심이었다고 생각한다.

물론, 책을 저술한다는 것은 처음부터 마지막까지 모든 부분이 저자의 독창적인 업적일 수 없다. 또한 저자의 주관이 많이 개입된 내용도 적지 않을 것이다. 가능한 한 다른 연구자의 연구를 인용할 때에는 원천을 분명히 밝혔으나 편집과정에서 이를 밝히지 않고 인용한 부분이 혹시 있을 수도 있다. 그러나 적어도 참고한 모든 문건을 참고문헌에 밝혔다. 저자의 논문이나 저자와 공저자와의 논문/보고서의 인용일 경우는 별도의 출처를 밝히지 않았다. 주관이 개입됨은 저술활동의 일부이기는 하지만 전문서적에서 객관성을 잃게 되는 위험은 항상 존재하였다. 회계감사와 관련되어 저자의 생각이 편향될 수 있다는 점은 부정하지 않는다. 본서를 집필하면서 가장 아쉬웠던 점은 미국에서도 회계감사 연구와 관련된 연구서가 없기 때문에 본서의 지침이 될 수 있는 책이 없었다는 점이다.

본서를 저술하는 기간은 저자가 금융감독위원회 산하 증권선물위원회의 자문기구인 감리위원회 활동을 수행하던 기간과 많은 부분 중복된다. 본서의 내용은 저자의 개인적인 의견이므로 감리위원회, 감리위원회가 자문하는 증권선물위원회 또는 금융감독원/위원회의 의견과는 전혀 무관함을 명확히 밝힌다. 본서에 감리위원회의 자료를 부분적으로 인용하도록 허락해 주신 임석식 금융감독원 전문심의위원께 감사드린다. 또한 감리위원회 관련된 초고를 검토하여 주신 이재식 회계감독 1국 국장님과 정용원 팀장님께도 감사드린다. 기업과 회계법인의 실명을 밝히기 어려운 민감한 부분에 대해서는 익명으로 처리하였다.

학자의 가장 큰 한계는 현실과 괴리된 연구를 수행할 수도 있다는 점이다. 즉 현실과 실무를 이해하는 데 도움이 되는 해법을 제시하여야 하는 역할이 학자들의 몫인데 연구를 하다 보면 연구를 위한 연구를 많이 진행하게 된다. 물론, 기존의 연구에서 잘못된 방법론으로 연구가 진행될 때 방법론을 개선하는 연구는 의미가 크다. 그러나 경영학이 응용학문이기 때문에 가장 흥미로운 연구는 실무에 대한 의미를 갖는 연구이며 실무에서의 정책적 시사점을 갖는 연구가 저자에게는 가장 흥미롭다.

본서를 저술함에 있어서 사례, 보고서, 저술의 일부를 인용하도록 허락해 주신 한국경제신문의 최명수 기자, 동의대학교의 김석웅 교수, 인천대학교 법과대학의 이준섭 교수, 한경대학교 법과대학의 최병규 교수, 서울대학교 법과대학의 김건식 교수, 삼일회계법인의 한종철 상무, 삼일회계법인의 김영현 상무께 감사드린다. 법적인 자문을 해주신 정창호 판사, 조용주 판사, 연세대학교 법과대학의 박정우 교수께도 감사드린다.

끝으로 졸저에 대한 독자들의 좋은 의견을 기대한다. 현재 바람은 제도가 변경되면서 본서에 대한 개정판을 수년에 한번씩 출간할 계획이다. 좋은 환경에서 강의, 연구, 봉사를 가능하게 한 모교인 연세대학교와 박사과정 지도교수였던 Northwestern대학의 Thomas Lys 교수에게 감사한다.

본서는 처음부터 끝까지 저자의 힘으로 작성되었으며 편집 및 자료 수집과 관련되어 조교의 도움을 받은 것 이외에는 거의 도움을 받지 않았다. 따라서 본서와 관련된 모든 책임도 저자에게 있다.

저술작업이 2/3정도 진행된 2004년 9월 1일 기획실로 발령을 받아 학교 행정을 돕고 있다. 강의와 행정의 바쁜 틈에서도 연구할 시간을 허락해 주신 홍준표 실장님 이하 기획실 직원분들께도 감사드린다. 또한 2005년 7월부터는 회계학회 학술지인 회계학연구 편집위원장도 맡고 있다. 편집위원장의 일은 매우 바쁘고 신경 쓰이는 것이지만 학회 회원들이 수행하고 있는 많은 연구를 제일 먼저 접할 수 있는 특권도 동시에 가질 수 있었다.

본서의 출간을 가능하게 한 박영사 황인욱 전무님과 편집부 마찬옥 부장님께 감사드린다. 본서의 탈고 시점에 가장 크게 고민을 하였던 부분이 본서의 형식과 관련된 부분이다. 장으로 구분할 것인지 큰 장 아래 작은 장으로 나눌 것인지 등의 구성과 관련된 고민이었다. 본서가 주제별로 구성되어 있으며 앞뒤장이 크게 연관성이 없으므로 주제별로 나열하는 것으로 결정하였다. 따라서 모든 주제는 chapter로 구분하였다. 체계에서는 뒤질 수 있으나 관심된 주제에 대해서 읽고 싶은 독자에게는 편하게 접근할 수 있을 것이다.

무척이나 일에 대한 집착이 강한 저자를 잘 인내해 주고 뒷바라지 해온 아내 두연에게 이 책을 바친다. 또한 이 책과 함께 아내에 대한 저자의 변함없는 사랑도 전한다. 저자는 건강을 타고났다고 생각한다. 일할 수 있는 건강을 주신 것을 하나님께 감사드린다.

2005년 8월

여름 방학 조용한 캠퍼스에서 저자

목 차

Chapter 1

회계감사의 경제적 의미

미국회계학회의 회계감사기본개념위원회(Committee on Basic Auditing Concept)는 감사란 특정 경제실체의 경제적 행위와 사건에 대한 주장과 미리 설정된 기준과의 일치 정도를 확인하기 위하여 이들 주장에 관한 증거를 객관적으로 수집하고 평가하여 그 결과를 이해관계가 있는 이용자에게 전달하는 체계적인 과정으로 정의한다.[1)]

회계정보를 공시하는 주체는 기업이다. 그러나 기업은 항시 정보를 왜곡할 가능성이 있으며 기업 자신의 실체를 좋게 보이려고 하는 유인을 가질 것이다. 그렇기 때문에 이러한 기업의 행태에 대해서 이를 통제할(monitor) 수 있는 역할을 담당하는 것이 감사(audit)이다. 이러한 역할은 기업 내부에서도 수행될 수 있고(내부감사) 외부에서도 수행될 수 있다(외부감사). 이러한 외부 감시의 결과는 인증(attestation)으로 나타난다. 내부감사의 경우는 별도의 보고 및 확인의 절차를 밟을 수 있다. 외부감사는 이러한 인증 작업을 수행하기 때문에 이를 위한 자격증을 필요로 한다. 즉, 회계정보 이용자들에게 공적인 작업을 수행하고 있기 때문에 이러한 확인 작업이 적절한 절차를 거쳐서 수행되는지에 대한 통제가 수행되어야 한다.

Hermanson은 내부감사의 중요성을 다음과 같이 표현하였다.

---

1) 이창우. 2002. 회계감사. p.4.

> Operating or investing in a company without solid governance is like driving without a seat belt. You may be just fine, but your odds are much better if you buckle up.
>
> (Hermanson. 2003. Internal Auditor)

대리인 이론의 측면에서 감사를 이해한다면 외부감사인은 회계정보의 적정성을 판단하기 위해서 계약상으로 고용된 대리인(agent)이다. 일반적으로 대리인은 principle이 고용하게 되지만 외부감사인은 우리나라에서는 실질적으로 주주의 대리인인 경영자가 선임하게 된다. 물론, 주주가 본인들의 권익을 보호하기 위해서, 감사인선임위원회 또는 감사위원회가 설치되어 있는 경우에는 주주의 대표자를 세울 수는 있지만 외부감사인 선임이 경영활동의 일부로 인식되기 때문에 대부분의 경우 최대주주 및 경영자의 영향이 많이 작용하게 된다. 물론, 대주주와 경영자가 동일인일 경우에는 복잡한 문제가 발생하지 않는다.

시스템이 가장 잘 갖추어졌다고 하는 은행일 경우도 사외이사의 임면에 은행장이 가장 큰 영향력을 갖는다는 답변이 46%를 차지하고 있다.[2)]

국민은행이 최근 은행장의 사외이사 후보 추천권을 없애는 등 이사회 독립성을 대폭 강화하는 것을 골자로 하는 지배구조개선안을 마련했다. 국민은행은 앞으로는 사외이사만으로 구성된 평가보상위원회가 차기 행장 후보풀을 관리하게 된다. 감독뿐 아니라 중기 경영전략이나 의사결정을 지원하는 working board로 나아가기 위한 것이라고 설명했다.[3)]

상법상으로는 상근감사가 있어야 하지만 자산규모 2조원 이상일 경우는 감사위원회가 강제된다. 감사위원회가 상근감사에 비해서 더욱 효과적인 기구인지는 의문이 있다. 감사위원회에 참여하였거나 실질적으로 감사위원장으로 감사위원회를 운영하였던 경험이 있는 분들도 감사위원회의 역할에 회의적인 의견도 적지 않다. 감사위원회에 적절한 정보가 제공되지 않는다는 것을 의미하며 달리 접근하면 감사위원회를 지원할 조직 및 인프라가 구

2) 매일경제신문. 2005. 7. 25. 사외이사 선임 은행장님 마음대로.

3) 한국경제신문. 2005. 10. 31. 국민은, 이사회 독립강화.

축되지 않았기 때문이다. 사외이사들이 적극적으로 역할을 수행할 의지가 있는지도 물론 중요한 관건이다. 또한 기업 내의 최대주주가 지분에 무관하게 엄청난 권한을 행사하여 사외이사들이 강한 주장을 하기도 어려운 상황이다.

은행 및 증권의 경우는 감사위원회도 강제되지만 동시에 상근감사직도 설치되어 있다. 이는 강제사항은 아니지만 감독기관에서 권고하고 있다.

최대주주가 있고 2대주주가 있을 경우에 2대주주가 상근감사위원을 임명하는 권한을 부여하는 매우 특이한 기업도 있다.

영미의 감사위원회는 주로 회계 투명성과 신뢰성을 확보하기 위한 기관으로 업무감사권은 없다. 그러나 우리 상법상 감사위원회는 종래의 감사를 대체하는 기관으로 도입되었기 때문에 감사와 마찬가지로 회계감사에 관한 권한과 아울러 업무감사권도 동시에 보유하고 있다(김건식, 김일섭, 남상구, 서윤석, 정갑영. 2004.8.30. 감사위원회 운영지침(안)[4]).

감사위원회는 직무집행을 감시한다. 종래 상법상 감사의 권한은 적법성 감사에 한정된다고 보는 견해가 일반적이었다. 현행법상 감사위원은 이사가 겸하게 되어 있으므로 이제는 감사위원회가 업무 집행의 타당성까지 감사할 수 있다고 보는 것이 일반적이다(김건식. 2004).

일반적으로 감사의견은 불특정다수를 위한 준공공재적인 성격을 갖는다고 일컬어진다. 불특정다수라 함은 공개기업일 경우는 주식 구매를 통해서 누구도 기업의 주주가 될 수 있기 때문이다. 경영에 참여하지 않는 주주일 경우는 회계장부열람권 등을 통해서 경영 과정에 참여할 수는 있으나 일반적으로 일반주주와 경영자간에는 정보의 불균형(information asymmetry)이 존재한다. 일반주주는 회계정보가 기업회계기준에 적절치 않게 보고된다면 기업의 실상을 파악할 수 없으며 따라서 회계정보 적정성에 대한 감사의견을 필요로 한다. 특히 개인 소액주주일 경우 투자된 금액이 크지 않기 때문에 회계정보의 적정성을 검토하기 위해서 개인적으로 누구를 고용한다는

---

4) 김건식 교수는 감사위원회 운영지침을 인용함에 있어서 아직 더 논의할 부분이 많다는 점을 명시하기를 요구하였다.

것은 생각하기 어려우므로 이러한 용역은 주주 전체를 위한 용역이다. 비구매자라도 이 정보의 소비자로부터 배제될 수 없다.[5] 이는 누구라도 주식을 구입함과 동시에 시장 참여자로 전환되기 때문이다.

미국의 회계감독국인 PCAOB(Public Company Accounting Oversight Board)에서는 분담금을 내지 않으면 한정의견을 받는다. 이는 회계감사가 공공재적인 성격을 갖기 때문이며 공동의 목적을 위해 이에 해당하는 금액을 지불하지 못하면 이에 대한 벌과금을 강제하는 것이다. 어찌 보면 규제기관의 입장이 매우 강하다고도 판단할 수 있다. 이는 회계와 회계감사 환경은 자본주의를 시스템으로 떠받들고 있기 때문에 경제활동을 수행하는 모든 기관이 이를 공동체의 입장에서 지원하여야 한다는 긍정적인 의미로 해석할 수도 있다.

최근 회계연구원의 재정 상태가 어려워지자 회계기준제정기관의 재정은 누가 후원하여야 하는지에 대한 논의가 수행되기도 한다. 정부에서 기준을 제/개정한다면 당연히 국민의 세금으로 이러한 업무가 수행되어야 하지만 민간기구에서 이를 담당하기 때문에 여러 가지 복잡한 문제가 야기된다.[6]

물론 회계감사의견에 대한 기업 경영 환경은 대리인이론 환경에서만 존재하는 것이 아니라 잠재적인 투자자 및 감사받은 회계정보에 기초하여 대출의사결정을 수행하는 금융기관에 대한 용역의 제공이기도 하며 이렇게 작성된 회계정보는 과세소득을 구하는 기초가 되므로 당연히 정부에 대한 용역을 제공하고 있는 것이기도 하다. 따라서 어떻게 보면 회계감사용역은 경제활동 인구 모두 즉, 시장에 대한 용역이기도 하다.

모든 경제주체는 자신의 효용을 극대화하기 위해서 의사결정을 수행하며 이러한 행태가 적절한지에 대해서 누군가가 감시활동을 수행하여야 하는 것이다. 모든 agent들이 자신의 효용 극대화가 아니라 자신들이 대변하는 principle의 이해가 극대화되도록 지속적인 감시역할을 수행하여야 한다.

---

5) 김석웅. 2003. 분식회계 방지와 적발. 조세통람사. p.394 (이하 김석웅. 2003으로 칭함).

6) 회계연구원. 2005. 회계기준 제정기구의 독립성 보장 어떻게 할 것인가?

즉, 감시 및 감사의 역할이 적절하게 갖추어진 조직이란 시스템으로 움직이는 조직이며 적절한 통제는 이러한 의미에서 바람직하다. 이러한 통제 역할의 가장 주된 부분 중의 하나가 회계감사업무이다.

회계전문직의 역사를 보면 산업혁명과 1933년, 1934년의 증권거래위원회 법 제정 이전에는 재무제표 감사의 일차적인 목적이 기장오류/오기(error misstatement), 변칙거래(irregularities), 누락(omission), 부정(fraud) 등을 적발하는 것이었다고 한다. 그러나 최근의 회계감사의 역할은 감사단계에서 분식회계를 적발함에 있지만 이보다는 예방에 있다고 하는 것이 더 적절할 것이다.[7)]

Watts and Zimmerman(1983)은 1933년 SEC의 Act에 의해서 회계감사가 강제되기 이전에도 이미 회계감사를 자발적으로 도입한 기업이 있었다고 기술한다. 이는 자발적으로 감사를 받고 assurance level을 높임으로써 긍정적인 평가를 받고자 하는 목적이 있었을 것이다. 즉, 신뢰성의 제고가 기업의 높은 가치평가로 연결될 수도 있다는 판단과 무관하지 않다.

이는 최근 분기 검토가 강제되지 않는 기업이 검토를 받은 경우와 감사위원회 설치가 강제되지 않는데도 이를 설치한 기업의 경우와 유사하게 생각할 수 있다. 또한 이사회에서의 사외이사 비율이 법으로 정해져 있는데도 이를 초과해서 이사회를 구성하는 것도 같은 맥락에서 이해할 수 있다. 즉, 대부분의 규제는 강제로 수행되는데 위의 자발적인 규제는 규제를 기업이 자체적으로 채택하는 것이다. 이는 두 가지로 해석할 수 있다. 시스템을 잘 갖추어서 monitoring을 적절하게 수행하기를 원하는 부분도 있으며 또한 회계정보 이용자에게 해당 기업이 시스템이 잘 갖추어진 기업임을 신호하여 좋은 평가를 받으려는 부분도 있을 수 있다.

회계감사 용역으로부터의 가장 큰 수혜자가 어느 경제주체인지를 생각해보면 채권자라고도 할 수 있다. 채권자는 자신들의 부가 주주에게 전가되지(wealth transfer) 않도록 주의를 기울인다. 예로 들 수 있는 것이 부채계약 등이 준수되는지와 관련된 것이며 또한 일정 수준 이상의 배당금이 주주

---

7) 김석웅. 2003. p.346.

에게 배당되지 않도록 제한을 하는 것도 마찬가지이다. 또한 기업이 일정한 투자의사결정을 수행할 때 채권자와 경영자는 자신들의 부를 극대화하기 위해서 다른 대안을 선택하는 것이 가능하다.[8] 이러한 monitoring의 역할은 포괄적인 감시의 역할이다.

예를 들어, 대안적인 투자의사결정으로부터의 기대되는 payoff의 평균은 동일하지만 payoff의 분산의 크기가 상이한 두 투자대안을 비교해 본다. 채권자는 부채에 정해진 원리금의 상환이 주목적이지만 주주의 경우는 잉여청구권을 갖는다는 차이가 존재한다. 따라서 채권자일 경우는 원리금의 상환이 가능하지 않은 위험 즉, default risk를 최소화하는 의사결정을 선호하게 된다. 즉, payoff의 분산이 적은 투자대안일 경우에 일정한 원리금 상환에 필요한 최소 payoff보다 기대되는 payoff가 적을 가능성(default risk)이 낮아진다. 이러한 이유에서 채권자는 낮은 분산의 투자대안을 선호한다. 반면에 주주일 경우는 잉여 payoff에 대한 청구권을 갖고 있기 때문에 위험부담을 감수한다. 즉, 위험이 높은 투자대안을 선택하게 되어서 투자로부터 잃을 수 있는 투자액은 주주 본인이 투자한 금액으로 제한되는 반면 투자로부터의 얻을 수 있는 수익은 무한대이므로 위험이 높은 투자대안을 선호한다.[9] 원리금을 제하고 발생하는 모든 payoff는 모두 주주의 몫이므로 이러한 높은 위험을 선호할 가능성이 높아진다. 즉, 음의 payoff에는 하한선이 있지만 양의 payoff에는 상한선은 존재하지 않는다. 물론, 위험에 대한 선호도는 개별 주주마다 상이하기 때문에 이를 일반화하기는 어렵지만 일반적인 주주와 채권자를 대비하면 이러한 논리 전개가 가능하다.

기업에 대한 투자로부터의 payoff의 총액은 일정하기 때문에 주주가 위험이 높은 투자대안을 선택한다면 채권자의 경우, 위험을 감안한 payoff는 감소하며 따라서 채권자의 부는 주주에게 이전될 것이다(wealth transfer). 즉, 주주와 채권자간에 나눌 수 있는 파이의 크기는 일정한데 주주가 더 큰

8) Watts and Zimmerman. 1986. p.196.

9) 모든 주주가 위험을 선호한다는 것을 의미하는 것이 아니라 주주와 채권자의 경제적 유인에 따른 위험 선호도를 기술하는 것이다.

부분을 차지한다면 채권자는 잉여된 작은 부분밖에 차지할 수 없다. 이는 재무관리에서의 전형적인 risk-return의 문제이기도 하다. 즉, 주주는 high return을 추구하며 high risk를 감수하려고 하지만 채권자일 경우는 high risk를 감내할 incentive가 전혀 없기 때문에 low risk, low return을 선호하게 된다. 이 과정에서 이해상충이 표출된다.

이러한 이해상충의 문제를 위에서는 주주와 채권자의 관심에서 논의하였는데 이러한 주주와 채권자간의 이해상충의 경우는 거의 모든 국가의 경영 환경에서 적용되는 것이지만 각 나라의 특성에 따라 이해상충에 있어서도 차이가 있다.

미국의 경우에서 가장 두드러지는 것이 주주와 경영자 간의 이해상충이며 우리나라는 지배주주와 소액주주 간의 이해상충이 가장 첨예하게 대립된다. 이는 특히 우리나라는 대부분의 경제가 재벌에 의해서 주도적으로 운영되며 이 재벌 기업에는 최대주주가 있으며 최대주주와 소액주주간의 이해관계가 대립되기 때문이다.

이에 반해 유럽식 자본주의는 사회주의적인 성격을 띤다. 즉, 근로자가 적극적으로 경영에 참여하는, 우리나라나 미국에서는 볼 수 없는 자본주의 형태이다. 따라서 유럽에서는 주주와 근로자 간의 이해상충이 가장 심각한 문제이다. 유럽에서는 노동자 대표가 이사회에 참여한다. 미국 시장에 상장된 기업일 경우에 이사회 이사는 이사로서의 급여 이외의 급여를 받으면 안되지만 유럽의 근로자 이사는 근로자로서의 급여를 받으면서 이사로서의 급여를 추가로 받기 때문에 문제가 되었다고 한다. 이러한 점을 감안하여 미국에서도 유럽기업이 미국 거래소에 상장하였을 경우는 이 제도를 유연하게 적용한다고 한다.

위의 대안적인 투자의사결정의 구체적인 선택의 문제는 회계적인 선택의 문제는 아니지만 이러한 예를 배당가능이익의 공시의 문제로 확대한다면 채권자가 자신들의 부가 주주들에게 이전되는 것을 방지하기 위해서는 공정한 회계정보의 공시가 필수적인 것을 쉽게 이해할 수 있다. 물론, 경영자도 외부의 회계전문가가 회계정보의 적정성에 대한 어떠한 의견을 표명하는지가 관심의 대상이다. 그러나 이들은 내부정보에 대해 일반주주보다 접근 가능하기 때문에 외부감사에 대한 필요성은 외부 이해관계자에 비해 상대적으로 약하다고 할 수 있다. 반면, 경영자가 외부 이해관계자와 비교하여 내부정보에 대한 이해도가 높다고 하더라도 경영자의 입장에서도 외부에서 회계정보를 포함한 시스템을 점검해 주는 것이 도움이 된다.

채권자가 경영을 주도하는 경영진으로부터 자신들의 이익을 보호하기 위해서는 경영에 참여할 수 있다. 이는 채권자 대표를 이사회에 참여시킬 수도 있으며 채권자를 대신해서 회계정보를 감시하는 외부감사인을 선임하는 과정에 감사인선임위원회에 참여할 수도 있다. 공적자금이 투입된 기업의 이사회에 예금보험공사에서 사외이사의 선임에 영향력을 행사할 수 있다.

이와 같이 경제 주체 간에는 이해의 상충이 존재할 수 있으며 따라서 monitoring이 필요하다. 위의 내용은 채권자와 주주간의 이해상충의 문제로 인한 monitoring의 필요성이며 주주와 경영자간에도 monitoring이 필요하며 이러한 역할은 이사회가 수행할 수도 있으며 외부감사인이 주주를 위해서 수행할 수도 있다. 따라서 외부감사인이 누구를 위해서 감시 역할을 수행하고 있는지에 대해서는 여러 가지 측면에서 논리가 전개될 수 있다. 어떻게 보면 monitoring의 역할 수행은 이사회, 내부감사 또한 외부감사인도 수행한다고 할 수 있다. 이러한 monitoring은 부채계약(debt covenant)으로 나타날 수도 있다. 이러한 측면에서 공개기업일 경우의 monitoring을 수행하는 이사회의 이사는 모두 공적인 업무를 수행하고 있다고도 할 수 있다. 이는 자본주의에서 국가경제는 곧 민간기업이 그 근간을 이루고 있기 때문이다. 이러한 이유에서 사외이사를 포함한 등기이사에 대해서는 상근과 비상근을 구분하지 않고 법적인 책임을 묻는 것이다.

Beasley(1996)와 Dechow, Sloan, Sweeney(1996)는 회계부정에 개입하는 기업은 최고경영자가 이사회 의장을 겸직하는 경우가 많다고 지적하면서[10] 이사회 의장의 기능은 이사회를 관리하고 최고경영자를 고용, 평가, 보상하는 과정을 감독하는 위치에 있으므로 의사결정과정(최고경영자, 사장)

10) 김석웅. 2003. p.232.

과 의사결정통제(이사회 의장)를 분리하여야 한다고 주장하였다.[11]

통제 역할을 수행하는 이사회 자체 내에서도 또한 통제의 mechanism을 도입하는 것이다. 이는 이사회 운영에 있어서의 최고경영자의 전횡을 미연에 방지한다는 의미이다. 우리나라에는 이사회의 의장에 대한 별도의 규정이 없으며 과거에 일부의 금융기관에서 이를 시행하였지만 屋上屋의 문제와 이 두 직책자의 권력/의무의 분리(segregation of power/duty)가 명확하지 않아서 논란이 되었던 적도 있어서 아직은 시기상조인 것도 같다. 또한 통제는 적절한 운영을 위한 통제가 되어야지 통제를 위한 통제가 되어서는 안 된다.

일반은행 14개 중 제일은행과 국민은행을 제외한 12곳은 은행장이 이사회 의장을 겸임하는 것으로 조사되었다. 권한은 분산하면 분산할수록 권한의 쏠림현상은 피할 수 있지만 동시에 monitoring이 심화될수록 신속한 의사결정을 수행하기는 어려워진다.

이사회의 역할을 생각해 보면 유럽의 이사회는 two tier government structure로 되어 있다고 한다. 즉, supervisory board(감시)의 역할이 있으며 management board(경영자문)[12]의 역할이 있다. 감시의 역할을 수행함에 있어서 필수적인 요건이 독립성이며 경영자문역할을 수행함에 있어서 필수적인 요건이 전문성이다. 그러나 일부에서는 독립적인 사외이사는 경영자문역할을 수행할 능력이 부족하며 또한 자문역할을 수행하는 사외이사는 독립적이지 않다고 비판받는다. 사외이사의 역할이 감사인의 역할과 중복되는 부분이 많아서 이를 이곳에 기술한다. 외부감사인이나 기업의 사외이사가 감시역할을 수행함은 동일하다. 다만, 이들의 위치가 사내의 감시기능을 수행하는 내부감사인이거나 외부감사인이거나에 차이가 있을 뿐이다. 그렇기 때문에 이들의 감시 기능은 상호보완적일 수 있다. 이러한 상호보완적인 이들의 기능은 내부통제제도에 대한 인증에서 잘 나타난다. 업무가 중복된

11) 김석웅. 2003. p.299.

12) Institute of Internal Auditors. 2003. Research Opportunities in Internal Auditing.

다고 할 수 있을 정도로 이들의 업무는 상호보완적이다.

이러한 여러 가지 기업과 관련된 이해관계자의 이해 충돌(conflict of interest)이 존재하므로 외국의 문헌에서는 기업을 nexus of contract(계약의 집합체)로 이해하고 있다. 즉, 공동의 목적을 달성하기 위해서 집합체로 존재하기는 하지만 그 추구하는 바는 모두 상이하다. 따라서 각자의 이해가 상대방으로부터 침해받지 않도록 모든 것이 계약과 제도로 보호받아야 한다.

유가증권신고서에 감사인의 감사보고서 사용 여부에 대하여 동의하거나 허락한 바가 없으며, 회사가 이를 사용한 것에 대하여는 감사인의 통제 하에 이루어진 것이 아니므로 그 책임을 물을 수 있는 사항이 아니라고 판단할 수 있다. 즉, 감사보고서가 일단 제출된 이후에는 이에 대한 통제를 감사인이 수행할 수 없기 때문에 감사보고서에 따른 감사인의 책임문제가 issue가 될 수 있다.

다음의 내용은 Wallace(1980)의 내용인데 회계감사의 역할을 기술하는데 있어서 폭넓게 인용된다.

회계감사의 수요자와 기능은 〈도표〉와 같이 세 가지 가설 관점에서 설명될 수 있다. 첫번째 수탁책임(감독)가설은 대리인이론과 합리적 기대이론에 바탕을 두고 있다. 소유주와 경영자의 정보불균형을 해결하여 양측의 효용을 증가시키기 위하여 회계감사에 대한 수요가 존재한다는 가설이다. 두번째 정보가설은 투자자나 경영자들이 신뢰성 있는 정보에 근거하여 의사결정을 함으로써 의사결정의 품질을 향상시키기 위하여 회계감사에 대한 수요가 발생한다는 것이다. 세 번째 보험가설은 경영자가 재무제표의 작성에 대한 일차적인 책임을 지고 있으므로 자신의 법적 책임에 대한 보험적 기능으로써 회계감사를 받게 된다는 것이다.[13]

---

13) 경영자가 보험회사 대신에 감사인을 보험의 수단으로 선택하는 이유는 다음과 같다. 첫째, 사회적으로 신뢰받고 있는 감사인에 의해서 감사를 받았다는 사실이 이해관계자들에게 경영자가 주의의무를 다하고 있다는 인식을 심어줄 수 있기 때문이다. 둘째, 감사인은 보험회사보다 회계전문가로서의 사회적 평판을 유지하기 위하여 소송 등에 대비하여 법률전문가를 충분히 활용하여 법률문제에 더욱 적극적으로 대응할 수 있기 때문이다. 셋

〈도표〉 회계감사의 수요자와 기능

구 분	수탁책임(감독)가설	정보가설	보험가설
회계감사의 수요자	소유주, 경영자	투자자, 경영자	경영자
회계감사의 기능	경영자 관찰	신뢰성 있는 정보제공	보험

재무회계개념체계에서도 재무보고는 기업실체 외부의 다양한 이해관계자의 경제적 의사결정을 위해 경영자가 기업실체의 경제적 자원과 의무, 경영성과, 현금흐름, 자본변동 등에 관한 재무정보를 제공하는 것을 말한다고 기술하고 있다. 즉, 재무보고의 목적이 이해관계자에게 유효한 정보의 전달에 있음을 분명히 하고 있어 정보가설에 대한 이론적인 뒷받침을 수행한다.

이러한 보험적인 기능이 감사인에게 있기 때문에 미국에서 감사인은 deep pocket을 갖는다고 한다. 즉, 회계정보의 주체는 기업이지만 잘못된 정보가 공시되고 기업이 도산하면 현금 동원 능력이 있는 회계감사인이 이러한 책임을 떠안게 될 가능성이 높다. 이러한 내용이 보험가설과 연관된다. 이러한 deep pocket의 문제는 차후에 논의된다. 또한 deep pocket을 갖는 회계법인만이 금전적 책임을 모두 부담한다는 것이 불합리하기 때문에 회계법인이 부담하는 배상액에 한도를 두어야 한다는 의견도 개진된다. 수임료의 몇 배나 되는 금액을 지속적으로 보상한다면 이를 회계법인이 감당하기 어렵다. 공공재적인 성격의 용역을 감사인이 제공하기 때문에 감사인들이 지속적으로 업무를 수행할 수 있도록 이들을 보호해 주어야 한다.

회계감사의 결과는 적정의견 또는 비적정의견[14](한정, 부적정, 의견거절)으로 나타나기 때문에 산출물만 놓고 판단해 보면 회계감사라는 서비스는 매우 단순해 보인다. 그러나 회계감사는 여러 가지 이유 때문에 일반적인 서비스와는 다른 복잡성을 지니고 있다.

째, 경영자는 기업이 도산할 경우 감사인이 기업을 대신하여 손실을 보상할 수 있는 경제적 능력을 가지고 있다고 믿기 때문이다.

14) 비적정의견(한정, 부적정, 의견거절)은 정의되어서 사용되는 용어는 아니지만 문헌에서 한정, 부적정, 의견거절을 묶어서 표시하는 의견으로 나타내기도 하기 때문에 본 저서에서는 이를 인용한다.

첫째, 회계감사는 품질의 관찰불가능성(unobservability)과 결과의 불확실성(uncertainty)으로 인하여 상황이 매우 복잡하다. 우선 감사의견이 어떠한 과정을 거쳐서 표명되는지의 중간 단계가 관찰이 불가능하다. 적정의견이 95퍼센트를 넘는 상황에서 많은 시간을 투입해서 감사를 하였는지 아니면 극단적으로 감사를 전혀 수행하지 않았는지는 파악하기가 용이하지 않다. 더 나아가서 감사를 철저하게 수행하였음에도 불구하고 불확실한 예기치 않은 상황으로 인하여 부실감사로 비춰질 수 있는 위험도 존재한다. 부실감사는 정의되어서 사용되는 용어는 아니지만 이를 회계감사위반행위라고 정의할 수 있다. 따라서 감사인은 소송이나 제재로 인한 비용(cost)이 그리 크지 않다면 적당히 감사하고 적정의견을 표명할 유인이 존재한다. 부실감사로 인해 소송에 직면한다거나 감독기관으로부터의 제재가 실효를 갖는 사회적 통제장치가 매우 중요하다. 이러한 적당한 감사를 방지하기 위하여 감독기관의 규제가 존재하는 것이며 또한 시장의 자율적 기능으로 인한 소송을 통해서 이러한 부실감사는 자율적으로 규제되기도 한다. 많은 시간과 노력을 투자하여 감사를 수행하였다고 하여도 최종적인 결과물인 감사의견이 적절치 않게 표명되었다면 부실감사로 귀착된다. 따라서 회계감사 용역의 제공에 있어서 심각한 도덕적 해이(moral hazard)의 문제가 나타날 수 있다. 물론, 투철한 직업의식과 전문가로서의 윤리의식에 의해서 도덕적 해이가 나타나지 않아야 하겠으나 모든 경제주체는 본인의 효용을 극대화하는 의사결정을 수행할 것이다.

둘째, 회계감사는 서비스의 구매자(피감사기업)와 불특정다수의 이용자가 반드시 일치하지는 않는 공공재적 성격을 띠는 서비스이다. 주요 이용자로는 기업은 물론 주주, 채권자 그리고 잠재적인 투자자 등이 포함된다. 또한 최근에는 국제투자가 활발히 수행되고 있어 국내 공개기업의 30-40퍼센트에 이르는 지분이 외국 투자자들에 의해 소유되고 있어 불특정다수는 내국인은 물론 전 세계의 외국시장 투자자까지 포함한다고 할 수 있다.[15] 즉,

15) 2002년 기준으로 거래소 기업의 경우 36퍼센트가 외국자본이며 코스닥기업의 경우는 10퍼센트가 외국자본으로 평균적으로 32.8퍼센트의 외국자본비율을 보인다.

잠재적인 투자자를 모두 감안한다면 회계감사 용역은 국민 경제 모두에 대한 용역이라고 할 수 있다.

이론적으로는 회계감사 서비스에 대한 대가를 모든 이용자가 부담하여야 하나 감사서비스를 의뢰한 피감사인만이 모든 부담을 안는다는 특징이 있다. 그러나 불특정다수의 이용자가 감사서비스가 반영된 감사보고서를 활용하여 궁극적으로 저렴한 비용으로 자본을 조달한다든지 주가가 적정한 가격으로 형성이 된다든지 하는 혜택을 받게 됨으로써 궁극적인 수혜자는 바로 감사서비스 구매자라고 할 수 있다. 결국 감사서비스의 구매자인 피감사인이 그 서비스에 대한 대가를 지불할 용의는 얼마나 그로 인해 얻는 혜택을 직접적으로 인지하느냐에 달려 있다고 하겠다. 이러한 이유에서 감사인에게는 독립적이어야 한다는 조건이 부가되는 것이다. 유사한 용역을 수행한다고 할 수 있는 변호사일 경우, 당연히 client를 위해서 일한다. 이는 원고나 피고가 사실과 다른 내용을 진술하여도 변호사는 이를 보호할 의무를 갖는다. 물론, 원고나 피고가 사실과 다른 내용을 진술하고 있다고 해도 이를 적극적으로 제지하기는 어렵다. 원고나 피고가 사실과 다른 내용을 진술하고 있을 때 이를 적극적으로 옹호한다면 이는 형법상 '방조죄'에 해당한다.

반면, 외부감사인은 감사인을 임시적으로 고용한 경영자를 위해서 일해서는 안 되는 특수한 상황에 처해 있다. 물론, 외부감사인이 피감사기업이 분식을 수행하였을 때 이를 묵과하거나 또는 조장하려는 충분한 유인을 가질 수 있다.

피고용자 또는 피계약자는 인사권자 또는 급여를 지급하는 자에게는 독립적일 수 없다는 것이 통상적인 사고이다. 이러한 측면에서 감사수임료는 기업만이 지급의 주체가 되어서는 안 된다는 주장이 제기된다. 감사수임료는 기업으로부터 지급받기는 하지만 기업의 뜻대로 감사를 수행하는 것이 아니라 모든 회계정보 이용자를 위해서 정보를 제공해야 한다는 특수한 상황에 처해 있는 셈이다. 이러한 논점에 기초하여 수임료 지급의 재원을 다원화하여야 한다는 의견은 있으나 논의에 그친다.

우리나라의 경우도 감사수임료가 전체 수입의 20%를 넘으면 감사인의 독립성이 훼손될 가능성이 있으므로 감사를 수행할 수 없도록 하는 공인회계사회 윤리규정이 검토된 적이 있다.[16]

감사인의 독립성은 감사인의 가장 중요한 덕목이다. 제도적으로 독립성을 어떻게 확보하려 하는지를 한 가지 사례를 검토한다. 본격적인 독립성과 관련된 논의는 이후로 미룬다.

2003년 회계관련 법률개정시 회계법인의 외부감사가 금지되는 이해관계자 범위가 과거 1년 내에 직접 감사를 담당한 회계법인 소속 사원이나 그 배우자가 임원 등으로 재직하는 회사로 확대되었다. 즉, 회계법인에서 피감기업으로의 이직한 경우의 제재를 의미한다. 이 법 개정 이전에는 피감사기업의 임원이 회계법인으로 이직하는 경우만 제한하고 있었다. 또 피감사기업과 1억원 이상 채권·채무 관계가 있는 회계법인도 외부감사를 맡을 수 없다.

셋째, 감사서비스를 제공하는 공급자인 회계법인의 시장구조는 대표적인 과점 형태이다. 대부분의 상장기업은 미국의 Big 4 회계법인(Pricewater-houseCoopers, Deloitte, KPMG, Ernst & Young)과 제휴를 맺고 있는 삼일, Deloitte안진, 삼정, 한영회계법인에 의해 감사를 받는다. 이들 간에는 피감사기업과 감사계약을 맺으려고 치열하게 경쟁하는데 이 과정에서 경쟁요소가 되는 것이 가격(감사수임료)과 (감사)품질이다. 그런데 감사서비스에서 차별화하기 어려운 요인은 바로 감사품질이다. 95%의 경우가 겉으로 드러나기에는 적정의견을 받기 때문이다. 그렇기 때문에 결과적으로 가격만이 경쟁요인으로 남게 된다.

감사수임료는 감사시간과 시간당 임률의 곱으로 나타난다. 수임료의 결정에 시간당 임률이 개입된다는 사실은 빈번하게 간과되었다. 감사수임료를 이와 같이 시간과 임률의 곱으로 나타내는 것은 수임료의 문제를 시간과 time charge의 문제로 구분할 수 있는 장점이 있다. 단지, 수임료의 문제를 이와 같이 구분하지 않는다면 시간과 시간당 charge를 미시적인 차원에서 분석하지 않고 수임료의 문제를 간과할 수 있는 오류를 범할 수 있다.

16) 한국경제신문. 2002. 3. 26. 감사인 독립성의 조건.

권수영, 손성규, 이영한(2005)의 연구에서는 공인회계사들의 설문지에 근거하여 감사수임료에 대한 연구를 수행하였는데 통상적으로 낮다고 인식되는 감사수임료의 문제는 감사시간의 문제라기보다는 적정감사임률과 실제감사임률의 차이에 근거한다고 결론을 도출하였다.

Means와 Kazenski(1987)는 감사수행에 있어서 감사인과 피감사인이 노력한 정도는 감사보수보다 감사시간이 더욱 잘 반영한다고 기술하였다. 이는 감사보수일 경우는 교섭력에 의해서 영향을 받을 수 있는 반면, 감사시간에는 교섭력이 개입되지 않기 때문이다. 이러한 이유에서도 감사시간을 감사보수를 결정하는 요인을 구함에 있어서도 별도로 분리해 내는 장점이라고 할 수 있다. 이를 다시 해석하면 감사시간이 타협될 가능성보다 시간당 감사수수료가 타협될 가능성이 더욱 크다고 할 수 있다. 또한 감사보수를 국제간에 비교할 때, 총감사보수일 경우 금액의 단위이기 때문에 환율에 의해서 영향을 받지만 시간은 절대 단위이기 때문에 직접비교가 가능하다. 즉, 시간당 임률은 정치적인 협상의 문제이지만 시간은 그렇지 않기 때문에 감사시간의 문제가 감사품질의 문제를 해결함에 있어서 더욱 주요한 요인이라고 할 수 있다.

감사품질을 논의함에 있어서 감사시간이 더 중요한지 아니면 감사임률이 더 중요한지는 다음의 시각에서도 접근이 가능하다. 감사수임료는 어차피 감사시간과 감사임률의 곱으로 나타나기 때문에 이를 구분한다는 것은 가능하지 않지만 규제기관의 입장에서 한 변수를 규제의 대상으로 설정할 수 있다. 감사시간보다 감사임률이 더 적절할 수 있는 요인으로는 감사임률이 높을수록 감사인이 경제적으로 피감사기업에게 예속될 수 있기 때문이다.

이러한 이유에서 회계감사 용역에 대해서는 정부의 규제가 개입된다. 자율적으로 외부감사와 피감사기업의 관계가 설정되기에는 너무도 많은 이해관계자가 회계정보를 사용하게 되며 건실한 정보의 전달은 경제의 인프라와 밀접하게 연관된다. 건전한 자본주의를 육성하기 위해서도 정부는 회계인프라를 육성하고 보고하며 동시에 감시하여야 한다.

따라서 이를 한국공인회계사회와 같은 민간단체에만 맡긴다는 것은 불합리하다. 미국의 경우에도 엔론(Enron) 사태 등의 회계부정사건 이후에 PCAOB를 설립하여 회계산업에 대한 규제를 강화하고 있다. 즉, 감사인과 피감사인 간에 존재할 수도 있는 담합 등의 부실감사의 가능성을 원천적으로 제거하여야 한다.

본장에서는 회계감사의 경제적인 의미를 검토하면서 감사의 필요성을 개괄적으로 검토하였다. 앞으로의 chapter에서는 위에서 기술한 내용을 세밀하게 검토하며 분석한다.

Chapter 2

감사인의 책임과 한계

최근 SK글로벌(네트워크) 채권단의 SK글로벌에 대한 소송 건이 문제가 되면서 회계와 관련되어 책임 한계가 논쟁이 되고 있다. 또한 2003년 11월 국회에서 통과된 회계관련 법령개정안에는(외감법, 증권거래법, 공인회계사법) CEO와 CFO의 인증의 문제도 오랜 논란 끝에 법안에 포함되었다. 우리 사회에는 권리는 누리려 하지만 책임은 지지 않으려는 분위기가 팽배하여 있다. CEO와 CFO가 인증하는 재무제표의 세세한 부분까지 모든 것을 파악하리라고 기대하는 회계정보 이용자는 아무도 없다. 이는 회계법인에서 감사하는 피감사기업의 모든 감사보고서에 회계법인의 대표이사가 회계법인 명의를 표기하고 기명날인하여야 하는 경우에도 동일하다고 할 수 있다. 즉, 회계정보 공시 주체인 피감사기업의 대표이사와 이를 인증하는 인증기관의 대표이사가 쌍방간에 책임을 진다는 공식적인 행위이다. 회계법인의 대표이사일 경우 한 회계법인에서 감사를 수행하는 건수가 수백, 수천 건이므로 이들 대표이사들은 무방비적으로 소송 위험에 노출된다. 이는 2005년부터 분식회계와 관련된 집단소송제도가 시행되면 더더욱 심화될 것이다. 그러나 대표이사가 이와 같이 상징적으로 날인을 한다고 해도 법정에서 반드시 책임을 지는 것은 아니다. 손해배상 판례에 의하면 대부분의 경우 담당이사가 책임을 지게 된다. 이는 법정에서도 대표이사의 날인 서명이 어느 정도 상징적인 의미만 있는 것이지 이들에게 모든 책임을 물을 수 있는 것은 아니라는 점이 반영된 것이다. 대표이사가 총체적인 책임을 지기는 하지만 실질적인 업무 지시자는 담당이사이므로 담당이사가 감사가 잘못 되었을 때 책임을 지는 것은 당연하다.

회계관련 법령개정은 이와 함께 기업의 대표이사 등은 공시서류에 공시서류를 직접 확인, 검토했다는 사실과 중요사항의 누락이나 허위기재가 없다는 사실 등을 인증하도록 했다.

CEO, CFO 인증이 과거의 제도에서는 공개기업의 경우 사업보고서, 유가증권신고서 등에 대표이사가 날인하게 되어 있으나 요식 행위에 그치고 있다. 이러한 과거 제도의 문제점은 회계공시자료의 중요사항에 허위표시가 있을 경우 대표이사에 대한 형사처벌이 가능하나, 내용을 알지 못했다거나 임직원 전결사항이라고 주장 시에는 처벌이 곤란하다는 문제점이 있다. 미국의 경우는 개혁법에서 사업(분기)보고서에 대한 CEO, CFO의 인증을 의무화하였다. 전결제도는 권한을 적절한 수준에까지 이월하라는 것을 의미하지 책임을 지지 말라는 것을 의미하지는 않는다.

연결재무제표에 대한 통제와 확인이 어려운 점을 감안해 연결재무제표 관련 사항은 인증의 범위에서 제외하여야 한다는 주장이 전경련에서 제시되었다.[1)]

구체적으로 인증서류는 유가증권신고서 및 주권상장법인 협회등록법인이 제출하는 정기(연차, 분기, 반기)보고서이며 인증자는 대표이사 및 회계, 공시 담당 임원(또는 집행이사)이다. 인증방법은 직접 서명한 인증서를 사업보고서 등의 제출시 첨부하는 방법이다.

그러나 일부에서는 CEO/CFO 인증시 회계자료 작성에 책임이 있는 일정 직원까지는 이러한 인증의 하위 인증자로 참여하도록 하고 만약 고의 또는 중대한 과실에 의한 중대한 오류가 있을시 일정한 민, 형사상의 책임을 분담토록 하여야 한다는 의견도 있다. 실질적인 업무 가담자에 대한 책임이 강조되어야 한다는 의미이다. 이는 CEO/CFO에게는 통제의 책임을 묻지만

1) e daily. 2004. 7. 6. 전경련 '연결재무제표 폐지해야'.

실질적인 업무 가담자도 응분의 책임을 물어야 한다는 것을 의미한다.

공인회계사법 54조 3항(공인회계사에 대한 조치)은 다음과 같다.

> 제2항의 규정에 의해서 제1항 제1호의 조치를 하는 경우에는 위법행위 당시 감사인에 소속된 공인회계사 중 다음 각 호의 자에 대해서도 필요한 조치를 할 수 있다.
>
> 1. 당해 감사보고서에 서명한 대표이사
> 2. 당해 감사보고서에 심리업무를 담당한 이사
> 3. 당해 회사와 감사계약을 체결한 이사 (당해 감사업무에 관여한 경우에 한한다)
> 4. 기타 담당 공인회계사를 감독할 위치에 있는 공인회계사

위의 법령을 자세히 검토하면 필요한 조치를 할 수 있다고 기술된 것이 아니라 조치를 할 수 있다고 기술되어 있음을 유념하여야 한다.

위의 2.는 심리이사를 지칭하는데 모 회계법인에서는 담당 파트너가 심리이사를 겸하는 어처구니없는 경우도 있다. 4.의 경우는 예를 들어 감사본부장일 수도 있으며 회계감사 초기에 담당 이사가 변경된 경우도 있어서 실질적으로는 감사계약서에 서명한 담당 이사가 감사를 수행한 것이 아니라 후속 담당 이사가 실질적인 감사업무를 수행하는 여러 가지 복잡한 경우도 있다.

회계법인의 조직화 정도가 모두 상이하지만 본부로 구성된 회계법인일 경우는 본부장이 공인회계사를 감독할 위치에 있는 공인회계사라고 할 수 있다. 실질적인 업무 지시자가 책임이 있다고 할 수 있다. 이는 본부장이 의견형성과정에 참여하기 때문이며 심리업무를 담당한 이사가 어느 정도 책임을 지는 것과 동일한 논리이다.

다음과 같이 여러 가지 법적 사례를 동시에 검토하는 이유는 유사한 건이라고 하여도 상반된 결론이 도출될 수 있기 때문이다.

대우 사례 1[2]: (2004. 9. 11)

서울중앙지법 민사합의부는 2004년 9월 10일 김우중 회장 및 임원 4명과 대우중공업은 원고 중 20명에게 1억6천6백만원을 배상하라고 판결하였다. 대우그룹이 허위 재무제표를 공시한 것은 1998년 3월 31일. 그러나 언론 등에 대우그룹의 분식회계 사실이 알려진 것은 1999년 10월 28일이었으며 대우 측은 공식적으로 분식사실을 밝힌 것은 1999년 11월 4일이다.

재판부는 이에 따라 1998년 3월 31일부터 1999년 11월 4일 사이에 투자자들이 입은 손실을 대우측에서 일부 배상해야 한다는 판결을 내렸다. 그러나 대우측이 일부 져야 한다는 책임의 범위를 놓고 재판부마다 약간은 다른 판단을 내놓고 있다.

기업의 분식회계로 투자자가 손실을 입었을 때 손실의 기준은 허위 재무제표가 공시된 시점부터 분식회계사실이 명백히 밝혀진 시점 사이라고 법원에서 판정하였다.

재판부는 '투자자 손실 인정 기간은 분식회계 사실이 명백히 공표된 시점까지로 하되, 그 이전에 언론 등을 통해 대우그룹의 부실사실이 보도된 사정은 과실상계에 반영된다'며 원고들도 여러 정보를 꼼꼼히 살피지 않고 투자한 책임이 있으므로 피고 책임을 40%로 제한한다. 과실상계란 양쪽 모두 책임이 있으면 상계하라는 의미이다.

2003년 12월 헌법재판소에서 대우그룹 분식회계 관련 헌법소원이 기각된 이래 처음 나왔던 지난 5월 민사합의부 판결에서는 대우측 책임 범위를 허위 재무제표 공표부터 분식사실이 언론에 보도된 1999년 10월 28일까지로 정했다.

즉, 회계분식에 의한 재무제표가 공시된 시점, 언론에 공개된 시점, 기업이 공식적으로 이를 인정한 시점이 모두 중요한 시점이다. 모든 기업이 분식회계를 인정하는 것은 아니기 때문에 감독기관에 의해서 회계분식이 공시된 시점도 중요한 시점이다. 언론에 이러한 내용이 보도되고 이 즉시 기업이

2) 매일경제신문. 2004. 9. 11.

이를 해명하지 않는다면 이는 어느 정도 기업이 이를 인정하는 것이라고도 이해할 수 있다. 따라서 언론 공개 시점까지의 주가하락 등은 분식을 범했던 기업이 책임지더라도 이 이후에도 주식을 처분하지 않고 보유한 것은 전적으로 투자자들의 의사결정이다. 이러한 경우는 기업이 적절치 않은 회계처리를 인정하는 상황이므로 이렇게 인정하는 시점이 분식이 확정된 시점이지만 이러한 경우를 제외하고는 단순한 언론 보도는 확인이 되지 않았기 때문에 이 시점부터 투자자 손실 시점으로 사용함은 무리가 있다. 이는 언론에 보도된 모든 건이 증권선물위원회에서 회계분식으로 귀착되지는 않기 때문이다.

이러한 논란은 금액의 산정도 매우 중요하지만 금액의 산정 이전에 어느 일자로부터 손해배상금액을 산정하여야 하는지도 매우 복잡한 문제임을 보인다.

대우 사례 2: 분식회계 손배소 시효는 10년[3](2004. 10. 29)

분식회계를 한 기업에 대출해 줬다가 뒤늦게 손해를 소송을 통해 구제받을 수 있는 시한은 10년이라는 상급심의 판결이 나왔다. 서울고법 민사 1부는 전 대우전자 대표이사 전주범 씨와 전 재무담당 전무이사 박창병 씨 등을 상대로 분식회계를 이용한 대출 책임을 물어 제기한 손해배상 청구소송에서 피고들은 원고(우리은행)에게 20억원을 배상하라고 판결했다.

재판부는 '주식회사 임원이 직무상 악의나 중대한 과실로 제 3자에게 손해를 입혔을 때 배상하도록 규정한 상법 401조의 손배소멸시효는 일반 민법의 3년이 아닌 법정채권과 같은 10년으로 봐야 한다'며 일반 민법은 '고의나 과실'로 손해를 끼쳤을 때 배상하도록 하지만 상법 401조는 그보다 요건이 엄격하기 때문이라고 밝혔다.

전주범 대우전자 대표이사 등은 은행측이 대우전자의 분식회계사실을 1999년 11월경 알 수 있었기 때문에 민법상 단기 소멸시효 3년이 경과되었다고 주장하였다.

3) 매일경제신문. 2004. 10. 29.

대우 사례 3: 대우차 분식회계로 대출 손실 전 임원들 60억원 배상하라. 법원, 은행도 일부 책임[4](2004. 11. 25)

서울 중앙법원 민사합의 22부(박정헌 부장판사)는 24일 대우자동차가 분식회계에 따른 대출로 손해를 봤다며 우리은행이 김우중 전 대우그룹회장 등 대우자동차 임원 5명을 상대로 낸 손해배상 소송에서 피고들은 연대해서 60억원8천여만원을 배상하라고 판결하였다.

재판부는 판결문에서 피고들은 허위로 재무제표를 작성하는 등 분식회계를 저질러 우리은행으로부터 4백억원을 대출받았다며 이사로부터의 임무를 제대로 수행하지 않은 만큼 은행이 입은 손해를 배상할 책임이 있다고 밝혔다.

재판부는 원고가 입은 손해는 대출금(400억원)에서 채권양도액(95억원)을 뺀 3백4억여원으로 산정된다며 대출 당시 대우차 재무상태가 좋지 않다는 사실을 어느 정도 알면서 무모하게 대출한 책임이 있기 때문에 피고들(임원)의 책임을 20%인 60억8천만원만 인정한다.

대우는 98년 우리은행에서 400억원을 대출받았다. 우리은행은 결국 이 돈을 돌려받지 못해 생긴 부실채권을 자산관리공사에 95억원에 넘겼다.

즉, 전액을 인정하지 않음으로 부분적으로 금융기관의 잘못도 인정한 판결이다.

대우 사례 4: 대우차 분식회계 부실감사 회계법인 전 대표 집행유예[5](2005. 1. 28)

피고인들이 대우차와 분식회계를 공모했다고 보기는 어렵지만 감사를 제대로 하지 않은 데 대해 책임을 묻지 않을 수 없다며 감사에 필요한 자료들을 충실하게 검토하지 않고 회사측의 의견만 수용해 적정의견을 낸 것은 적어도 분식회계에 대한 미필적 인식이 있었던 것으로 보인다. 미필적 고의란 결과 발생의 자체는 불확실하나 만일의 경우에 결과가 발생할지도 모른

4) 한국경제신문. 2004. 11. 25.

5) 연합뉴스. 2005. 1. 28. 대우차 분식회계 부실감사 회계법인 전 대표 집행유예.

다고 인정하면서도 그런 결과의 발생을 부득이하다고 용인하고 있는 심리상태를 의미한다. 즉, 적극적으로 적정의견을 저지하지 않은 책임을 물리는 것이다.

대우 사례 5: 김우중 씨 대우 분식회계 소멸시효 지나[6](2005. 7. 4)

이들 외에 분식회계를 지시한 김 전회장 등 나머지 임원에 대해서는 민법상 소멸시효(3년)가 지났고 이사회의 구성원인 등기이사가 아니었다는 이유 등으로 배상책임을 인정하지 않았다.

재판부는 김 전회장 등의 분식회계 등 불법행위 사실은 인정하였으나 조흥은행이 1999년 11월의 대우그룹 중간실사결과 발표 당시 손해 발생사실을 알았으면서도 배상요구가능 시한이 지난 후인 2002년 12월에 소송을 내 배상을 받을 수 없다고 판결했다.

재판부는 김 회장에 대해서는 등기이사가 아니더라도 업무집행을 지시했다면 손해배상책임을 인정하는 상법조항은 김 전회장이 분식회계를 지시한 이후에 제정돼 (소급해) 적용할 수 없다고 밝혔다.

민법에 있어서도 단기 소멸시효는 3년이다(민법 163조). 이와 같이 민법에서 단기 소멸시효를 두는 것은 특히 변호사, 변리사, 의사, 공인회계사 등의 전문직일 경우는 일반인과는 달리 이와 같은 민법 소송의 주된 소송 대상이 될 수 있는데 무방비로 장기간 소송에 노출된다면 본연의 업무에 영향을 받을 수 있다는 점이 감안되었을 것이다. 이는 공인회계사법에서 공인회계사의 제척기간을 3년으로 정한 것과 같은 정신으로 이해할 수 있다.

'실질적 업무지시자'의 내용은 상법 401조의 2의 내용으로 집행이사 등의 직책을 맡지 않았다고 하여도 법적인 책임을 질 수 있다는 조항인데 1998년 12월 28일에 제정되었다.

반면에 감사인도 그들 나름대로의 고충이 있었다고 한다. 대우의 실사

6) 조선일보. 2005. 7. 4. 김우중 씨 대우 분식회계 소멸시효 지나.

과정에서 대우 계열사에 대한 가치산정방식이 계속기업가치가 아닌 청산가치에 의해 수행되는 문제점을 들 수 있다. 채권단이 대우의 손실규모가 커야 공적 자금이 많이 투입되며 채권회수 가능성이 커지므로 계열사 및 회계법인들에 보수적인 실사를 요구한 점 또한 공정한 실사를 어느 정도 저해하는 요인으로 작용했다. 단종된 차종의 부품은 제품사가 7년 동안 제공해야 하는 책임이 있는데도 이러한 부품의 재고가치를 인정하지 않는 문제도 시정되어야 한다고 지적되었다.

다음의 법적 사례 등을 검토하며 회계적으로 이슈가 되었던 부분에 대해 기술한다.

사례 6: 부실회계자료 제출 은행 '10억 배상하라' 판결[7)]

은행이 회계법인의 재무감사 대상 회사 대표로부터 '회사 예금에 질권이 설정된 사실은 뺀 금융거래내용을 회계법인에 알려주라'는 부탁을 받고 들어주었다가 10억원의 배상금을 물게 되었다. 서울고법 민사 12부는 14일 왜곡된 감사보고서를 믿고 투자했다가 투자금을 날린 안모씨 등 5명의 주주들이 감사보고서의 기초가 된 이 회사 예금명세서를 회계법인에 제출한 K은행과 회사대표 이모씨를 상대로 낸 10억원의 손해배상청구소송에서 원고 승소 판결했다.

사례 7: 피감기업이 감사인을 고소한 경우[8)]

서울 중앙지법은 16일 고합이 부실회계 책임을 물어 회계법인과 회계사 3명을 상대로 낸 손해배상청구소송에서 원고 패소 판결했다. 재판부는 판결문에서 원고(고합)가 분식결산과 관련이 없는 대표이사를 선임했다는 시점인 1999년 6월부터 시효를 적용하더라도 소송이 3년 뒤인 2002년 8월에 제기된 이상 청구권 시효가 소멸되었다.

시효 소멸이 아니더라도 원고가 전직 임직원들의 조직적이고 치밀한 공

7) 한국경제신문. 2005. 1. 10.

8) 매일경제신문. 2004. 9. 17.

모행위를 통해 분식 결산한 재무제표를 토대로 외부감사를 받은 뒤 감사인에게 절차상 과실을 추궁하는 것은 불법행위와 손해배상의 기본 법리에도 어긋난다.

고합은 1996년도에 자기자본 잠식과 3,400억원의 영업손실이 발생하고도 분식회계를 통해 자본 2,327억원, 당기순이익 82억원으로 재무제표를 작성해 회계감사를 받아 적정의견을 받았다.[9)]

사례 8

한국브레이크공업(1998)에서 피감사기업이 감사인을 소송한 특이한 경우이다. 예를 들어 이들 경우는 분식결산이 개입된 경우이지만 그렇지 않고 회계감사의견이 적정의견이 표명되어야 하는데 비적정의견이 표명되었고 이러한 결과 피감사기업이 불이익을 받았다면 이를 근거로 해서 회계법인을 소송할 수도 있다.

그러나 우리가 여기서 생각해 볼 것은 회계정보의 작성의 주된 책임을 지는 기업이 이를 확인하는 역할을 수행하는 회계법인에게 소송을 제기한다는 것이 적절한 것인지를 생각해 보아야 한다. 그렇기 때문에 소송의 왕국이라고 하는 미국에서도 피감사기업이 감사인에 대해 소송을 제기하는 경우는 소수에 그친다. 이러한 소송이 정당화되기 위해서는 기업은 감사인에게 적법한 자료를 제시하였는데 감사인의 감사 절차가 적법하지 않았다는 점을 보여야 한다.

사례 9

코오롱캐피탈의 거액 횡령사건은 4년 6개월 동안 거의 전 자금의 반에 해당하는 470억원을 횡령한 사건이다. 삼일회계법인이 1991년부터 감사를 진행해 오다가 1999년 12월부터 2003년 6월까지 사고가 발생하였다.

---

9) 머니투데이. 2004. 9. 17. 법원, 분식회계 적발 못한 회계법인 책임없다.

이웅렬 코오롱 회장, (주)코오롱, 코오롱건설, 하나캐피탈, 코오롱글로텍 등 6인은 삼일회계법인을 상대로 '부실감사로 손해를 입었다'며 손해배상청구소송을 서울지방법원에 제기했다.[10] 이는 부실감사 사유로 회계법인에 제기된 최대 규모 소송(소송가액기준)이다.

원고들은 '지난해 9월 발생한 코오롱캐피탈(현 하나캐피탈) 횡령사고 당시 외부감사를 맡았던 삼일회계법인이 회삿돈 473억원이 빼 돌려진 사실을 눈치채지 못한 것은 회계감사가 부실했기 때문'이라고 밝혔다.

이들은 코오롱캐피탈측 손실을 보전해 주기 위해 코오롱에서 251억원, 코오롱건설과 코오롱제약에서 각각 68억원, 58억원을 납입하였고 코오롱글로텍은 53억원, 이웅렬 회장은 43억원을 출자하는 등 부실감사로 인한 피해가 발생했다고 주장했다. 원고들은 지난 5월 금융감독당국이 코오롱캐피탈에 대한 감리 결과 발표 때 삼일회계법인측 부실감사 사실이 있다고 밝힌 사실에 주목하면서 승소를 자신하고 있다.

금감원 고위관계자는 '횡령사고와는 다른 문제지만 이미 코오롱캐피탈 감리 결과 횡령사고가 일어났던 시기에 대해 삼일회계법인측 외부감사소홀 부분이 인정된다'며 이 소송 후 회계법인 부실감사에 대한 손해배상 소송이 잇따를 수 있다.

이번 회계법인 소송에 대해 S변호사는 감사업무 소홀에 따른 투자자 피해가 인정될 때는 언제든지 회계법인에 대한 집단소송이 가능하다고 말했다.

삼일회계법인은 이달 중 이웅렬 회장 등 옛 코오롱캐피탈 등기임원을 상대로 민형사 소송을 낼 계획이다.[11] 삼일회계법인과 코오롱그룹이 전면전으로 확산되고 있다. 김영식 삼일회계법인 부대표는 21일 '473억원의 횡령자금은 상부 지시나 묵인에 의한 내부 공모 없이는 불가능한 규모'라며 '그런데도 삼일회계법인을 상대로 216억원의 소송을 제기한 것은 경영진의 도덕적 해이 문제를 떠 넘기기 위한 것'이라고 말했다.

그는 또 '지난 6월 코오롱캐피탈 횡령사고를 검사한 금감원도 이웅렬

10) 매일경제신문. 2005. 9. 21. 이웅렬 코오롱 회장 등 부실회계로 피해 삼일회계에 210억 배상청구.

11) 매일경제신문. 2005. 9. 22. 코오롱 측 216억 손배소 제기에 삼일회계, 맞소송 대응.

회장을 비롯한 임직원 18명에게 내부통제 기준 이행을 충실히 따르지 않았다는 이유로 징계조치를 내렸다'며 '결국 이번 횡령사고는 코오롱캐피탈 경영진에게 모든 책임이 있다'고 덧붙였다.

코오롱그룹과 삼일회계법인의 맞소송은 기업과 회계법인의 대리전 모습으로 비쳐지고 있다. 외부감사인과 기업이라는 입장에서 항상 '을'에 있었던 기업이 '갑' 위치에 있는 회계법인을 상대로 200억원이 넘는 손해배상청구 소송을 제기한 데는 부실감사에 따른 피해를 기업만 떠 안을 수 없다는 의지가 내포돼 있다.

반면 국내 최대 회계법인인 삼일회계법인은 이번 소송에서 피해 배상금을 물게 되면 유사소송이 뒤따를 수 있기 때문에 목숨을 건 법정 전면전을 계획하고 있는 것으로 풀이된다.

이에 대해 코오롱 그룹 고위관계자는 '법원이 항소심에서 사고자인 정모 상무에게 징역 8년형을 선고하고 회사측과 관계없다고 판결을 내린 사건'이라며 '따라서 내부공모로 몰아 붙이고 관련없는 임원을 상대로 감사방해죄를 적용하는 삼일회계법인의 태도는 법 상식에 어긋나는 행동'이라고 반박했다.

회계법인들은 부실감사에 따른 투자자의 피해가 인정되면 집단소송에 휘말릴 수 있다는 점 때문에 위기감에 휩싸여 있다.

외부감사 및 회계 등에 관한 규정 시행세칙, 별표 제2호, VI. 2. 가중사유에는, "회계정보의 질적 중요성과 동기, 원인, 결과, 방법 등을 감안하여 필요하다고 인정되는 경우"에는 가중할 수 있다. 따라서 규정에 의해서가 아니라 주관적인 판단에 의해서 가중이 가능하다.

SK글로벌도 동일하게 영화회계법인이 장기간 감사를 수행한 경우이며 영화회계법인이 합병한 회계법인을 감안한다면 더 오랜 기간 동안 감사를 해 오고 있었다. 코오롱캐피탈의 경우도 삼일이 수년간 감사를 수행해 오다가 1999년 12월부터 2003년 6월까지 횡령사건이 발생하였으며 2004년부터는 삼정에서 감사를 해오고 있다. 대우와 하이닉스의 경우도 장기간 피감사인/감사인 관계가 지속되다가 분식회계의 문제가 이슈화된 경우이다.

책임의 한계는 회계법인과 개인 공인회계사에 대해서도 확대될 수 있다. 외감법에서의 감사인은 회계법인과 감사반이다. 즉, 개인 공인회계사는 감사인이 아니다. 그러므로 감사에 대한 징계 수준을 결정함에 있어서도 主는 감사인이며 副가 공인회계사이다. 물론, 이 이전 단계에서 기업은 생산기능(1차적 주책임), 감사인은 검토기능(2차적 부책임)을 띠기 때문에 감사인 이전에 기업이 주된 책임을 져야 하는 것은 당연하다.

이는 외감법이 감사인에 대한 조치를 수행하기 위해서 입법되었다는 사실과도 무관하지 않다. 일반적으로 외감법은 감사인과 관련된 제재를 규명하며 개인 공인회계사와 관련된 내용은 공인회계사법에 따른다.

일반적으로 일반인들은 감사인하면 공인회계사를 생각하는데 이는 잘못된 생각이다. 감사의 주체는 개인 공인회계사가 아니다. 이는 감사는 회계법인이 되었건 감사반이 되었건 단체로 수행이 되어야 하기 때문이다.

"주식회사의 외부감사에 관한 법률"(이하 외감법)상 감사인의 범위는 아래 제3조 1절의 1항과, 3항에 의하여 회계법인과 감사반만 해당된다.

> 제3조(감사인) ① 제2조의 규정에 의하여 감사를 실시하는 감사인은 다음과 같다. 다만, 연결재무제표 · 결합재무제표 또는 주권상장법인의 재무제표를 감사하는 감사인은 다음 각 호의 감사인 중에서 대통령령으로 정한다.
> 〈개정 1993. 12. 31, 1996. 12. 30, 1998. 1. 8, 2001. 3. 28, 2005. 5. 31〉
> 1. 「공인회계사법」 제23조의 규정에 의한 회계법인(이하 "회계법인"이라 한다)
> 2. 삭제 〈1996.12.30〉
> 3. 「공인회계사법」 제41조의 규정에 의하여 설립된 한국공인회계사회(이하 "한국공인회계사회"라 한다)에 재정경제부령이 정하는 바에 의하여 등록을 한 감사반(이하 "감사반"이라 한다)

그러나 일부 회계법인에서는 실질적으로 감사를 수행하는 주체가 개별 공인회계사이기 때문에 主가 공인회계사이며 副가 감사인이라는 주장도 개진한다. 즉, 개별공인회계사에 비해서 감사인이 받은 조치가 가중하다는 판단을 하는 것이다. 이는 다음의 공인회계사법과 상충된다고도 할 수 있다.

공인회계사법 34조(업무의 집행방법)

1. 회계법인은 그 이사외의 자로 하여금 회계에 관한 감사 또는 증명에 관한 업무를 행하게 하여서는 아니 된다. 다만, 소속 공인회계사를 회계법인의 보조자로 할 수 있다.

반면에 주식회사의 외부감사에 관한 법률(외부감사법)에는 이사와 이사 아닌 회계사를 구분하지 않고 있다. 즉, 외감법에 의하면 감사는 법인이 수행하는 것이지 개인 공인회계사가 수행하는 것은 아니다. 법인은 법인격체이기 때문에 법에서 제재를 가함에 있어서도 법인과 개인의 인격은 구분된다. 감사인에게도 시효를 두는 법안이 2005년 6월 통과되었다. 공인회계사는 이전부터 공인회계사법에 의한 3년의 제척기간을 두었다. 징계시효가 감사인과 개인 공인회계사에 차이가 있는 이유는 감사인은 법인이기 때문에 제척기간이 없는 법정소송을 감당할 수 있을 것으로 추정되기 때문이다.

그러나 실질적으로 감사는 팀으로 진행되기 때문에 이사만이 감사를 수행한다는 공인회계사법이 적절한지에 대해서는 의문이 제기될 수 있다. 실질적인 field work는 보조자가 수행하게 되면 감사 계획 및 정책적인 의사결정을 담당 이사가 수행하게 된다. 또한 이사는 감사용역의 수임을 책임지며 피감사기업과의 대외적인 접촉의 창구가 되기 때문에 독립적이지 않을 수 있는 개연성이 높다고도 할 수 있다.

금감위는 2005년 9월 하이닉스반도체가 지난 99년부터 2003년까지 분식회계를 저지른 것에 대해 감사를 맡은 삼일회계법인이 감사를 잘못한 책임이 있다며 과징금 7억7,000여만원을 부과했다.[12] 금감위는 또 삼일회계법인에 2000년부터 2002년까지 현대상선에 대해서도 부실감사를 했다며 2004년 12월 과징금 3억9,450만원을 물렸다. 금감위는 '자산 규모 500억원 이상이 되는 상장법인에 대해서는 회계법인만 감사를 수행할 수 있어

12) 한국경제신문. 2005. 11. 2. 부실감사에 따른 과징금 회계법인에 부과 못한다.

옛 증권거래법상 "공인회계사"의 범위에 회계법인도 포함시켜야 한다'고 주장해 왔다.

사례 10[13)]

고려시멘트의 사례는 피고가 전부 승소해 원고가 대법원 상소를 포기함으로써 부실감사와 관련된 소액투자자의 드문 완패 사례로 꼽힌다. 최명수가 파악한 바에 의하면 그 당시까지 청구소송에서 소액투자자나 채권금융기관은 6승1패의 전적을 기록한 셈이라고 기술하고 있다.[14)] 물론 사례에 따라 다르지만 6승1패는 앞으로 비슷한 소송에서 소액주주들이 이길 확률을 드러낸 수치이며 동시에 이 정도로 기업이나 감사인의 패소 위험이 높다는 것을 보인다. 다만 이는 피고가 승소 가능성이 높은 분식회계건에 대해서만 소송을 제기한 것이므로 확대 해석되어서는 안 되므로 selection bias가 존재한다고 할 수 있다. 즉, 이러한 소송을 제기하는 원고는 분식회계로부터 피해를 입은 회계정보이용자이므로 논란의 대상이 되는 분식회계의 문제에 대해서 승소할 가능성이 없으면 당연히 소송을 제기하기 않을 것이다.

고려시멘트의 경우를 자세히 검토할 필요가 있다. 고려시멘트의 경우는 과다 지급보증으로 부도를 낸 상장회사의 감사인이 이를 지적하지 않았더라도 주식투자자의 손실에 대해 손해배상책임을 지지 않아도 된다는 판결이었다. 대구고법은 이 판결문에서 '고려시멘트가 관계회사에 대한 지급보증 과다로 부도를 냈으나 회계감사인이 과다한 채무보증을 당연히 주석으로 기재해야 한다고 볼 수 없다'며 이를 주석으로 기재하지 않은 것이 주식투자자들에게 손해배상 책임을 질 정도의 잘못을 저질렀다고 할 수 없다고 판결하였다. 고법은 또한 지급보증 규모에 관해서는 투자자들이 면밀히 조사해 투자여부를 결정해야 한다고 설명하였다. 원고는 1995년 3월 고려시멘트가 덕산그룹 계열사의 부도여파로 법정관리를 신청, 주가가 떨어져 손해를 보자 부실감사를 이유로 감사인인 삼덕회계법인에 1억여원 상당의 손해배상을

13) 최명수. 2003. 뒤집어보는 경제, 회계부정이야기. p.55. (이하 최명수. 2003이라 칭함)

14) 위의 소송건수에 대한 통계치도 최근의 자료는 아니지만 최근의 자료를 구할 수 없어 기존의 문헌에서 인용하는 데 그친다.

청구하는 소송을 냈다.

이들은 감사인이 자본금 75억원인 고려시멘트의 관계회사 지급보증 금액이 2,186억원이나 되는데다 이를 축소했음에도 불구하고 적발하지 못하였으므로 감사보고서를 믿고 투자했다가 본 손실을 배상하라고 주장하였다. 이에 대한 재판부는 원고 측의 주장에 대한 증거가 미약하고 회계사가 손해배상을 책임져야 할 만큼 큰 잘못을 저질렀다고 보기 힘들다고 판정하였다. 따라서 분식회계와 관련된 소송일 경우에 일률적인 원칙이 적용되었다고 보기 어렵다.

Chapter 3

금융기관의 책임

1999년 6월 28일, 서울지방법원 민사27부는 의미 있는 판결을 내렸다. 기업에 돈을 빌려주었다가 떼인 채권금융기관이 해당회사의 외부감사를 맡았던 회계법인에 대해 손해배상을 청구해 승소한 판결이었다. 원고는 동양종금.

동양종금은 1994년과 1995년 마이크로세라믹(외부감사인 삼원합동회계사무소)과 마이크로코리아(외부감사인 대주, 두이합동회계사무소, 동남합동회계사무소)의 감사보고서를 토대로 담보 없이 이들 2개사에 22억원을 대출하였다. 그러데 이들 회사의 갑작스런 부도로 대출금을 회수할 길이 막힌 것이다. 마이크로사가 부도난 뒤 법원이 이 회사의 재산을 실사한 결과, 부외부채가 많고 차입금에 대한 지급이자가 적게 계상됨으로써 사실상 적자가 흑자로 분식된 것으로 드러났다. 그러자 동양종금은 1997년 6월 외부감사를 담당했던 회계법인과 공인회계사를 상대로 손해배상 청구소송을 냈다. 결과는 원고 일부승소였다.

서울지법은 손해배상청구소송에서 회계법인은 부실채권의 60%에 해당하는 13억5천여만원을 배상하라며 원고 일부승소판결을 내렸다. 재판부는 '회계법인은 감사대상인 회사 재무제표의 모든 항목에 대해 합리적이고 신뢰할 수 있는 충분한 증거자료를 수집조사할 의무가 있다'고 밝혔다. 재판부는 이어 회계법인측은 시간과 비용의 제약을 받는데다 일반적으로 표본감사만을 통해 분식결산 등의 부정행위를 적발하는게 현실적으로 불가능하다고 주장한다. 그러나 이번 사건의 회사처럼 실제 재무상태와 분식결산된 재무상태간에 큰 차이가 있는데도 불구하고 단 한건의 부실기재 사실을 밝혀내지 못한 데에는 회계법인측 과실이 크다. 다만, 원고측이 감사보고서만을 믿고 해당 회사의 신용상태나 거래정보 등을 계속 분석하지 않는 등 종합금융회사로서 사후 관리에 소홀했던 점이 인정되는 만큼 피해액의 40%를 책임져야 한다.[1)]

적절하지 않은 회계정보에 근거하여 투자의사결정을 수행한 투자자가 소송을 제기할 뿐만 아니라 소송을 제기할 충분한 여력을 갖고 있는 금융기관이 소송을 제기하기 시작한다면 그 파급효과는 일반 투자자의 소송보다 훨씬 클 것이다. 이는 개별 투자자일 경우, 소송을 제기하려고 하여도 법정비용이 부담이 되어서 소송 제기를 자제할 확률도 크기 때문이지만 금융기관의 경우, 승소의 가능성만 존재한다고 하면 법정비용이 문제가 되지 않는다. 이러한 요인들이 분식회계와 관련된 집단소송이 엄청난 파괴력을 지니는 이유이다. 집단소송과 관련되어서는 이후의 장에서 다시 기술한다.

금융기관도 부분적인 책임이 있다는 사례는 다음에서도 보인다.

사례 1: 미도파 경영진 70억원 배상하라[2)]

분식회계로 은행을 속여 거액의 대출과 지급보증을 받은 전 미도파 대표와 임원들이 총 70억원을 배상하여야 할 처지에 몰렸다. 또 대출심사를 소홀히 해 분식회계를 수행한 기업에 돈을 빌려준 금융회사들도 피해액의 30%를 책임져야 한다는 판결이 나왔다.

S 보험사 등 금융사 5곳이 ("중략") 피고들은 1995-1996 회계연도 재무제표를 분식 결산하도록 지시한 점이 인정된다. 다만 원고들도 미도파의

1) 한국경제신문. 1999. 6. 29. 회계부실감사에 60% 책임.

2) 매일경제신문. 2005. 6. 27. 미도파 경영진 70억 배상하라.

재무상태를 간과해 돈을 빌려준 만큼 손해에 30%의 책임이 있다. 충실한 대출심사 의무를 소홀히 한 것은 금융시장 안정과 국민경제 발전에 이바지 해야 하는 금융기관이 공공의 역할을 이행하지 않은 것이다.

원고측 책임을 인정하는 것은 은행의 도덕적 해이를 막으려는 것이므로 불법 행위 피해자에게 '부주의'에 따른 과실상계를 묻지 않는다는 대법원 판례 취지와 어긋나지 않는다.

이는 통상 불법행위를 저질러 형사상 유죄가 확정된 사람이 피해자에게 부주의 책임을 묻는 경우 피해자 과실을 인정하지 않는 대법원의 판례와 다소 차이가 나는 것이다.

사례 2: 진로

이 재판부는 또 분식회계 사실을 모르고 진로그룹에 지급보증과 대출 등으로 788억원을 빌려주고 돌려받지 못한 H은행이 이 그룹 장진호회장을 상대로 낸 손해배상 청구소송에서 피고는 원고에 1억원을 지급하라고 판결했다. 그러나 재판부는 원고측이 이 회사의 재무상태가 나쁘다는 취지로 작성된 신용평가기관보고서를 알고 있었음에도 대출을 해줬으므로 20%의 책임이 있다고 밝혔다.

위의 사례에서 판단해 보면 사법부는 지속적으로 금융기관에 대한 부분적인 책임을 묻고 있는데 금융기관은 단순히 기업에서 제공된 재무제표를 사용하는 것이 아니라 이를 해석하고 경제상황을 판단하여 이를 가감할 능력이 있어야 한다는 점을 기억하여야 한다. 각 금융기관은 대출의사결정 등을 수행함에 있어서도 각 금융기관에서 이들을 심사할 능력이 있다. 물론, 금융기관의 대출심사가 분식회계와 관련된 점을 검토하는 것은 아니지만 이러한 법정 소송은 대부분 분식회계에 근거하여 대출의사결정을 수행하였고 그 결과 대출금을 떼었다는 내용으로 소송이 진행되기 때문에 금융기관도 결코 자유롭지만은 않다.

이하 부분은 회계사의 책임 유무를 대조적으로 보이는 사례들이므로 모아서 기술한다.

사례 3-A: 회계사 책임

회사측의 무성의와 자료부족으로 올바른 감사결과를 내놓지 못하더라도 회계사가 책임을 져야 한다는 판결이 나왔다.[3] '사측의 서류조작과 방해로 인한 감사업무상 하자에 대해 책임을 묻는 것은 부당하다'며 증권선물위원회를 상대로 낸 경고 등 조치취소 청구소송에서 원고패소 판결했다. 재판부는 판결문에서 "피감사회사인 H 종금이 허위로 작성한 서류를 근거로 감사를 실시할 경우, 회계부정을 발견할 수 없다는 점은 인정된다며 그러한 비정상적인 거래에 대한 의문을 합리적 자료로 해소하지 않은 채 아무런 유보도 없이 적정의견을 낸 것은 감사기준을 위반한 것이라고 밝혔다." 또한 재판부는 원고는 적합하고 충분한 감사 증거를 수집, 평가하지 않았으므로 차라리 적정의견이 아닌 한정의견이나 의견거절을 표명했어야 했다며 이를 어긴 원고에게 피고가 내린 처분은 회계사에 대한 공공의 신뢰도 등을 고려할 때 적절하다고 말했다. 지난 1999년 H사의 외부 회계감사 책임자였던 이씨는 일부 거래가 비정상적이라는 판단에 따라 이를 밝히려 노력했음에도 사측의 서류조작과 방해로 결국 의심만 품은 채 적정의견을 냈으나 증권선물위원회가 사후적 책임을 물어 경고 및 직무연수 4시간의 조치를 내리자 소송을 냈다.

'특히 원고는 미심쩍은 거래에 대해 각종 서류를 요청, 검토했고 문제가 생길 경우 H사의 대주주가 책임을 지라는 확인서를 받으려다 거절당하는 등 거래의 진실성에 대한 의심을 가졌으면서도' 한정의견이나 의견거절을 표명하지 않은 것은 부적절하며 주석이나 특기사항에도 이 같은 의문점을 기재하지 않은 것은 감사기준을 위반한 것이라는 입장이다. 적어도 이러한 경우 감사범위가 제한되었기 때문에 감사범위 제한 한정의견을 표명하였다고 판단된다.

3) 매일경제신문. 2003. 5. 9. 회사측 서류조작, 은폐불구 '적정의견'은 회계사 잘못.
한국경제신문. 2003. 5. 9. 회계사 서류조작 은폐했어도 회계사, 부실감사 책임져야.

이는 일부 거래가 비정상적이라는 판단을 수행하였으면 전문가적인 의심(due care, professional skepticism)을 작동하여 감사를 수행하여야 한다는 것을 의미한다.

사례 3-B: 회계사 책임없다[4)]

감사의견을 적정으로 낸 지 얼마 안 돼 회사가 부도났더라도 회계사가 적법한 절차에 따라 감사행위를 수행했다면 책임을 물을 수 없다. 서울고법은 19일 감사보고서를 믿고 대출하였다가 19억여원을 못 받았으니 5억원을 물어달라며 현대생명보험의 파산관재인이 부도난 삼우기술단을 감사했던 두이합동회계사무소와 삼원합동회계사무소의 회계사 등을 상대로 낸 손해배상청구소송에서 원심을 깨고 원고 패소 판결을 내렸다.

재판부는 판결문에서 피고들이 감사업무를 수행하는 과정에서 당시의 기업회계기준 및 준칙이 정한 규정에 따라 감사절차를 수행했으며 감사임무를 게을리 했다고는 보이지 않는다고 밝혔다. 재판부는 또 파산한 삼우기술단의 회사정리절차 개시 신청을 낼 때의 재무제표와 재무결산내역이 서로 다르다고 해서 감사보고서가 허위로 작성된 것이라고 단정할 수도 없다고 덧붙였다.

재판부는 이어 회계사들이 감사업무를 수행하면서 유통되거나 보관중인 약속어음과 당좌수표 등에 대해 구입, 발행, 폐기 및 사용내역에 대해 실사했고 부외부채에 대한 감사절차인 어음, 수표, 수불기록을 검토하는 등 나름대로 최선을 다했기 때문에 원고의 청구는 이유가 없다.

현대생명보험은 지난 1994-1996년 삼우기술단에 30억원을 대출해 줬다가 1995년 6월 이 회사가 부도나는 바람에 19억여원을 받지 못하게 되자 1996년 초 적정의견을 냈던 회계사들을 상대로 소송을 냈다.

A와 B의 판례가 일치하지는 않는 것이며 A의 경우는 적법한 감사절차를 준수하지 못한 것이며 B의 경우는 적법한 감사절차를 준수하여도 회계적인 문제점을 발견할 수 없었던 사례이지만 이 두 사례를 대조적으로 보인다.

4) 한국경제신문. 2002. 11. 20. 회계감사 적법했으면 부도책임 없다.

위의 경우에서 판단한다면 사후적인 결과가 기업의 부도라고 하여도 또한 감사인의 감사가 완벽하지는 않았다고 하여도 모든 책임을 감사인이 떠안는 것은 불합리하다는 판결이다. 즉, 감사가 완벽할 수 없다는 한계를 법정에서 인정하는 결과이다.

사례 3-C: 회계사 책임없다[5)]

재무제표의 허위기재 사실을 발견하지 못한 것만으로는 공인회계사가 의무를 소홀히 했다고 볼 수 없다는 법원 판결이 나왔다. 서울지법은 10일 S사 파산관재인이 허위기재 사실을 발견해 내지 못해 가산세를 물게 됐다며 모 회계법인을 상대로 낸 손해배상 청구 소송에서 원고패소 판결을 내렸다. 판결문에서 피고가 재무제표 내용이 적정하게 표시됐는지를 입증할 증거를 수집해 이상이 있을 경우 조사 검토할 책임이 있다고 해도 재무제표상의 허위기재 사실을 발견하지 못한 것만으로는 의무를 소홀히 했다고 볼 수 없다.

사례 3-A, B, C는 그 결과가 상충된다. A는 허위로 작성한 서류를 근거로 감사를 실시할 경우, 회계부정을 발견할 수 없다는 점은 인정된다며 그러한 비정상적인 거래에 대한 의문을 합리적 자료로 해소하지 않은 채 아무런 유보적인 의견을 표명하지 않기 때문에 감사인에게 책임을 물리고 있다. 반면 B의 경우는 '나름대로' 감사인들이 최선을 다하였기 때문에 감사인들의 한계가 있음을 강조하고 있다. 감사과정은 완벽할 수 없으며 감사인들이 '수사권'을 갖은 검찰이 아니기 때문에 서류의 위조 등에 대해서는 이를 완벽하게 적발한다는 것은 불가능하다. 그러나 위의 A, B와 C 세 판례에서 보는 바와 같이 유사한 건에 대한 법원의 판결은 상이하다.[6)] 이러한 상이한 판정은 감사 업무의 한계성을 어디까지 인정할 것인지와 연관된다. 감사의 과정이 한계성을 갖을 수밖에 없는 한 이유는, 감사는 표본추출에 의해서 수행

5) 매일경제신문. 2004. 10. 11. 허위재무제표 발견 못한 회계사 손배의무 없다.

6) 최근의 양심적 병역기피자에 대한 법원의 판결이 상반되듯이 동일한 법안에 대한 해석이 얼마든지 상이할 수 있다. 법의 해석과 적용에 있어서는 주관적인 판단이 개입될 수밖에 없다.

되기 때문에 태생적으로 제한적일 수밖에 없다.

회계감사를 수행하는 입장이 아닌 회계정보를 공시하는 기업의 입장에서의 이사의 책임을 규정한 증권거래법 14조(허위기재 등으로 인한 배상책임)에도 다만, 배상의 책임을 지는 자가 상당한 주의를 하였음에도 불구하고 이를 알 수 없었음을 설명하거나 그 유가증권의 취득자가 취득의 청약 시에 그 사실을 안 때에는 그러하지 아니하다고 이사의 책임에 있어서도 한계성을 인정하고 있다. 즉, 모든 맡겨진 업무를 완전하게 수행하기를 법에서 기대하는 것은 아니다.

Chapter 4

부정과 오류에 대한 감사인의 책임

본 장에는 감사위원회 및 이사회의 내용이 포함된다. 본 연구가 소유지배구조와 관련된 연구가 아님에도 이사회의 내용을 포함함은 감사위원회의 실질적인 운영 및 내용이 이사회와 매우 밀접하게 연관되기 때문이다.

회계감사준칙 240조. 부정과 오류에 대한 감사인의 책임은 다음과 같다.

240-6. 감사인은 부정과 오류의 방지에 대하여는 책임을 지지 아니하며 책임을 질 수도 없다. 그러나 계속감사가 수행된다는 사실은 부정과 오류발생의 억제책으로서의 역할이 될 수도 있다.

반면에, 감사인은 이 준칙 '200 재무제표감사의 목적 및 일반원칙에 따라서 감사인은 부정이나 오류가 존재할 수도 있음을 나타내는 상황이나 사건이 발견될 수 있다는 사실을 인식하는 전문가적 의구심을 가지고 감사를 계획하고 수행하여야 한다'고 기술하고 있다.

이 준칙은 감사인은 회사의 고의적 부정을 인지하지 못한 상황에서는 반증이 없는 한 회사의 기록과 문서가 진실하다는 가정 하에 감사를 수행할 수밖에 없으며 정당한 주의를 기울여 감사절차를 실시한 후 발견 못한 회계오류에 대하여 감사인이 전적인 책임을 부담할 수는 없는 것을 의미한다.

B 기업의 감사를 수행하였던 A 회계법인도 240조를 들어서 회계법인

은 B 기업의 건에서 책임이 없다고 하였다. 감사기준과 준칙이 너무 포괄적으로 적용되어서 모든 건에 대해서 감사인이 한계가 있어서 책임이 아니라고 주장하는 것도 적절치 않다. 회계감사인의 한계는 분명히 인정하고 수용되어야 하지만 그렇다고 책임범주에 드는 문제까지 한계점으로 포함되어 넘어갈 수는 없다.

회계감사 준칙 240 부정과 오류의 12와 13은 다음과 같다.

> 12. 감사가 회계감사기준에 의거하여 적절하게 계획되고 수행되더라도 재무제표상의 중요한 왜곡표시가 발견되지 않을 수도 있는 불가피한 위험이 있다.
> 13. '부정'으로 발생하는 중요한 왜곡표시를 발견하지 못할 위험은 '오류'로부터 발생되는 중요한 왜곡표시를 발견하지 못할 위험보다 크다.

회계감사기준 제18조에서 특정계정잔액이나 거래에 대하여 전체의 특성을 반영할 수 있도록 표본을 설계하여 추출하고 추출된 표본에 대하여 감사절차를 적용한다고 규정하고 있다. 회계감사준칙에서 규정한 '특정계정이상의 모든 항목의 선택'은 동 방법이 전체의 특성을 적절히 반영할 경우에만 적용이 가능하다. B 기업의 감사 경우는 금액을 기준으로 할 경우는 취득 대체거래의 11%에 불과하며 건수를 기준으로 할 경우는 전체 거래의 0.5%에 불과하다.

1933년 미국 증권법 제11조는 유가증권신고서의 허위부실기재에 대한 책임을 규정하고 있는바, 이와 관련하여 허위부실기재 또는 누락사실이 있다 하여도 그 기재자가 정당한 주의의무를 이행하였음을 입증하는 경우에는 손해배상책임을 면할 수 있는 것으로 보고 있다.[1)]

즉, 감사인에게는 수사권이 없기 때문에 이러한 측면에서 한계가 있다. 예를 들어 감사와 관련되어 제공된 문건이 위조되었다고 하면 이러한 위조된 서류의 진품 여부를 가리는 것은 감사인의 몫이 아니다. 즉, 감사인은 감

---

1) 김&장 법률사무소. 2004. 7. 29. 합병회계처리에서 전문가의 의견을 신뢰한 데 대한 책임 문제의 건.

사인으로서의 역할에 그치는 것이지 검찰이나 경찰이 아니다.

회계법인의 경우, 과거에는 담당이사가 감사보고서에 서명을 하였으나 감사를 수행한 회계법인의 책임을 묻는다는 취지에서 10여 년 전부터 대표이사가 감사보고서를 인증하도록 제도가 변경되었다. CEO, CFO의 인증이 도입되는 과정과 거의 동일한 과정이다.[2)]

서울고등법원 제1민사부 2002. 12. 23 선고 2001나65153 판결에서 감사에 참여하지 아니한 대표공인회계사의 감사보고서 기명날인은 외감법상 손해배상의 주체가 될 수 없고, 아울러 민법상의 상당인과관계가 있는 불법행위에 해당하지 아니하므로 대표공인회계사에게 책임을 물을 수 없다고 판결하였다.

(舊)외감법 제17조 제3항, 제1항 단서의 '당해 회사에 대한 감사에 참여한 공인회계사의 범위의 해석문제'에서 대표공인회계사라는 지위만으로 '참여한 공인회계사'로 볼 수 있는지에 대한 판단을 위의 선고에서 읽을 수 있다. 즉, 회계법인의 대표에게 통제 책임을 부과하기는 하였지만 실질적인 책임이 있다고 보기는 어렵다. CEO 및 CFO의 인증에 문제가 될 경우도 동일하게 책임문제가 정리되지 않을까 예측된다. 즉, 여러 여건상 인증의 주체는 CEO와 CFO가 수행하였지만 CEO와 CFO가 직접적으로 회계정보의 작성에 참여하는지가 검토된다면 매우 복잡한 의사결정으로 귀결될 것이다.

대표공인회계사로 하여금 그 회계법인이 감사인으로 된 감사보고서에 기명/날인하도록 규정하고 있음은 감사보고서의 작성주체가 감사업무를 수행한 공인회계사 개개인이 아닌 감사인이 회계법인임을 명시하기 위한 것에 불과하다는 해석도 있다.

대표공인회계사는 모든 감사보고서의 의견형성에 참여하여 잘못이 없도록 자세한 내용까지 관여하여 신중하게 기명날인하여야 할 의무가 있는 것으로 해석되지는 않는 것이다.

공인회계사법 제34조에는 '회계법인이 재무제표에 대하여 감사 또는

2) 다음의 내용은 김효연. 2003. 2. 대표회계사의 법적 책임(이하 김효연. 2003이라 칭함)의 원고를 많이 참조하였다.

증명을 하는 경우에는 대표이사가 당해 문서에 회계법인 명의를 표시하고 기명날인하여야 한다'고 기술하고 있다. 실제 회계법인의 대표이사는 공인회계사들로서 회계법인 명의의 감사보고서로 인하여 손해가 발생한 투자자들은 동 법인의 대표공인회계사의 책임을 추궁할 가능성은, 합동회계사무소가 폐지되었고 회계법인이 비록 법인 자체의 손해배상적립금을 마련하고 있다고 하더라도 여전히 존재한다.

인근 법률분야에 있어서도 법무법인이나 합동법률사무소의 경우에 대표변호사가 별도로 직책을 맡고 있다고 하더라도 공인회계사법과 같이 대표변호사가 반드시 기명날인할 필요는 없고, 동 법인이나 합동법률사무소 소속 변호사 중 실제로 의견서 형성에 참여하거나 소송에 참여하거나 이를 지휘할 수 있는 지위에 있는 변호사들이 서명날인을 하고 있는 점에 비추어 실제로 감사에 참여한 공인회계사들만이 책임을 진다는 의미의 서명날인을 받는 것이 바람직하다고도 할 수 있다. 이러한 제도가 회계법인에서도 1989년까지 수행되었다가 현재의 제도와 같이 대표이사가 서명하는 것으로 변경되었다.

당시에 적용되던 법령을 검토한다. 1989년 12월 30일에 개정된 공인회계사법 제12조의 9 제2항에 의하면,[3] 법인이 재무제표에 대하여 감사 또는 증명하는 경우에는 제12조의 3 제4항의 규정에 의한 대표사원이 당해서류에 법인명의를 표시하고 기명날인하여야 한다고 규정되어 있다

한편, 동 규정개정 전에는 법인이 재무제표에 대하여 감사 또는 증명을 하는 경우에는 그 업무를 집행한 사원은 당해서류에 그 자격을 표시하고 기명날인하여야 한다고 서술되어 있다(공인회계사법 제12조의 9 제2항). 동 규정은 1968년 12월 31일 동 조항이 신설되었다.

이러한 부분은 법적으로도 심도 있게 검토되어야 한다. 대표 공인회계사는 실질적으로 책임을 지는 실질적 업무지시자도 아니며 특정 감사 업무에 관여하지도 않는다. 이는 어떻게 보면 일반 조직에서의 전결권과도 연결된다. 어느 직책을 맡는 자가 어느 정도의 의사결정일 경우는 책임지고 결제

---

3) 자료를 구해 준 한영회계법인의 김종태 상무께 감사한다.

할 수 있는지와도 무관치 않다. 군대에서 사고가 발생할 경우에 장관이 책임을 질 것인지 사고가 발생한 사단의 사단장이 책임을 져야 할 사항인지에 관한 의사결정과 유사하다.

이러한 회계법인의 복잡한 책임의 문제가 존재하므로 미국에서도 수년 전부터 회계법인의 형태가 단순한 partnership이 아니라 LLP(Limited Liability Partnership, 제한적 유한회사)의 형태를 띠고 있다.4) 법무법인도 동일한 회사의 형태를 갖는다.

국내의 회계법인일 경우도 1998년 합명회사(무한책임)에서 공인회계사법에 의해 유한회사로 상법상의 회사의 형태가 변경되었다. 이렇게 되면 파트너들은 자신들이 출자한 범위 내에서 책임을 지며 이러한 변화는 감사위험과 연관될 것이다. 자신들이 범하지도 않은 책임에 대해서 무한정으로 책임을 질 수는 없는 것이다. 집단소송 피고(이사)가 연대책임을 지도록 돼 있는 것을 비례책임으로 전환하는 방안을 고려하는 것도 같은 맥락에서 이해할 수 있다.

동일한 논리를 주식회사에서 최종적인 의사결정을 수행하는 이사회일 경우에도 적용될 수 있다. 이들은 소송에 대한 거의 무제한적인 책임을 지고 있다. 퇴출된 은행의 경우 등기이사가 수백억원씩의 손해배상액을 안고 있다.

2005년 1월 18일 체결된 안영회계법인과 안건회계법인의 통합관련 양해각서가 합의 해지되었다. 법인 간 통합 대신 안건의 회계사들이 개별적으로 안영회계법인으로 입사하는 것으로 변경되었다. 이 과정에서 안영회계법인이라는 상호가 한영회계법인으로 변경되었다. 이와 같은 개별적인 퇴사 및 입사는 과거 감사와 관련된 리스크를 단절시키는 장점이 있다. 이는 안건이 과거 대우자동차를 감사한 탓에 소송 리스크가 높기 때문이다. 두 법인이 인수합병 방식으로 합칠 경우 새로운 신설법인이 리스크를 감당해야 하는데 회계사의 개별입사 방식을 채택해 소송리스크를 완전히 소멸시켰다. 과거에도 삼정회계법인이 대우그룹을 감사했던 회계업계 2위 산동회계법인을 흡

4) 매일경제신문. 1995. 12. 23. 각국 회계법인 손해배상무한책임 큰 부담, 유한, 주식회사 전환 러시.

수할 때도 회계사들을 개인적으로 받아들이는 방식을 택하여 대우그룹에 대한 책임을 피해 갈 수 있었다.

하나회계법인과 안진회계법인의 합병이 계획보다 오랜 시간을 끌었던 것도 이러한 여러 가지 법적인 문제와 연관된다.

미국의 경우도 월드컴에 이어 엔론도 사외이사들이 개인돈을 털어 주주들에 손해배상을 하는 경우가 발생하였다. 사외이사의 책임 범위를 어디까지 설정하여야 하는지에 대해서 많은 논란이 있을 수 있다.[5)]

사례 1: 대우전자[6)]

재판부는 대우전자 사외이사에 대해서는 분식회계를 발견하지 못한 것이 사외이사로서의 '중과실'이라고 보기 어렵다며 손배책임을 인정하지 않았다. 상법에서 이사는 선량한 관리자로서의 역할을 수행한다고 한다. 경제사회적인 의미에서 보면 주식회사의 이사들은 국민 재산을 관리하는 사람이고 국부를 국민으로부터 위임받아 관리하는 사람이다. 이는 자본주의 사회에서 경제활동은 민간경제에 의해서 수행되며 일반 기업이 국민경제의 대부분을 차지하기 때문이다.[7)] 그렇기 때문에 이들은 등기를 하며 법적으로 책임을 진다.

사외이사가 상근이사와 동일한 책임을 지는지를 검토하기 위해서 상법을 검토한다.

상법 제399조(회사에 대한 책임)

① 이사가 법령 또는 정관에 위반한 행위를 하거나 그 임무를 해태한 때에는 그 이사는 회사에 대하여 연대하여 손해를 배상할 책임이 있다.

② 전항의 행위가 이사회의 결의에 의한 것인 때에는 그 결의에 찬성한 이사도 전항의 책임이 있다.

---

5) 한국경제신문. 2005. 1. 10. '눈먼' 사외이사들 회계부정 덤터기.
매일경제신문. 2005. 1. 7. 월드컴 집당소송 5,400만불 지급.

6) 매일경제신문. 2004. 10. 29.

7) 조선일보. 2003. 11. 8. 분식회계 손해배상 소멸시효는 10년.

③ 전항의 결의에 참가한 이사로서 이의를 한 기재가 의사록에 없는 자는 그 결의에 찬성한 것으로 추정한다.

상법에서는 아래와 같이 이사의 선량한 관리자로서의 의무를 기술하고 있다.

상법 제382조(선임, 회사와의 관계) ① 이사는 주주총회에서 선임한다.
② 회사와 이사의 관계는 위임에 관한 규정을 준용한다.
제681조(수임인의 선관의무) 수임인은 위임의 본지에 따라 선량한 관리자의 주의로써 위임사무를 처리하여야 한다.

399조 ①에서 연대하여 책임을 진다고 하여 비례책임보다 연대책임을 기술하고 있다. 실제로 예금보험공사는 부실금융회사에 예금자보호를 위하여 공적 자금을 투입한 이후 동 금융회사의 부실의 원인이 되었던 대출 등을 가결시켰던 이사회에 참여한(이사회 이사록에 서명 날인한) 당시 이사/감사 등의 임원들을 상대로 한 손해배상구상 소송을 제기하고 있고 또한 이를 원칙으로 하고 있다.

399조 ③항의 경우는 그 의미하는 바가 매우 크다. 즉, 명백하게 반대의사를 표명하지 않은 경우는 암묵적으로 이를 인정한 것이라고 판단하는 것이다. 이는 실제로 이사회에 참석한 이사가 소극적인 자세를 보이며 의견이 없다는 의사결정을 수행하는 것을 방지하기 위함이다. 즉, 적극적인 반대의사를 표명하지 않았다면 이는 안건을 승인한 것으로 해석하는 법안으로 이사회에서 이사들이 적극적으로 의사결정에 참여하기를 촉구하는 의미가 있다.

감사의 책임에 관한 규정이 준용되고 있지만 감사위원회는 '회의체'의 지위를 갖는다.[8)] 즉 의사결정은 회의의 종합적인 의사결정이지 한 개인, 개인의 의사결정이 아니다. 이는 이사회도 동일한 성격을 띤다고 할 수 있다. 따라서 비례책임제의 적용이 생각보다 어려울 수 있다. 물론, 회의록에 이사 중 어느 이사가 찬성하고 반대하였는지에 대한 기록이 있지만 이러한 책임

8) 김효연. 2003.
김건식. 2004.

을 구분하는 것이 '회의체'로서의 의사결정과 상치될 수 있다.

> 제401조의2(업무집행지시자 등의 책임) ① 다음 각호의 1에 해당하는 자는 그 지시하거나 집행한 업무에 관하여 제399조 · 제401조 및 제403조의 적용에 있어서 이를 이사로 본다.
> 1. 회사에 대한 자신의 영향력을 이용하여 이사에게 업무집행을 지시한 자
> 2. 이사의 이름으로 직접 업무를 집행한 자
> 3. 이사가 아니면서 명예회장 · 회장 · 사장 · 부사장 · 전무 · 상무 · 이사 기타 업무를 집행할 권한이 있는 것으로 인정될 만한 명칭을 사용하여 회사의 업무를 집행한 자
>
> ② 제1항의 경우에 회사 또는 제3자에 대하여 손해를 배상할 책임이 있는 이사는 제1항에 규정된 자와 연대하여 그 책임을 진다.
> [본조신설 1998. 12. 28]

위의 상법 399조의 규정만으로는 상근이사와 사외이사의 책임의 차이에 대한 기술은 전혀 없다. 사외이사에게 예외적으로 이사의 책임을 적용함은 사법부의 현실을 반영한 판단이다.

위의 판결은 상근이사와 사외이사의 책임이 동일할 수 없다는 중요한 판례이다. 상법에서 등기이사일 경우, 사외이사와 상근이사를 구분하지 않으므로 당연히 법적인 책임도 동일하다고 할 수 있다.

이러한 등기이사들의 법적인 문제가 있기 때문에 일부의 기업에서는 집행이사는 반기지만 반면에 등기이사는 꺼리는 경우도 있다. 집행이사란 명목상의 이사이며 법적인 등기된 이사는 아니다.

그러나 법은 유연하게 적용되어야 한다. 실제적으로 상근이사와 사외이사가 동일한 책임이 있는지에 대해서는 논란이 많았다. 상근이 아닌 사외이사가 등기되었다고 하여서 상근이사와 동일한 책임을 진다는 것은 형평성 차원에서 문제가 있다는 주관적인 판단을 할 수 있다. 상근을 하지 않는 이사가 기업의 일상적으로 발생하는 영업활동에 대해서 이를 검증할 수 있는 위치는 아니다. 이사가 책임을 진다는 것은 결국 감독책임인데 이를 사외이

사까지 확대할 것인지는 고민해 보아야 한다. 또한 이사회가 적절한 활동을 수행할 수 있도록 기업이 충분히 후원하는지도 의문이다.

Zahra(1996)는 이사는 자신의 책임범위를 증가시켰으며, 미국의 상장 제조기업의 거의 85%가 정관을 수정하여 사외이사에게 면책을 허용하였다고 기술하였다.[9] 이러한 요소는 서투른 의사결정의 법적 결과로부터 사외이사를 배제할 수 있다.[10]

이사가 자신의 책임범위를 증가하면 당연히 이에 따른 권한도 강화된다. 이는 필요 이상으로 사외이사들의 책임이 강화되는 것을 막을 수 있다. 책임이 강화되면 당연히 이사회에서의 영향력도 강화될 것이다. 미국에서는 지배구조와 관련된 논의가 우리보다 매우 일찍 진행되어서 사외이사의 위치가 공고히 되었지만 이러한 정책이 진행되는 동시에 이들의 권한이 너무 강하다는 비판이 지속적으로 제기되었다.

본서가 회계와 관련된 내용을 담고 있지만 이사회의 내용을 기술하는 이유는 회계와 관련된 업무의 중요한 부분을 감사위원회가 책임을 맡고 있으며 감사위원회의 위상 및 활동은 이사회의 활동과 밀접하게 연관되기 때문이다.

사례 2: 분식 단순 가담 손배책임 없다[11]

서울지법민사합의부 22부는 심씨와 조씨는 회사이사로 이름만 걸어 놓고 실제 이사회에 참석한 기록이 없는 등 분식회계에 간여하였다고 볼 정황이 없다. 한화증권은 이 신용평가자료를 기초로 코오롱TNS 측 기업어음을 매입했으나 회사가 부도나자 소송을 냈다. 현재 예금보험공사 등 금융당국의 지침은 '분식회계가 벌어진 회사의 임원들은 모두 민사상 손해배상 소송 대상으로 포함시킨다'는 것이다.

---

9) 곽태철. 2005. 상장회사 감사 및 감사위원과 외부감사인의 책임과 그 범위(최근 판례를 중심으로). 상장회사협의회 감사회 조찬 강연.

10) 김석웅. 2003. p.233.

11) 매일경제신문. 2005. 2. 23. 분식 단순 가담 손배책임 없다.

따라서 이 판결은 증권관련 집단소송제가 도입된 현 시점에서 모든 임원이 분식회계로 인한 손해배상책임을 물어야 하는 것은 아니다는 선례적 의미가 있다.

사례 3: 법원 경영참여 안 했을 땐 책임 없다. 단순 등재이사 잇단 구제[12)]

경영에 대해서는 아무것도 모르는 상황이었다. 알았다 하더라도 권한이 없었다. 회사 사정이 어려워져 빚을 갚지 못하게 되자 금융권에서 A씨를 상대로 한 소송을 시작했다. 신용보증기금법, 상호신용금고법, 금융당국의 내부규정 등은 회사의 부실경영에 대해 모든 이사가 연대적인 책임을 진다는 규정을 명문화하고 있기 때문이다. 이에 대해 법원이 A씨처럼 단순히 이사로 등재된 경우에는 구제돼야 한다는 판결을 잇따라 내 놓고 있다. 회사 운영상 어쩔 수 없이 이사로 등재돼 있었을 뿐 실제로 경영에 참여하지 않은 사람은 경영상 실책에 따른 손해배상 책임에서 벗어나야 한다는 법적 견해를 지지하고 있는 셈이다.

19일 서울고법 민사11부(부장판사 김대휘)는 공장설비업체인 B사의 은행 대출금 보증을 섰던 신용보증기금이 이 업체 대표의 아들이며 등기이사였던 A씨를 상대로 낸 소송의 2심에서 1심 판결을 뒤집고 원고 패소 판결했다. 재판부는 민사상 책임은 해당 이사가 경영을 사실상 지배/관여하고 있거나 그럴 가능성이 있는 때만 발생한다며 형식상 이사로 등재된 경우에는 그 책임을 부담시킬 수 없다고 해석해도 옳다고 판정하였다. 헌재도 최근 상호신용금고법에 대해 비슷한 취지의 판결을 내려 이 같은 추세를 뒷받침하고 있다. 헌재는 2002년 상호신용금고 임원들에 관해 연대적으로 책임의무를 지도록 규정했던 옛 상호금고법에 대해 위헌 판결을 내렸었다.

이 판결은 단순히 직을 맡았다고 책임이 있는 것이 아니라 실질적으로 업무에 관여하였는지를 검토하여야 한다는 의미이다. 즉, 사외이사도 실질

12) 매일경제신문. 2005. 4. 20. 법원 경영참여 안 했을 땐 책임 없다. 단순 등재이사 잇단 구제.

적인 영향력에 있어서 상근이사보다는 낮은 책임을 져야 한다는 판결을 수행하는 재판부가 있는 것이며 등기한 이사일 경우도 실질적으로 업무를 수행하지 않았다면 책임을 지지 않을 수도 있다는 판단이다. 이는 등기를 하지 않았다고 하더라도 실질적으로 영향력을 미칠 수 있다는 해석과 같이 판단한다면 이사의 책임 한계에 있어서는 실질적인 영향력이 더 중요하다고 할 수 있으나 이는 판례에 따라 달리 해석될 수 있다.

가장 명백한 법에 의한 해석은 실질 영향력보다는 등기된 법적 이사의 의사결정 여부이다. 예금보험공사의 분식회계 관련된 정책도 등기한 이사는 모두 손배소송의 대상으로 삼는다는 것이므로 이러한 경우 소송에서 재판부가 이를 어떻게 해석하고 적용하는가에 달려 있다.

Chapter 5

이사회의 활동

회계와 관련된 감시역할은 감사위원회의 고유의 역할이지만 이사회가 당연히 이와 관련된다. 이사회의 활동과 관련해서 이사회가 맡겨진 업무를 충실히 수행하는지가 이슈이다. 이사회/감사위원회가 맡겨진 업무를 수행하고 있는지와 관련된 측정을 시도할 수 있다. 물론, 주관적인 판단의 대상이기 때문에 대용치로만 측정이 가능한데 이를 측정하기 위해서 이사회/감사위원회 회의개최수, 사외이사 참석률 등을 대용치로 사용할 수 있다. 물론, 어느 정도 심도 있게 업무가 수행되었는지를 검토하기 위해서는 회의록 등을 검토하여야 하지만 이는 공개된 자료가 아니므로 입수가 어렵다.

사외이사의 자격으로 최근 2년간 관계회사의 임원이었던 자를 배제하는 정책에서 이를 5년간 관계회사의 임원을 배제하는 정책이 최근 논의되고 있다.

시민단체의 입장에서는 이러한 자료를 입수할 수 없기 때문에 사외이사의 참석률로 이사회가 효율적으로 운용되고 있는지를 검토한다. 실제로 삼성전자 등의 주총에서 사외이사의 이사회 출석률이 공개적으로 문제로 제기된다. 미국에서는 은행이 각 주정부에 의해서 제재를 받는데 California 주의 경우는 한 달에 한번은 반드시 이사회를 개최하여야 하며 또한 더욱 중요하게는 전체 회의 중에서 3/4 이상을 출석하지 않은 이사일 경우는 주 정부에서 해임을 요구한다고 한다. 이는 특히 금융기관이기 때문에 적용되는 요구사항일 것이다. 물론, 사외이사가 이사회에 출석만 한다고 해서 맡겨진 역할을 적절히 수행하고 있는지에 대해서도 논란이 될 수 있지만 이 변수는 최소한의 요건이라고 할 수 있다. 사외이사의 역할이 적절이 수행되는지를 가늠하기 위해서 언론에서 사용되는 이사회에서의 안건 반대 비율을 인용하여 사외이사가 거수기다 아니다의 판단의 잣대로 사용되는 것은 현상을 오도할 수 있다. 무조건적인 반대만이 사외이사의 역할을 적절히 수행하는 것은 아니다.

또한 이사회에 안건으로 상정되기 이전에 회사와 이사들간에 의견 조정을 거치기 때문에 부결될 안건은 아예 이사회에 상정되지 않을 수도 있다.

Carcello(2002)는 사외이사로 구성될수록 감사수임료가 높다는 연구결과를 보였다. 전문적인 이사의 판단은 다른 회사의 이사회에 참여하는 경우로 정의하고 있다. 한국에서는 이를 3개의 공개기업으로 제한하다가 이를 다시 2개의 공개기업으로 제한하였다. 물론, 이러한 개정의 취지는 사외이사가 일할 수 있는 제한된 시간을 감안한 것이다. 반면, 위의 미국 연구에서의 전문성은 시간적 제약보다는 사외이사로서의 경험/경륜에 대한 점을 더욱 높게 인정한 것이다.

미국에서 제도적으로 사외이사를 동시에 수행할 수 있는 기업의 개수를 한정하고 있지는 않지만 일부 기업은 기업의 차원에서 이러한 제약을 가하기도 한다. 예를 들어 MCI는 그들의 사외이사에게 사외이사로 활동할 수 있는 기업의 수를 3개로 제한하고 있다.

국제적인 대리 투표 및 기업지배구조 서비스 대행사인 Institutional Shareholder Services는 6개 이상의 이사회에서 이사직을 겸하고 있는 이사의 투표권을 제한할 것을 권고하기도 한다.[1]

활동성은 몇 가지로 측정할 수 있다. 가장 효과적으로 활동성을 측정할 수 있는 방법은 회의록을 구해서 어떠한 이사가 어떠한 발언을 하였는지를 추적하는 것이나 회의록 입수가 용이치 않다. 따라서 출석률을 사외이사가

1) Excellence Korea. 2005. 8. p.93. 이사 선임때 이런 원칙을 지켜라.

적절한 업무를 수행하는지를 판단하는 대용치로 사용한다.

이사의 책임의 문제를 기술하기 위해서 다음을 정의한다.

고의, 과실, 중과실의 정의

고의: 허위임을 알면서 진실인 것같이 표시하려는 의도

과실: 회계의 기술 내지 이론을 오해하여 진실인 것처럼 믿은 것.

중과실

: 주의의무 위반의 정도가 현저한 경우

: 조금만 주의하였더라면 결과 발생을 회피할 수 있었음에도 불구하고 이를 게을리한 경우

: 통상 요구되는 상당한 정도의 주의가 아니라 약간의 주의만 하였더라도 손쉽게 위법, 유해한 결과를 피할 수 있었을 경우의 고의에 가까운 정도의 주의 의무의 해태

: 조금만 주의를 기울였더라면 피용자의 행위가 그 직무권한 내에서 적법하게 행하여진 것이 아니라는 사정을 알 수 있었음에도 만연히 이를 직무 권한 내의 행위라고 믿음으로 일반인에게 요구되는 주의의무에 현저히 위반하는 것으로 거의 고의에 가까운 정도의 주의를 결여한 경우

외부감사 및 회계 등에 관한 규정시행세칙

별표 2호 중 공인회계사에 관련된 부분:

고의: 공인회계사가 회사의 회계처리기준 위반 사실을 묵인하거나 회사와 공모하여 회사로 하여금 기업회계기준 등 일반적으로 인정된 회계처리기준에 반하는 재무제표를 작성케 하는 경우

과실: 고의 또는 중과실에 해당하지 않으나 회사 또는 공인회계사가 직무상 선량한 관리자 또는 전문가로서의 정상의 주의의무를 해태한 경우

중과실: 공인회계사가 재무제표에 표시된 내용, 금액의 크기 또는 항목의 성격 등만으로도 실제와 다르게 표시되었음을 충분히 의심할 수 있는

사항 또는 중요한 계정과목에 대하여 일반적으로 인정된 회계감사기준에서 요구하는 필수적인 감사절차를 준수하지 않은 경우

감독원 조치의 용어와 법원이 사용하는 용어에는 차이가 있다. 감독원의 경우 금액/내용의 양적 또는 질적 중요성에 따라 조치 수준을 결정하며 고의, 중과실, 과실 등의 용어를 사용한다. 그러나 감독원에서 사용하는 이러한 조치수준을 표시하는 용어는 법정 용어가 아니다. 고의성은 객관적으로 관찰이 가능하지 않기 때문에 금액이 매우 크고 중요하다면 고의성이 있다고 미루어 짐작할 수는 있을 것이다. 감독원의 조치 수준을 그대로 법정에서 원용한다면 큰 혼란이 야기될 수도 있다고 판단한다. 고의성이란 미국에서 scienter라는 법정용어로 사용된다. 범법행위에 대한 판단에 있어서 고의성 판단은 매우 주관적이다. 상법일 경우는 고의 대신 악의라는 표현을 사용한다. 감독원이 사용하는 이러한 위법 정도를 나타내는 용어는 금액 및 중요성으로 판단된 단계이지 법적인 내용이 아니다.

최근 집단소송제도가 도입되면서 실무의 공인회계사들 간에는 자신의 재산을 배우자의 이름으로 돌리는 경우가 흔히 발생한다고 한다.[2] 책임을 져야 하는 사람이 응분의 책임을 지는 것은 당연하며 바람직하다. 그러나 감당할 수 없는 책임을 지우는 것이 맡겨진 역할을 충실히 수행하기 위한 동기부여가 될 수 있는지는 명확하지 않다. 그 예로 과도한 지급보증을 들 수 있다. 한 개인의 경제적인 파산을 초래할 수 있을 정도의 책임을 지우는 것이 역할 수행과 어느 정도 높은 관련성을 갖는지 명확하지 않다. 다만 이러한 책임이 너무 과도할 경우 능력 있는 전문 인력이 이러한 책임을 맡는 것 자체를 회피한다면 이러한 제도가 바람직한지에 대해서도 심각하게 고민해 보아야 한다. 실무의 공인회계사에게 감당할 수 없는 책임을 지우는 것은 능력 있는 회계사들이 회계산업을 이탈하는 결과를 초래할 수 있다.[3] 또한 이 이전 단계에서도 능력 있고 우수한 인재들이 아예 회계산업을 외면할 위험도

2) 한국경제신문. 2004. 6. 28. 내년 증권 집단소송제도 시행. '공인회계사들 나 떨고 있니.'

3) 저자가 과도한 책임이 초래할 수 있는 문제점을 지적하는 것이지 이러한 책임이 적절한지 아닌지의 여부에 대한 판단을 하고 있는 것은 아니다.

초래한다.

많은 회계분식은 정치권과 밀접한 관계를 갖는다. 기업생존을 위해서 선거자금을 마련하는 과정에서 부정한 방법으로 비자금을 만들었다고 할 때, 이러한 책임을 누가 져야 하는지는 명확하지 않다. 과거, 선거 때만 되면 수백억원이 들었다고도 하고 수천억원이 들었다고도 하는데 실질적으로 기업의 장부에 보고되는 기부금은 얼마 되지 않는다. 회계장부를 속이지 않고는 이 천문학적인 금액을 조달할 수 없다.

최근 한 정당은 이 정당의 모든 회계정보를 공개하고 감사를 받겠다고 공언하였다. 신선한 충격이다. 물론, 이러한 약속이 정치적인 공치사가 아닐지는 두고 보아야 하겠으나 많은 회계부정의 원인 제공자가 정치권과 무관하지 않다는 점을 감안한다면 정당 및 정치인의 대오각성이 회계정보 투명성 제고의 선결조건이다. 이러한 수준에서 그치는 것이 아니라 정당 대표는 정당이 발표하는 회계정보가 적정함을 인증하여야 할 것이다. 이는 모든 기업에 적용되는 회계의 원칙을 다른 조직에도 적용하여야 한다는 점에서 정당화될 수 있으며 정당이 이러한 모범을 보여야 한다. 즉, 정당의 재무제표에 정당의 대표와 이 회계정보를 감사하는 회계법인의 대표가 동시에 서명하여야 한다. 이는 CEO, CFO의 인증을 정당에 적용하는 것과 동일하다.

또한 최근에는 학교법인, 기금, 공공기관, 지방행정기관, 정당 및 종교단체에 대한 회계감사의 필요성이 강하게 대두되고 있다. 일부 노조의 비리문제가 공개되면서 한국노총도 자체 혁신의 과정에서 외부감사를 받기로 하였다. 단, 감사를 반드시 감시의 의미에서만 해석할 것이 아니라 예방의 차원에서 생각하여야 한다.[4)]

기획예산처는 기금운용의 투명성과 책임성을 높이기 위해 이 같은 내용의 기금관리기본법 시행령개정안을 입법예고했다. 이에 따라 29개 기금이 민간 회계감사를 받게 됐다. 개정안은 민간 회계법인으로 하여금 재무제표에 대한 의견 외에 관련법령 준수여부, 내부통제 체제의 적정성에 대한 의견 등을 포함해 감사하도록 하였다. 이에 해당되는 기금은 국민연금, 공무원연

4) 한국경제신문. 2005. 5. 17. 노조 외부감사제 도입.

금, 사학연금, 외국환평형기금, 기술신용보증기금, 국민주택기금, 농수산물 가격안정기금 등을 들 수 있다.[5)]

전임 교육부총리는 "회계비리로 분규와 민원이 끊이지 않는 사학(사립대학) 비리를 해결하기 위해 사립학교 이사회의 공공성을 높이고, 이사회의 비리견제 장치를 강화하며, 이사회에 집중된 권한을 분산하도록 사립학교법을 개정하겠다"고 반부패관계기관협의회에서 보고했다. 교육부총리는 또 사학 비리를 차단하기 위해 예/결산 등 회계에 대한 감사증명제도를 강화하고, 회계정보를 통합관리하여 일반인에게 공개하며, 학부모의 감사청구권제 도입을 주요 내용으로 하는 세부 시행방안을 올해 안으로 마련하겠다고 밝혔다.[6)] 또한 대학 정보의 공시제도도 도입한다고 한다. 이 모든 내용은 사학이 국민의 교육을 담당하고 있기 때문에 투명하게 정보를 전달하여야 하는 의무가 있다고 할 수 있다. 모든 경제 인구를 대상으로 하는 공개 기업의 정보가 투명하여야 하듯이 국민 모두를 대상으로 하는 사교육기관의 경영도 같은 맥락에서 이해할 수 있다. 이러한 제도의 도입은 사기업에 있어서의 제도를 도입하는 것과 유사하다.

최근 불교에서 종단 산하 19개 시도 교구종무원에서 1명씩의 종단 대표를 추천받아 감사팀을 구성, 회계 및 종무 행정 전반을 감사하기로 했다.[7)] 투명사회를 만들려는 의도가 종교 단체에도 파급되는 것이다.

정부투자기관과 정부산하기관은 기획예산처의 경영평가를 받는다. 이는 이들 기관이 이해관계자가 많기 때문이다. 평가와 감사는 매우 유사한 업무를 수행하는 것이다. 정부기관에 대한 감사(감시, 통제, 포괄적인 평가)업무는 국회의 국정감사, 감사원, 정부투자기관 및 정부산하기관일 경우는 기획예산처의 정부투자기관 경영평가에 의해서 수행된다.

우리 모두는 예외 없이 책임이 주어지지 않을 경우 무책임하거나 신중하지 않은 의사결정을 수행할 가능성이 높아진다. 권한과 책임이 분명히 정

5) 한국경제신문. 2004. 2. 5. 국민연금 등 자산 3천억 이상 29개 기금 올해부터 회계법인 감사의무화.

6) 조선일보. 2004. 6. 30. 사학 회계 공개해 이사회 비리.

7) 조선일보. 2004. 6. 3. 불교계도 투명경영바람.

의된 사회가 시스템으로 움직이는 사회이며 전통적인 우리 사회의 악습인 청탁이나 인적 네트워크가 덜 개입되는 사회로 정착되는 초석이 될 것이다.

정치자금은 수요자가 존재하기 때문에 이를 공급하려는 공급자가 존재한다고 할 수 있다. 이러한 측면에서 기업은 정치권에서 요구하는 정치자금을 공급하기 위해서 분식회계를 수행하였다고 하면 분식회계의 피해자라고도 할 수 있다. 물론, 공급자가 잠재적인 수요를 창출하기도 하지만 누가 원인 제공자인지를 판단함은 불가능하다. 닭이 먼저인지 달걀이 먼저인지의 논쟁과도 동일하다.

이러한 책임의 한계는 회계법인의 심리담당 이사에 대한 조치에 대해서도 적용된다. 회계법인 및 공인회계사에 대한 조치가 내려질 때, 이 법인의 심리담당이사에 대해서도 많은 경우, 조치가 취해진다. 각 회계법인의 심리실은 감사를 검토(review)하기 때문에 공동의 책임을 지는 것이다.

그러나 법인에서 수행되는 수많은 건수의 감사에 대해서 심리실에서 모든 과정을 완전하게 monitor한다는 것은 불가능하다. 이러한 측면에서는 심리 담당 이사(많은 경우는 심리실장)에서 부과되는 누적되는 제재는 과도하다는 의견이 있다. 반면, 심리실장에게 이러한 조치가 취해지기 때문에 이들에게 공정한 회계정보를 강제할 수 있는 실권이 실리는 것이라고도 역설적으로 설명할 수 있다. 책임에 따르는 권리를 의미한다.

회계법인 이사 책임 강화

회계법인 이사의 주된 책임범위가 감사업무 참여 제한 조치에 해당되는 위법행위까지 확대되고 고의적인 회계감사 위법행위는 경미한 사안이라도 검찰에 고발조치할 수 있는 근거가 마련되었다.

2003년 12월 17일 금융감독위원회와 금융감독원은 보다 철저한 회계감사를 위해 회계법인 이사에 대한 책임을 강화하는 방향으로 외부감사 및 회계 등에 관한 규정과 시행세칙을 바꿀 예정이라며 이같이 밝혔다. 개정안에 따르면 공인회계사가 위법행위로 인해 1년간 감사업무 참여제한 요구 조치를 받은 경우 앞으로는 담당 이사에게 주된 책임이 있는 것으로 간주되고 담당 회계사는 종속된 책임만 부담하면 된다.

현재는 등록취소 직무정지 등 재정경제부 장관에의 처분 건의가 있을 때만 위법행위의 주된 책임자를 담당 이사로 하고 있고 감사업무제한 요구 조치에 해당되는 위법행위는 회계감사 담당자가 주된 책임을 부담하도록 돼 있다. 이 같은 금융감독당국의 조치는 회계법인의 내부통제시스템을 제대로 작동하게 해 기업회계 투명성을 확보하고 예방적 회계감독을 좀더 강화하기 위한 방안의 일환으로 풀이된다.

금감원 관계자는 "회계감사에 투입되는 시간과 인력은 담당이사가 결정한다"며 "담당이사가 이를 적게 투입할 경우 부실감사로 이어질 소지가 있는 만큼, 그 책임도 묻겠다는 취지"라고 설명했다.

또 감리결과 조치 양정기준을 바꿔 고의적인 위법행위 중 가장 낮은 단계인 '고의Ⅳ' 위반에 대해서도 기업 및 임직원과 담당회계사를 검찰에 통보할 수 있는 근거가 마련된다. 현재는 '고의Ⅲ' 단계까지만 검찰에 통보할 수 있도록 되어 있다.

이는 공인회계사법에 회계법인 이사만이 감사업무를 행하도록 하고 소속공인회계사는 그 보조자로서 할 수 있도록 규정하고 있고, 감사인력 · 시간의 투입결정권한, 실무회계사의 업무에 대한 감독책임 및 감사의견 결정권 등을 담당이사가 갖고 있으며, 회계법인 자체적으로 감사품질관리를 강화하도록 유도하기 위한 것이라고 금감위는 설명했다.[8)]

사외이사의 주식소유/주식매입선택권 소유

이사회 또는 감사위원인 비상임이사의 주식소유가 문제가 되고 있다. 영국의 경우 주식매입선택권(stock option 및 주식소유)을 금지하고 있는 반면 미국의 경우는 사외이사도 주식소유 및 stock option을 부여받는 것을 장려하고 있는 입장이다. 동일한 사안에 대해서 어떠한 이유에서 차이가 있는지를 생각해 보면 사외이사가 주주이며 또한 주식매입선택권을 소유하고 있다고 하면 기업의 모든 의사결정이 채권자의 부를 주주에게 이전시키는

8) 조세일보. 2005. 6. 24. 회계처리위반 제재 회계법인 '담당이사'에 주책임.

의사결정을 수행하는 경우도 배제할 수 없다. 물론, 기업의 목적은 주주의 부의 극대화라는 점은 절대적인 사실이다. 다만 이를 위해서 원리금 상환이라는 채권자의 이해가 훼손되어서도 아니 된다. 원리금 상환을 만족한 이후의 부의 극대화는 바람직하다. 그러나 부의 극대화를 달성하기 위해서 원리금 상환의 가능성이 낮아질 개연성도 존재한다. 특히 우리나라는 미국의 경우에 비해서 부채비율이 높고 특히 금융기관으로부터의 차입이 높은 특징을 갖기 때문에 채권자의 권리는 마땅히 보호되어야 한다. 이러한 의미에서도 투명한 회계정보의 전달이 중요하다.

채권자의 이해가 보호받기 위해서 감사인 선임위원회가 구성된다. 이는 이해관계가 얽힐 경우 모든 이해관계자를 보호하기 위함이다.

최근에 와서 외국인 지분율이 높아지면서 감사인 선임위원회의 운영에 어려움을 겪기도 한다. 즉, 외국인 투자자가 외국에 소재하기 때문에 실질적으로 이들이 감사인 선임위원회에 참석한다는 것이 매우 어렵다. 이는 소버린 등의 회사가 SK 등의 주총에서 경영권에 영향을 미치는 행위를 수행하는 것과는 차이가 있다.

외감법 시행령 제 3 조의 2 에 의하면,

> 감사인선임위원회는 각호의 자로 구성한다. 감사위원회가 설치된 기업은 감사인선임위원회의 역할이 감사위원회로 대체된다.
>
> 1. 감사 2 인 이내
> 2. 사외이사가 있는 회사의 경우에는 사외이사 중 2 인 이내
> 3. 지배주주 및 그와 특수한 관계가 있는 주주를 제외한 주주 중에서 의결권 있는 주식을 가장 많이 소유한 주주 2 인
> 4. 지배주주 및 그와 특수한 관계가 있는 주주를 제외한 채권자 중 채권액이 가장 많은 2 인.
> 5. 지배주주 및 그와 특수한 관계가 있는 주주를 제외한 의결권이 가장 많이 소유한 2 인 기관투자자

또한 벤처기업으로 지정된 코스닥상장기업은 반드시 사외감사를 두도록

하고 있다.

최근 주식매입선택권이 급속도로 확산되자 이에 대해서도 재검토가 있어야 한다는 논의가 지배적이다. 물론, 이를 채택하는 기업일 경우는 이 제도가 경영자로 하여금 본인 자신의 효용 극대화가 아니라 주주의 부의 극대화를 최대화시킬 수 있는 좋은 제도라고 하여서 채택하고는 있으나 option이 행사된다면 option 소지자가 발행가액 이하의 가액으로 주식을 매입할 수 있기 때문에 기업 전체적으로는 부담이 되며 이러한 부담은 주주가 안게 된다. 기업에 부담이 되기 때문에 이를 기간에 할당하며 기간 비용화하는 것이다.

물론, 이러한 주식가액에 이르게 된 경영자의 업적에 대한 보상이기는 하다. 다만, 높은 주가가 경영자의 뛰어난 업적에 의해서 달성된 것인지 아니면 경제 환경이 좋아서 그렇게 된 것인지에 대해서는 원인과 결과가 명확하지 않다. 이러한 제도의 채택은 경영자의 업적에 대한 보상의 취지이므로 경제 환경이 좋았기 때문에 주가가 상승되었다면 이 부분에 대해서는 보상을 수행할 원인 행위가 존재하지 않는 것이다. 단, 이를 구분할 방법이 없다는 데 문제가 있다.

stock option의 출발점은 incentive의 제공이었지 경영자에 대한 추가적인 보상은 아니었다. 추가적인 보상은 stock option이 추구하는 목표를 달성하려는 한 과정에서 발생한 것에 불과하다. 미국에서도 stock option이 실효가 있는 제도인지에 대한 검토와 비판이 수행된다.

일부의 은행에서 문제가 되었던 stock option은 행사가격이 너무 낮게 책정이 되어서 문제가 되었다. 행사가격은 stock option이 부여될 당시의 주가에 비해서 충분히 높은 수준으로 책정되어야 incentive로 작용될 수 있다. 달성 가능하지 않은 너무 높은 가액으로 행사가액이 책정되어 있다면 이는 incentive로 작용할 수 없을 것이며 너무 낮게 책정되었다고 하여도 이는 incentive의 성격이라기보다는 추가적인 급여의 성격이다. 그러나 반면에 이러한 가액이 달성가능하지 않다면 어차피 incentive로 작용하지 않을 것이다.

행사가격이 너무 낮게 책정되어서 incentive로 작용하지 않는다는 내용은 다음의 사례에서 읽을 수 있다.

공시일인 3일 우리금융의 주식시장 종가는 9,350원으로 행사가격보다 68원 높다.[9] 지난해 순이익 기준으로 배당성향은 9.25%에 불과하다. 배당성향으로만 따지고 보면 신한지주(배당성향 33.12%), 국민은행(30.36%), 하나은행(9.81%) 등 국내 대형 은행에 비해 크게 떨어지는 수준이다.

배당수익률(주당 배당금을 주식 시가로 나눈 비율)도 형편없다. 3일 종가 기준으로 배당수익률은 1.60%에 그쳤다. 신한지주나 하나은행 등의 배당수익률이 2%를 넘는 것에 비하면 소액주주들이 배당으로 챙겨갈 수 있는 이익은 불만을 표시할 만하다. 즉, stock option 주식수도 많을 뿐만 아니라 행사가격도 상당히 낮게 책정이 되어 있다.

이에 대해 담당자는 '행사가격은 이사회 부여일 전일부터 과거 2개월, 1개월, 1주 간의 종가를 거래량으로 가중평균한 가격을 산술평균한 가격으로 결정됐다'며 문제가 없다는 의견이다.

삼성그룹이 스톡옵션을 폐지하려는 계획이 있음이 최근 보도되었다.[10] 삼성에서 스톡옵션의 문제점으로 제기되는 부분은 다음과 같다. 첫째, 경영자가 기업의 중장기 가치를 최대화하려고 하지 않고 단기 업적을 최대화하려는 것이다. 둘째, 이를 위해서 이익조정이 수행될 수 있으며, 셋째로는 비상장기업과 상장기업간 임원의 형평성의 문제가 제고되었다.

유럽국가에서는 주주와 채권자만이 기업과 관련된 이해관계자가 아니라 종업원도 이해관계자이기 때문에 이사회의 일원으로 참여한다.

재경부는 증권거래법 시행령을 개정하여 특정 금융회사와의 예금대출, 수익증권 및 보험 등의 거래규모가 잔액기준으로 1억원이 넘어도 해당 금융회사의 사외이사를 맡을 수 있다.[11] 또 특정회사의 주식을 발행주식 총수의

9) 매일경제신문. 2005. 3. 3. 우리금융 지주 임원—스톡옵션잔치, 개인—초라한 배당금.
10) 한국경제신문. 2005. 9. 6. 삼성그룹 스톡옵션제 폐지.
11) 한국경제신문. 2005. 1. 27. 사외이사 자격 요건, 금융 주식보유완화.

1% 이상 보유하고 있거나 시가 기준으로 3억원 이상(주식의 취득가액을 기준으로 하되, 주식매입선택권을 부여 받은 경우에는 행사가격을 기준으로 함)보유하고 있는 사람은 해당회사의 사외이사를 하지 못하도록 한 규정에서 3억원 이상의 금액제한이 폐지된다(법 21조 제1항의 규정에 의한 보류를 의미).

이러한 정책변화가 어떠한 근거를 갖는 것은 아니다. 다만 금액으로 규제한다는 것은 상대적인 비교가 아니며 비교의 근거가 존재하지 않기 때문에 이러한 규제가 제거되었다고 판단된다. 증권회사의 직원이 본인이 근무하는 회사를 통해서 저축거래를 하는 것은 가능하지만 위탁거래를 하는 것은 금지하고 있다. 반면 은행 직원이 본인이 근무하는 은행에 계좌를 갖는 것을 금지하지는 않는다. 이는 거래규모가 큰 사외이사가 큰 금액을 거래할 경우에 어떠한 부정한 방법으로 영향을 가하지 않을 것인지와 관련된 걱정 때문이다.

단, 지분율에 상한선을 두는 것은 이사회의 이사가 많은 주식을 갖는다면 그들만을 위한 의사결정을 수행하지 않을지의 우려와도 연관된다.

그러나 이러한 논리 전개도 정당화하기 어려운 것이 상근이사일 경우 주식보유제한이 없다. 다만, 사외이사에 대한 독립성을 확보한다는 차원에서 상대적인 주식보유의 상한선이 제시되고 있다고 판단된다. 상근이사에게는 독립성이라는 것을 기대하기 어렵기 때문에 이러한 제도는 당연히 사외이사에게만 강제된다. 이를 달리 해석한다면 1% 이상의 주식을 소유하며 이사회에 참여한다면 당연히 상근이사로 참여하여야지 사외이사는 어느 정도까지는 최대주주에 대한 외부에서의 감시역할을 수행하고 있으므로 이러한 자가 사외이사를 맡는다는 것은 합리적이지 않음을 의미한다.

Johnson, Hoskisson와 Hitt(1993)는 사외이사의 주식소유가 증가함에 따라 기업의 최고경영자와 기타 최고경영진이 이러한 사외이사에 대한 통제를 강화하려는 시도의 확률도 증가함을 보였다. 영국에서는 이러한 우려가 심각한 것 같지 않지만 기업이 사외이사를 동기유발하는 수단으로서 주식소유를 증가시킬 때 경영자를 감시하는 데 있어서 이러한 이사의 독립성, 객관성, 효과성은 위태롭게 될 수 있다.[12] 이러한 이유에서 사외이사의

12) 김석웅. 2003. p.231.

주식소유 및 stock option에 대해서 영국에서는 부정적인 정책을 취하는 것이다.

위에서 지적된 두 이해상충은 하나는 사외이사와 채권자간의 이해상충이며 두 번째 이해상충은 경영진과 사외이사간의 이해상충이다.

따라서 사외이사에게 주식이나 주식매입선택권을 허용할 것인지의 의사결정은 이사회의 이사에게 기업의 부의 극대화를 이루기 위한 incentive를 제공할지 아니면 주식이나 주식매입선택권을 소유한 이사가 이들 개인의 효용을 위해서 의사결정을 수행하는 것을 방지하여야 하는지와 관련되어 적절한 정책이 선택되어야 한다.

Cadbury 보고서(1992)의 후속연구로 나온 Hampel 보고서(1997)는 비상임이사의 보수와 관련하여 보수의 일부를 주식으로 지급하는 것은 이사의 이해를 주주의 이해와 일치시키는 유용하고 정당한 방법이라고 하고 있다. 다만 주식 option에 대해서는 부정적인 입장을 취하고 있는데 그 이유로는 option의 레버리지 효과로 인한 잠재적 이익의 크기가 비상임이사들에게는 부적절하기 때문이다. 그러나 정광선 외 2인은 비상임이사들에게 제공하는 option의 규모는 상임이사들에 비해 매우 작은 일부에 지나지 않기 때문에 Hampel 보고서 등의 논리는 잘못된 것이라고 기술하고 있다. 실제로 미국의 많은 기업들이 이미 사외이사들에게 주식 option을 급여의 일부로 지급하고 있다.[13]

경영자주식 소유와 사채약관한도의 접근이라는 두 가지 기본 변수가 회계부정에 개입하는 경영자의 성향에 영향을 준다. 이러한 연구는 경영자 소유주식의 0%와 5% 사이에서 그리고 25% 이상의 범위에서 경영자와 주주간의 목표 일치를 시사한다. 그러나 5%에서 25%까지의 범위에서 경영자의 기회주의적 행동이 예상되며, 따라서 회계부정이 발생할 확률이 증가한다.[14] 5% 미만의 주식을 소유할 경우는 소유주식으로 인한 수익이 미미하

13) 정광선, 김영호, 문형구. 1999. 한국형 사외이사제도에 관한 연구. 한국상장회사협의회. 각주 26.

14) 김석웅. 2003. p.102.

기 때문에 부정에 개입될 확률이 낮으며 25% 이상의 주식을 소유할 경우는 많은 주식을 소유하기 때문에 경영자가 주주를 위한 의사결정을 수행한다. 이는 주주를 위한 의사결정이 곧 본인을 위한 의사결정이기 때문이다. 물론, 이러한 연구에서의 5%, 25%의 주식소유의 정도가 cut off point가 됨은 매우 자의적이며 단지 외국의 연구에서의 결과에 근거하지만 논리적으로 정당화될 수 있다.

Loebbecke, Eining과 Willingham(1989)은 기업에서 높은 경영자지분은 잠재적 회계부정의 적신호 지표라는 결론을 내린 바 있다. Dechow, Sloan과 Sweeney(1996)는 증권거래위원회의 조사대상기업의 경영자가 조사대상외 기업의 경영자보다 더 많은 비율의 소유권지분을 보유하였다는 점을 발견하였다. Beasley(1996)도 회계부정에 개입하는 기업은 비부정기업보다 더 많은 경영소유권을 가진다는 점을 발견하였다.[15] 이러한 현상이 발생하는 이유는 최대주주를 통제하고 제어할 수 있는 기능을 소액주주가 갖지 못하는 데 기인한다. 즉, 이러한 경우는 최대주주의 이해를 위해서 소액주주의 이해가 희생될 가능성이 높다. 이는 위에서도 기술하였듯이 최대주주와 소액주주간의 이해관계의 상충과 연관된다. 최근 최대주주에 대한 기업의 대여를 금지한 내용과 맥을 같이한다. 즉, 최대주주에게 기업에서 대출금을 대여할 경우 부정이 싹틀 가능성이 높아진다. 이러한 실증분석 결과는 25% 이상의 주식을 소유할 경우 경영자와 주주의 목표가 일치한다는 위의 내용과는 일치하지 않는다.

경험적 연구인 Feroz, Park와 Pastena(1991), Shivdasani(1993)에서는 기업의 주주는 자신의 투자를 보호하기 위해 회계부정을 방지하려는 유인을 갖는다. 이러한 연구의 결론에 의하면 사내이사와 사외이사를 포함하여 이사의 주식소유비율이 증가할수록 회계부정의 확률은 감소한다는 연구 결과를 보인다.[16] 즉, 주식소유가 많을수록 자신의 책임을 보다 효과적으로 완수한다는 실증분석 결과를 보여서 영국에서 우려하였던 부분이 적어도

15) 김석웅. 2003. p.165.

16) 김석웅. 2003. p.230.

미국에서는 실증적으로 문제가 되지 않는다는 것을 보인다.

경영자에게 주식매입선택권을 부여해서 주주의 부의 극대화 즉, 주가의 극대화를 위해서 의사결정을 수행하도록 하는 것과 동일하게 비상임이사들에게도 동일한 incentive를 부여함은 큰 문제가 되지 않는다는 판단이다. 즉, 이사회의 비상임이사들에게 주주와 같은 이해관계를 갖도록 조정(align)하게 하는 것이다.

위의 일련의 연구에서도 검토하였듯이 이사의 주식소유와 관련되어 일관된 결과를 얻기는 어렵다.

사외이사의 역할에 대해 한 사외이사는 '협력적 견제'라는 표현으로 사외이사의 역할을 표현하였다. 즉, 이사회 내에서 사외이사는 회사의 경영에 협조하지만 동시에 견제의 역할도 소홀히 해서는 안 된다. 영국에서의 사외이사 구성과 관련된 감사위원회 규정은 최근 다음과 같이 개정되었다.

> Audit Committee all(non executive directors) at least one must have significant recent and relevant financial expertise.[17]

이러한 recent 정보라는 점이 현실감이 있는 것이 2001년 이후로 우리나라에서도 지속적으로 회계기준서가 제정되어 발표되고 있다. 회계법인에는 현행 회계기준을 이해하는 회계사가 있고 기준을 모르는 회계사가 있다고 한다. 이는 기존의 기업회계기준이 점진적으로 개정된 것에 비해서는 매우 많은 내용이 한꺼번에 개정되는 데 기인한다. 2003년 말 회계관련 개정법률이 통과되면서 감사위원회를 구성할 때는 적어도 감사위원회 위원 한 명은 재무/회계에 전문지식이 있어야 한다고 규정하고 있다. 이러한 재무/회계 전문가가 기업에 필요할 뿐만 아니라 이들 전문가는 영국에서의 경우와 같이 변경되는 기업회계기준을 이해하고 있어야 한다.

미국의 경우 많은 이사들이 이사직 수행에 상당한 부담을 느끼고 있었

17) Berenbeim, R. 2004. Ethics Programs: The Role of the Board. Conference Board. "How to Prevent Corporate Corruption." Hills Governance Center Conference at Yonsei University.

는데 이는 2004년 소송에서 일반 이사들보다 전문지식을 갖춘 임원 및 이사들에게는 한층 더 엄격한 기준을 적용해야 한다는 델라웨어 주 법원의 판결이 내려진 후에 생겨난 현상이다.[18]

외감법에서도 감사인의 독립성에 대해서 실질적으로 또한 외관상으로 독립적이어야 한다고 기술하고는 있으나 이러한 독립성이 누구로부터의 독립성인지는 명확하지 않다. 어떻게 생각해 보면 누구로부터도 독립적이어야 한다고 할 수 있다. 즉, 어느 경제 주체로부터도 독립적이어야 한다고 생각할 수 있으며 외부감사는 외부감사 그 자체로 성립하여야 한다. 그러나 외부감사인일 경우 이들이 생산하는 정보의 이용자는 거의 모든 경제활동이기 때문에 누구로부터도 독립적이어야 한다고 할 수 있으나 이사회의 이사가 또는 이사회의 하부 위원회인 감사위원회의 위원이 독립적이라고 할 때에 누구로부터 독립적인지는 이보다는 복잡하다.

외부감사는 경영자로부터 독립적이어야 한다. 이사는 주주로부터는 독립적일 필요가 없다. 이는 사외이사는 주주를 위해서 경영진(경영자)에 대한 감시 업무를 수행하는 것이기 때문에 주주로부터는 독립적일 필요가 없다. 어떻게 보면 주주를 대변하여야 한다고 할 수 있다.

이사나 사외이사의 주식보유는 다음과 같은 측면에서는 분명히 바람직하지 않다. 즉, 이사회에서는 기업 경영과 관련된 모든 중요한 의사결정이 이루어진다. 예를 들어 이사회에서 중요한 의사결정이 일반투자자에게 공표되기 전에 결정됨으로 인해서 사내이사 또는 사외이사의 이 해당기업의 주식의 매입/매도 의사결정을 이 정보가 다른 시장참여자에게 전달되기 이전에 수행될 수 있다. 심각한 정보불균형(information asymmetry)의 문제이다. 이를 해결하는 방법은 fair disclosure(FD, 공정공시)이다. 그러나 이사회가 기업의 최고의사결정기구라는 측면에서 투자자가 알아야 할 정보를 최종적으로 결정해 주어야 하는데 이러한 정보를 이사회에 먼저 공개함으로써 초래되는 문제이다. 이러한 문제는 해당자가 사외이사거나 사내이사거나에 무관한 문제점이다. 다만, 이사회가 최종의사결정기구이기 때문에 이사회를

18) Excellence Korea. 2005. 8. p.93. 이사 선임 때 이런 원칙을 지켜라.

통과하여야만 되는 결정사항일 경우의 정보의 결정 순서를 정하는 것이 매우 어려울 수 있다.

최근 감사보고서 공시에 관한 규정이 변경되었기 때문에 감사보고서를 공개이전에 이사회나 감사위원회에 공개할 수 없도록 되었다. 과거에는 이사회나 감사위원회에 감사보고서를 공개하였으나 2003년에 관련 규정이 변경되었다. 그 배경은 공인회계사 의견이 부적정의견이나 의견거절인 경우에는 상장이 폐지되도록 되어 있는데 모 회계법인에서 상장회사에 대한 감사를 실시한 결과, 분식이 많이 되어 있어서 부적정의견이 나올 것으로 예상되는 상황이었다. 그런데 회사 측에서 회계법인 감사인들에게 이사회나 감사위원회에 보고를 해야 한다고 부탁을 해서 미리 감사보고서를 보고하였는데 감사보고서에 부적정의견이 제시되어 있었다. 부적정의견이면 상장이 폐지된다는 사실을 안 이사회 및 감사위원회 구성원, 내부 직원들이 주식을 모두 매각하는 사례가 발생하였다. 이러한 과정의 결과, 공시규정이 변경되었다. 변경된 주요 내용은 회계법인이 회사에 감사보고서를 전달할 경우에는 동시에 전자공시를 해야 한다. 즉, 회사의 내부와 외부의 관계자들이 동시에 감사의견을 알 수 있도록 공지하여야 한다. 그러나 사실적으로 이러한 새로운 정책을 시행함이 용이하지는 않은 것이 특별히 감사의견에 대해서는 감사위원회에서 어떠한 점이 문제가 된다고 논의가 되면 자연스럽게 감사인이 고려하는 감사의견에 대한 논의도 진행되기 쉽다. 따라서 감사의견의 사전 유출을 완전히 통제함은 매우 어렵다. 이러한 염려 때문에 감사인에 대해서는 주식보유를 금지하는 것이지만 위에도 논의하였듯이 이사 및 감사위원회 위원의 주식 보유는 논란의 대상이다. 이러한 점에서 판단하면 사외이사를 포함한 이사의 주식소유는 바람직하지 않다.

물론, 제도를 준수하기 위해서 문건을 전달하지 않고 최근에 와서는 체계가 잘 갖추어진 기업일 경우는 구두로 이를 설명한다. 이사나 감사위원회 위원은 그렇다고 하더라도 직원의 주식소유는 바람직하다고도 인식되는데 일반투자자에게는 아직 공개되지 않은 이러한 내용이 직원들에게 유출되는 것도 이러한 측면에서는 바람직하지 않으므로 이러한 논의는 굳이 이사나 감사위원의 주식소유에만 국한된 것은 아니다.

종업원 지주제도, 우리사주 제도가 종업원과 기업의 목적을 일치하는 좋은 제도로 인식되는데 동시에 이러한 문제점도 내포한다. 아무리 좋은 제도라고 하여도 문제점이 없는 완벽한 제도란 있을 수 없다.

미국의 PCAOB에서 최근 논의되는 상황에서는 Sarbanes Oxley에서는 외부감사인이 감사위원회를 평가하도록 기술되어 있다. 감사위원회는 외부감사인에 대한 counterpart이기 때문에 공모할 가능성이 있다고 할 수 있다. 우리의 모든 행위에 대해서는 통제의 수단이 작용되도록 설치되어야 한다.

감사위원회는 이사회의 subsection이지만 감사위원회는 주총 소집권이 있다. 3권 분립으로 보았을 때에 감사위원회는 이사회에 대한 통제를 수행해야 하는데 이사회의 하부위원회이지만 하부위원회라기보다는 subsection이라고 보는 것이 더 적절하다. 왜냐하면 감사위원은 주총에서 별도로 선임되기 때문이다. 이러한 부분이 법무부가 입안과정에서 고민을 하였던 부분이다. 따라서 감사위원회를 하부위원회라고 부르기가 어렵다. 즉, 감사위원의 선임이 이사회의 내부 결정으로 되는 것이 아니라 별도의 주총 결정사항이기 때문이다. 관련된 법 규정은 아래와 같다. 따라서 이사회 산하에는 보상위원회, 임원추천위원회 등 여러 위원회가 많지만 감사위원회는 별도의 선임 과정을 거치는 유일한 위원회이다.

감사이사추천위원회는 자산규모 2조 이상의 기업에서는 강제적으로 설치되어야 하며 50% 이상이 사외이사라야 한다.

감사추천과 관련된 법령을 검토한다.

상법 제409조(선임) ① 감사는 주주총회에서 선임한다.
② 의결권 없는 주식을 제외한 발행주식의 총수의 100분의 3을 초과하는 수의 주식을 가진 주주는 그 초과하는 주식에 관하여 제1항의 감사의 선임에 있어서는 의결권을 행사하지 못한다. 〈개정 1984. 4. 10〉

위의 상법 규정에서와 같이 감사의(감사위원) 선임에있어서는 의결권을 제한한다. 감사의 선임에 있어서 이와 같이 특별한 조치를 취하는 이유는 최대주주에 의한 감사선임의 영향력을 제한하려는 의도에서이다. 감사의 역할이 최대주주 및 대주주에 대한 감시역할이므로 감시를 당하는 피감시주체가 영향력을 행사하여 감시주체를 선임하는 것이 적절치 않다는 판단이다.

주총에서의 모든 의사결정을 철저히 소유주식수에 근거한 의결권에 기초하면서도 감사(감사위원)의 선임과 관련되어서는 의결권을 제한하는 것은 상법에서 그만큼 감사의 선임이 중요하다고 판단하는 것을 알 수 있다. 이는 어떻게 보면 매우 비민주적인 방법이기도 하다. 이 건을 제외한 거의 모든 주총에서의 결정은 당연히 의결권수에 근거하여야 한다. 의결권수에 의한 방법이 가장 민주적인 방법이다.

최대주주는 그 특수관계인이 보유하거나 최대주주 또는 특수관계인의 계산으로 보유하는 주식 또 그들에게 의결권을 위임한 주식까지 합산한다.

Cadbury report에는 비상임이사는 확정된 기간 동안 임명되어야 하며, 자동적으로 연임되어서는 안 된다는 내용이 포함되어 있다. 사외이사의 임기는 어찌 보면 감사인의 계속 감사기간과 연관된다고 할 수 있다. 회계감사인이나 사외이사나 독립적으로 감시역할을 수행하여야 하기 때문에 피감사기업 및 해당 기업과 지나친 유대관계를 갖는다는 것은 바람직하지 않다. 그렇다고 강제적으로 회계감사인과 사외이사의 임기를 정하는 것이 바람직한 것인지도 명확하지 않다.

미국의 National Association for Corporate Directors에서는 "신선한 사고를 가진 새로운 이사를 위한 여유를 가지도록 10년에서 15년의 이사 임기에 대한 제한을 고려하여야 한다"[19]는 의견을 표명하고 있다. 우리나라에서의 외부감사인이 7년마다 강제 교체되는 것과 동일한 취지이다.

많은 사회적인 issue가 개입된 모든 건에서 해답이 없지만 이 부분도 해답이 없다. 단, 사외이사의 임기 연장이 당연시되는 것은 바람직하지 않으며 조직에서의 모든 직의 임용에서와 같이 업적 평가에 근거한 재임용이 수행되어야 한다.

19) 김석웅. 2003. p.228.

Beasley(1998)는 비부정기업의 사외이사 평균임기는 6.6년, 부정기업은 3.8년임을 보여서 사외이사의 임기가 긴 것이 기업의 투명성과 역의 관계에 있음을 보인다.[20] 그러나 이는 심증에 불과한 것이지 이 둘간의 인과관계를 증명하는 것은 아니다. 사외이사일 경우도 외부감사인의 경우와 동일하게 해당 기업에 대한 전문 지식을 쌓는 기간이 필요하다고 할 수 있으므로 너무 빈번하게 사외이사를 교체함도 바람직한 것은 아니다. 외부감사인의 교체와 관련된 장/단점이 사외이사의 경우에도 동일하게 적용된다.

사외이사와 기업이 불필요하게 가까운 관계를 유지한다면 엄정한 감시 역할을 수행하는 것이 어렵다고도 할 수 있으며 반면에 사외이사의 해당 기업에 대한 이해를 높인다는 측면에서는 이러한 관계가 지속되는 것이 반드시 부정적인 것만은 아니라고도 할 수 있다.

기업지배구조 개선연구센터의 모범규준에 보면 감사위원이 사외이사로서의 급여 이외의 급여를 지급받아서는 안 된다고 기술하고 있다. 미국에서는 감사위원인 사외이사는 감사위원이 아닌 사외이사에 비해서 30% 정도의 급여를 더 많이 받고 있는 것으로 알려져 있다. 감사위원이 아닌 사외이사보다 더 많은 업무를 처리하기 때문에 보수가 더 많은 것은 너무도 당연하다. 물론, 모범규준에 더 많은 보수를 받아서는 아니 된다고 규정한 취지는 충분히 이해한다. 감사위원회 위원인 사외이사가 경제적으로 예속되는 것을 방지하자는 정신이지만 업무에 대한 보수를 지급하는 것은 독립성만으로 설명되기는 불충분하다. 기업지배구조 개선연구센터에서 이 부분이 안으로 채택되던 시점에도 논란이 있었다고 한다.

반면에, 업무에 대한 적절한 보수가 제시되어야 적절한 업무를 수행할 수 있다. 그러나 이러한 보수가 필요이상으로 높아진다면 이러한 경제적인 incentive가 오히려 공정한 업무를 방해할 수 있다. 이러한 논리는 외부감사인에 대해서도 동일하게 반복된다. 감사 품질이 낮은 이유로 감사수임료가 지나치게 낮다는 이유가 빈번히 제시된다. 그러나 감사수임료가 높다면 오히려 높은 수임료를 받기 위해서 독립성을 포기할 가능성도 있다. 이러한

20) 김석웅. 2003. p.236.

측면에서는 업무에 적절한 incentive가 될 정도의 용역비가 제시되어야 하지만 반면에 너무 과도한 용역비가 제시되어서는 안 된다는 논리가 전개된다. 즉, 균형점에서 적절한 용역료가 제시되어야 한다.

Institute of Internal Auditor(2003)에 의하면 감사위원회를 구성함에 있어서 '보다 많은 시간에 보다 많은 보수'라는 원칙을 적용하고 있다. 자본주의에서 너무도 당연한 원칙의 적용이다.

이를 전문성 및 독립성과 연관시킨다. 뒤에서 다시 기술되겠지만 감사인의 독립성을 전문성과 독립성의 공통집합이라고 할 수 있으며 이는 기업 내에서 감사업무를 수행하는 사외이사나 감사위원회의 사외이사들도 동일하다. 위에서도 기술하였듯이 외부감사인이나 사내이사나 감사업무를 수행함에는 동일하다.

Fama와 Jensen(1983)은 사외이사에게 의사결정통제시스템 내에서 이해하고 일할 수 있는 의사결정전문가로서 외부의 사외이사직 시장이 있다고 주장한 바 있다. 이러한 외부의 사외이사직 시장은 사외이사의 성과에 대한 품질을 측정하기 위한 준거기준을 제공해 주기 때문에 적절하지 않은 사외이사는 자연적으로 도태될 것이며 사외이사의 효율적인 시장이 존재한다고 접근하였다.[21] 즉, 효율적 시장과 관련된 논의를 사외이사 시장에도 적용한 것이다. 효율적이지 않은 사외이사는 당연히 도태될 것이라는 사외이사 용역시장을 분석한 결과이다. 능력을 인정받은 사외이사만이 지속적으로 사외이사로서의 업무를 수행할 수 있다.

국민은행은 감사위원회는 아니더라도 이사회일 경우도 사외이사를 자동적으로 연임하는 것이 아니라 사외이사에 대한 평가를 수행한다.[22] 모든 조직의 구성원은 공정하게 평가될 때만이 효율적으로 운영될 수 있다. 김건식(2004)은 감사위원회에 대한 평가를 수행하고 자신의 활동을 적어도 연 1회 평가하고 그 결과를 이사회에 보고하도록 하여야 한다고 주장한다.

21) 김석웅. 2003. p.226.

22) 사외이사의 업무에 대한 평가는 국민은행 이외에도 다른 기업에서 수행되겠지만 이러한 평가가 가시적으로 수행되는 경우만 이곳에 기술한다.

이러한 감사인의 교체와 관련된 내용은 이사회에 있어서의 사외이사의 임기와도 연관된다.[23] 14개 일반은행 중 제일은행과 광주은행을 제외한 12개 은행은 자체 정관에 사외이사의 임기를 1년으로 규정하고 있다. 또한 금융연구원의 '은행지배구조의 평가와 과제'보고서에 의하면 응답자 중 46%가 사외이사의 선임/해임에 은행장이 가장 큰 영향력을 갖고 있다고 대답하였다. 사외이사의 임기가 3년이 보장되어야 소신있게 일하는 환경이 전개될 수 있는데 사외이사의 임기가 1년이라면 업무 파악하다가 임기를 마치는 사외이사도 있을 수 있다.

23) 매일경제신문. 2005. 7. 25. 사외이사 선임 은행장님 마음대로.

Chapter 6

파트너교체/감사인 강제교체

미국에서는 파트너 강제교체에 대한 논의가 진행되기 이전에 이미 담당 파트너와 감사팀원의 2/3 이상의 교체가 시행되고 있다. 파트너교체 및 감사팀원 교체는 감사인 교체와 같은 효과를 가져올 수 있다. 감사인 강제교체가 논의되는 이유가 감사인과 피감사인 간의 공모(collusion) 가능성이기 때문에 이들의 관계를 단절하는 것이 바람직하다는 논리에 의해서 정당화된다. 그러나 시장 메커니즘에 의해서 수행되어야 하는 감사인과 피감사인의 계약이 어떠한 제약에 의해서 수행된다는 것이 바람직하지 않다는 논리도 전개된다. 이는 사외이사도 업무를 수행할 수 있는 연도에 cap을 두어야 한다는 주장과도 일맥상통한다.

감사인 강제교체에 대한 대안으로 제시되는 것이 '파트너와 감사팀의 2/3 이상 교체'이다. 현재 국내에는 6년 이상(상장/등록기업은 4년) 만에 파트너가 교체된다. 즉, 동일 파트너가 3년간 감사를 수행하고 4년째 교체되어야 한다. 그러나 파트너 교체일 경우의 실효성과 관련되어서는 의문이 있다. 지속적인 감사인 관계가 문제가 있어서 이러한 연결고리를 끊기 위한 가장 효과적인 방법은 피감사법인과 감사인 관계를 종료하는 것인데 이것이 가능하지 않기 때문에 대안적인 방법으로 파트너를 교체하는 것이다.

파트너/감사팀 교체는 감사인의 독립성을 제고할 이유도 있고 그러한 효과가 없을 이유도 있다. 우선적으로 독립성을 제고할 이유는 기존의 파트너가 발견하고도 용인하였던 오류를 교체된 파트너가 발견하고 공시할 가능성이다. 또한 전임 파트너가 발견할 수 없었던 오류를 새로운 시각으로 검토하는 교체된 파트너가 발견할 수 있다.

전임/후임 파트너는 동일한 회계법인 내에서의 공동운명체라고도 할 수 있기 때문에 다른 파트너가 발견하지 못한 오류를 교체된 파트너가 발견하고 이를 공표한다는 것이 용이하지만은 않다. 이는 회계법인은 규제기관으로부터의 벌점제도 등에 의해서 제재를 받는데 모든 감사팀의 벌점이 누적되기 때문에 법인 공동의 이익을 고려치 않을 수 없기 때문이다. 그럼에도 불구하고 감사 파트너간에도 경쟁이 치열하며 감사가 적절치 않을 경우에 공인회계사 및 회계법인에 대해서 각각의 조치를 받게 되므로 동료 파트너를 위해서 드러내어야 할 문제를 감추거나 하는 행위를 하지는 않을 것이다. 또한 동일한 법인 내에서 감사본부별로 경쟁이 치열한 법인도 있어서 어떠한 피감사기업에 대한 감사일 경우 각각의 감사본부에서 공모를 하는 경우도 있는 분위기이다. 즉, 어떻게 보면 감사본부가 별도의 회계법인과 같은 형태를 띠는 회계법인도 있다.

즉, 파트너/감사팀 교체가 독립성을 제고하는 효과가 있는지는 대부분의 사회현상에 대한 검증과 동일하게 실증적인 의문사항(empirical question)이다.

우리나라에서 이러한 제도를 운영함에 있어서 실무에서는 다음과 같은 어려움이 있다고 한다. 예를 들어 감사팀으로 참여하였던 매니저가 파트너로 승진할 경우, 파트너교체 및 감사팀원 교체를 어떻게 적용하는지에 대한 의문 등이다.

박종성, 손성규와 오원정(2004)의 연구에서는 파트너교체가 감사품질에 미치는 영향을 발생액을 이용하여 검증하였는데 이를 횡단면적/시계열적으로 검토한 결과, 파트너교체 여부와 감사품질간의 유의한 상관관계를 발견할 수 없었다. 또한 경영자의 이익 조정 방향에 따라 파트너교체로 인한 효과가 다르게 나타나는지를 분석한 결과에서도 파트너교체로 인해 감사품질이 향상된다는 증거를 발견할 수 없었다. 미국에서는 파트너교체가 감사인을 강제로 교체할 수 없기 때문에 대안적인 정책으로 전개되었다고도 할 수 있다. 즉, 감사인교체에 비해서는 강도가 약한 정책이다. 그러나 강도가 약하다고 효과가 덜 하다고는 할 수 없다.

미국에서 Enron/Anderson의 감사실패로 인하여 동일한 감사인에 대한 계속감사기간의 제한과 감사인 강제교체를 포함하는 몇몇 법안[1] 및 의견들이 제기됨에 따라 Sarbanes-Oxley Act에 의해 1년간 GAO(Government Accounting Office, 한국의 감사원에 해당)에서 회계법인의 교체효과를 검토하여 등록 회계법인의 정기교체 의무화 여부에 관한 조사보고서(Requires Study on the Potential Effects of Mandatory Audit Firm Rotation; GAO-04-216)를 의회에 제출하였다. 동 보고서에 따르면 조사대상 대형 회계법인 및 공개기업들 중 대부분은 회계법인의 정기교체시 초기에 피감사기업의 영업활동, 시스템 및 재무보고관행 등에 관한 필요한 정보를 얻는데 주력하고, 중대한 재무보고 문제를 적출하지 못할 수 있다고 답하는 등 정기교체 의무화에 따른 비용이 기대효과를 초과한다는 반응을 보였다. 어떤 제도가 시행될 때나 새로운 제도의 시행에 있어서는 제도의 시행으로 인한 혜택이 원가를 초과하여야 한다는 원칙은 항상 준수되어야 한다.

또한 현행 주감사파트너(lead partner) 등의 정기교체 의무화를 통해 감사법인의 교체효과를 충분히 얻을 수 있다고 답변하는 한편, 동법상의 회계감사의 독립성을 위한 여타 조치들이 효율적으로 시행되는지 여부를 관찰한 후 결정해야 한다는 결론을 내렸다. 특히 대형 회계법인의 경우 감사의무기간이 종료할 때쯤이면 숙련되고 경험 있는 회계사 등을 새로운 고객을 위해 배치할 것이라고 답변함으로써 부실감사에 대한 우려를 나타냈다. 이에 따라 SEC는 2003년 1월 28일에 Sarbanes-Oxley Act of 2002의 Sec-

1) "Integrity in Auditing Act of 2002"법안과 "Truth and Accountability in Accounting Act of 2002"에서는 동일한 감사인이 7년 동안 연속하여 감사한 경우 그 감사인이 독립적이라고 볼 수 없다고 제시하고 있으며, "Comprehensive Investor Protection Act of 2002"에서도 동일한 감사인에 의해 4년 동안 연속하여 감사받은 재무제표는 신뢰성이 문제가 된다고 제시하고 있다(Myer et al. 2003).

tion203에서 규정한 파트너 교체제도만을 채택하고 회계법인의 강제교체는 시행하지 않는 것으로 결정하였다. 그리하여 2003년 5월 6일 이후 사업 연도가 시작하는 피감사기업들은 "lead" 혹은 "concurring" partner를 5년[2)]에 한 번씩 교체하도록 하는 등 파트너 교체제도가 더욱 강화되었다.[3)]

즉, concurring lead 파트너의 교체를 lead partner의 교체와 같이 보완적으로 수행하는 것이다. 우리의 경우는 concurring 파트너 또는 review 파트너 제도는 각 법인에서 자율적으로 운용하고 있지 강제사항은 아니다.

정책검토과정에서 한때는 dual audit을 수행하고 있는 피감사기업에는 강제교체를 유예하는 제도가 심각하게 검토되었다.

현재 결정되어서 적용될 제도일 경우는 감사인 강제교체일 경우 한두 예외만을 인정하는 것으로 결정되었으나 논의 단계에서 몇 개의 추가 조건을 피감사기업/감사기업이 만족시킨다면 감사인을 강제로 교체하지 않는 제도가 검토되었다. 궁극적으로는 이러한 예외사항이 거의 모두 선택되지는 않았지만 이를 논의한다. 정부 당국에서도 이러한 예외를 고려하였다는 사실은 이러한 항목에 해당되는 경우는 일반적으로 감사인의 독립성에 문제가 없는 경우라고 판단할 수 있으며 한번 생각해 볼 만하다.

1. 감사위원회 또는 감사인 선임위원회에서 만장일치로 감사인을 유임하기로 결정한 경우:

이러한 대안은 별 논의를 거치지 않고 채택되지 않았는데 그 이유는 감사위원회 또는 감사인 선임위원회가 최고경영자/최대주주의 영향력 밖에 있다고 판단하기가 어렵다는 이유에서였다. 따라서 감사위원회가 완전히 독립적이기를 기대한다는 것이 어렵다는 우리나라에서의 현실이다.

2. dual audit(joint audit)일 경우는 감사인을 강제 교체하지 않는 대안이 검토되었다.

---

2) 미국에서는 이전부터 파트너 교체제도가 시행되고 있었기 때문에 파트너에 대한 계속감사기간을 소급계산하고 있다. 따라서 새로운 제도가 시행되기 이전에 "lead" partner가 5년 이상 계속 감사를 수행한 경우 2004년에 감사를 수행할 수 없다.

3) http://www.gao.gov/new.items/d04216.pdf.

이 제도는 프랑스, 덴마크가 상장법인 대상으로 시행중인데 덴마크는 1994년부터는 폐지하였다. 그리고 S-oil의 경우에는 US GAAP 감사 필요성이 있는데 이는 Deloitte가 하도록 되어 있어 국내법에 따른 감사는 삼덕, 외국 주주사 감사는 안건이 수행하였다. 이는 사우디아라비아 본사에서 추진한 부분으로 안건은 미국 GAAP에 의해서, 삼덕은 한국 GAAP에 의해서 감사함으로 공신력을 높인다. 이와 같이 감사가 중복되어 수행하게 되면 감사수임료도 중복되어 지급되어야 한다. 안건이나 삼덕이 감사한 재무제표는 결국은 동일한 의견을 받게 된다. 정부투자기업인 한국전력의 자회사인 한국수력원자력일 경우 안건으로부터 한국 GAAP에 의해서, 삼정으로부터 미국 GAAP에 의해서 감사받는다. 많은 다국적기업이 이러한 관행을 보이고 있는 것으로 알려졌다.

이는 어떻게 보면 감사법인 내부에서의 concurring review partner의 개념과 유사하다고 볼 수도 있다. 통제를 분명하게 수행하기 위해서 감사인 내부적으로 concurring review partner가 존재할 수 있는 것이다. 감사계획부터 관여하여 주요 issue 사항에 대하여는 공동 해결 노력을 하는 파트너를 지칭한다. 이를 review partner라고도 하는데 미국에서는 이 제도가 강제되고 있으며 국내에서는 강제되지 않는 제도이다. 미국의 경우에 파트너가 교체되면 concurring review partner도 교체되어야 한다. 어떻게 보면 법인 심리실과 유사한 역할을 수행한다고 할 수 있으나 심리실은 사후적인 검증과정을 수행하는 데 비하여 concurring review partner는 감사초기 단계에서부터 자문을 수행하게 된다.

그러나 dual audit은 concurring review partner에 비해서 별도의 감사법인으로부터 감사가 중복적으로 수행되어야 하기 때문에 실질적으로 수행하기 어렵다.

dual audit의 내용은 법정감사/임의감사의 내용과도 일맥상통하므로 다음의 기사를 같이 생각해 본다.[4)]

---

4) Financial News. 2005. 8. 12. 기업감사제도 '구멍'… 불리한 의견에 회계법인 바꿔 재감사.

법정 외부감사에서 회사에 불리한 감사의견이 나오자 또 다른 회계법인과 임의 감사계약을 맺고 회사에 유리한 감사의견을 받아내 금융기관으로부터 대출을 받은 사상 초유의 사건이 발생했다.

특히 유리한 감사의견을 표명한 해당 회계법인의 부실감사가 사실로 드러날 경우 소문으로만 떠도는 감사의견 상향조정을 위한 기업과 회계법인 간의 밀약을 공식 확인시켜 준다는 점에서 향후 파장이 클 전망이다.

1일 금융감독원은 외감법 대상인 장외기업 A사가 이 같은 내용의 편법 대출을 받은 것으로 확인됐다고 밝혔다.

금감원에 따르면 A사는 2003회계연도 법정감사에서 외부감사인인 B 회계법인으로부터 '감사범위제한 한정의견'을 받았다. 그러자 A사는 C, D 회계법인 두 곳과 임의 감사계약을 맺고 동일한 사업연도에 대해 감사를 받았다.

이때 나온 감사의견은 법정감사의견과 달리 모두 적정이었다. A사는 이 같은 '적정' 감사의견이 표명된 감사보고서를 갖고 지난해 금융기관으로부터 대출까지 받았다는 것.

유재규 금감원 회계제도 실장은 '임의감사는 법정감사와 달리 기업이 자발적으로 하는 것이기 때문에 규제대상은 아니지만 법정감사와 임의감사 의견이 달리 표명될 수는 없는 일이라며 대출을 목적으로 기업과 임의감사 간에 모종의 거래가 있었던 정황이 짙다'고 말했다.

금감원은 이를 위해 적정감사의견을 낸 회계법인의 부실감사 여부 등의 구체적 사실관계를 확인하기 위해 공인회계사회에 조사를 통보했다.

사실로 확인될 땐 이 같은 외부감사인의 독립적이고 공정한 감사의견에도 반하는 행위로 파장도 만만찮을 전망이다. 당장은 금융기관이 A사나 부실 감사 회계법인을 대상으로 소송을 제기하는 법적분쟁의 소지가 다분하다는 게 금감원의 설명이다.

특히 현재 임의감사를 통한 감사의견 조정 사례가 만연해 있을 수도 있어 앞으로도 임의감사 보고서가 금융기관 대출 등에 사용될 경우 부실 대출 양산으로도 이어질 수 있다.

이와 함께 외부감사 보고서와 임의감사 보고서가 이중으로 공시되는 경우에는 투자자 등 정보이용자들의 피해도 우려되고 있다. 현 금감원 전자공시시스템상 이를 차단할 길이 없기 때문이다. 실제 A사는 C회계법인이 작성한 2003년도 임의감사 보고서를 하룻동안 공시했다가 공식적인 B회계법인으로 바꾼 것으로 나타났다.

유 실장은 '이에 대비하여 앞으로는 감사보고서를 작성한 외부감사인이 외감법상 감사계약 체결을 보고한 감사인과 동일하지 않을 경우 감사보고서 접수를 배제시키는 등 시스템을 보완할 계획'이라고 말했다.

위의 신문기사에서 볼 수 있듯이 임의감사는 법정감사와는 완전히 별개로 수행되는 용역이다. 즉, 용역수임료만 지급한다면 적정의견을 남발하는 회계법인이 있을 수 있다. 법정감사가 아닌 임의감사 보고서를 금융기관이 대출의사결정에 사용하며 이러한 대출이 문제가 된다면 금융기관은 당연히 이에 대한 책임을 져야 한다.

현재 감사인 강제교체제도가 수행되지만 법에서 인정되는 감사인을 교체하지 않아도 되는 경우는 다음과 같다.

외감법 4조의 2항

1. 외국인투자촉진법 제21조의 규정에 의하여 등록된 외국인투자기업으로서 대통령령이 정하는 사유로 인하여 해외 모기업과의 관계상 동일감사인의 연속감사가 불가피한 경우
2. 대통령령이 정하는 외국의 증권거래소(상당한 수준의 회계투명성이 보장되어 있는 기업에 한하여 유가증권의 상장이 허용되는 증권거래소에 한한다)에 유가증권이 상장되어 있는 경우

시행령에는 이러한 외국의 증권거래소를

1. 뉴욕증권거래소
2. 전미증권업협회중개시장
3. 런던증권거래소

로 정의하고 있다.

현재 국내기업으로 외국 증시에 상장한 기업은 다음과 같다. 삼정회계법인의 피감기업으로는 한국전력(KEPCO), 신한금융지주회사, KT가 있고 삼일회계법인의 피감기업으로는 포스코, Webzen, LG필립스, Graviti가 있다. Deloitte안진회계법인의 피감기업은 우리금융, 국민은행, SKtelecom, 하나로통신, 미래산업, 두루넷이 있다.

외감법은 이러한 예외 사항을 인정하였으나 이에 해당되는 일부 기업은 자발적으로 감사인을 강제교체하기로 내부적으로 결정한 기업도 있다.

회계관련 법령개정을 보면 강제교체와 관련된 내용만 포함되고 있지 어떠한 과정을 거쳐서 감사인이 결정된다는 내용은 없다. 따라서 현재와 같은 피감사기업을 수주하기 위한 경쟁은 매 7년마다 반복될 것이다. 감사인의 독립성의 문제는 감사인이 지속될 경우에도 문제지만 감사인이 교체되는 시점에는 감사인의 독립성의 문제가 더욱 부각되어 나타난다. 이는 감사용역을 수주한다는 것은 감사인에게는 일종의 혜택이기 때문이다. 따라서 감사인이 교체되는 시점에는 특히 감사인의 독립성이 훼손되기 쉽다는 실증분석 결과가 많다. 즉, 의견구매(opinion shopping)와 관련되는 내용이다. 또한 감사인이 교체되는 시점에는 감사인이 피감사기업에 대한 내부통제제도에 대한 이해 등 기업 전반에 대한 이해도가 낮기 때문에 감사가 적절치 않게 수행된다는 주장 및 실증분석 결과가 많다. 이는 의견구매를 고려치 않고도 발생할 수 있는 현상이다.

감사기간이 길어질수록 감사 품질이 좋아진다는 논리도 또한 그 반대 논리도 전개가 가능하다. 즉 감사기간이 길어질수록 감사인과 피감사기업의 유대관계가 깊어져서 이 양자간에 공모가 수행될 가능성이 높아진다. 이러한 측면에서 판단한다면 감사기간이 길다는 것은 감사 품질과 관련되어서 부정적인 내용이다. 반면, 감사기간이 짧다는 것은 위에서도 기술되었듯이 피감사기업에 대한 내용을 완전히 파악하기 이전에 감사가 수행되어야 하므로 감사가 충실하게 진행되기 어렵다는 단점이 있다. 이러한 이유에서 미국에서도 감사기간/감사 품질과 관련되어서는 양방향의 논리 전개가 가능하며 실증분석 결과도 양방향으로 나타난다. 동일한 현상에 대해서 양방향의 실증분석 결과가 나타나는 것은 표본과 사용되는 방법론이 상이하기 때문이다.

이는 감사품질을 DeAngelo(1981)는 감사과정에서 문제점을 발견할 수 있는 능력(전문성)과 이렇게 발견된 문제점을 재무제표와 감사보고서에 반영할 수 있는 독립성의 결합확률이라고 정의하였는데 이러한 정의에 대입한다면 감사기간이 길어질수록 전문성이 개선되며 또한 감사기간이 길어질수록 일반적으로 독립성이 훼손된다고 할 수 있다. 따라서 감사품질을 결정하는 두 요인이 감사기간과 역의 방향의 관련성을 갖기 때문에 어느 쪽의 논리를 강하게 주장하는지에 따라 양 방향의 논리전개가 모두 가능하다.

위에 기술된 부분은 감사인이 교체된 이후 연도에 발생할 수 있는 문제점에 대한 논의였으나 감사인이 교체되기 이전 연도일 경우는 감사인이 차후 연도에 교체된다는 것을 알기 때문에 공정하게 회계처리를 강제할 유인이 있다. 이는 교체된 감사인은 이전 감사인이 발견하지 못하였던 문제점과 의도적으로 공시하지 않았던 문제점을 수정하고 공시할 가능성이 높기 때문이다. 바로 이러한 부분이 강제적인 감사인 교체시점에 얻을 수 있는 순기능적인 효과이다. 그러나 감사인이 교체된 연도는 단기간에 그치며 대신 교체된 감사인은 적어도 3년의 기간을 지속하기 때문에 감사인 교체와 관련된 효과에 대해서는 교체 이후의 효과에 대해서만 주로 논의되는 것이다.

우리는 흔히 감사인 교체와 관련되어서는 교체 후의 감사의 효율성만 고민하게 되는데 감사가 교체된다는 것을 알고 있는 감사인은 보다 엄격하게 감사기준을 적용할 수 있다. 따라서 교체 이전 연도의 감사가 매우 철저하게 진행될 가능성도 높아진다. 또한 어떠한 회계법인은 이미 암묵적으로 인정한 재무제표에 대해서 감사인 교체를 통보받은 후에는 이의 수정을 요구하기도 한다. 이러한 감사인 교체가 3년 또는 6년에 한번 수행되기 때문에 3년이나 6년에 한번은 교체되는 감사인의 감사가 철저하게 수행되는 장점이 있다.

반면에 역설적이기는 하지만 교체 이전 연도에 대해서는 다음과 같은 논리전개도 가능하다. 기존의 감사인이 언제 감사인 교체를 통보받을지는 각 피감사기업의 감사인 선정 절차에 따라 차이가 있을 것이나 이러한 통보를 받는 감사인은 오히려 더 소신 있게 감사를 수행하여 기업의 공격적인 재무제표에 제동을 걸 수 있다. 즉, 위에 전개된 교체이전 연도의 감사가 더욱 보수적이라는 내용과 일맥상통하는 내용이지만 더 보수적일 수 있는 논리 전개가 다르다. 위의 해석은 교체된 감사인과의 관계적인 측면에서의 보수적인 회계를 기술하고 있으며 뒤의 해석은 계속적인 감사수임에 대한 부담이 없기 때문에 소신 있게 감사를 수행할 수 있다는 접근을 할 수 있다.

초기 감사가 피감사기업에 대한 이해가 낮아서 덜 효과적이라는 점도 이해할 수 있지만 반면에 감사인이 변경되었을 시에는 전기재무제표가 타 감사인에 의해서 감사를 받았기 때문에 당기재무제표의 기초잔액에 대한 검사를 강화할 수도 있다.

감사인 교체와 관련되어 의견구매가 수행되어서 독립성이 훼손된다는 점이 주된 염려사항이지만 반면에 교체된 감사인이 감사를 매우 강하게 수행해서 피감기업 길들이기를 한다는 우려를 나타내는 경우도 있다. 물론, 감사가 너무 느슨해도 문제지만 너무 강하게 감사가 진행되는 것도 바람직한 것만은 아니다. 모 감사인은 교체된 연도에 이전 연도의 재무제표를 재작성하도록 강력하게 요구하는 경우도 있다고 한다. 이 모든 것이 피감기업과 감사인 간에는 힘의 역학 관계가 존재하기 때문이다.

강제교체와 같이 시행되는 제도는 3년간의 감사인 유지제도가 있다. 감사인을 빈번하게 교체한다는 것이 감사품질을 유지함에 있어서 바람직하지 않기 때문에 가능하면 감사인을 유지하라는 제도인데 반면에 이렇게 감사인을 또는 담당 파트너를 정기적으로 교체하는 제도가 있으면서 동시에 감사인을 일정 기간 유지하는 제도가 상존하는 것이다. 즉, 이러한 제도만을 제도 그대로 해석하면 감사인은 3년 정도는 유지되어야 어느 정도 적절한 감사업무를 수행할 수 있지만 6년이 경과되면 감사인과 피감사인과의 담합에 의해서 적절한 감사가 수행될 수 없다는 논리 전개가 수행된다. 위에 기술된 감사인의 전문성과 독립성을 모두 달성하려는 취지에서 이러한 정책이 수행되는 것이다. 즉, 감사인과 담당 파트너가 감사를 지속하여야 전문성이 생기는 반면 감사인/담당 파트너와 피감기업간의 관계를 단절하여야 독립성이 제고된다는 것이다.

3년이란 연도가 또는 6년이란 연도가 어떠한 근거에서 도출되었는지는 논리상으로 정당화하기 어렵다. 물론, 3년간의 감사인 유지제도가 시행되기 때문에 감사인 강제조치 제도의 연도를 정함에 있어서는 3년의 배수로 정책이 결정되었다는 점은 이해할 수 있다.

어느 누구도 왜 3년의 기간이 감사인이 유지되는 기간이어야 하며 감사 강제 교체기간은 6년이어야 하는지에 대한 해답을 제시할 수 없다. 이는 임의적으로 결정된 기간이다.

감사인 유지제도, 강제교체제도, 파트너/감사팀 교체 모두 연관된 제도이다. 그러나 이러한 제도에 대한 통합적인 검토는 수행되지 않았다고 판단된다. 즉, 감사인 교체제도도 실효가 있는 제도라면 파트너/감사팀교체를 병행하여 수행할 필요가 있는 것인지, 파트너/감사팀 교체가 실효가 있다면 감사인 강제 교체를 동시에 수행할 필요가 있는 것인지 등과 관련된 이들 효과를 병행하는 연구가 수행되어야 한다. 이들 제도가 상호 보완적인 관계를 갖지 않는다면 이 두 정책을 병행할 필요가 없을 수 있다. 그렇기 때문에 미국에서는 파트너 교체만을 수행하고 있으나 우리는 두 제도의 병행과 관련된 심각한 고민을 수행함이 없이 이 두 제도를 병행한다고 판단된다.

감사인 강제교체를 시행하면서 규제기관에서 염려하였던 한 부분은 회계법인이 분할(spin off)을 통해서 규제를 회피하는 행위였다. 이를 막기 위해 제도적으로 6년 내 공인회계사의 과반수 또는 감사담당 이사가 소속된 회계법인도 동일 감사인으로 간주해 교체하도록 하는 정책을 설정했다. 다음의 시행령을 참조한다.

외감법 시행령 3조(감사인의 선임)

1. 최근 6년 이내에 기존 감사인(선임된 감사인을 말한다. 이하 같다)에 소속되어 그 회사의 감사를 행한 공인회계사의 과반수가 소속되어 있는 감사인이 감사를 행하는 경우
2. 최근 6년 이내에 기존 감사인에 소속되어 그 회사의 감사를 행한 감사담당이사 또는 감사반의 구성원이 소속되어 있는 감사인이 감사를 행하는

경우

3. 기존 감사인과 감사품질관리계약을 체결하고 있는 외국회계법인과 감사품질관리계약을 체결하고 있거나, 감사보수를 공유하는 감사인이 감사를 행하는 경우

또한 비감사서비스의 병행에 있어서도 염려되었던 한 부분이 회계법인이 분할을 통해서 자회사를 설립하고 자신이 수행하는 피감사기업과 관련된 비감사서비스를 자회사에 넘기게 되면 결국은 감사와 비감사서비스를 동시에 병행하는 것이 아닌지와 관련된 우려가 제기되었다. 공정거래위원회가 설정한 지분율을 밑돌기만 한다면 자회사로 분류되지 않기 때문에 어떠한 영향력을 미치는지도 주관적인 판단이다.

주식회사의 외부감사에 대한 법률 제11조(감사인 부당 교체 사유)
4조 직전사업연도의 재무제표에 대하여 한정의견, 의견거절 또는 부적정의견을 표명한 감사인을 교체한 경우. 다만 교체사유가 감사인의 사정에 의한 경우 또는 영 제3조 제4항의 규정에 의한 교체사유의 발생으로 인한 경우에는 그러하지 아니하다.

비적정의견 후 교체불가 제도는 매우 강력한 제도이다. 아마도 미국에서 시행되지 않으면서 우리나라에서 시행되는 강한 제도를 몇 개 선정한다면

1. 비적정의견 후 감사인 교체 불가
2. 감사인 강제교체 제도
3. 부적정의견, 의견거절 후 상장기업 퇴출 제도
4. 분식회계로 퇴출된 기업일 경우 3년간은 재상장/등록할 수 없다.[5)] [6)]

---

5) 매일경제신문. 2003. 6. 14. 분식회계로 퇴출된 기업 3년간 증시 발 못 붙인다.

6) 금융감독위원회는 2003. 6. 13. "분식회계 관련 시장조치 기준 마련을 통한 회계투명성 제고"를 주요 내용으로 하는 한국증권거래소의 「유가증권 상장규정」 및 한국 증권업협회의 「유가증권협회등록 규정」개정(안)을 승인하였다. 주요개정 내용은 분식회계를 한 상장/등록신청법인에 대하여 상장/등록 불허 및 일정수준 이상의 분식회계로 상장/등록이 불허된 법인에 대한 향후 3년간 상장/등록신청을 제한하기로 한다.

이 제도는 감사인유지제도와 연관되는데 어차피 3년 동안은 감사인 교체가 불가하기 때문에 실질적으로 이 제도는 감사유지제도 기간인 3년이 종료되는 시점에 비적정의견을 받았을 경우에만 해당된다고 할 수 있다.

역설적이기는 하지만 피감사기업으로부터 교체를 받지 않으려는 감사인은 의도적으로 비적정의견을 표명할 수 있는 가능성도 있다. 물론, 적정의견을 받을 재무제표에 감사인이 의도적으로 비적정의견을 표명할 수는 없지만 적정과 비적정의견의 경계선에 있을 경우는 이러한 논리의 전개도 가능하다. 때로는 의견이 한계선상에 있을 경우에는 많은 주관적인 판단을 필요로 하기도 한다.

Chapter 7

회계법인의 명성과 규모

회계법인의 크기는 reputation(명성), brand name recognition(브랜드 인지도) 등과 관련되어 빈번하게 논의된다. 조직과 체계를 잘 갖추고 있는 회계법인이 회계감사를 수행함에 있어서 감사를 더 적절히 수행할 것인지에 대해서 논의한다. 미국에서의 big 4 회계법인과 각각 제휴하고 있는 국내 회계법인 삼일, Deloitte안진, 한영, 삼정회계법인이 감사를 더욱 투명하게 수행할 것인지 즉, 감사품질이 높은지에 관한 의문이다. 이는 이들 대형 회계법인들이 인력을 충분히 확보하고 있으며 외국의 선진적인 감사기법을 수용하기 좋은 위치에 있고 또한 기업회계기준의 변경을 쉽게 체계적으로 적용할 수 있다는 점에서 높은 품질의 감사가 수행될 수 있다고도 할 수 있으나 반론도 전개될 수 있다. 중소형 회계법인은 나름대로 중소형 회계법인이 더욱 적절하게 회계감사를 수행할 수 있다고 주장한다. 이들의 주장은 대형법인은 이미 너무 대형화되어 있어 신속한 의사결정을 수행하기 어렵다고 주장한다.

양쪽 방향의 논리 전개가 모두 가능하지만 우리나라의 연구에서는 일반적으로 대형회계법인의 감사품질이 우수하다는 가정하에 연구를 진행한다.

대형회계법인이 독립성을 더 잘 유지할 수 있다는 논리는 다음과 같이 전개될 수 있다. 대형회계법인은 많은 client를 확보하고 있기 때문에 한

client를 잃게 되어도 전체 회계법인의 수입에는 큰 영향을 받지 않기 때문에 소신 있게 client와 대할 수 있다. 반면, 중소형 회계법인일 경우는 client의 포트폴리오가 대형 회계법인에 비해서는 덜 분산되어 있기 때문에 한 client가 차지하는 수임료 비중이 매우 크고 그러한 이유에서 독립성을 유지하기 매우 어렵다는 논리가 전개될 수 있다. 그러나 이러한 논리 전개는 절대적인 규모와 관련되며 상대적인 논리 접근은 아니다.

대기업을 client로 확보하고 있는 회계법인일 경우는 회계법인의 규모와 무관하게 이러한 대기업을 간판 의뢰인으로 갖고 있다는 것 자체에 큰 홍보효과가 있기 때문에 이러한 기업에 대해서는 제 목소리를 내기 어려운 것이며 독립성이 훼손될 가능성이 있다.

예를 들어 상징성이 매우 큰 각 산업의 대표 기업들이 있다. 금융의 국민은행, 제조/전자산업에서의 삼성전자, 통신업에서의 KT, SK텔레콤 등을 예로 들 수 있는데 이들 상징성 있는 기업을 수주하기 위한 경쟁도 뜨겁다.

"Deloitte안진, 삼정, 한영회계법인이 국민은행을 잡기 위해 회계사 수를 대폭 늘리는 등 수주전을 본격화할 태세이다"라고 언론에 보도되었다.[1] 특히 2위인 Deloitte안진과 한영은 유리한 고지를 점하기 위해 회계사 수를 확대하는 전력을 보강하여 대립하였다. 회계법인에 소속된 회계사 수가 많을수록 외부감사를 맡는 데 유리하다. 이처럼 국민은행의 감사에 관심을 쏟는 것은 회계감사 관련 각종 서비스보수가 연 80억원에 이르며 이보다도 국내 최대규모라는 상징성 때문이다. 이들 법인들의 경쟁이 치열해지면서 현업에서 물러난 회계사들까지 등록시키는 숫자 싸움을 회계법인들이 수행하였다.

그러나 대형회계법인, 중소형회계법인의 문제를 단순히 brand name으로만 간주하여서도 되지 않는다. 대형회계법인이거나 중소형회계법인이거나 brand name은 모두 존재한다. 물론, 대형회계법인과 중소형회계법인의 절대적인 brand name에 차이가 있다는 점은 부정하지 않지만 이를 회계법인의 규모 및 수임료 수준으로 표준화한다면 대형회계법인이 중소형회계법인에 비해서 차이가 없다.

1) 한국경제신문. 2005. 3. 29. 회계법인 '국민은행 잡아라'.

이는 정책당국의 대형회계법인을 육성하여야 한다는 판단과도 무관하지 않다. 미국의 경우에서와 같이 대기업에 필적할 수 있는 대형회계법인이 확보된다면 대등한 관계에서 감사가 수행될 수 있을 것이라고 판단할 수 있으며 이는 두 기관의 힘의 균형에 바탕을 둔다. 뒤에서도 기술되겠지만 대우, SK글로벌, 기아자동차 등 최근 회계분식이 크게 문제가 된 기업은 어느 기업보다 시스템이 잘 완비된 기업이다. 이들 기업일 경우, 전사적인 분식이 수행된다면 이를 발견하기도 어려울뿐더러 이를 발견하였다고 하여도 그러한 문제점이 야기할 잠재적인 폭발력을 고려한다면 이를 공개하지 않을 유인도 존재한다. 즉, 조직화된 기업은 회계분식이 더욱 조직적으로 수행될 가능성도 있다.

대형회계법인이 더욱 적절한 감사를 수행한다는 이유에서 금융기관일 경우는 대형회계법인만이 감사를 수행할 수 있는 것으로 제한하고 있는 것이다. 또한 회계법인의 규모만이 중요한 것이 아니라 회계법인이 얼마나 조직화되었는지도 또한 매우 중요한 요인이다. 단순히 한 법인이라는 명칭을 사용할 뿐이고 체계적인 법인의 형태를 띠고 있지 않다면 개인이 운영하는 감사팀들의 집합체와 별반 차이가 없다. 이러한 법인일 경우는 단순히 큰 회계법인의 brand name만을 필요로 하는 것이다. 감정평가법인일 경우도 동일한 논리 전개가 가능하다.

회계법인 내에서 심리실 등을 통한 품질관리(quality control)가 적절히 수행되어서 법인에 소속된 공인회계사의 교육 등에 많은 역량을 집중할 수 있다는 점이 대형회계법인의 장점이다. 예를 들어 지속적으로 개정되는 회계기준서에 관한 교육을 들 수 있다. 물론, 회계연구원에서 교육을 통해 새로운 기준을 보급하고 있으나 실무에 바쁜 회계사들이 이들 교육에 모두 참가하거나 혼자 이를 숙지하여서 기업회계기준을 모두 공부하기는 쉬운 일만은 아니다. 한 예를 들어 1999년부터 이연법인세제도가 도입되었다. 어떠한 기업회계기준의 변경보다도 세무와 회계의 차이에 대한 회계처리인만큼 매우 의미 있는 회계제도의 변경이며 그렇기 때문에 경제 매체에서도 집중적으로 이 제도의 도입이 소개되었다. 반면, 코스닥위원회에서 코스닥 신규 등록에 대한 심사가 진행될 때에 이에 신청한 한 기업이 이연법인세제도가 도입되었다는 사실 자체를 인지하지 못한 경우도 있었다. 물론, 코스닥 기업에서 회계 전담직원이 없기 때문에 기준의 개정을 간과할 수는 있으나 실무의 공인회계사가 이를 간과함은 심각한 문제이다.

이러한 매우 주요한 기업회계기준의 변경을 교육시킴에 있어서 대형회계법인이 강점을 가질 수 있다. 그러나 반복되는 내용이지만 이를 단정적으로 결론내리기는 매우 어렵다. 많은 연구에서 감사품질의 차이를 구분하는 변수로 big 4 더미변수를 사용하기는 하지만 명확한 이론이 있어서 사용하는 변수는 아니다.

대형회계법인에 대한 선호도는 우리가 항상 규모를 품질로 판단하는 데 익숙해져 있기 때문이기도 하다.

주식회사의 외부감사에 관한 법률

제 3 조(감사인)

② 재정경제부장관은 제 1 항 각호의 규정에 의한 감사인의 형태와 그에 소속된 공인회계사의 수 등을 참작하여 감사인이 감사할 수 있는 회사의 규모 등을 재정경제부령이 정하는 바에 따라 제한할 수 있다. 〈개정 1996. 12. 30, 2001. 3. 28〉

따라서 감사인의 규모에 따라 피감사법인은 제한할 수 있는 법적 요건을 위에 갖추어 두었다.

과거에 자산규모 8,000억원이 넘는 기업에 대해서 공인회계사의 수가 100명이 넘지 않는 회계법인이 감사를 수행하지 못하게 제한하였던 것도(업무수임준칙 제 4 조) 어떻게 보면 공모 단계에 있어서 적격심사낙찰제도를 이미 시행하고 있는 것이나 동일한 효과이다. 이 제도는 규제개혁위원회에서 정부의 지나친 규제사항으로 지적되어 이미 규제가 해제되었으나 위에 기술된 것과 같은 배경에서 시행되었다. 다만, 금융기관 중 직전 사업연도 말 현재 자산총액이 8,000억원 이상인 금융기관에 대하여 감사를 할 수 있는 감사인은 소속공인회계사의 수가 100인 이상인 회계법인 중 금융감독기구의 설치 등에 관한 법률에 의한 증권선물위원회가 국제적으로 인지도가 높다고 인정하는 외국회계법인과 감사품질관리계약을 체결한 회계법인에 한한다고 규정되어 있다.

회계법인과 합동회계사무소는 합종연횡을 겪어 왔다. 1980년대의 감사인합병의 직접적인 원인은 '감사인 업무수임준칙의 개정'이다. 업무수임준칙의 개정은 1982, 1985, 1988년과 1997년에 수행되었다. 1982년 1차 개정으로 회계법인은 수임한도의 제한을 받지 않게 되었고 합동회계사무소는 수임한도의 제한을 받게 되었다. 그 결과 많은 회계법인이 신설되어 회계법인의 수가 16개에서 40개로 증가하였다. 그 후 1984년 제4차 업무수임준칙개정에 따라 1985년부터 소속공인회계사 수가 50인 이상의 회계법인만이 수임한도의 제한을 받지 않게 되었다. 1988년에 이르러 제5차 업무수임준칙개정으로 인해 소속 공인회계사 수가 100인 이상의 회계법인만이 수임한도의 제한을 받지 않게 되었다. 1997년 공인회계사법의 개정으로 합동회계사무소제도가 폐지됨에 따라 합동회계사무소가 회계법인으로 전환되었다.[2)]

규제개혁위원회는 중장기적으로 감사인규모에 따른 수임한도제한을 철폐하는 방향의 정책을 마련하고 있다. 이르면 내년부터 소속회계사가 100명에 이르지 못하거나 외국회계법인과 제휴하지 못한 중소회계법인들도 대형금융기관에 대한 회계감사수임이 가능해진다. 이헌재 전임 경제부총리는 18일 열린 국무회의에서 이 같은 내용의 재정경제부의 2005년 규제개혁추진종합계획을 보고했다. 이 부총리는 '현행 관련법에서 자산 8천억원 이상 금융기관을 감사하려면 소속회계사 100명 이상이어야 하며 외국회계법인과 제휴 등의 요건이 있어 감사인을 일부 대형회계법인으로 제한하는 규제가 있다'며 '올 4/4 분기에 이 같은 감사인 제한 규제를 폐지하겠다고 밝혔다.[3)] 그러나 아직까지 이러한 제도는 시행되지 않고 있다.

많은 규제를 철폐하는 시점에서도 금융기관에 대한 제재가 남아 있는 것은 금융기관의 업무의 특성상 이 산업이 특별히 보호할 입장이기 때문에

2) 본 내용은 저자가 검토하였던 연구논문에서 인용한다. 따라서 저자를 확인할 수 없다.

3) 조세일보, 2005. 1. 19.

그러하다.

Big 4는 규제의 대상이지만 동시에 이들 대형회계법인은 보호받아야 한다고도 할 수 있다. 수년 동안 회계법인시장이 Big 8에서 Big 4로 축소되면서 과점적 형태의 시장 형태가 심화되었는데 모든 관계가 그러하듯이 발전에는 경쟁적 요소를 필요로 한다. Big 4 이하로 대형회계법인이 축소된다면 현재 논의되고 있는 감사인 강제교체 등의 정책이 큰 의미가 없다. 이러한 의미에서 Big 4 회계법인에 대해서는 규제가 강화되어서 회계산업을 선도하는 이들 회계법인이 회계감사를 선진화시키는 데 주도적인 역할을 수행하도록 하여야 하지만 동시에 이들이 더 이상 축소되지 않도록 하는 노력도 규제 당국에서는 경주하여야 한다. 한 회계법인을 청산하기는 쉬워도 새로운 대형회계법인을 새로이 만들기는 용이하지 않다는 점을 기억하여야 한다.

반면에 혹자는 대우와 관련된 산동회계법인의 사례를 들면서 산동회계법인이 거의 삼정회계법인으로 흡수되는 과정을 밟았기 때문에 회계법인의 청산과 관련되어서의 실질적인 효과에는 의문이 있다는 주장을 하기도 한다.

각 회계법인의 사업보고서에 근거하여 영업을 자세하게 분석하면 회계법인의 incentive problem을 분석할 수 있는 좋은 자료들이 공개된다. 이를 이용한 앞으로의 연구가 기대된다. 기업의 내부통제제도에 대한 인증이 문제시되자 일부에서는 기업의 내부통제제도뿐만 아니라 회계법인의 내부통제제도에 대해서도 확인 작업이 필요하다는 의견이 대두된다. 왜냐하면 모든 조직이 수행하는 의사결정은 그들의 incentive 문제와 직접적으로 연관되기 때문이다.

이제까지는 회계법인 내부에 대한 정보가 접근 가능하지 않았기 때문에 대부분의 회계감사와 관련된 문제는 외적 환경 요인에 대해서만 분석되었다. 그러나 내부의 문제는 많은 경우에 있어서 외부 요인에 의한 문제보다도 선행되어서 해결되어야 한다. 기업의 회계의 문제도 동일하다. 최근에 와서 회계감사인의 내부통제제도에 대한 인증이 도입되는 것도 동일한 맥락에서 이해할 수 있다. 내부의 통제제도가 부실한 기업에 대해서 인적, 시간적으로 제한적인 요인을 갖는 회계감사인이 감사를 아무리 철저하게 수행한다고 해도 제한적일 수밖에 없는 것이다. 회계감사인은 어디까지나 외부 감사인에 불과한 것이기 때문이다.

문제가 되는 대부분의 사회적인 issue들은 incentive의 문제이다. 통상 회계법인 내의 파트너, 매니저, 시니어의 업적 평가는 업무투입시간대비 매출액을 기준으로 한다. 이를 몇 회계법인은 realization에 근거한 업적 평가라고 한다. 감사보수는 통상 감사계약 체결시 확정되고, 감사투입시간이 예상보다 초과하여 투입된다고 하더라도 추가로 보수가 지급되는 경우는 드물다. 따라서 시간당 감사보수가 지나치게 낮은, 다시 말하면 감사수익성이 매우 낮은 피감사기업을 관리하는 파트너, 매니저, 시니어들의 경우, 업적평가에서 불이익을 받을 가능성이 높아진다. 그러므로 감사수익성이 낮은 거래처에 대하여 담당 파트너, 매니저, 시니어의 경우 의도적으로 감사투입시간을 낮출 가능성이 존재한다.

즉, 회계법인도 영리기관이기 때문에 수익성을 고려하지 않을 수 없고 그렇기 때문에 수익에 대한 공헌도가 업적 평가의 잣대로 사용되는 것이다. 그러나 위에서도 기술되었듯이 감사인은 공공재를 산출하는 업무를 수행하기 때문에 모든 점을 경제성 관점에서만 접근할 수는 없다. 이러한 측면에서는 회계법인의 업적평가 system이 적절치 않다고 판단되는 측면도 없지 않으나 이는 회계법인이 해결할 문제이다. 이러한 문제를 해결하기 위해서는 회계법인의 업적 평가는 가능하면 개인의 업적에 대한 incentive를 적게 부여하고 회계법인 전체의 수익을 1/n로 배분하는 부분에 중점을 두어야 한다고도 할 수 있다. 물론, 어느 정도의 incentive는 당연히 주어져야 하겠지만 회계법인 특수성을 감안한다면 이러한 incentive는 최소화되어야 한다고도 할 수 있다. 물론, 이러한 논의는 관리회계적인 접근이며 영리법인인 회계법인의 배분의 문제까지 정부가 개입할 수는 없다. 다만, 공정한 감사를 수행함에 있어서 이러한 점이 고려될 수 있다는 점을 기술한다. 이렇게 회계법인의 공통적인 업적에 의해서 보상이 중요시된다면 파트너 본인의 개인적인 보상을 극대화하기 위해서 위험한 client를 맡아 무리한 감사의견을 표명하는 위험을 범하지는 않을 것이다.

그렇기 때문에 비감사서비스 병행의 문제가 제기될 때도 감사를 수행하는 부서와 비감사서비스 업무를 수행하는 부서간에 firewall(방화벽)이 설치되어야 한다는 쟁점이 부각되었다. 즉, 비감사서비스로부터의 수익을 창출하기 위해서 감사가 영향을 받으면 안 되기 때문에 이러한 두 업무가 동일 회계법인에 의해서 수행된다고 하여도 이들 부서간의 incentive의 문제는 단절되어야 한다는 것이다.

반면에 회계법인의 입장에서는 감사나 비감사용역을 수주하는 파트너에 대한 incentive 부여를 무시할 수도 없다. 그렇기 때문에 적절치 않은 감사절차가 수행되었다면 이에 대해서는 규제기관의 조치와 무관하게 감사인 내에서도 적절한 제재가 수행되어야 한다.

이러한 회계법인의 공공성이 강조되면서 증권발행수수료 등의 일부가 회계감사에 대한 대가로 회계법인에 제공되어야 한다는 주장도 있다. 물론, 아직 현실화되고 있지는 않지만 이론적으로는 가능한 내용이다. 실제로 이러한 부분이 한 국회의원에 의해서 제기되었고 유관기관(감독원, 상장회사협의회) 등에서 외국의 문헌을 검토하였지만 아직은 논의 단계에서 그치고 있다.

이와 같이 영리가 무시된다면 그야말로 비영리기관인 정부기관, 정부투자기관, 정부산하기관이 회계감사를 수행하여야 한다는 감사공영제의 논란도 논리적으로는 전개될 수 있다.

회계법인에 대한 incentive의 문제도 독립성과 매우 민감하게 연관되어 있다. 회계법인의 내부적인 조직의 특성은 크게 두 부류로 나뉘게 된다. 첫째는 2005년 구조조정 이전의 삼일과 같이 각 본부로 구성되어 있으면서 각 본부에서 회계감사, FAS(financial advisory service), tax를 모두 제공하는 것을 의미한다. 삼일도 이러한 구도에서 각 본부를 유지하면서도 회계감사부문, fas부문, tax부문으로 functional하게 2005년 봄부터 구조조정하고 있다. 다른 big 4 회계법인은 이러한 모든 본부가 function별로 구분되어 있는 형상이다. 즉, 이러한 다른 big 4 회계법인에 비하면 삼일은 각 본부별로 하나의 회계법인이라고 할 수 있었다. 이러한 모습이기 때문에 각 본부별로 동일 피감기업에 대해서 공개적으로 감사수주를 경쟁할 수 있다. 각 본부에서의 업적에 근거한 compensation을 약화시키면서 공동 pool에 의한 업적을 강화하였다. 이와 같은 과정은 법인 전체 차원에서의 영업의 결과를 최대화시키려는 노력의 일환이지만 한편 법인의 차원에서는 파트너들의 incentive를 동기부여하는 어려움을 겪을 수 있다. 반면 긍정적인 차원은 각 파트너들이 자신 개인만의 금전적인 유인을 최대화시키려는 유인이 감소하기 때문에 위험한 client를 수임하는 유인은 많이 약화될 것이다.

삼일은 2005년 구조조정 과정에서 파트너들에게 선호하는 근무 본부 신청을 받았는데 회계감사가 가장 많았다. 이는 감사가 회계법인의 고유의 업무이며 client를 확보하지 못한다는 것이 파트너로서의 법인 내 위상과도 연관되기 때문이다.

회계법인이 수익성이 높은 피감기업에 대해서 독립성을 포기하는지는 여러 가지 차원에서 접근할 수 있다. 예를 들어 적정감사시간의 투입이 적절한 감사를 수행하는 데 있어서 매우 중요한 요인이라면 감사 수익성이 높은 피감기업에 대해서는 적정감사시간을 투입하지 않고 '적당하게' 감사를 수행할 수 있다. 이 경우에 있어서의 각 피감기업에 대한 수익성은 투입시간당 수임료로 측정할 수 있다. 이제까지 수임료가 각 피감기업에 대한 수익성의 측정 대용치로 사용되기도 하였으나 이는 원가부분이라고 할 수 있는 투입된 감사시간을 무시한 접근방법이다. 물론, 적정감사시간과 실제투입감사시간의 차이는 감사품질을 측정하기 위한 한 대안에 불과하다.

Chapter 8

분식회계와 부실감사의 위헌논란

오 모 씨 등은 기업의 분식회계를 눈감아 준 공인회계사 등에 대한 처벌의 근거가 되는 주식회사의 외부감사에 관한 법률 조항이 불명확해 헌법상 죄형법정주의에 위배된다고 소송을 제기하였다.[1)]

외감법 제20조 1항 2호에는 감사인 등이 감사보고서에 기재해야 할 사항을 적지 않거나 허위기재를 할 때 처벌하도록 규정하고 있을 뿐 감사보고서가 무엇인지, 감사보고서에 기재해야 할 사항이 무엇인지에 관해 아무런 정의나 해설규정을 두고 있지 않다.[2)] 따라서 이 조항은 내용과 적용범위가 불명확해 어떤 행위가 금지 혹은 허용되는지를 예측할 수 없고, 국가 형벌권의 차별적이거나 자의적인 법해석을 예방할 수 없어 죄형법정주의에 위배된다는 의심이 든다는 내용의 소송건이다.

감사보고서에 기재할 사항이 금융감독위원회의 회계감사기준 규정에 근거하도록 해석되는 부분에 대해서도 금감위에 위임 입법한 형식의 법령 보충규정일 뿐 정식 법률은 아니다라고 해석될 수 있다. 재판부는 해당법률조항은 감사보고서에 기재할 사항에 관해 하위 법령에 위임하는 아무런 근거규정을 두고 있지 않았고 다만 같은 법 제5조 2항에 회계감사기준은 '금융

1) 최명수. 2003. p.212.

2) 본 내용은 최명수. 2003을 많이 참조하였다.

감독위원회가 증권선물위원회의 심의를 거쳐 정한다'라고 규정, 위임입법을 한 것과 같은 결과가 되었으나, 이 또한 헌법에서 요구하는 위임입법의 절차나 단계를 준수하지 못한 것이라고 결정하였다. 정부조직법상 행정부에 속하지 않는 금감원에 위임입법을 한 것과 같은 결과를 가져왔다고 재판부는 판단하고 있다. 금감원이 감사보고서 기재사항을 정할 수 있도록 구체적으로 규정하지 않고 있다고 덧붙였다. 즉, 국가 형벌권을 차별적, 자의적으로 해석하는 것을 방지할 수 없어 헌법상 '죄형법정주의'에 위배될 우려가 있다는 것이다. 이는 금융감독위원회는 공무원조직이며 금융감독원은 공무원조직이 아닌 2중 구조로 되어 있어서 여러 가지 복잡한 문제가 야기되는 것과도 무관하지 않다.

예금보험공사 관계자는 '외감법 20조 형사처벌규정이 죄형법정주의에 어긋난다는 위헌신청을 한 것인만큼 민법 750조에(불법행위에 의한 손해배상책임) 의해 회계법인과 회계사에 소송한 예보건과는 관계가 없다면서 회계사의 과실책임과 손실 발생이 입증된 만큼 이번 위헌 제청과 무관하게 배상책임을 물을 수 있다'고 설명하였다. 제20조 1항 2호에는 감사인 등이 감사보고서에 기재해야 할 사항을 적지 않거나 허위기재를 할 때 처벌하도록 규정하고 있으며 민법 750조에 의하면 불법행위에 의한 손해배상책임을 지게 된다. 즉, 외감법의 적용에 문제가 있다고 해도 손해배상책임은 기본법인 민법을 적용하는 데 문제가 없다는 주장이다.

헌법재판소는 2004년 1월 29일 분식회계를 눈 감아준 회계사 등에 대한 처벌 근거가 되는 주식회사의 외감법 20조 1항 2호에 대해 재판관 전원일치 의견으로 일부 위헌결정을 내렸다.[3] 재판부는 결정문에서 감사보고서에 기재해야 할 사항의 내용과 범위에 대해 어느 법률에도 규정돼 있지 않고 감사보고서 작성의 기준이 되는 회계감사기준 역시 증권관리위원회 판단에 따라 얼마든지 변경될 수 있어 죄형법정주의상 명확성의 원칙에 위배된다고 결정하였다. 또 재판부는 법률조항에 해당을 받는 회계사들이 감사보고서에

3) 매일경제신문. 2004. 1. 30. 분식회계CPA 처벌 부분위헌.

기재하는 사항을 더 잘 아는 것은 사실이지만 감사기준상 기재사항을 어느 정도 엄격하게 혹은 광범위하게 해석하느냐에 따라 기재의 범위가 넓다고 판결하였다. 감사인은 회계감사기준에 의해서 감사를 수행하여야 하며 그렇지 않을 경우, 외감법에 의해서 처벌을 받게 되는데 이러한 처벌의 기조가 되는 회계감사기준이 법률이 아니기 때문에 처벌이 어렵다는 것이다.

이번 결정으로 기소된 피고인들은 재판과정에서 다소 유리해진 셈이지만 해당 조항의 뒷부분인 허위기재를 한 때는 여전히 합헌인만큼 실제 재판에서 어떤 결과를 낳을지 주목된다. 특히 그 동안 SK 등 초대형 분식회계 사태에 휘말려온 회계업계는 이 같은 판결을 반기는 분위기이다. 즉, "감사보고서에 기재할 사항"은 위헌이며 "허위기재"는 합헌이라는 판결을 한 것이다.

Chapter 9

분식회계와 부실감사의 정의

일반적으로 정의되지 않고 사용되는 용어 중에 분식회계, 부실감사라는 개념이 있다. 분식회계는 기업회계기준위반과 허위공시가 있다.

허위공시는 증권거래법 제14조 제1항에 의한 개념으로 "허위의 기재 또는 표시가 있거나 중요한 사항이 기재 또는 표시되지 아니함"에 해당하는 내용을 의미한다. 따라서 증권거래법상 제출하여야 하는 유가증권발행신고서, 사업보고서의 기재사항에 대한 허위를 의미하는 것이다. 이것이 기타 분반기보고서와 감사보고서까지의 내용으로 준용되므로 이러한 사항까지 확대된다.

외감법 제13조(회계처리의 기준)

① 회사의 회계처리 기준은 금융감독위원회가 증권선물위원회의 심의를 거쳐 정한다.

③ 회사는 제1항의 규정에 의한 회계처리기준에 따라 재무제표·연결재무제표 또는 결합재무제표를 작성하여야 한다.

이러한 원칙을 준수하지 않을 경우는 분식회계라고 정의할 수 있다.

외감법 제5조(회계감사기준)

① 감사인은 일반적으로 공정 타당하다고 인정되는 회계감사기준에 따라 감

사를 실시하여야 한다.

이러한 원칙을 준수하지 않는 경우를 부실감사로 정의할 수 있다. 그러나 부실감사는 정의되어 있는 내용은 아니다. 일부에서는 분식회계 대신에 회계기준위반행위로, 부실감사 대신에 회계감사기준위반행위로 명칭이 조정되어야 한다고 주장한다.[1)]

외감규정 제48조(감사보고서 감리의 실시)

2. 금감위, 증선위의 업무 수행과정에서 법 제13조 제3항(이하 '분식회계'라 한다) 또는 법 제5조 제1항 위반 (이하 '부실감사'라 한다)이라고 규정한다.

법은 아니지만 규정의 차원에서도 분식회계와 부실감사가 정의되기는 유일한 경우이다.

안경태(2005)는 분식회계를 다음과 같이 세 가지로 분류하였다.[2)]

1. 회계부정
2. 회계오류
3. 회계판단차이

고의성을 이와 연관시킨다면 회계부정만이 직접적으로 연관되며 오류와 회계판단의 차이는 과실 또는 주관의 차이라고 분류할 수 있다.

기업회계기준서 제1호 회계변경과 오류수정의 부록 A15에서는 '… 일반적으로 회계상의 오류는 경상적으로 발생할 수 있는데…'라고 기술하고 있어 임의적인 발생보다는 일단, 경상적인 오류를 먼저 기술하고 있다. 즉, 기준서에서 경상적인 오류의 발생을 인정하고 있다. 다만, 경상적인지 아니면 고의성이 있는지에 관한 판단이 주관적이기 때문에 재량적 발생액 등을 이용한 연구와 금융감독원에서 분식회계와 관련된 조치를 결정함에 있어서는 금액의 크기를 보고 고의성 등을 간접적으로 판단할 수밖에 없다.

1) 한종철. 2003. 부실감사에 대한 회계법인의 배상책임.

2) 한국경제신문. 2005. 2. 28. 분식회계.

Chapter 10

분식회계유형

2000년부터 2004년까지의 감리결과 유형별 지적사례는 다음 표와 같다.

감리결과 유형별 지적사례

유형별 구분	2004	2003	2002	2001	2000
A. 당기손익, 잉여금, 자기자본 등에 영향을 미치는 사항	**81**	**51**	**66**	**60**	**78**
1. 매출채권, 매출 과대(소)계상	13	3	4	8	14
2. 재고자산, 매출원가 과대(소)계상	11	8	8	2	17
3. 고정자산 과대계상	7	8	6	1	5
4. 개발비 과대계상	2	2	1	2	4
5. 기타의 자산 과대계상	6	1	5	2	4
6. 차입금 등 부채 누락	10	8	1	1	6
7. 미지급비용 등 부채 과소계상	1	2	4	5	2
8. 퇴직급여충당금 과소계상	0	2	0	1	5
9. 대손충당금 과소계상	7	8	5	4	3
10. 자산평가손실 및 감액손실 과소계상	2	0	5	6	0

11. 유가증권 및 투자유가증권 평가 관련	11	2	18	13	2
12. 금융비용 자본화금액 과대(소)계상	1	3	0	2	1
13. 기타손익 과대(소)계상	10	4	9	13	15
B. 자산 · 부채 과대계상 등	**17**	**5**	**5**	**2**	**6**
1. 자산 · 부채 과대(소)계상	9	4	4	2	6
2. 매출 · 매입 과대(소)계상	8	1	1	0	0
C. 주석 미기재	**29**	**37**	**27**	**32**	**24**
1. 특수관계자 등과의 거래내역 등	6	14	7	11	6
2. 지급보증 및 담보제공	14	6	3	4	5
3. 견질어음수표 및 미확인 어음수표	3	1	1	0	2
4. 매출채권 할인 및 양도	0	9	3	6	1
5. 투자유가증권 관련	0	2	0	4	3
6. 기타 주석 미기재	6	5	13	7	7
D. 계정과목 분류 오류 등	**10**	**5**	**6**	**4**	**7**
E. 외부감사방해 등 회계기준 외의 관련법규 위반사항	**8**	**4**	**1**	**0**	**0**
합 계	**145**	**102**	**105**	**98**	**115**

감리제도가 크게 주목받았던 시점은 96/97년의 한보사태 시점이다. 한보의 회계정보가 문제가 있다는 정보가 시장에 많이 유포되었지만 감독기관에서 한보의 회계정보에 대한 검토가 수행되지 않았다.

우리나라의 감리에서의 지적 유형과 미국에서의 집단소송 제기 사유를 같이 생각해 볼 필요가 있다. 매우 흥미로운 사항은 예측정보오류이다. 예측정보를 타당한 근거 없이 발표한다는 것이 매우 위험한 행위라는 것을 입증한다. 감리지적과 집단소송제도 제기 사유와는 차이가 있으나 분식회계로 지적되는 점에 대해서 집단소송이 제기된다면 이 두 내용이 연관되기 때문에 아래에 같이 보인다.

미국의 집단소송 제기 사유[1] (단위: 건)

사 유	2002년	2003년
사업보고서 허위 기재(분식회계 포함)	184	155
예측정보 오류	152	143
회계기준 위반(분식회계 포함)	131	105
내부자 거래	59	58

자료: 금융감독원, 건수는 복수 집계.

실질적으로 주석사항과 관련된 분식회계의 지적은 논란이 많은데 주석사항도 재무제표의 일부이기 때문에 주석사항이 적절치 않게 공시된 경우도 당연히 감독원에서 지적을 받는다. 좀더 근본적으로는 주석이 투자의사결정에 유용한 정보가 아니라면 당연히 재무제표에 포함되지 않을 것이다. 따라서 주석에 표기된 정보가 적절한 정보가 아니라면 이에 대한 책임을 져야 한다. 재무회계개념체계에 보면 회계는 재무제표이용자의 경제적 의사결정에 유용한 정보를 제공하여야 한다.

그러나 지적을 받는 피감사기업이나 외부감사인의 입장에서는 재무제표 본문에 비해서 중요성이 훨씬 덜한 주석사항을 지적하는 것은 지나치다는 불만이 많다. 그러나 재무제표를 자세하게 분석하고 투자의사결정에 이용하는 이용자일 경우 재무제표 본문이나 주석의 정보내용을 구분하지 않는다. 주석사항이 정보로서의 가치가 있기 때문에 공시되므로 이를 본문과 달리 취급하지 않는 것이 감독당국의 입장이다. 물론, 위법의 차이 즉, 조치의 경중에 있어서 본문과 주석사항은 구분된다. 예를 들어 많은 분식회계의 대상이 되는 특수관계자와의 거래일 경우는 주석에 기술되는데 이러한 사항은 본문에는 보고되지 않지만 매우 중요한 사항이다. 이는 내부 통제가 적절치 않은 기업일 경우, 특수관계자와의 특히 대주주와의 자금의 대여가 부정의 소지가 있기 때문이다. 이러한 이유에서 기업과 특수관계자간의 금전거래가 2003년 말부터 회계관련법안 개정시에 금지되었다. 기준서 20호 특수관계

1) 매일경제신문. 2005. 2. 2. 집단소송대리전 시작됐다.

자거래공시 기준서에서는 특수관계자의 범위, 특수관계자거래 및 특수관계자와의 채권, 채무 잔액에 관한 정보를 제공하도록 하여서 공시를 강화하였다.

2005년부터 분식회계와 관련된 집단소송제도가 시행되면서 분식회계의 정의가 문제가 되고 있다. 전국경제인연합회는 분식회계의 범주를 당기순이익에 영향을 미치는 경우로 한정하기를 요구하였다.[2] 또한 주석사항을 포함하여 당기순이익에 영향을 미치지 않는 항목일 경우는 집단소송제에서 예외로 해주기를 요구하고 있다. 실질적으로 금융감독원에서 적용하는 양정기준일 경우도 당기순익에 영향을 미치는 것을 가장 중요한 요인으로 구분하고 있다.

그러나 위의 특수관계자와의 주석 공시에서 보는 바와 같이 당기순이익에 미치는 영향만이 기업의 내재가치에 영향을 미치는 것은 아니다. 또한 최근에 기업의 가치평가에 있어서 손익계산서만 중시되는 것이 아니라 대차대조표도 중시되고 있다. 즉, 기업의 가치 결정에 있어서 수익가치만이 의미가 있는 것이 아니라 자산가치도 의미가 있기 때문에 당기순이익에 미치는 분식회계만이 중요한 분식이라고 단정하기는 어렵다. 달리 이를 표현한다면 수익성 지출만이 중요한 것이 아니라 자본적 지출도 가치평가에서 중요하다. 그러나 영업의 결과에 대한 일차적인 측정치는 손익계산서에 보고되는 당기손익이라는 점은 부정할 수 없으므로 감독원의 주장에도 일리가 있다. 이는 일반적으로 개인에 대한 재정상태를 파악함에 있어서도 재산(재산세)과 소득(소득세)을 모두 고려하는 것과 같은 맥락에서 이해할 수 있다.

지난 수년간의 감리대상기업의 선정기준을 검토하면 대상 변수로 인하여 분식의 가능성이 높은 대상 변수가 모두 선정된 것을 알 수 있다. 지난 1999년 이후에 감리대상선정변수로 사용된 회계변수들은 모두 회계적으로 위법행위를 수행할 가능성이 높은 기업을 판별할 수 있는 변수들이다. 다만, 재고자산과 관련된 비율일 경우는 이 비율이 어떠한 이유에서 선정되었는지가 명확하지 않다. 2000년 재무제표에 대한 감리대상 기업을 선정하는 기준으로 사용되었으므로 이러한 변수의 선정은 이미 1999년에 수행되었다.

2) 한국경제신문. 2003. 12. 26. 분식회계 기준 정비를.

재고자산의 다과는 여러 가지 상이한 해석을 가능하게 한다.

재고가 많은 것은 미래 시점에 기업의 잠재적인 성장 가능성이 높기 때문에 높은 재고를 비축하고 있다고도 생각할 수 있으며 반면에 매출이 계획대로 수행되지 않았기 때문에 재고가 쌓인다고도 해석할 수 있다. 따라서 동일한 현상에 대해서 완전히 반대되는 해석이 수행될 수 있다.

감사인의 감사과정이 완전할 수 없듯이 감독기관의 감리활동이 완벽할 수는 없다. 여기서 우리가 이해하여야 할 것은 감사는 회계정보에 포함된 모든 정보가 적절하게 공시되도록 요구되어지는 것은 아니다. 즉, 감사에는 한계가 존재한다(감사준칙 240. 부정과 오류에 대한 감사인의 책임). 동일한 논리 전개가 감리에 대해서도 적용된다. 즉, 감리과정도 회계정보에 포함된 모든 문제점을 적발하리라고 기대되는 것은 아니다. 이러한 한계점은 감사와 감리에 공히 적용된다. 수많은 경찰관이 도둑을 잡지 못할 수 있다는 내용은 감사에뿐만 아니라 감리에도 적용된다. 감사가 어려운 과정이라면 감리도 어려운 과정임을 이해하여야 한다.

기아자동차는 매출채권을 과다계상하고 고정자산과 재고를 과대평가한 분식결산규모가 3조1백48억원에 달하였다. 기아자동차는 전산장부 조작 등을 통해 지난 1991년부터 1997년까지 할부수익을 부풀리는 등의 수법으로 매출을 늘리고 차입금을 과소계상한 것으로 밝혀졌다. 또한 비용을 고정 및 이연자산으로 처리해 손실폭을 줄였다. 한편 금감원은 1994년 기아차에 대한 감리를 실시하였으나 이러한 부실회계사실을 적발하지 못하였다.

이와 같이 감독원이 감리를 수행하고 분식회계를 발견하지 못한 경우는 동아건설의 경우에도 해당된다. 2001년 1월 12일 금융감독원에 따르면 증권감독원(1999년 금융감독원에 통합)이 1990년과 1994년 감사보고서를 감리했음에도 분식회계 등 문제점을 지적하지 못하였다. 이와 관련하여 1988년부터 1997년까지 동아건설의 회계처리를 맡았던 안건회계법인은 분식 등에 의해 과대계상된 7,140억원을 1998년 재무제표에 손익수정손실로 처리해 감사보고서에 반영하였다. 이에 대해 조사감리실 관계자는 “회사가 해외공사의 매출관련서류를 허위제시했다면 외부감사인이나 감리담당자가 이를 알아내기 힘들다"며 "특히 일반 직원이 아니라 경영진이 조직적으로 분식을 했다면 더 어렵다"고 말했다.[3)]

감리대상기업으로 회계적인 문제가 포함되었는데 감리 단계에서 적발되지 않은 기업이 추가적으로 있을 수 있으나 본 저서에는 이러한 부분이 이미 언론에 보도된 내용만을 인용한다.

외감법규정 제48조(감사보고서 감리의 실시)

① 증선위는 다음 각 호의 1에 해당하는 경우 관련 감사보고서(연결재무제표 및 결합재무제표)에 대한 감사보고서를 포함한다.

1. 금감위의 요청이 있는 경우
2. 금감위, 증선위의 업무 수행과정에서 법 제13조 제3항(이하 '분식회계'라 한다) 또는 법 제5조 제1항 위반 (이하 '부실감사'라 한다) 혐의가 발견된 경우

③ 증선위는 감사인의 공정한 감사를 유도하기 위하여 제1항에 해당하지 않는 경우에도 전산재무분석시스템을 활용한 계량적 분석 방법이나 무작위 표본추출 등의 방법에 의하여 선정한 회사, 기타 필요하다고 인정하는 회사의 감사보고서를 대상으로 감리를 실시할 수 있다.

①에도 기술되고 있듯이 결합재무제표는 현재 감리의 대상은 아니지만 규정상으로는 감리의 대상으로 선정될 수 있다. 외감법 규정에는 증권선물위원회가 자의적으로 감리대상기업을 선정할 수 있는 법적인 가능성을 열어 놓고 있다. 즉, 감사인 지정제도일 경우는 외감법에 규정되었으나 감리는 어떠한 경우에 감리대상기업을 선정한다는 내용이 이전에는 법제화되어 있었으나 최근에는 이러한 내용이 법제화된 내용은 아니다. 이러한 내용은 법제화되지 않는 것이 더욱 바람직한 것이 감리대상기업 선정은 상황에 따라 감독기관에서 정책적으로 사용할 수 있기 때문이다. 예를 들어, 비감사서비스와 관련되어 규제기관에서는 이의 병행을 금지하는 내용을 법제화하려고 하는데 입법과정이 여의치 않다면 비감사서비스를 병행하는 기업을 감리대상

3) 서울경제신문. 2001. 2. 13. 금감원 눈 뜬 장님.

기업으로 선정할 수 있다. 즉, 감리대상기업 선정일 경우는 감독당국의 정책 의지가 실려서 수행될 수 있다.

2000년까지는 표본(일반)감리대상 선정기준을 외감규정(제48조 및 별표)에 구체적으로 명시하였으나, 감리대상의 전략적 선정 등을 위하여 2000년 12월 8일 규정 개정시 구체적인 선정기준을 삭제하였다. 그렇기 때문에 이러한 의사결정은 증권선물위원회가 자의적으로 결정할 수 있는 것으로 변경되었다.

현행 표본감리제도를 기술한다. 현행 규정상 회계분식 혐의가 발견된 경우 감리를 실시하게 되어 있으나 예방효과를 높이기 위한 전략적 방법으로

- 혐의와 관계없이 무작위 표본추출 등 일정 조건 해당기업을 선정하여 감리를 실시하는 제도를 보완적으로 운영하고 있으며
- 이 방식은 불건전한 회계처리를 의도하는 기업에 대해서는 '예방효과'를 가진 반면, 그렇지 않은 기업에게는 자료 제출 등의 부담이 따르는 문제점도 내포한다.

다음의 표는 과거 5년간의 표본감리대상 선정방법을 기술한다.

<table>
<tr><th>연도</th><th colspan="2">선정방법</th><th>모집단에 포함된 회사</th><th>선정수</th></tr>
<tr><td rowspan="4">1999</td><td colspan="2">필수선정</td><td>부채비율, 재고자산비율, 현금흐름비율, 대여금비율이 상위인 회사 및 수시감리 없이 상장한 회사</td><td>21</td></tr>
<tr><td rowspan="2">표본선정</td><td>우 선</td><td>5년 이상 미감리 회사, 회계처리방법 변경 회사, 당기순손익이 매출액의 1% 미만인 회사</td><td>14</td></tr>
<tr><td>잔 여</td><td>나머지 회사</td><td>5</td></tr>
<tr><td colspan="2">소 계</td><td></td><td>40</td></tr>
<tr><td rowspan="2">2000</td><td colspan="2">필수선정</td><td>부채비율, 재고자산비율, 현금흐름비율, 대여금비율이 상위인 회사, 수시감리 없이 상장한 회사 및 2년 이내 1회 이상 회계변경한 회사</td><td>11</td></tr>
<tr><td>표본선정</td><td>우 선</td><td>5년 이상 미감리 회사, 회계처리방법 변경 회사, 당기순손익이 매출액의 1% 미만인 회사</td><td>9</td></tr>
</table>

연도	선정방법		모집단에 포함된 회사	선정수
2000	표본선정	잔 여	나머지 회사	1
	소 계			21
2001	우선선정		분식위험, 이자보상배율, 흑자전환 여부와 관련하여 상위로 분류된 회사	27
	표본선정		분식위험, 이자보상배율, 흑자전환 여부와 관련하여 중위로 분류된 회사와 5년 이상 미감리 회사	28
	선정보류		나머지 회사	-
	소 계			55
2002	우선선정		분식위험이 상위로 나타난 회사	4
	표본선정	표본 I	분식위험이 중위로 나타난 회사	22
		표본 II	나머지 회사	14
	소 계			40
2003	표본선정		모집단을 업종별 및 시장별(상장법인, 협회등록법인)로 구분하고 이로부터 각각 10%씩 선정	128

부실감사 가능성이 많이 나타날 수 있는 조건이 무엇인가에 대한 판단은 주관적일 수밖에 없으며, 실제로 과거 1999년부터 2002년에 걸쳐 모형을 이용한 방식을 적용해 본 결과 무작위표본방식 등 여타 방법과 지적비율에 큰 차이가 없고, 오히려 선정기준이 주관적 및 자의적이라는 문제 제기가 많이 있었기 때문에 모형의 사용이 표본추출보다 우월한 방법이라는 점에 대한 확신을 갖기 어렵다.

한정된 감리인력으로 감리대상 회사 수를 늘리는 데 한계가 있으므로 중점감리사항 또는 일제(부문)감리 항목의 사전 예고를 통해 회계기준 준수와 충실한 감사를 유도할 필요가 있다. 이를 기획감리라는 표현을 사용하기도 하는데 과거에 다음과 같은 항목에 대해서 기획감리가 수행되었다.

- 2001년: 상장법인에 대한 지분법 일제감리
- 2002년: 협회등록법인에 대한 지분법 일제감리
- 2003년: 상장 · 협회등록법인에 대한 차입금 일제감리

2004년에는 무작위 추출기업과 일정조건 해당기업을 감리대상기업으로 선정하고 전 상장 · 등록기업을 대상으로 특정항목에 대해 감리를 실시하는 방안이 시행되었는데 시장별/업종별로 구분하여 무작위 표본을 추출하였으며 자산규모 등에 비해 감사인력 및 감사시간이 현저히 적은 기업 등에 대하여 집중적인 감리를 수행하였다.

현재 감사보수 및 감사시간을 사업보고서에 공시하도록 하고 있으므로 각 회사의 상대적인 감사보수 또는 감사투입시간(감사보수 또는 감사시간/자산총액 등)을 계산하고 이를 선정기준으로 적용하였다.

감리대상 기업 중 25%의 기업이 분식회계/부실감사로 제재를 받게 되므로 감리대상으로 선정됨은 매우 민감하다. 감독기관도 당연히 감사원으로부터 정기적으로 업무 감사를 받으므로 어떠한 과정으로 감리대상 기업을 선정하는지에 대한 점을 집중적으로 조사받게 되며 매우 객관적으로 이를 진행한다.

반면에 일반감리제도를 폐지하여야 한다는 의견이 감독원에서도 제기된다. 미국과 같이 재무제표에 문제가 있는 기업에 대해서만 감리를 수행하여야 한다는 의견이다.

2004년 감리대상을 선정함에 있어서 감사수임료도 선정대상의 한 변수로도 생각하였으나 감사수임료는 공정거래위원회에서 불공정거래와 관련되어 민감하게 생각하고 있는 부분이기 때문에 감사수임료로 감리대상을 선정함은 적절치 않다.[4)]

2004년의 경우와 같이 이러한 감사시간을 위주로 감리대상을 선정함은 감사시간을 더 투입하기를 기대하는 감독기관의 의지가 표출된 것이며 이러한 방향으로 감사가 진행되기를 강조하는 순기능이 있다. 즉 감독기관에서는 감리대상 변수를 정책적 의지를 담아 이를 사용할 수 있는 장점이 있다.

4) 감사수임료와 관련되어서는 추후에 체계적으로 검토한다.

앞으로도 입법과정이라는 힘든 과정을 거치지 않고도 감독기관이 원하는 방향으로 정책을 전개하여 나갈 수 있는 정책수단 중 하나가 감리대상 선정기업이라고도 할 수 있다.[5)]

사업보고서에 보고된 감사투입시간이 정확하지 않기 때문에 감독원은 각 회계법인으로부터 감사시간을 제공받아 감리대상 기업을 선정하였는데 이러한 투입시간이 정확하게 제공되었는지에 대해서는 의문이 제기될 수 있다.

감사시간을 기준으로 감리대상 기업을 선정함은 피감사기업에는 불리하게 작용할 수 있다. 감사시간이란 피감사기업의 입장에서는 통제할 수 없는 변수이고 피감사인은 감사수임료를 지급하면서 감사를 외부감사인에게 맡기는 것으로 감사와 관련되어서는 협조하는 것 이외의 감사의 주체는 감사인이다. 이렇게 감사수임료를 수임하는 감사인의 입장에서 감사시간을 적게 투입하였기 때문에 피감사기업이 감리대상으로 선정될 수 있다. 물론, 분식회계를 수행하지 않은 기업일 경우는 감리대상으로 선정되었다고 하여도 문제될 것이 전혀 없지만 그렇지 않은 회계투명성과 관련해서 marginal한(경계상의) 기업일 경우는 외부감사인의 불충이 피감사기업에 불리하게 작용된다.

2004년 감리에 감사시간을 이용하여 감리대상을 선정하였기 때문에 2004년 사업보고서에는 감사시간을 과장해서 공시할 가능성이 있으며 따라서 감사시간을 지속적으로 사용함은 어렵다. 반면에 회계법인은 회계법인 내부적으로도 수익성분석을 수행하여야 하기 때문에 당연히 투입하는 감사시간을 가장 효율적으로 사용하려 할 것이다.

따라서 과거에도 그러하였듯이 감리대상 기업을 선정하는 기준은 매년 변경하여야 한다. 감리대상 기업을 선정함에 있어서 또 한가지 이슈가 되는 부분은 최근 감리대상으로 선정되었던 기업을 다시 선정하는 경우이다. 감리대상이 되는 기업의 입장에서는 전체 상장/코스닥기업의 일부의 기업에

5) 회계관련 법령 개정의 과정에서도 우리가 경험하였듯이 입법과정이라는 것이 매우 힘든 과정이다. 일단 주무 부처인 감독원, 금감위 및 재경부의 조율과정을 거쳐야 되며 이러한 과정을 통과하였다고 하여도 공청회 등을 거치게 된다. 그러나 가장 중요한 과정은 입법과정이다. 정당의 이해관계가 개입되며 또한 이 법안과 관련되어 치열한 이해관계자의 로비가 작용한다.

대해서만 감리를 수행하면서 어떠한 이유에서 수년간격으로 해당 기업에만 중복적으로 감리를 수행하는지에 대한 불만이 있을 수 있다. 2004년은 전체 상장기업 중에서 10%에 해당하는 기업에 대해서 감리가 수행되었으며 감독원은 이러한 비율을 높여 갈 계획이 있다. 2007년에는 30%의 기업에 대해서 감리를 수행할 것을 계획하고 있다. 이러한 비율이 변경되지 않는다면 모든 기업은 평균적으로 10년에 한번 정도 감리대상 기업으로 선정되어야 한다. 그러나 표본 추출의 방식이기 때문에 반드시 이러한 비율로 선정되는 것은 아니다.

그렇다고 해서 감리대상기업을 선정함에 있어서 최근 감리대상으로 선정되었던 기업을 완전히 배제하게 되면 위에서 제기된 문제점, 즉, 최근 감리대상으로 선정된 기업은 무방비 상태로 분식회계와 부실감사에 노출되게 되는 문제점이 야기된다. 이러한 점은 운영의 묘를 살려야 한다.

2004년과 같은 감리대상 선정 정책을 실행함에 있어서, 가장 이상적이기는 감사인력과 감사시간을 모두 다 고려하는 man×hour의 개념이 가장 효과적인 변수이지만 현행 사업보고서 실태를 보면 이러한 자세한 정보가 공시되고 있지 않다. 또한 인력일 경우도 직급별 전문성에 차이가 있기 때문에 직급도 당연히 구분되어야 하지만 이러한 자세한 공시도 수행되고 있지 않다. 물론, 회계법인별로 time sheet를 이용하므로 법인 내부적으로 직급별 투입되는 시간은 어렵지 않게 구할 수 있으며 또한 사업보고서에 제공될 수 있다.

물론, 직급별로 어느 직급에 있는 공인회계사가 시간을 투입하는 것이 감사에 있어서 더욱 적절한지에 대해서는 많은 이견이 있을 수 있다. 예를 들어, 감사위험이 높은 피감기업일 경우에 일반적으로는 파트너가 많은 시간을 투입하지만 실제적으로 field에서 감사를 수행하는 회계사가 시간을 더욱 많이 투입함이 분식회계를 제어할 수 있다고도 할 수 있다. 물론, 경험이 많은 파트너가 감사를 계획하고 팀원에게 적절한 업무를 부여함도 감사에 있어서 매우 중요한 요소이다. 따라서 직급별로 어느 직급자가 시간을 투입하는 것이 가장 효과적인 감사를 수행하는지에 대해서는 회계법인별로 차이가 있으며 일률적으로 이를 논하기 어렵다.

반면, 감사위험이 높으면 감사투입시간을 늘릴 수도 있지만 중요성 범주를 낮출 수도 있기 때문에 반드시 감사위험이 감사투입시간과 연관되는 것은 아니다.

높은 직급의 담당이사는 피감기업의 감사용역을 수주하는 책임을 지고 있으며 또한 법인 내에서의 이익 공헌도 등을 고려하지 않을 수 없기 때문에 오히려 독립적인 감사업무를 수행하기 어려운 위치가 아닌가 한다.

감사시간을 이용한 이와 같은 접근은 직급별 감사시간에 대해서는 고려하고 있지 않지만 담당이사와 감사보조자를 구분하려는 정책적인 방향과 연관하면 이러한 구분이 필요할 수도 있다. 2003년 12월 17일의 담당이사의 책임을 강화하는 방향으로의 정책의 변경도 고려되어야 한다. 즉, 감사보조자는 단지 보조자에 불과한 것이고 감사는 담당 파트너의 책임 하에 수행되기 때문에 동일한 감사시간이라고 하여도 주책임자와 보조자를 구분할 필요가 있다.

어떻게 보면 외감법에서의 감사인 지정 선정 기준과 감리 대상 선정 기준은 유사한 점이 없지 않다. 앞으로 자세하게 검토하겠지만 감사인 지정도 자유수임제도에 대한 예외적인 경우에 수행하게 된다. 분식회계가 수행될 위험이 높은 기업에 대해서 특별관리 차원에서 감사인을 지정하는 것이며 또한 분식회계 위험이 높은 기업에 대해서 회계정보에 대한 감리를 수행하는 것이다. 극단적인 의견일지는 모르나 감리지정대상 선정도 감독원의 내부에서 결정하는 것과 같이 감사인지정 요건도 감독원 내부적으로 매년 요건을 변경하면서 정할 수도 있을 것이다. 또한 사전적으로 어떠한 기업에 대해서 감사인이 지정될 것이라는 것을 예고하지 않고 사후적으로 결정하는 것도 한 방법일 수 있다. 이러한 정책이 수행된다면 감사인지정 사유도 감독기관이 감사인지정제도를 정책적으로 사용할 수 있다.

특별히 문제가 되는 기업에 대해서 감리를 수행하는 것을 특별감리라고 하는데 특별감리는 이미 문제가 드러난 기업에 대해서 감리를 수행하는 것이기 때문에 거의 대부분 감독원에서 문제점을 지적하게 된다. 미국의 경우도 SEC에서 enforcement라고 해서 감리가 진행되었던 기간에는 이러한 감리는 거의 대부분 특별감리였으며 미국에서도 PCAOB에 의한 우리의 일반감리에 해당하는 감리로 그 주된 업무가 변화하는 것으로 알려지고 있다.

상장/등록기업이 아닌 경우는 감독원은 한국공인회계사회에 감리를 위탁하고 있다. 단, 위탁감리에 의해서 한국공인회계사가 조치한 사항은 증권선물위원회의 자문기구인 감리위원회와 증권선물위원회를 통과하도록 되어 있다.

한 회계전문가는 감리에 대해서 다음과 같은 감리수행에 대한 제안도 제시하였다. 그는 감리는 지적보다도 예방이 중요하다며 50개 기업에 대해서 감리를 수행할 것이면 150개 기업에 대해서 감리에 선정될 가능성이 있다고 통보하고 실질적으로는 50개 기업에 대해서만 감리를 수행하는 제안을 하였다. 그러나 이러한 접근 방법도 감리대상 기업의 선정에 있어서의 어려움은 동일하게 겪게 된다.

예를 들어 과거에도 대우의 분식 문제 등에 감독원의 많은 인력이 집중되게 되면 다른 일반감리가 약화되는 문제가 있었다. 이는 인적 자원이 제한되는 경우로 어쩔 수 없는 문제이다.

감리에 대한 조치에서도 문제가 되는 것이 최대주주가 빈번하게 교체되는 특히나 코스닥상장기업에 대한 조치일 경우, 회계적인 문제가 발생할 당시의 임원 또는 대주주는 회계분식 등의 사건 이후에 기업 주식을 대거 처분하였는데 이러한 경우, 이 기업을 인수한 최대주주가 피해를 보는 사태가 발생한다. 물론 현 경영진이 분식 당시 최대주주의 위법행위를 몰랐다고 주장할 수 있으나 경영권이 교체되기 이전의 최대주주의 위법행위는 결과적으로 법인에 귀속되고 재무제표에 영향을 미치는 사건이라는 점에서는 이견이 있을 수 없다. 즉, 기업에 대한 조치는 법인격에 대한 조치이며 누가 최대주주인지는 자연인의 문제이며 법인격에 대한 조치는 최대주주 즉, 자연인이 누구인지와는 별개의 사안이라고 할 수 있다. 그러나 이는 법적인 접근방법이며 실제로 피해를 보는 최대주주의 입장에서는 당연히 전임 최대주주의 업보에 대해 책임을 진다는 불만을 표명하게 된다. 단, 기업을 인수하였다면 그 기업과 관련된 위험 부담도 같이 인계하는 것이다. 위에 기술된 회계법인의 합병 과정이 어려운 이유도 같은 맥락에서 이해하면 된다.

유가증권발행제한이라는 기업에 대한 조치를 받는 기업이 이미 경제적으로 어려움에 처해 있고 관리종목, 법정관리, 화의, 기업구조조정, 파산 등의 상태에 있어서 어차피 유가증권을 발행할 수 없는 상태에 있다면 유가증권발행제한이라는 조치가 큰 의미가 없다. 기업에 대한 유가증권발행제한이나 과징금 조치의 경우, 이러한 조치를 받는 기업에게 어느 조치를 선호하는지를 묻는 과정을 밟는다.

회계에서도 공정한 회계감사와 관련되어 표창을 받은 회계사일 경우, 감독원에서의 조치를 감면하여 주는 제도가 2004년부터 새로이 시행되고 있다. 물론, 회계업계의 발전에 어떠한 방식으로 일조하였기 때문에 표창을 받았는지와 어느 기관에서 수여하는 표창을 수여한 경우에 감면대상이 되는지 또는 표창의 유효기간은 어떻게 되는지가 성문법과 같이 작성된 것은 아니다. 또한 한 번 받은 표창에 대해서는 한 번의 감면만을 허용하기 때문에 조치를 받는 회계사가 언제 감면을 받을지도 선택하여야 한다. 물론, 조치를 받는 공인회계사가 미약한 수준의 조치일 경우는 이러한 선택을 하지 않고 이후에 받을 수도 있는 중대한 조치에 대비할 수 있다.

감리에 의한 제재 조치 중 한 조치로 담당임원 해임권고가 있다. 물론 이 조치가 권고에 그치며 임원의 해임은 주총의 고유권한이므로 감독기관이 이 조치를 강제할 방법은 없다. 다만, 최대주주에 대한 해임권고일 경우는 최대주주가 주총에서 가장 큰 영향력을 행사하고 있기 때문에 감독기관의 이러한 권고 사항을 수용하지 않을 수 있으며 과거에 그러한 사례도 있다. 또한 한 기업은 담당임원 해임권고를 수용하였으나 반년이 경과된 이후에 해당자를 다시 임원으로 임명하는 경우도 있었다. 이러한 감독기관의 권고 사항의 실효의 문제는 단지 회계문제에만 국한된 것은 아니다.

Chapter 11

상호감리제도(peer review)와 조직감리

현재 미국에서 도입된 제도로 한국에서 아직 도입되지 않은 제도가 있다면 아마도 감사법인들간의 상호감리일 것이다. 우리나라에도 도입되는 것으로 거의 모든 제반 준비가 수행되다가 중단되었다.[1] 미국에서의 제도를 모방하여 이 제도를 도입하려고 하였으나 엔론(Enron) 사태가 발생하면서 미국에서도 peer review에 대한 재검토가 수행되기 때문에 이를 도입할 가능성이 현재 시점에서는 없다.

이 제도는 회계업계가 자율적으로 monitoring을 수행한다는 장점을 갖는 제도이다. 회계법인 상호간에 감리를 수행하여서 통제하는 제도인데 우리나라의 현실에서 이 제도가 잘 정착될 수 있는지에 대해서는 초기 시점부터 의문이 제기되었다. 미국에서도 엔론(Enron) 사태로 문제가 되었던 Arthur Anderson의 경우에 상호감리가 적절하게 작동되지 않아서 그 결과 문제점이 지적되지 않았고 궁극적으로는 엔론(Enron) 사태를 유발시켰다.

미국에서 상호감리를 지금은 존재하지 않는 Public Oversight Board (POB)가 중심이 되어 3년마다 시행되었다. 상호감리의 장점은 이러한 감리의 주체가 민간기구이기 때문에 정부의 입장에서는 정부의 예산을 사용하지

1) 한국공인회계사회에서도 1997년과 1998년에 감사인 평가에 관한 규정제정특별위원회에서 이를 검토하였으나 실현되지 않았다.

않고 규제를 수행할 수 있는 장점이 있다. 또한 이들 자율기관에 대한 규제권을 갖고 있기 때문에 이들에 대한 확인 작업만을 수행하면서 감리를 수행할 수 있는 장점이 존재한다. 즉, 민간이 정부가 수행할 업무를 자율규제의 형태로 수행한다면 정부가 굳이 이러한 업무를 수행하지 않아도 되는 것이다. 이는 어떻게 보면 우리나라의 한국공인회계사회에서 감독원의 위탁을 받아 비공개기업에 대한 감리를 수행하는 것과 유사하게 판단할 수 있다.

감독과 관련된 권한이 민간에 이양되는 것이 좋은지 아니면 정부기관이 규제권한을 지속적으로 갖고 있어야 하는지는 논란의 대상이다. 미국도 엔론(Enron) 사태 이후에 회계정보의 투명성과 관련된 문제가 제기되자 정부에서 회계와 관련된 규제를 회계감독국(PCAOB)을 신설하여 제재하게 된 것이다. 즉, 상호감리 등의 제도에 의존하여 자율기관이 감독기능을 수행하지 못할 경우는 이러한 감독기능을 규제기관에서 다시 갖고 가게 된다.[2] 모든 업무를 outsourcing으로 대체할 수 있다면 행정기관은 그만큼의 인건비 부담을 줄일 수 있다.

예를 들어 비감사서비스 병행과 관련되어서도 (별도의 장으로 주어지기는 하였지만) 민간단체인 한국공인회계사의 자율적인 윤리규정에 의해서 감사인의 독립성에 상충될 수 있는 컨설팅서비스에 대한 규제를 설정할 수도 있다. 감독원의 입장은 이를 공인회계사법을 개정하여 규제하여야 한다는 입장이고 한국공인회계사회의 입장은 이를 공인회계사윤리규정에 의해서 자율적으로 규제하여야 한다는 입장이다. 그러나 감독기관의 입장에서는 이러한 규제는 자율기관에 위탁하는 것보다는 감독기관 고유의 업무라는 판단을 할 수 있다.

감독기관의 규제인지 자율기관의 규제인지에 대해서는 감리를 예로 들어 설명한다. 다만, 예외적으로 시장에 미치는 영향력이 적은 기업들의 경우는 예를 들어, 비상장/비등록법인의 감리인 경우에 대한 규제는 자율기관인 한국공인회계사회에서 수행되어야 된다는 입장이다. 물론, 이에는 최근 대

2) 우리나라의 감독기관인 금융감독위원회는 정부기관이며 감독원은 민간기구이지만 준 정부기관이라고 할 수 있다.

폭 인원이 확충되기는 하였으나 감독원 회계감리국 인원이 모든 외감법 대상 법인에 대한 감리를 수행하기는 불충분하기 때문이다. 이미 외감법 대상 기업이 13,100개에(2005년 6월 초 현재) 이르고 있다. 한국공인회계사의 자율적인 조치는 감독원의 승인을 받아야 하는데 자율적으로도 충분히 강력한 조치가 취해진다. 오히려 한국공인회계사가 너무 강한 조치를 결정하여 증권선물위원회에서 이러한 조치를 감경하는 경우도 있다.

또한 한국공인회계사회가 자율적인 규제를 수행하기에는 한국공인회계사회 자체도 대형회계법인, 소형회계법인, 개인감사반 등의 이해가 얽혀져 있다는 점을 고려하여야 하며 한국공인회계사회의 정책이 어느 한쪽으로 치우치지 않아야 한다는 한국공인회계사회 내부적인 한계점도 존재한다.

역사가 순환되듯이 규제와 자율도 반복된다. 미국에서 엔론(Enron) 사태로 인해서 자율적인 투명한 회계 관행이 무너지자 정부가 개입하여 회계감독국을 설립하였으니 이러한 회계문제가 더 이상 발생하지 않는다면 정부의 민간 경제에 대한 지나친 간섭이라며 규제의 해제를 요구할 시점도 있을 수 있다.

Peer Review가 국내에서 성공할 수 있는지는 우리의 문화적인 구조와도 연관된다. 우리는 거의 모든 관계가 지연, 학연, 혈연에 의해서 결정되기 때문에 Peer Review를 수행하는 법인이 언젠가는 Peer Review를 수행하는 대상 법인으로부터 Review를 받을 수 있다는 점을 고려하면 우리의 현실에서 이러한 제도가 잘 정착하기는 쉬운 일만은 아니라는 판단을 할 수 있다. 이러한 점은 사법부에서 전문가의 의견(expert witness)에 크게 의존할 수 없는 현실과도 연관된다. 또한 대형 회계법인은 거의 과점의 형태이기 때문에 상호적으로 Peer Review가 수행될 가능성이 매우 높다.

사전적인 예방 노력 차원에서 회계법인의 운영, 감사업무수행체계, 내부감독체계 등을 감독하는 조직감리제도를 조속히 운용할 필요가 있다. 엔론(Enron) 사태 이후 제정된 미국의 Sarbanes-Oxley Act에 따라 설립된 회계감독위원회도 외부감사인(회계법인)의 운영, 감사업무 수행체계, 내부감독체계 등을 검토하는 조직감리제도를 도입하여 시행할 예정이며 우리나라의 경우도 회계법인의 '내부통제제도'가 적절한지에 대한 작업을 한국공인회계사회가 중심으로 수행하였다.

동 조직감리 과정을 통하여 회계법인의 업력(history), 품질관리 정책, 회계감사방법론, 교육훈련제도, 감사조서의 작성/보관, 비감사서비스 제한 등의 독립성 규정 준수 여부 등 회계감사 품질에 영향을 미치는 제반요소들에 대하여 감독당국이 종합적인 점검을 통하여 개선을 요구하고 개선정도를 확인하는 과정이 필수적이다. 동 조직감리 결과와 특별한 필요시 수행하는 개별감리 결과를 누적/종합하여, 감사인 지적시 활용하도록 하고, 회계감사 능력에 심각한 문제가 있는 외부감사인은 회계감사 업무 수행을 금지 또는 제한하도록 할 수 있다. 그러나 한국공인회계사회에서 이러한 조직감리를 수행하였으나 그 평가는 모두 양호한 것으로 발표하였다. 한국공인회계사회는 당연히 자율기관으로서의 한계점이 존재할 수밖에 없다.

국민은행 등 미국에 상장 또는 등록된 기업을 감사하는 삼일 등 국내 5개 회계법인이 이르면 내년부터 금융감독당국으로부터 3년에 한번씩 직접 검사를 받을 것으로 보인다.[3] 이는 지난 7월부터 금융감독당국이 상장기업에 대한 일반감리를 전격 폐지하는 대신 회계법인에 대해 미국 회계감독위원회와 공동검사를 실시하겠다는 방침에 따른 것이다.

금감위 관계자는 23일 "이달 초 문재우 증선위 상임위원 등이 미국 회계감독위원회(PCAOB: Public Accounting Oversight Board)를 방문, 공동검사를 실시하기 위한 요건을 확인하고 돌아왔다"면서 "직접 감독 대상은 삼일, 삼정, 딜로이트안진, 한영, 대주 등 5개 회계법인이 될 것이며 이들 회계법인에 대해 PCAOB 규정대로 3년에 한번씩 직접 감리를 실시할 것"이라고 밝혔다.

이 관계자는 또 "구체적인 검사방법과 시기 등은 T/F를 통해 논의할 예정"이라고 말했다. 현재 PCAOB에 등록을 마친 회계법인은 이들 회계법인 외에도 충정, 신안, 신원 등 3개 회계법인이 더 있으나 미국에 상장 또는 등록된 기업의 외부감사를 맡고 있지는 않아 감독당국의 직접 감독대상에서는

3) 조세일보. 2005. 9. 23. 내년부터 5개 회계법인 금융감독당국 직접 검사.

제외될 것으로 전망된다.

PCAOB는 미국에 상장 또는 등록된 기업 100개 이상에 대한 감사를 시행한 회계법인에 대해서는 매년, 그 밖의 법인은 최소한 3년 단위로 검사를 실시하고 있다.

금감위는 회계법인에 대한 직접 검사를 위해 재정경제부에 주식회계외부감사에 관한 법률 시행령 개정을 요청했으며 현재 재경부, 금감위 관계자 등으로 구성된 시행령 개정을 위한 T/F에서 구체적인 논의를 진행하고 있는 것으로 전해졌다.

현재 국내 회계법인에 대한 품질관리감리(감사인에 대한 감사업무운영에 대한 감리)는 회계법인의 감사계약부터 회계사 교육, 심리실 운영 등 감사보고서가 나오기까지의 총체적인 내부 시스템을 사전에 점검하는 제도로서 지난 2003년 하반기부터 공인회계사회가 맡아 실시하고 있다.

그러나 PCAOB는 자율규제기구인 공인회계사회가 실시하는 품질감리는 인정하지 않는다는 의견을 표시하고 있어 감독당국이 직접 검사를 실시하겠다는 방침을 세운 것이다.

금감위 관계자는 이와 관련 "이번 방문에서 PCAOB는 공인회계사회와 같은 자율규제기관에서 실시하는 감리는 인정할 수 없다고 밝혔다"면서 "이는 공인회계사회의 경우 회계법인 등 회원들의 회비로 운영되기 때문에 재정적인 독립성을 유지할 수 없다는 판단에 따른 것"이라고 말했다.

한편 현재 국내 기업 중 한국전력, KT, 하나로통신, 국민은행, LG필립스LCD, 포스코 등 11개 기업이 주식예탁증서 형태로 미국 주식시장에 상장돼 있다.

이들 국내 기업의 외부감사를 맡고 있는 국내 회계법인은 삼일 등 5개로 이들은 이미 PCAOB에 등록을 마친 상태이다. 이에 따라 올해 미국 회계개혁법인 사베인스 옥슬리법(Sabanes-Oxley Act) 시행 3년에 접어드는 올해부터 PCAOB의 검사 대상이 된 것이다.

미국 회계감독당국은 외국 회계법인의 경우 자국 감독당국으로부터 유사한 수준의 검사를 받을 경우에는 검사를 면제토록 규정하고 있지만 현재로서는 한국 공인회계사회가 실시하는 품질감리가 회계법인에 대한 검사의 전부인 점을 감안할 때 현재 감독수준으로는 PCAOB의 직접 검사가 불가피한 상황이다.

감독의 기본 방향을 사후적 감리에서 사전적 지도/점검으로 전환하는 것이 바람직하다고도 판단할 수 있다. 즉, 제재보다는 예방에 주안점을 두는 것이다. 즉, 상장법인의 정기(연차, 반기, 분기)보고서에 대한 적시검토 및 회계법인의 운영 전반에 걸친 조직감리에 투입하도록 하는 것도 방법이다.

감독원이 상장 및 등록법인의 정기보고서를 즉시 점검하여 문제가 발견되는 경우 이를 해당회사에 통보하고, 사업보고서를 수정하도록 하여 시장에 정확한 회계정보가 즉시 공급되도록 할 수 있다. 즉, 감독원의 업무를 사후 조치보다는 사전적인 예방에 두도록 하는 것이다. 그러나 여기에 한계가 있을 수밖에 없는 것이 정기보고서는 일정한 제출기간을 갖는 것이기 때문에 제한된 시간을 갖고 제출된 정기보고서를 검토하여 수정을 요구하는 것이 용이한 것만은 아니다.

금융기관도 회계법인 내부의 문제가 감사품질과 연관이 있다는 인식을 가지고 있는 것으로 보인다. 위에서 기술된 대로 2003년부터 회계법인에 대한 조직감리가 한국공인회계사 차원에서 수행되었으나 최근에 와서는 증권선물위원회가 이러한 회계법인 조직감리를 직접 수행하여야 한다는 의견을 피력하기도 하였다(e daily. 2005.8.7).

Chapter 12

감리의 사례

감리에서 지적되는 경우는 대부분 적정의견을 받았을 경우이지만 비적정의견을 받고 감리에서 지적되는 경우도 있다. 이는 물론, 비적정의견을 받았던 부분에 대해서는 아니고 다른 부분에 대해서 지적이 되는 것이다.

저자가 참여하였던 감리위원회의 감리의 과정에서의 흥미로웠던 몇 내용을 항목별로 정리한다. 기업과 임원 또는 공인회계사의 실명은 익명으로 처리하며 구체적인 개별 안건보다는 issue가 되고 같이 생각해 볼 수 있는 내용을 중심으로 한다.

a. '당기 감사인은 차기 회계연도(2001)의 회계감사가 다른 감사인으로의 변경이 예정되어 있었기 때문에 보다 주의 깊게 정당한 주의를 기울여 감사절차를 수행한 것이고…' 즉, 이러한 진술인의 진술에서 감사인이 변경되기 이전 연도의 감사는 좀더 보수적으로(conservative) 진행된다는 것을 알 수 있다. 이는 미국에서는 빈번하게 연구되었던 주제이다.[1] 즉, 감사인 교체의 효과에 대해서 우리는 흔히 교체된 감사인의 독립성 제고 등의 문제만을 생각하지만 교체되는 연도에도 교체 효과가 나타날 수 있다.

b. 유형자산의 건설에 사용된 차입금에 대한 이자비용을 자본화함에 있

1) Defond and Subramanyam, 1998.

어, 동 자산의 건설과 직접 관련하여 개별적으로 차입된 자금에 대한 금융비용만을 자본화하고 일반적으로 차입되어 동 자산의 건설을 위하여 사용된 차입금에 대한 금융비용은 자본화하지 않고 당기 비용화함으로써 이익을 과소 계상한 경우가 있다. 새로 제정된 기업회계기준서 제 7 호에 의해 금융비용은 기간비용으로 처리하는 것이 원칙화되었으나 제 7 호 기준서가 도입되기 이전 기존의 회계기준에 의해서 회계처리되어야 하며 기준서에는 기준서를 조기 적용할 수 있는 회계기간이 명시되어 있기 때문에 이를 명확히 이해하고 따라야 한다. 아직 적용되지도 않는 기준서를 앞당겨 적용한다는 것도 기업회계기준을 어기는 것이다. 물론, 기준서가 확정된 이후에 이를 조기 채택할 수 있는 선택권을 기업에게 허용한 경우는 예외이다. 기준서의 새로운 방향이 설정되었다면 이러한 부분이 고려의 대상은 될 수 있으나 이에 근거하여 판단이 수행될 수는 없다.

기준서를 조기채택하는 경우도 다른 재무회계에서의 자의적인 판단이 개입되는 경우와 동일하게 경영자의 의도가 개입된다. 예를 들어 미지급배당금이 이전에는 부채로 계상되었으나 개정된 기준서에는 결산연월일 시점에서 부채가 아니다. 배당금은 주총에서 확정되므로 확정이전에는 이를 부채로 계상함이 적절치 않다는 판단이다. 이 내용은 재무제표의 확정과 관련된 부분에서 다시 기술한다.

c. anti dumping 조사

자산화(capitalization)/비용화(expensing) 의사결정은 대부분의 경우는 기업이 자산화를 선호할 것이다. 이는 가능하면 비용화를 늦추면서 이익을 높게 보고하려는 유인과 연관된다. 수출상품의 수출가액이 국내 시장에서의 가액보다 낮으면 덤핑으로 판정된다. 따라서 기업이 가능하면 상품의 원가를 낮추려고 한다. 즉, 덤핑을 하지 않은 상품의 원가도 이미 낮았다는 것을 보여야 한다. 이러한 경우 자산화되는 부분을 최소화하여야 하기 때문에 기업은 가능하면 비용화하려 하는 경우도 있을 수 있다. 즉, 상품의 제조원가를 축소하고 이를 기간비용화하려는 노력의 일환이다.

비용화하지 않으면서 이익을 과장하는 것도 문제이지만 동시에 anti dumping 판정을 회피하려고 인식하여야 할 비용을 인식하지 않고 자산화하는 것도 동일하게 문제이다.

d. 전기오류수정에 대한 회계처리 오류

전기오류수정이익 161백만원과 전기오류수정손실 642만원에 대하여 이익잉여금처분계산서에 전기오류수정손익으로 잘못 계상하고 비교 표시된 전기재무제표를 다시 작성하지 아니한 사실이 있음이 지적된 경우이다. 중요할 경우는 재무제표를 재작성하도록 되어 있는 기준서 1호를 위반한 경우이다. 물론 이 경우는 기업이 이 금액이 중요한 금액이라고 인정한 경우이다. 중요성에 대한 판단은 주관적이다.

이러한 지적에 대한 회사의 답변은 다음과 같다. 전기오류수정손익이 발생됨에 따라 전기재무제표를 다시 작성하게 되면, 상법상 정기 주주총회에서 승인된 재무제표와 다르게 되고 법인세신고의 기초가 되었던 재무제표와도 다르게 되며, 전기와 당기의 재무제표와 회사의 G/L 기록이 다르게 되므로 전기의 재무제표를 수정하는 것과 유사한 효과를 나타낼 수 있는 이익잉여금 변동사항으로 기재함이라고 답변하였다. 기업회계기준을 어기면서까지 기업의 편의를 위해서 회계정보를 작성하고 있음은 매우 위험한 발상이며 당연히 감독기관의 제재의 대상이다.

e. ERP 시스템의 도입으로 감사가 용이해진 점도 있으나 많은 문제점도 표출되었다.

회사가 SAP라는 새 회계시스템의 도입으로 계정별 보조부 및 월별시산표 출력이 불가능하다고 제시를 거부하였으나 감사인은 이를 회계투명성 확보를 위한 과정이라고만 판단하여 재무제표와 전산시스템상의 잔액만을 대조하였다. 전산시스템상의 거래내역에 대해서는 스크린 이외의 별도의 감사절차를 전혀 취하지 않아 허위의 거래 내역을 발견하지 못하였고 회사의 장부 미 제시는 감사범위의 제한에 해당하나 이를 감사의견에 적절히 반영하지 않은 사례가 있다.

따라서 ERP로부터 산출되는 정보를 무조건적으로 신뢰하는 것은 매우 위험하다고 할 수 있다. ERP는 기업 정보의 전산화를 통해서 정보를 효율적으로 이용함을 목적으로 하고 있으나 이러한 ERP를 기업이 악용하여 회계감사를 더욱 어렵게 만들 요인으로 작용할 수도 있다.

f. 합리성 관련

개별재무제표의 투자주식에 대한 지분법 회계처리기준인 기업회계기준 등에 관한 해석 42-59(1999.6.29)의 부의 영업권에 대한 회계처리기준이 논란이 되었다. 이 기준을 인용하면 다음과 같다.

> ① 투자제거 차액은 발생연도부터 20년 이내의 기간 중 합리적인 기간동안 정액법으로 상각 또는 환입한다.
> ③ 투자제거차액은 식별가능한 자산 부채에 배분한 후 남는 잔액은 미래의 기대손익 등의 이유로 발생한 것으로서 영업권 또는 부의영업권의 성격으로 보아 20년 이내의 기간 중 합리적인 기간동안 정액법으로 상각(환입)한다.

따라서 어느 기업은 이를 즉시 환입하여서 당기손익을 증가시켰는데 감독기관의 입장은 이러한 회계방법이 보수주의적인 원칙에 어긋난다고 판단하였다. 그러나 일시에 부의 영업권을 환입한 기업일 경우는 이러한 보수주의의 원칙은 재무제표 전반에 걸친 일반적인 원칙이며 구체적인 안건에 대한 원칙이 아니기 때문에 모든 의사결정의 잣대로 사용되어서는 아니 된다는 주장이다. 물론, 기업회계기준을 적용함에 있어서 주관적인 판단을 수행하여야 할 때가 있다. 이러한 경우, 보수주의적인 입장을 취하는 것이 가장 안전하다.

이에 대한 한국공인회계사회의 입장은 다음과 같다.

> "회사가 부의 영업권 환입기간을 1년으로 결정한 경우 감사인으로서는 그 환입기간의 타당성을 검토함에 있어 유형자산과 같이 물리적인 내용연수의 측정이 가능하거나 무형자산과 같이 법적인 효용기간이 규정되어 있는 것과는 달리 객관적인 추정을 할 수 없는 한계에 이르렀을 뿐 아니라, 환입기간

을 1년으로 한 회사의 회계처리에 대하여 이견이 있다 할지라도 이를 부인할 객관적인 기준의 제시가 곤란하여 이에 대한 감사의견을 제한하지 아니한 것으로 보여진다"고 주장하였다.

• 부의 영업권과 관련된 논의는 다음과 같은 논란을 거친다.

부의 영업권의 일시환입은 다음과 같이 기업회계기준에 위배된다는 감독원의 주장에 대하여

가. 기업회계기준 제35조(손익계산서 작성 기준)—실현주의

모든 수익과 비용은 그것이 발생한 기간에 정당하게 배분되도록 처리하여야 한다. 다만, 수익은 실현시기를 기준으로 계상하고 미실현수익은 당기의 손익계산에 산입하지 아니함을 원칙으로 한다.

회사의 의견은 다음과 같다.

회사의 부의 영업권의 환입은 기업회계기준의 실현주의를 규정에 따라 명확하게 준수한 것이다. 지분법 회계에 따른 부의 영업권의 인식 및 수익인식 방법에 대하여는 기업회계기준에서는 규정되어 있지 아니하고 기업회계기준 등에 대한 해석 제42-59호 4의 가에서 세부적으로 규정하고 있다. 위 해석에서는 부의 영업권의 계산은 중대한 영향력을 행사할 수 있게 된 날 현재, 투자회사의 투자계정 금액과 피투자회사의 순자산 가액의 차이라고 규정하였다.

일시에 부의 영업권을 환입 처리한 것이 보수주의에 위배된다는 주장에 대해서 한국공인회계사회의 입장은 "기업회계기준 제3호의 6은 다음과 같이 적고 있다. 회계처리과정에서 2 이상의 선택 가능한 방법이 있는 경우에는 재무적 기초를 견고히 하는 관점에 따라 처리하여야 한다. 기업회계기준 자체로는 제3조에서 질적 기준의 열거순서는 신뢰성, 명료성, 비교가능성, 중요성, 보수주의 등으로 제시되고 있다."

그러나 재무제표 개념체계에서 나열되는 재무제표의 질적 기준은 신뢰성, 비교가능성, 중요성이며 보수주의는 질적 기준에 포함되고 있지 않다.

공인회계사회의 의견을 계속 기술한다.

보수주의는 재무정보의 질적 특성이라기보다는 재무제표의 왜곡표시에 대한 정당화의 수단으로서 이용되어 와 재무제표의 개념체계의 재무제표 정보의 질적 특성에서도 일반 원칙에서 제외되었으므로 이의 적용은 신중해야 한다. 따라서 합리성 판단 기준이 제시되어 있지 아니한 부의 영업권 환입 기간 결정에도 보수주의 원칙이 고려될 수 있으나 다른 일반원칙과 실무관행에 반드시 우선하여 적용해야 되는 것은 아니라고 본다.

따라서 이러한 모든 논의는 보수주의의 범주를 어디까지 인정하는지와 연관된다. 즉, 한국공인회계사회의 입장은 보수주의가 일반적인 원칙이기는 하지만 다른 원칙에 우선해서 보수주의를 적용하는 데 대한 문제점을 지적하고 있다. 즉, 합리적이라는 판단에 의해서 회계원칙을 적용할 경우에는 보수주의는 次上위의 개념임을 의미한다.

기업회계기준 제34조(손익계산서)—수익비용대응의 원칙

지분법 회계제도에서 영업권 또는 부의 영업권의 산정은 수익과 비용의 문제가 아니라 자산의 평가에 해당하는 사항이다. 수익과 비용의 대응원칙은 경제적 유입을 보고하는 경우 이를 위하여 희생된 경제적 유출을 보고하라는 것이나 영업권 또는 부의 영업권은 피투자회사의 순자산 장부가액과 피투자회사 지분의 취득가액에 의하여 산정되어, 매 결산시마다 투자회사의 투자유가증권 계정의 금액에 가감하기 위해 산정되는 것이다. 즉 20년 이내의 기간 중 1년 환입을 포함한 합리적인 기간 동안 투자유가증권 금액을 조정, 평가하는 절차인 것이다. 따라서 이는 기업회계기준 제 3 장 손익계산서의 제34. 수익과 비용의 문제가 아니라 제 4 장 자산과 부채의 평가에 해당하는 사항이다.

부의 영업권의 환입과 관련되어서는 이러한 점만 문제로 제시된 것은 아니고 환입을 수행한 기업이라 할지라도 환입을 하는 기간이 1년 이내의 기간이라면 이를 적어도 月割에 의해서 산정을 하여야 할 것인데 이러한 과정을 밟지 않았기 때문에 문제가 있다는 비판도 제기되었다. 즉, 20년에 걸쳐서 환입하여야 할 부의 영업권을 1년도 안 되는 기간에 환입하였다는 것을 의미한다.

g. 국내소재회사인데도 '해외현지법인 등 일부 피투자회사'라고 주석기재를 하며 가결산 재무제표에 기초한 지분법 적용을 기술한 경우는 분명하게 국내소재의 주요한 피투자회사에 대한 언급을 회피한 것이므로 적절한 주석표기라고 할 수 없다. 특히, 주석은 재무제표의 분명한 일부이다.

이 경우 피투자회사가 어디에 소재한다는 내용이 기술되지 않았다면 크게 문제되지 않았을 것이지만 국내소재의 피투자회사가 문제가 되는데 이를 해외현지법인이라고 기술하였기 때문에 문제로 지적된 것이다.

h. 신제품개발과 관련하여 발생한 비용을 자본화한 개발비의 합리적인 상각기간은 3년(과거 경험상 개발제품의 판매 등 수익실현기간)임에도 이를 5년 동안 상각한 경우도 조치의 대상이 된다. 합리성, 전반성, 중요성은 매우 주관적인 판단의 대상이기도 하지만 이것이 명백하게 드러날 경우는 이를 엄격하게 적용하기도 한다. 물론, 위의 경우와 같이 합리적인 상각기간이 명확하게 드러나는 경우는 예외적일 수도 있다.

i. 투자주식의 감액이 확정적인데도 감액을 인식하지 않는 것도 분명히 기준을 위배하는 것이다. 투자주식의 감액이 확정적인 것은 자본잠식 등으로 판단할 수 있다. 이러한 경우가 아니라면 감액에 대한 동일한 판단을 수행하는 것이 용이하지만은 않을 수도 있다.

j. 기업회계기준에 채권과 채무는 상계하지 않도록 규정되어 있다. 그러나 오히려 상계하지 아니하고 채권과 채무를 각각 별도로 표시할 경우, 채무상태를 판단하는 데 어려움이 있을 수 있다고 답변한 기업이 있다. 채무를 상계하지 않아야만 부채가 얼마 있는지를 정확히 알 수 있는데 채권, 채무를 각각 별도로 표시할 경우 채무상태를 파악할 수 없다는 논리는 거의 궤변수준이다. 항상 더 많은 정보가 더 좋은 정보인 것은 아니지만 채권, 채무일 경우 회계정보 이용자가 별개의 정보를 제공받을 필요가 있다.

계정과목 재분류 행위를 금지하고 있는 이유는 계정과목간에 상계표시하거나 불리한 내용을 감추기 위하여 타 계정에 포함 표시하는 경우이다.

어떠한 경우는 동일한 영업외비용이기 때문에 다른 계정과목으로 분류한다는 것이 문제가 되지 않는다는 의견도 있으나 분류도 중요하지만 계정과목의 성격은 계정과목명으로 나타난다.

k. 감사인을 지정함에 있어서 회계법인별로 많은 벌점을 받은 회계법인은 감사인 지정에서 제외되게 된다. 그러나 이러한 제도를 적용함에 있어서 문제는 규모가 큰 회계법인이 높은 벌점을 받은 것을 어떻게 해석할 것인가의 문제이다. 지금 현 제도에서도 대형회계법인이 감사인 지정 제외를 받는 벌점은 다른 중소법인과 비교하여 높게 책정되어 있다.

주행량이 많은 택시기사나 그렇지 않은 일반 운전자나 법규 위반 운전으로 인해서 면허정지를 받는다면 이 조치를 받는 데 있어서의 벌점은 동일하다. 반면에 25%의 감리지적비율을 감안하면 부실감사는 어느 정도 현실이라고 인정한다면 대형법인과 중소형법인의 벌점에 대해서는 크게 차별화되어야 한다고도 판단할 수 있다. 그러나 이는 주관적인 판단의 대상이다.

l. 금융리스와 운용리스. 리스 계약서에 “어느 일방의 귀책사유에 의하여 본 계약이 해지/해제되는 경우 그 일방은 타방에게 해지/해제로 인한 모든 손해를 배상하기로 한다”라는 조항에 의거하여 리스이용자의 일방적인 계약해지를 금지하고 있다. 따라서 이러한 리스는 금융리스로 분류함이 마땅하다. 운용리스로 회계처리한 기업이 있으며 이 기업은 당연히 제재를 받았다.

m. 기업회계기준이 상충되는 경우 중요성을 우선할지 또는 계속성을 우선할지와 관련된 논란도 제기된다.

2001년에는 투자주식의 변동액이 중요하지 않아 지분법을 적용하지 않았고 2002년에는 투자주식액이 중요하였지만 계속성 원칙 때문에 적용하지 않았다고 주장하는 경우가 있다. 기업회계기준 제59조 제3항 규정에서 투자주식 중 중대한 영향력을 행사할 수 있는 주식은 중요성 여부와 관계없이 원칙적으로 지분법을 적용하여 평가하도록 한다. 이러한 경우, 중요성이 더 '중요'한지 아니면 계속성이 더 '중요'한지에 대한 판단을 수행하여야 하는데 이러한 경우에는 기업은 보수적으로 판단하면 될 것 같다.

> **지분법적용제외가능규정**: 해석42-59의 지분법적용범위에서 제외할 수 있는 경우 1, 2 동시 충족
>
> 1. 직전 사업연도 말 자산 총액이 70억원 미만
> 2. 지분법 적용으로 발생하는 투자주식의 변동액이 중요하지 않을 경우

따라서 중요할 경우는 지분법을 적용하여야 한다고 명확하게 기술되어 있으므로 중요성이 계속성을 앞선다고 판단할 수 있다.

n. 기업회계기준 제1조의 2(기업회계기준의 구성)에 의하면 금감원 해석적용사례는 기업회계기준의 범위에는 포함되지 않는다.

구체적으로 기업회계기준, 연결재무제표준칙, 기업집단결합재무제표준칙, 업종별회계처리준칙, 기업회계기준 등에 관한 해석, 기업회계기준서, 기업회계기준해석서가 기업회계기준을 구성한다고 정의한다.

금감원 질의회신도 기업회계기준에는 포함되지 않는다. 그러나 감독기구의 해석적용사례와 질의회신이 공적 감독기구의 유권해석이기 때문에 회계법인이나 피감사기업의 입장에서는 무시할 수도 없다.

질의회신의 문제는 회계적인 issue가 있는 기업일 경우 동일한 문제로 감독원과 회계연구원에 동시에 질의를 하여 이 두 기관의 의견이 상이할 경우 자신에게 유리한 의견을 채택하는 의사결정을 하기도 하여 문제로 제기된다. 회계적인 issue에 대한 질의를 어느 기관이 담당할지에 대해서 조속한 시일 내에 감독원과 회계연구원의 입장이 정리되어야 한다. 질의 회신은 회계연구원이 갖고 있지만 규제기관이 감독원이기 때문에 기업이나 회계법인의 입장에서는 어느 한 기관에만 의존하기 어렵게 되어 있다. 전문가 의견과도 연관되는 내용이다.

회계장부 작성의무를 부과하고 있는 모법인 상법 제29조 제2항에서 상업장부 작성의 기준으로 제시하고 있는 '일반적으로 공정 타당한 회계 관행'이라고 함은 바로 이러한 일반 회계이론까지 포함한다고 할 수도 있어서 일부에서는 관행도 포괄적인 기준에 포함되어야 한다는 의견도 있다. 관행의 범주를 얼마나 포괄적으로 인정할 것인가의 문제도 매우 복잡한 문제이다.

재무제표 작성시 거래나 사건을 형식보다는 경제적 실질에 우선한다는 실질우선의 원칙이 적용된다. 기업회계기준 제1조의 2에서 정의되지 않은 기업회계기준이라고 하여도 관행적으로 사용하여 오던 원칙이 있다면 이러한 점도 실질우선의 원칙을 적용하여 어느 정도 이를 수용하여야 하는지를 고민하여야 한다.

o. 계정오분류

2004년 8월 25일 증권선물위원회가 분식회계로 조치한 국민은행의 경우 지분법평가손익을 합병대손충당금환입액으로 계정과목을 오분류하여 조치를 받았다. 국민은행은 이 두 계정과목이 동일한 영업외비용이기 때문에 오분류가 심각한 문제가 아니라고 주장하였다.

쌍용자동차의 경우도 특별손실 항목내 전기오류수정손실을 기타특별손실로 오분류하여 조치를 받았다. 동일한 분류라고 하여도 엄연하게 별도의 계정이 존재하기 때문에 계정을 구분하여 사용하여야 한다. 동일한 분류의 항목이기 때문에 중요치 않다고 하면 이는 극단적으로 기술하면 분류만 존재하면 별도의 계정과목은 필요치 않다고도 할 수 있지만 적절치 않은 논리 전개이다.

'유형자산감액 등'으로 계정과목을 표시하는 경우가 있는데 '법인세 등'이라는 이전에 사용하던 계정과목이 법인세비용으로 수정된 이후에는 이 '… 등'이라는 계정과목은 존재하지 않는다. 다만, 기업의 입장에서 사용하는 계정과목이 명확하지 않을 경우 이를 '유형자산감액 등'이라고 표현하는 경우가 있는데 물론 잘못된 표현이다. 이러한 계정과목을 사용하는 경우는 회계의 실체를 오도할 유인이 다분히 포함된다고 판단된다. 명확한 계정의 사용 없이 이를 '… 등'으로 표현함은 적절치 않다.

p. 감사인의 기회주의적인 처신

어떠한 경우에는 감사인의 교체사실을 통보받은 이후에 감사위원회와 이사회에서까지 승인하였던 재무제표를 교체되는 감사인이 변경하도록 요청하는 일도 발생한다. 이러한 일이 발생할 경우 해당 기업은 이미 승인된 재무제표를 이용하여 IR을 수행한 경우도 있으며 이러한 수치에 근거하여 종업원에 대한 incentive 지급률이 확정되어 어려움을 겪는 경우가 있다. 이는 감사인이 재선임되는 경우와 선임에 실패할 경우에 피감기업을 대하는 자세에 차이가 있을 수도 있으며 또한 감사인이 교체될 경우는 더욱 보수적으로 조심스럽게 감사를 수행한다고도 할 수 있다.

q. 2004년 국민은행의 건[2)3)]

국민은행의 2003년 재무제표와 관련하여 대출관련 대손충당금 2,619억원 충당금 축소 적립이 문제가 되고 있다. 국민카드를 합병하면서 손실을 과다 계상하였다는 혐의이다. 국민카드는 지난 9월까지 대규모 손실을 보고 있었는데 이 손실을 국민카드 계정에 환입한 뒤 합병법인(국민은행)이 손실을 떠안는 방법으로 4천2백6십2억원의 손실을 과대 계상하였다. 지분법평가손익을 합병대손충당금환입액으로 계정과목을 오분류한 것은 이미 지적하였다. 물론, 절세의 목적이었다. 또한 ABS 보증관련 충당금 적립에 있어서는 적립비율을 낮게 해 2,827억원을 축소 적립하였다. 총 9,708억원의 분식이라는 보도였다.

은행업 감독규정 27조 2항에는 '금융기관은 감독원에서 만든 자산건전성 분류 및 대손충당금 적립을 위해… 차주의 상환능력 평가기준을 포함한 자산건전성 분류기준 및 대손충당금 적립기준을 설정해야 한다.' 따라서 은행이 내규로 충당금 비율을 설정해 충당금을 쌓았으면 큰 문제가 되지 않는

2) 매일경제신문. 2004. 7. 28. 국민은 분식회계 논란 누가 맞나.

3) 한국경제신문. 2004. 7. 24. 국민은 '회계조사 받고 있다' 미 SEC에 보고.

다. 국민은행은 이 부분을 강조하고 있다.

은행업감독규정 27조 4항을 보면 '감독원은 금융기관의 자산건전성 분류 및 대손충당금 적립의 적정성을 점검하고 부적정하다고 판단되는 경우 이의 시정을 요구할 수 있다'고 돼 있다. 즉, 감독원의 판단이 개입할 수 있음을 보이는 대목이다.

은행업 감독규정 27조 1항에는 '금융기관은… 보유자산의 건전성을 정상, 요주의, 고정, 회수의문, 추정손실의 5단계로 분류하고 적정한 수준의 대손충당금을 적립 유지해야 한다'고 돼 있다.

자산건전성 분류에 의하면 대손충당금 적립비율은 다음과 같다.

구 분	분류 기준
정상은 0.5% 이상	정상채권 및 1개월 미만 연체채권
요주의는 2% 이상	1개월 이상 3개월 미만 연체채권
고정은 20% 이상	3개월 이상 6개월 미만 연체채권 중 담보설정 채권
회수의문은 50% 이상	3개월 이상 6개월 미만 연체채권 중 무담보채권
추정손실은 100%로 적립	6개월 이상 연체채권

카드사 대환대출 충당금 비율

구 분	분류 기준	대손충당비율
요 주 의	대환여신	취급전 일반 여신의 연체기간 가산 없이 대환론 12%
고 정	없음	채권의 연체기간이 3개월 미만인 채권
회수의문	대환론	채권의 연체기간이 3개월 이상 6개월 미만 60%
추정손실	대환론	채권의 연체기간이 6개월 이상 100%

추정손실을 100%로 적립한다는 것은 대손을 확정(발생)시킨다는 것이다. 금융감독원은 2004년 5월 "재무보고에 관한 실무 의견서"를 통해 올 상반기 결산부터 감독규정에 따라 설정한 대손충당금 적립액이 과거 경험손실률을 통해 추정한 대손충당금 적립액보다 적을 때에는 경험손실률에 따라

충당금을 설정하여야 한다는 의견을 밝혔다. 경험손실률(roll rate)은 과거에 실제 대출금을 떼인 비율을 말한다. 그 동안 대부분의 금융사들은 금감원이 정한 자산건전성 분류에 따라 최소한의 대손충당금만을 쌓아 왔다. 그러나 금감원의 이번 조치로 앞으로는 경험손실률과 금감원 기준 비율 중 높은 쪽을 기준으로 충당금을 쌓게 된다.[4)5)]

위의 의견은 대부분이 회계감리국의 의견이며 은행을 직접적으로 감독하고 있는 은행감독국의 입장은 그러할 필요가 없으며 오히려 신뢰성이 없는 자의적인 경험적 손실률에 따라 충당금을 많이 쌓으면 분식회계로 간주해 철저히 검사하겠다는 입장이다. 즉, 충당금을 적게 적립하는 것도 문제지만 너무 과도하게 적립하는 것도 문제라는 것인데 이 주장은 물론 타당하다. 우리는 모두 보수주의적인 회계가 가장 좋은 회계라는 오류에 익숙해 있는데 반드시 그러한 것은 아니다.

경험손실률을 구함에 있어서도 카드산업일 경우 카드산업순환주기(5년) 또는 7년 이상의 경험률을 사용할 것인지에 대한 논란도 있다.

BIS는 7년 주기이다. 은행의 충당금 설정방법은 두 가지가 있는데 정상채권일 경우는 결산일 현재의 건전성 분류에 의해 산출된 충당금을 적립하며 상각채권일 경우는 예상현금흐름과 실제현금흐름과의 차이를 충당금으로 적립하도록 되어 있다.

자산건전성이 차주의 채무상환능력과 금융거래내역을 감안하면 고정으로 분류되는 대상에 해당되어 20%의 대손충당금을 충당하여야 함에도 정상으로 부당 분류하여 대손충당금을 과소 설정한 경우가 있다. 자산건정성 분류는 매우 주관적인 판단이기는 하지만 채무상환능력 및 금융거래내역을 고려하면 객관적인 판단을 수행할 수 있다.

기업의 의견은 채권의 만기일 이후 이자를 수취하고 있었고 채무재조정작업이 진행중임을 감안하여 회사의 채무재조정계획에 따라 자산건전분류단계 중 고정에 해당한다고 주장한다. 또한 다른 채권일 경우는 채무재조정

4) 한국경제신문. 2004. 6. 18. 대손충당금 기준 강화.

5) 조선일보. 2004. 7. 14. 금감원 내부, 금융회사 회계처리방식 이견.

계획이 확정되어 진행중이므로 회수의문에 해당한다고 주장한다.

감독원은 금융회사들이 2005년 말 회계장부를 작성할 때 대손충당금 설정기준을 무엇으로 삼았는지 '주석'에다 명확히 기재하도록 관련 규정을 정비하는 작업을 진행하고 있다. 현재 금융회사는 자체적으로 산출한 과거 손실률과 금감원이 감독규정으로 정한 대손충당금 설립 기준 중 하나를 택해 대손충당금을 쌓고 있다. 감독원은 감독규정을 따를 경우 그 사유와 경험 손실률로 대손충당금을 적립했을 때 경험손실률 수치가 어느 정도인지도 각각 주석에 기재토록 의무화하기로 하였다.

감독규정은 5-7년 정도 장기적인 손실률을 기초로 대손충당금을 최소 이상 쌓으라는 것인 반면, 경험손실률은 최근 1, 2년간의 손실률을 토대로 회계장부를 작성하라는 것이기 때문이다.

Chapter 13

분식회계와 세금 논란

보수주의의 적용이 문제가 될 경우는 다음과 같은 사례도 있다. 회계기준의 적용이 애매하여 비용을 더 인식하는 방향으로의 보수적인 기준을 기업이 선택하였다고 한다. 이러한 재무회계의 영향이 세무회계로 연결되어 법인세의 과소계상의 문제로까지 연관될 수 있다. 기업은 이를 보수적인 회계처리로 정당화할 수 있으나 그 주된 목적은 절세에 있는 경우도 있다. 미국의 경우에 후입선출법(LIFO)을 절세의 목적으로 사용하며 다른 원가흐름의 가정을 재무보고 목적으로 사용하면서 높은 이익을 보고할 수도 있기 때문에 LIFO conformity rule이라고 해서 세무목적으로 LIFO를 사용한다면 재무목적으로도 반드시 LIFO를 사용하여야 한다는 원칙을 적용한다.

기업이 분식회계를 통해 비용을 줄이고 매출을 부풀린 뒤 이를 기준으로 법인세를 부과 받았다면 과다 계상된 부분만큼 초과로 냈던 세금은 돌려받을 수 있다는 판결이 나왔다.[1] 재판부는 '법인세의 과세소득을 계산할 때는 해당법인의 기장 내용, 계정과목, 거래명의 등에 관계없이 그 거래의 실질적인 내용을 기준으로 해야 한다'며 '원고의 법인장부상 누락된 비용과 가공 매출을 기초로 한 법인세 부과 처분은 위법이다'라고 밝혔다.

재판부는 '분식회계를 범했던 원고가 스스로 말을 뒤집고 세금을 돌려

1) 매일경제신문. 2004. 8. 27. 분식회계로 더 낸 법인세 돌려줘야.

달라고 하는 것은 "신의성실" 원칙에 위배된다'는 과세당국의 주장에 대해서도 '회계장부 조작은 "주식회사의 외부감사에 관한 법률" 등 금융관계 법령을 통해 처벌할 수 있고, 과세 처분의 적법성에 대한 입증책임은 과세 관청에 있는 만큼 납세 의무자에 대한 신의성실 원칙을 확대 해석하여서는 안 된다'고 판시하였다. 즉, 이러한 논쟁은 납세의무자의 신의성실 의무를 어디까지 적용하는가의 문제이다.

2003년부터 분식회계로 과다 부과된 법인세에 대해 올해부터 5년간 차감해 주는 방안을 시행키로 했으나 세법 개정 이전에 발생한 사항은 제외하였다. 2003년 말 세법 개정 이전에 국세기본법은 기업이 세금을 실제 이익보다 많이 납부했을 경우 2년 이내 경정청구를 하면 돌려받거나 비용으로 인정받을 수 있도록 규정하고 있으나 국세심판원에서는 분식회계에 대해 신의성실의 원칙을 이유로 세금환급요청에 대해 부정적이었다.

법인세법 제58조의3(사실과 다른 회계처리에 기인한 경정에 따른 세액공제)
① 내국법인이 제66조 제2항 제4호의 규정에 의한 경정을 받은 때에는 당해 경정일이 속하는 사업연도의 개시일부터 5년 이내에 종료하는 각 사업연도의 법인세액에서 과다 납부한 세액을 순차적으로 공제한다. [본조신설 2003. 12. 30]

실질과세원칙

국세기본법 14조(실질과세)는 과세대상이 소득, 수익, 재산, 행위 또는 거래의 귀속이 명의일 뿐이고 사실상 귀속되는 자가 따로 있을 때는 사실상 귀속되는 자를 납세의무자로 해 세법을 적용하고, 세법 중 과세표준의 계산에 관한 규정은 소득, 재산, 행위 또는 거래의 명칭이나 형식에 불구하고 그 실질 내용에 따라 적용한다고 규정하고 있다. 즉, 환급을 요청하는 납세자측은 '실질과세원칙'을 주장하며 세무당국에서는 '신의성실 원칙'을 주장하였다.

분식회계한 사실이 법원에 의해 밝혀지면 처벌과 별도로 분식회계 자체가 없는 매출을 가공해 부풀려진 만큼 더 낸 세금에 대해서는 실질과세 원칙에 의거 환급해 줘야 한다는 것이 분식회계를 수행하여 세금을 더 납부한 기업들의 입장이다. 이는 정부 당국에서 해석하기에는 매우 기회주의적인 입장이다. 회계장부를 조작해서 이익을 최대화하면서 영업의 결과를 좋게 보이려고 노력하다가 이러한 사안이 지적되므로 납부한 세금을 돌려달라고 요구하는 것이다. 만약에 분식회계가 적발되지 않았다면 세금을 돌려받지 못하였을 것이며 분식회계가 적발되었다는 점은 기업의 의사가 아니라 외부에 의해서 진행되었으므로 기업이 이러한 세금의 환급을 요구하는 것이 적절치 않다는 판단이다.

신의성실원칙(국세기본법 15조) '납세자가 그 의무를 이행함에 있어 신의에 좇아 성실해야 하며, 세무공무원이 그 직무를 수행함에 있어 또한 같다'고 규정하고 있다. 즉, 이 원칙에 의하면 세금의 환급을 요구하기 어렵다.

지난 2002년 회사정리 절차(법정관리)에 들어간 코오롱TNS는 1998-2001년 법인세를 신고할 때 지급이자, 임직원 상여금 등을 장부에 반영하지 않는 등 비용을 줄이고 매출을 부풀리는 방법으로 분식회계를 범했다.[2)]

사 례

SK네트웍스가 분식회계를 통해 더 낸 세금을 돌려줘야 하는지를 놓고 정부가 고심하고 있다.[3)] 정부는 분식회계에 대해서는 세금 환급이 안 된다는 결정을 내린 바 있지만 최근 법원에서 분식회계로 더 낸 세금은 돌려받을 수 있다는 판결이 나왔기 때문이다. 12일 국세심판원에 따르면 SK네트웍스는 1997-2001년 분식회계로 이익이 난 것처럼 꾸며 더 낸 세금 466억원을 돌려달라고 지난해 9월 초 심판청구를 냈다. 심판원은 당초 법원 판결이 난 후 결정을 낼 방침이었으나 법원 판결이 예상과 다르게 나자 쉽게 결정을 내리지 못하고 있다.

예를 들어 과거의 주주총회 결과에 의해서 배당이 결정되었는데 이와

2) 매일경제신문. 2004. 8. 27.

3) 매일경제신문. 2004. 9. 13.

같은 배당이 그 당시 확정되었던 당기순이익에 근거할 것이기 때문에 과거의 잘못된 회계처리에 근거하여 이러한 의사결정이 수행된 이후에 과거의 주주총회에서 확정된 금액이 오류에 결과한 금액이었다고 하면 이러한 수치에 근거하여 주주에게 배분된 배당을 어떻게 처리할지는 의문이다.

이와 관련된 내용을 검토한다.

분식회계기업 중 1999-2000년에 배당금을 지급한 동부화재, 한화, 동국제강, 흥창, 신화실업 등 5-6사에 대한 배당금 환수 가능 여부도 논란거리였다. 특히 금융감독원은 동부화재에 대해 대주주에게 지급한 배당금 환수가능 여부를 분석하는 한편…(중략)…현행 상법 규정(462조)에는 임의적립금 등 배당 가능 금액을 초과해 이익을 배당했을 때는 채권자가 이를 반환할 것을 청구할 수 있도록 돼 있기 때문이다. 금융당국은 1996년 분식회계가 적발된 A 손해보험사에 대해 대주주배당금액을 모두 환수하고 소액주주에 대해서는 이후 배당하지 않는 방법으로 제재했다.[4)]

제462조의 2(주식배당) ① 회사는 주주총회의 결의에 의하여 이익의 배당을 새로이 발행하는 주식으로써 할 수 있다. 그러나 주식에 의한 배당은 이익배당총액의 2분의 1에 상당하는 금액을 초과하지 못한다.

② 제1항의 배당은 주식의 권면액으로 하며, 회사가 수종의 주식을 발행한 때에는 각각 그와 같은 종류의 주식으로 할 수 있다. 〈개정 1995. 12. 29〉

③ 주식으로 배당할 이익의 금액중 주식의 권면액에 미달하는 단수가 있는 때에는 그 부분에 대하여는 제443조 제1항의 규정을 준용한다. 〈개정 1995. 12. 29〉

④ 주식으로 배당을 받은 주주는 제1항의 결의가 있는 주주총회가 종결한 때부터 신주의 주주가 된다. 이 경우 제350조 제3항 후단의 규정을 준용한다. 〈개정 1995. 12. 29〉

⑤ 이사는 제1항의 결의가 있는 때에는 지체없이 배당을 받을 주주와 주주명부에 기재된 질권자에게 그 주주가 받을 주식의 종류와 수를 통지하고,

---

4) 매일경제신문. 2002. 3. 16. 금감원, 5-6사 배당금환수 여부 검토.

무기명식의 주권을 발행한 때에는 제1항의 결의의 내용을 공고하여야 한다.
⑥ 제340조 제1항의 질권자의 권리는 제1항의 규정에 의한 주주가 받을 주식에 미친다. 이 경우 제340조 제3항의 규정을 준용한다.

분식회계가 판명될 경우 주주들이 승인한 재무제표는 말 그대로 백지가 된다. 그러나 회계전문가들은 배당금의 경우 분식회계된 사업연도가 2001년이 아니고 배당재원도 순이익이 아닌 내부유보자금으로 이뤄져 큰 영향은 없을 것이라고 해석한다.[5] 이 기사에도 기술되었듯이 배당의 재원이 순이익일 경우와 내부보유자금일 경우가 문제가 될 수 있는데 분식회계가 순익에 영향을 미치며 이러한 순익에 근거하여 배당이 지급되었다면 분식회계의 적발이 문제가 될 수 있다. 다만, 배당의 재원이 내부보유자금일 경우는 당해연도의 분식회계만의 영향이 아니기 때문에 이를 어떠한 식으로 처리하여야 할지가 매우 어려운 문제이다. 이는 배당이 선언될 경우에 배당의 재원이 무엇인지를 구분하지 않기 때문이다.

객관적으로 의사결정할 수 있는 경우는 다음을 생각할 수 있다. 예를 들어 당기순손실이 발생할 경우 배당이 선언되었다고 하면 이는 내부보유자금이 원천이었다고 유권해석을 내릴 수 있으며 또한 당기순이익이 보고되었다고 하여도 이 금액을 초과하여 배당이 선언되었다고 하면 이 금액만큼은 내부보유자금이 원천이라고 할 수 있다.

5) 한국경제신문. 2002. 3. 16. 분식회계 무더기 징계 파문 확산, 백지로 변한 재무제표, 후폭풍.

Chapter 14

지분법의 판단

2005년 초에 논의된 기아자동차의 회계분식 건은 다음의 내용이 문제가 되었다. 기아자동차는 2003년 말 보유중인 현대모비스 주식(지분율) 18.35%를 시가법으로 평가하였는데 이에 대해 지분법이 적용되어야 하지 않는지에 대해서 논란이 제기되었다. 이 2003년 재무제표 당시 적용되던 기업회계기준해석 42-59에 의하면 투자회사가 피투자회사에 대하여 직접적으로 다음의 1 또는 1 이상의 관계를 유지하는 경우에는 중대한 영향력이 있는 것으로 본다.

1. 피투자회사의 이사회 또는 의사결정기관에의 참여
4. 투자회사와 피투자회사간의 중요한 내부거래

2005년부터 적용되는 지분법 기준서에서는 투자회사가 다음 중 하나 이상에 해당하는 경우 일반적으로 피투자회사에 대하여 중요한 영향력이 있는 것으로 본다.

1. 투자회사가 피투자회사의 이사회 또는 이에 준하는 의사결정기구에서 의결권을 행사할 수 있는 경우
4. 피투자회사의 중요한 거래가 주로 투자회사와 이루어지는 경우

중요한 영향력에 대한 평가가 일반적으로 20퍼센트의 지분율에 의해서 수행되지만 주관적인 평가가 고려된다. 중급회계 교과서에서 논의되는 지분율기준과 실질 지배력기준과 관련된 내용이다.

다음은 한 공개기업의 감사보고서의 주석사항이다.

> "상기 지분증권에 대해여는 중대한 영향력을 행사할 수 있으나, 소규모회사로서 지분법 적용으로 인하여 발생하는 지분증권의 변동액이 중요하지 아니하므로 지분법적용대상에서 제외하였습니다."

피투자회사에 대해서 20퍼센트의 지분을 보유한 경우인데도 일률적인 지분법의 적용이 아닌 경우이다.

위와 같은 실질지배력과 관련된 판단은 상법에서도 다음과 같이 기술되어 있다.

상법 제401조의2 (업무집행지시자 등의 책임)

3. 이사가 아니면서 명예회장 · 회장 · 사장 · 부사장 · 전무 · 상무 · 이사 기타 업무를 집행할 권한이 있는 것으로 인정될 만한 명칭을 사용하여 회사의 업무를 집행한 자

즉, 위의 법령에서도 명확하게 지적하고 있듯이 법적으로 책임질 위치에 있지 않더라도 실질적인 업무지시자일 경우도 책임이 있다는 의미의 법령이다. 이러한 측면에서 접근한다면 실질지배력이 더 중요하다고 할 수 있다.

물론, 제도도 중요하고 실질적으로 어떠한 직책을 맡고 있는지가 매우 중요하며 이를 부정하고 실질적인 영향력만을 논의하는 것도 바람직하지 않다.

기아자동차의 사내이사 2인이 현대모비스 사내이사 2인을 겸하고 있다. 양인이 기아자동차를 대표 또는 대리하여 현대모비스의 이사회에 참여하여 영향력을 행사한다고 보기는 어려우며 이사회 회의록 등으로도 기아자동차가 현대모비스에 대하여 중대한 영향력을 실질적으로 행사하는 객관적 증거는 명확하지 않다. 즉, 이들 2인이 양사의 최대주주이며 이사회 member

라고 하여서 기아자동차를 대표하거나 대리한다고 판단할 수 있는지의 문제이다. 즉, 이들 이사는 개인 이사로서 현대모비스의 이사회에 참여하는 것이지 기아자동차를 대표 또는 대리한다는 확신을 갖기가 어렵다는 점이다.

동일이사의 양사의 이사회 참여만으로도 피투자회사의 이사회 등 참여로 보는 견해도 있다. 이러한 논의는 실질이 중요한 것인지 아니면 형식이 중요한 것인지의 차이이기도 하다. 실질적으로 보아서는 이사회 회의록으로 판단하여 영향을 미치지 않는다고 할 수 있으나 외관적인 조건 및 형식도 중요하다. 이는 감사인의 독립성을 판단함에 있어서 실질적인 독립성과 외관적인 독립성이 모두 중요함과 같은 맥락에서 이해할 수 있다.

그러나 외부감사인이 이러한 판단을 수행할 때에 건건이 이사회 회의록을 보고 이를 판단하기도 용이하지 않을뿐더러 이사회 회의록에 대해서 접근한다고 하여도 이를 객관적으로 판단함은 거의 불가능하다. 주관적인 판단을 배제하기 위해서 외관적으로 명확한 제도에 의사결정을 근거함도 한 방법이다.

투자회사와 피투자회사간의 중요한 내부거래에 대한 판단도 중요성과 관련된 판단인데 '중요한' 내부거래는 매우 주관적인 판단의 대상이다.

기존 회계기준은 투자회사와 피투자회사간 '중요한 내부거래'가 있을 때 투자회사는 피투자회사에 중대한 영향력을 미치는 것으로 보고 피투자회사 주식을 지분법으로 평가하도록 했다. 그러나 새 회계기준서는 '피투자회사가 중요한 거래가 주로 투자회사와 이루어질 때'에 지분법 평가를 하도록 규정하고 있다.

이러한 기준서의 변화는 외관적으로는 기존의 기업회계기준해석과 큰 차이가 없는 것으로 보이지만 '주로'라는 수식어의 추가가 큰 의미가 있다. 예를 들어 10%가 중요성의 판단 기준으로 사용된다고 가정할 때, 피투자사가 11% 거래를 투자사와 수행하고 12%의 거래를 다른 기업과 수행한다면 새로운 기준서를 적용할 때는 주된 거래가 다른 기업과 수행되는 것이므로 지분법을 적용하지 않아도 된다. 이와 같이 기준에서는 한 단어의 사용이 내용을 완전히 바꾸기도 한다. 따라서 이러한 기준을 문자대로 적용한다면 새로운 기준서하에서 지분법의 적용이 축소될 수 있다.

사례: 에버랜드 금융지주사 탈출 돌파구. 새 회계기준 공정성 논란[1)]

에버랜드는 지분법 평가에 관한 규정이 바뀌자마자 보유중인 삼성생명 주식을 지분법 평가 대상이 아닌 '매도가능증권'으로 분류했다.

이에 따라 에버랜드의 회계처리가 과연 양사의 실질적인 관계를 적절히 반영한 것이냐에 대한 논란과 함께 새 회계기준이 기업을 규제하기 위한 법률을 사실상 무력화시키고 있다는 지적도 나온다. 에버랜드는 이를 근거로 삼성생명의 중요한 거래가 주로 에버랜드와 이루어지는 것은 아니기 때문에 지분법 평가를 할 필요가 없다고 설명한다.

새 회계기준은 또 '투자회사가 피투자회사의 재무정책과 영업정책에 관한 의사결정 과정에 참여할 수 있는 임원 선임에 상당한 영향력을 행사할 수 있을 때' 지분법 평가를 하도록 하였다.

그러나 이건희 삼성회장이 올초 에버랜드의 등기이사직에서도 물러난 마당에 에버랜드가 직/간접적으로 삼성생명의 임원선임에 커다란 영향을 행사하고 있다고 보기는 어렵다는 주장을 한다.

상법 제401조의2 (업무집행지시자 등의 책임)

3. 이사가 아니면서 명예회장 · 회장 · 사장 · 부사장 · 전무 · 상무 · 이사 기타 업무를 집행할 권한이 있는 것으로 인정될 만한 명칭을 사용하여 회사의 업무를 집행한 자

그러나 위의 상법 법령에서 보듯이 실질적 업무지시자로서의 이사의 책임을 기술한 부분에 근거하면 등기 여부가 중요하지 않다는 판단을 수행할 수도 있다.

---

1) 매일경제신문. 2005. 5. 18. 에버랜드 금융지주사 탈출 돌파구. 새 회계기준 공정성 논란.

Chapter 15

중요성의 판단기준

미국 SEC chairman이었던 Arthur Levitt은 중요성의 적용에 있어서의 문제점을 다음과 같이 지적하였다. Levitt은 재임중에 경영자의 회계이익 조정과 관련되어 매우 비판적으로 이를 지적하였다.

"Some companies recorded errors in their financial statements and justified not correcting such errors because the effect on the bottom line was below a specified percentage ceiling, such as five percent. The concept of materiality cannnot be used to excuse deliberate misstatements."

SAB99(standard accounting bulletins)에서도 다음과 같이 규정하고 있다.[1]

"Intentional misstatements that are not material are unlawful in certain circumstances."

따라서 전기오류수정의 공시와 관련되어서도 특히 이 항목은 이익의 조정과 연관되기 때문에 금액의 크기에 무관하게 반드시 기준에 맞게 보고되

1) Levitt. 1998.

어야 할 금액이다.

'중요성기준' 증권거래위원회는 5% 미만은 중요하지 않다는 일반적인 오해를 없애기 위해 내부회계지침을 1999년 8월에 발표하였다. 중요성 문제에 관한 증권거래위원회의 현재 입장은 중요성 기준은 1976년 미국 대법원이 제시한 것이 남아 있다. 즉, 어떤 사실이 합리적인 투자자가 이용할 수 있는 정보의 총배합을 실질적으로 변경시킨 것으로 간주하였을 실질적인 가능성이다. 따라서 '경영자와 감사인은 중요성을 평가하는 데 있어서 자신의 판단을 이용할 때 투자자, 채권자, 기타 재무제표이용자의 견해를 고려하여야 한다'고 기술하고 있다.[2] 즉, 경영자와 감사인은 자신의 입장에서의 중요성의 판단이 아니라 회계정보와 감사정보의 이용자의 측면에서의 중요성으로 판단하여야 함을 의미한다. 이용자 중심적인 접근이다. 즉, 이용자가 중요하다고 판단하는 수치가 감사인과 기업이 중요하다고 판단하는 정도와 일치시켜야 한다는 것을 의미한다. 그러나 어느 정도의 크기에 대해서 회계정보 이용자가 중요하다고 판단하겠는지는 기업과 감사인 중심적으로 중요성을 접근하는 것과 마찬가지로 판단이 어렵다.

위의 내용은 정량화된 내용도 중요하지만 정량화된 중요성의 판단 근거가 모든 것은 아니라는 것을 의미한다. 미국의 감사기준서 89호는 다음과 같이 중요성이 감사에서 미치는 영향에 대해서 기술하고 있다. "수정하지 않은 차이는 중요하지 않다는 경영자가 작성한 확인서를 구하고 경영자가 중요하지 않다"고 생각해서 수정하지 않은 금액차이를 감사위원회와 논의해야 한다.[3] 중요성의 문제가 반드시 수치화될 수 없는 정량적인 부분이 있기 때문에 이를 객관적인 잣대로만 판단함도 적절치 않다. 예를 들어 10%의 기준은 만족하지 않지만 감사위원회가 판단하건데 중요하다고 판단하는 부분이 있을 수 있다. 미국에서 감사위원회가 회계와 관련된 어떠한 중요한 역할을 수행하는지를 보이는 좋은 사례이다.

건전한 상황에 비추어 회계정보의 누락이나 오기의 크기로 인해서 정보

2) 김석웅. 2003. p.292.
3) 김석웅. 2003. p.293.

에 의존하는 합리적인 사람의 판단이 그 누락이나 오기에 의해 변경되었거나 영향을 받았을 가능성이 있다.[4] 이러한 경우는 중요한 정보라고 해석할 수 있다. 물론, 이러한 논의가 수치화되기 이전에는 모두 개념적인 논의에 그친다.

한국회계연구원에서 공인회계사를 대상으로 중요성을 결정하는 기준을 설문조사한 결과 당기 순이익 항목에 대해서는 '10% 이상 30% 미만' 범위에 가장 높은 응답률을 보였다.[5] 한편 FASB의 토론서에 의하면 '특정항목이 순이익에 미치는 영향이 10% 이상인 경우는 중요하고 5% 이하인 경우는 중요하지 않은 것으로 믿으며, 순이익에 미치는 영향이 5%와 10% 사이인 사건의 중요성은 사건의 성격과 주변 상황을 분석하여 결정되어야 한다고 믿는다'라고 기술하고 있다.

감독원의 양정기준에 의하면 다음으로 중요성 순서를 나열하고 있다. 감독원의 양정기준이 회계기준은 아니지만 감독기관의 규제가 회계를 공시하는 기준 못지않게 중요한 guideline으로 인식된다.

기업의 내재가치가 반드시 당기손익에 의해서 영향을 받는 것만이 아니기 때문에 아래의 양정행위의 위법행위 A~D를 구분하여 손익계산서에 미치는 영향을 대차대조표에 미치는 영향보다 중요시할 이유가 분명히 존재하는지는 명확하지 않다. 이는 기업가치의 평가에 있어서 자산가치보다는 수익가치가 우선한다는 가정에 근거한다. 공모가액의 산정일 경우도 자산가치와 수익가치를 중심으로 가액이 결정된다. 공모가액의 산정은 더 구체적으로는 자산가치, 수익가치 및 상대가치에 의해서 가액이 결정된다.

중요성 기준에 관한 규정으로서 양적 판단기준을 제시한 것으로는 2001년 10월 개정된 "외부감사 및 회계 등에 관한 규정 시행세칙"의 "감리결과조치양정기준"이 있다. 이 기준은 주식회사 외부감사에 관한 법률, 시행령, 시행규칙, 외부감사 및 회계 등에 관한 규정에 따라 실시한 감리 및 회계조사결과 발견된 분식회계 및 부실감사행위(이하 위법행위)의 중요도를 구분

4) 김석웅. 2003. p.365.

5) 한국회계연구원. 2002. 중요성의 결정(토론서 제17호).

함에 있어 적용할 중요성 판단기준을 명시하고 있으며, 특히 양적 중요성 판단기준을 제시하고 있다.

또한 동 기준은 중요성 판단기준을 양적 중요성 판단기준과 질적 중요성 판단기준으로 구분하며, 중요성 판단기준을 적용함에 있어서 양적 중요성 판단기준이 질적 중요성 판단기준에 우선하여 적용된다고 규정하고 있다.

동 기준은 위법행위의 구분을 다음과 같이 A, B, C, D 유형으로 구분하고 중요성 판단기준의 강도를 각 유형별로 차등 적용한다. 위법행위가 당기손익, 잉여금, 자기자본에 영향을 미치는 경우에 가장 엄격한 양적 중요성

양정기준의 위법행위 구분

유 형	내 역	유형별 양적 중요성 판단기준
A유형	위법행위가 당기손익, 잉여금, 자기자본에 영향을 미치는 경우	• 규모비율 1%[6)] • 당기순이익에 미치는 위반금액이 매출액의 5% 이상이면서 이를 반영하면 적자로 반전하는 경우 • 자기자본에 미치는 위반금액이 자본금의 25% 이상이면서 이를 반영하면 완전자본잠식이 되는 경우
B유형	위법행위가 자산, 부채의 과다, 과소계상 또는 매출, 매출원가의 과대, 과소계상에 영향을 미치는 경우	• 규모비율 4%
C유형	위법행위가 주석사항과 관련된 경우	• 규모비율 5%
D유형	위법행위가 계정과목 재분류 등 상기에서 열거한 항목 이외에서 발생한 경우	• 규모비율 10%

6) 규모비율=위법행위 관련금액÷(회사의 규모금액÷규모금액 크기에 상응하는 규모조정계수)로 정의되며, 규모금액은 위법행위가 당기손익, 잉여금, 또는 자기자본에 영향을 주는 경우에는 감리 또는 회계조사의 대상이 되는 회계기간의 자산총계와 매출액을 평균한 금액을, 그 이외의 경우에는 위법행위로 인해 영향을 받는 자산, 부채 또는 매출액 등을 말한다. 규모조정계수는 규모금액 크기에 따라 0.4-3.0까지 각기 다르다.

판단기준을 적용한다.

또한, 동 기준은 양적 중요성 판단기준을 위법행위 관련 금액이 얼마나 초과했는지의 정도에 따라 그 중요도를 다시 구분한다.[7)]

물론 이러한 양정기준은 위법행위를 판단하기 위해서 감독기관에서 적용하는 기준이므로 기준 적용상의 또는 감사준칙 적용상의 중요성과 반드시 일치할 필요가 없지만 기준 또는 감사준칙에서 수치화된 중요성이 주어지지 않기 때문에 감독기관에서의 양정기준을 판단의 근거로 적용해 볼 수 있다.

표본감사만을 수행하기 때문에 분식결산으로 인한 회계상의 오류를 감사인이 적발하기를 기대하는 것은 무리라는 논리의 전개는 매우 빈번하게 감리과정에서 지적된 회계사나 감사인이 주장하는 반론의 기초가 된다.

H 기업건은 표본감사를 피해가는 사례를 보인다.

1. 회사가 고의적으로 수많은 허위전표를 기말시점이 아닌 기중에 발생시켰다.
2. 연중에 거래를 작은 금액으로 천여 건으로 나누어서 가공매출과 매출채권을 계상.

그렇다면 중요성을 만족시키지 않으므로 감사시 표본으로 추출할 필요가 없다. 즉, 이러한 H 기업의 경우와 같이 작은 금액으로 나누어서 분식을 수행한다면 이는 중요한 금액이 아니므로 표본 추출할 확률도 낮아지기 때문에 감사인의 입장에서는 책임이 없다고 주장할 수 있다.

이는 회계감사준칙 530 표본감사와 기타 추출방법에 의한 시사절차에

---

7) 동 기준의 위반정도에 따른 중요도 구분내역은 다음과 같다.

① 위법행위로 인한 규모비율이 양적 중요성 판단기준에서 정한 비율 (이하 "기준비율"이라고 한다) 이상에 해당하는 경우 "중요"한 위법행위를 한 것으로 본다.

② "중요"한 위법행위를 한 경우 그 규모비율이 기준비율의 16배 이상인 경우 "Ⅰ", 8배 이상 16배 미만인 경우 "Ⅱ", 2배 이상 8배 미만인 경우는 "Ⅲ", 1배 이상 2배 미만인 경우는 "Ⅳ"로 그 중요도를 구분한다.

③ A유형중 규모비율 비적용항목에 대하여는 둘 중 한 가지 이상에 해당되는 경우 특별한 사정이 없는 한, "중요"한 위법행위를 한 것으로 보며 그 중요도는 기준비율의 8배 이상 16배 미만인 경우의 "Ⅱ"에 해당한다고 본다.

서 정한 특정금액 이상의 모든 항목 시사를 실시하였으나 발견하지 못한 사항으로써 감사인이 전적 책임을 부담할 수는 없다는 내용이다.

재무제표에 대한 감사인의 의견은 합리적 확신 개념에 기초하고 있으므로 감사인은 부정이나 오류에 의한 중요한 왜곡표시가 적발될 것이라는 절대적 확신은 하지 않는다. 이는 감사가 적극적 의사 표명이며 검토는 소극적 의사표명이라는 내용과는 차이가 있다. 따라서 감사의 종결 후에 부정이나 오류에 의한 재무제표의 중요한 왜곡표시가 나타난 경우라도 왜곡표시의 사후적 노출 그 자체는 다음 사항과 같은 감사상의 오류와 연관시킬 수 없다. 즉, 감사상 오류와 적절치 않은 감사과정은 분명히 구분되어야 한다. 다음의 네 항목은 명확한 감사상의 오류이다.

(1) 합리적 확신을 얻지 못함

(2) 감사계획의 수립, 감사업무의 수행 및 판단에 있어서의 부정확성

(3) 전문가로서의 적격성 결여, 정당한 주의의무의 태만

(4) 회계감사기준과 준칙의 미준수

특히 부정이 경영자, 내부감시기구의 구성원, 종업원 또는 회사 외부의 제3자와의 공모에 의해 은폐되거나 문서의 위조 또는 변조가 수반된 의도적인 왜곡표시일 경우에는 더욱 감사상의 오류와 연관시킬 수 없다. 즉 감사인의 감사절차는 이처럼 공모나 문서의 위조 등이 개입된 부정의 적발에는 효과적이지 못할 수 있다. 감사인이 회계감사기준과 준칙을 준수했는지 여부는 특정한 상황에서 감사절차가 적절했는지, 또 그 결과를 기초로 한 감사인의 감사보고서가 적절했는지 여부에 따라 결정될 뿐이다. 감사인은 감사인일 뿐이지 수사관이 아니다.

위의 감사준칙은 감사의 한계를 분명히 적시하고 있다. 즉, 회계감사준칙은 감사인이 완벽하게 재무제표에 포함된 오류를 발견하기를 기대하는 것은 아니다. 어떻게 보면 결과보다는 과정이 더욱 중요하다고 할 수 있다. 절차 즉 준칙을 준수하였다는 점이 중요하다. 이러한 감사인의 한계점은 예를 들어 재고를 확인하는 과정에서 전수조사가 아닌 표본조사를 수행하는 것과도 연관된다. 이를 재해석하면 사후적으로 회계정보가 문제가 발견되었다고

하여도 감사과정에 문제가 없다고 하면 문제가 없는 것이다. 실제로 이러한 이유로 분식회계로 회사가 조사를 받을 때 제재를 받지 않는 경우가 빈번하게 발생한다.

적절한 수의 표본 조사가 수행되었는데 이 표본에 문제가 있는 표본이 우연히 포함되어 조사되지 않았다면 감사인은 이에 대한 책임을 질 수 없다.

최근 회계법인들은 중요성 기준을 감리규모비율 1배 이하로 적용하고 있으며 삼일회계법인은 이보다 엄격하게 0.75배를 적용하고 있다. 즉, 감독원의 기준보다도 감사인들이 더욱 엄격한 기준을 적용하는 것이다.

일정한 정해진 비율이 중요성의 판단 기준이어야 하는지에 대해서는 이후에 좀더 체계적으로 기술하겠으나 일반적인 수시공시 사항도 크게 보면 정보의 전달이라는 측면에서는 회계와 동일시하여 볼 수 있기 때문에 수시공시에서는 중요성을 어떻게 판단하는지를 기술한다.

정기공시인 회계적인 판단과 수시공시간에는 물론 차이가 있지만 중요한 정보가 어느 정도 크기의 정보가 되어야 하는가에 대한 판단은 동일한 성격이라고 할 수 있다.

예를 들면 상장법인 공시규정 제2장 4조의 1에 의하면 "최근 사업연도 매출액의 100분의 10(대규모법인의 경우 100분의 5) 이상에 해당하는 영업 또는 주된 영업의 일부 또는 전부가 정지되거나 그 정지에 관한 행정처분이 있은 때 그 영업의 인가 · 허가 또는 면허의 취소 · 반납과 그에 상당하는 생산품에 대한 판매활동의 정지를 포함한다"고 기술하고 있다.

회계기준에는 주관적인 판단을 필요로 하는 몇 가지의 용어가 존재한다. 그 예로는 (1) 전반적, (2) 합리적, (3) 중요한, (4) 적정하다는 판단 등이다. 물론, 이 이외에도 여러 가지 사례가 있을 것이다. 또한 중요하다는 내용도 미국 및 국제회계기준서에서의 material 또는 fundamental의 내용을 이와 같이 동일하게 번역하여 사용하는 것이다. 국제기준서에서 material과 fundamental을 어떻게 달리 사용하고 있는지 이해하기 어렵다. 단순히 동의어로서 경우에 따라 달리 사용한다는 판단이다.

전반적이라는 용어의 사용에 대해서는 앞으로 SK글로벌(네트웍)의 경우에서 검토할 것이며 합리적이라는 판단은 부의 영업권의 경우에 검토하였다. 중요성의 경우도 회계기준서 1호의 내용에서 검토하였는데 다음에는 이러한 중요성/합리성의 내용이 얼마나 광범위하게 사용되고 있는지에 대한 예를 기업회계기준과 기준서에서 검토하여 나열한다.

1. 적정하게
2. 적절하게
3. 확실하지 않은 경우
4. 발생 여부가 불확실
5. 회복할 가능성이 없는 경우
6. 특별한 사유가 없는 한
7. 합리적이고 객관적
8. 장래에 지출될 것이 확실
9. 충분한 회계정보를 제공
10. 일반적으로 공정 타당하다고 인정되는 회계관습
11. 일반적으로 인정되는
12. 신뢰할 수 있을 정도로 객관적인
13. 충분히 표시
14. 정당한 사유없이
15. 거래의 실질과 경제적 사실 반영

중요성의 판단 기준은 원칙중심(principle-based)의 회계기준 또는 수적기준(rule-based) 또는 예외사항을 구체적으로 제시하는 규칙 중심의 회계기준 논의와도 연관된다. 어떠한 수치를 guideline으로 제시하면 이러한 수치만을 만족시킬 경우는 주관적인 판단을 수행할 여지가 남지 않는다.[8)]

2001년도 미국에서 발생한 엔론사 회계부정사건에서는 엔론사가 기존의 회계기준에서 특수목적회사(SPC, special purpose entities)의 설립시에

8) 박광훈, 이명곤, 박종일, 박종찬. 2005. 9. 기업지배구조와 회계투명성-회계기준 제정의 관점. 회계연구원 보고서 17호의 162-163 내용을 인용함.
KAI 포럼. 기업지배구조와 회계투명성. 2005. 10.

외부투자자가 3% 이상 참여할 경우 모회사와 독립적인 것으로 간주되어 연결재무제표 대상에서 제외된다는 조항을 악용하여 모회사의 부채를 은닉하는 수법을 사용하였다.[9] 이러한 결과에 대응하여 미국의회는 2002년에 의결된 미국의 회계개혁법안(Sarbanes-Oxley Act)의 Section 108에서 SEC로 하여금 기존의 규칙중심(rules-based) 회계기준에서 원칙중심(principles-based) 회계기준으로 전환하는 것에 대한 타당성 연구에 착수할 것을 요구하였으며[10] 이에 FASB에서는 2002년 원칙중심의 회계기준으로의 전환에 관한 제안서를 발표한 바 있다.

규칙중심의 회계기준은 위의 예와 같이 '3%'와 같은 구체적인 수적기준을 제시하고 복잡한 예외조항과 상세한 적용지침을 제공하여 비교가능성(comparability)과 검증가능성(verifiability)을 높이고 이익조정의 가능성을 줄이는 효과가 있으며 회계기준 제정 후의 해석논란이나 소송의 위험을 줄이는 효과가 있다(Schipper 2003).[11]

그러나 엔론사의 경우와 같이 회계기준에 제시된 구체적인 수적기준은 이를 회피하기 위하여 기업이 의도적으로 거래를 설계(transaction structuring)하는 행동을 유발하여 거래의 경제적 실질이 재무제표에 반영되지 못하는 결과를 초래할 수 있고, 회계기준이 너무 경직되어 있어 변화하는 경제적 환경에서 새롭게 대두되는 금융상품과 거래에 관한 사안 등을 융통성 있게 대처하지 못한다는 단점이 있다.[12]

Mulford and Comiskey(1986)는 이러한 20%라는 인위적인 기준의

---

9) 박상수. 2002. 엔론사 파산이 던져준 교훈. LG주간경제. 4-11.

10) Schipper, K. 2003. Principles-based Accounting Standards, *Accounting Horizons*: 61-72.

11) 구체적인 수적기준을 제공하는 다른 회계기준의 예는 리스회계와 유형자산의 교환(동종자산)을 들 수 있다. 리스회계에서는 금융리스와 운용리스를 구분하는 기준으로서 리스사용기간이 리스자산의 사용연수의 90% 이상인가의 여부와 리스사용료의 현재가치가 리스자산가치의 75% 이상인가의 여부를 사용하고 있으며, 동종 유형자산의 교환에서 현금수수가 발생할 경우, 현금의 금액이 교환되는 공정가치의 25%를 초과하면 포함된 현금이 중요하다고 보아 교환손익을 인식한다.

12) Financial Accounting Standard Board(FASB). 2002. Proposal for Principle-based Approach to U.S. Standard Setting, Stanford CT: FASB.

설정은 지분법 적용 이전과 비교할 때 적용 이후 투자회사들의 지분율이 20% 기준 안팎으로 집중되는 비정상적인 분포를 초래했음을 보고하였다.

우리나라의 지분법회계기준이 국제회계기준을 따른다는 입장에서는 20%의 조항을 추가할 수밖에 없을 것이지만, 이를 악용하여 의도적으로 20% 미만을 소유함으로써 지분법을 회피하려는 시도가 발생될 것으로 예상된다.

한편, 우리나라의 연결재무제표준칙은 연결재무제표 작성대상을 주식회사의 외부감사에 관한 법률(외감법) 시행령 제1조 3을 따르도록 규정하고 있다. 외감법 시행령 제1조 3에 따를 경우, 연결재무제표의 주요 작성대상은 지배회사가 다른 회사의 의결권 있는 주식 또는 출자지분의 100분의 50을 초과하여 소유하는 경우와 지배회사가 다른 회사의 의결권 있는 주식 등의 100분의 30을 초과하여 소유하면서 당해 그 회사의 최다출자자인 경우가 해당된다. 엄격하게 50% 지분소유 기준에 따라 연결재무제표 포함 기업을 결정하는 미국의 회계기준보다는 덜 규칙중심이라고 볼 수 있지만, 실질적으로 지배 · 종속관계에 속하면서 위의 조건을 만족시키지 않는 종속회사들이 연결재무제표에서 제외될 수 있다는 문제점이 여전히 남아 있다.

2004년 회계기준위원회가 발행한 공개초안 제03-20호 '연결재무제표'는 기존의 연결재무제표준칙이 갖고 있던 연결재무제표 대상기업에 대한 두 가지 핵심 조건 중 두 번째에 해당하는 조건(30% 초과 지분을 소유하면서 최대주주)을 삭제하고 지배회사가 계약 등에 의하여 다른 회사의 주주총회 또는 이에 준하는 의사결정기구의 의사결정에 있어서 과반수 이상의 의결권을 행사할 수 있는 권한이 있는 경우 등으로 규정하여 지분율 기준에서 일보 개선된 실질지배력(effective control) 기준으로 전환되었다.

요약하면, 거래의 경제적 실질을 적절히 반영하여 회계투명성을 제고하고 거래의 의도적 설계와 같은 회계기준의 경제적 영향(economic consequences)을 감소시키며, 변화하는 경제적 환경에서 새롭게 등장하는 거래에 유연히 대처하기 위해서는 규칙중심의 회계기준에서 원칙중심의 회계기준으로의 전환이 필요하다. 우리나라는 1997년 금융위기 이후 이러한 국제적 추세에 맞추어 과거에 비해 회계기준의 제정을 원칙중심으로 함을 지향하고 있고 앞으로도 지속적인 추진이 요구된다. 더불어 원칙중심의 회계기준의 성공여부는 기업과 외부감사인의 전문가적 판단(professional judgement)의 능력에 달려 있으므로 이것의 향상을 위해 외부감사인의 독립성 제고 및 감리 강화 등을 함께 병행하여 추진해야 그 실효성이 달성될 것으로 생각된다.

Chapter 16

질적인 중요성 요건

수치화되는 중요성도 중요하지만 정량화할 수 없는 내용도 중요하므로 다음의 질적 중요성을 감안하여야 한다.

1. 추정항목에서 발생한 경우 추정에 내재된 일반적 오류 정도를 초과한 경우
2. 위법행위로 인해 당기손실이 당기이익으로 혹은 그 반대의 결과가 발생한 경우
3. 위법행위가 당해 기업의 주력사업 또는 주요 수익사업부문에서 발생한 경우
4. 위법행위가 경영진의 보수증가에 영향을 미치는 경우(예를 들면 위법행위로 인해 경영진의 상여금 지급조건이나 기타 성과급 지급조건이 충족되는 경우)
5. 위법행위가 특수관계인과의 비정상적 거래 등과 관련되어 있는 경우

위법행위가 경영진의 보수증가에 영향을 미칠 경우를 강하게 조치하는 이유는 회계공시 담당자인 경영진이 경영성과를 오도하기 위해서 회계정보를 조작하였음을 의미하기 때문이다. 즉, 경영진 본인의 효용 극대화를 위해서 기업의 업적을 오도하는 일을 방지하자는 목적이다.

당기손실이 당기이익으로 혹은 그 반대의 결과가 발생할 경우는 유심히

관찰하여야 한다. 손실이 발생할 기업이 이익으로 전환되는 경우는 손실 보고의 상징성이 너무 크기 때문이다. 적자와 흑자 전환은 금액이 크지 않다고 하여도 회계에서 큰 의미를 갖는다.

한 회계법인 대표는 "적자를 내면 은행에 가서 돈을 못 빌린다면서 한정의견을 받는 경우까지도 있다"고 말했다. 은행에서 수정재무제표까지는 잘 안 보기 때문에 한정의견을 받아도 우선 적자를 모면하려 한다는 것이다.[1)]

물론, 적자가 더 부정적인 정보인지 비적정의견이 더 부정적인 정보인지에 대해서는 일반 투자자들이 결정할 사항이다.

특수관계인과의 비정상적 거래의 내용은 2003년 말 회계관련법률 개정법안에도 나타나 있듯이 대주주와의 금전대차관계는 엄격히 규제하는 것과 무관하지 않다. 대주주가 상당한 영향력을 미치는 기업으로부터 대출금을 받는다면 부정이 개입될 가능성이 높아진다.

위의 질적 요건 중에서 가장 흥미롭고 의미 있는 내용이 위법행위가 기업의 주력사업 또는 주요 수익사업부문에서 발생하였는지의 건이다. 부문별 공시가 수행되는 이유 및 중단사업 부문에서의 손익을 별도로 보이려는 움직임이 모두 이러한 내용과 연관된다.

이러한 분식회계로 인한 조치가 회계법인 측면에서 문제가 되는 점은 다음의 두 가지로 정리할 수 있다. 첫째, 분식회계로 인한 감독원의 조치는 언론에 공개되도록 되어 있다.

감리결과 공시는 실질적으로 재무제표를 재공시하는 것인바 상법449조에 의하면 회사의 회계정보는 주주총회를 거쳐 재무제표형태로 공시하도록 하고 있기 때문에 감리결과를 공시하는 것이 법적인 하자가 있다는 주장도 있다. 즉, 감리 결과에 의해서 재무제표가 수정되어야 하는데 이러한 재무제표의 수정은 감독기관이 결정할 부분이 아니라 주주총회에서 기업이 결정할 부분이라는 것이다. 즉, 재무제표에 적절치 않은 부분이 포함되어 있다고 하여도 이를 수정할 수 있는 것은 주주총회라는 것이다. 이는 대표이사 해임권고가 주주총회에서 수용되지 않는 사례와 같이 재무제표 확정 및 대표이사

1) 매일경제신문. 1999. 3. 24. 기업 회계투명성 더 높여야.

해임 등과 관련된 권한은 주주총회의 고유권한이다.

상법 제449조(재무제표 등의 승인 · 공고)

① 이사는 제447조 각호에 규정한 서류를 정기총회에 제출하여 그 승인을 요구하여야 한다. 〈개정 1984. 4. 10〉

② 이사는 제447조의 2의 서류를 정기총회에 제출하여 그 내용을 보고하여야 한다. 〈신설 1984. 4. 10〉

③ 이사는 제1항의 서류에 대한 총회의 승인을 얻은 때에는 지체없이 대차대조표를 공고하여야 한다. 〈개정 1984. 4. 10〉

또한 미국에서 엔론(Enron) 사태 이후 2002년 7월에 통과된 Sarbanes Oxley Act에 의하면 미국증권시장에 상장한 상장사를 감사하는 미국 이외의 외부감사인일 경우 새로운 감독기구로 출범한 PCAOB에 등록을 하도록 되어 있는데 국내에서 활동하는 회계사들이 감독원에서 부과하는 벌점이 외국의 경우와 비교하여 과중하기 때문에 문제가 되고 있음을 문제시하고 있다. 물론, 국가간 감독기구와 감독기구의 조치와 관련된 제도가 모두 상이하기 때문에 이들을 비교한다는 것은 원천적으로 불가능하다.

외국에 등록되어서 활동하는 공인회계사에 비해서 우리나라에서 등록하여 활동하는 회계사가 상대적으로 지적되는 빈도수가 높다면 이는 국제적으로 활동함에 있어서 불리하게 작용할 수 있다.

현재는 적용되지 않지만 미국의 경우와 같이 한때는 금액으로 중요성을 설정하려는 시도가 있었다. 1989년에 발표된 회계감사준칙 개정 초안 중 보고준칙 324에서는 중요성을 판단하는 다음과 같은 양적 기준이 제시되어 있다. 이는 미국에서 현재 적용되는 기준과 유사하다.

(1) 매출액의 1% 이상

(2) 당기순이익의 10% 이상

(3) 총자산의 1% 이상

(4) 자기자본의 5% 이상

Chapter 17

감사와 법적 소송[1]

우리나라에도 감사와 관련된 법적 소송이 기하급수적으로 늘고 있다. 적절치 않은 회계정보에 근거해서 투자의사 결정을 수행한 기업이 이러한 정보에 근거하여 투자의사결정을 수행하였고 그렇기 때문에 손실을 입었다는 투자자에 의해서 소송을 당하게 되거나 또는 감사의견을 받은 재무제표에 근거하여 대출의사결정을 수행하였고 이러한 정보에 근거하여 대출금을 회수할 수 없다는 금융기관에 의해서 기업의 소송이 진행된다. 소송의 대상은 투명하지 않은 회계정보를 전달한 기업이지만 기업이 소송에 대한 상환능력이 없을 경우는 회계법인이 소송의 대상이 되는 경우가 많이 있다. 이는 회계법인은 어느 정도 상환 능력이 있기 때문이다. 미국에서는 이를 회계법인의 deep pocket이라고 부른다. 이러한 현상이 바람직한 현상인지는 의문이다. 적절치 않은 회계정보의 일차적인 책임은 회계정보 공시의 책임을 갖고 있는 해당 기업이 지는 것이 당연하다. 회계감사를 담당한 회계법인이 이차적인 공동 책임을 지는 것도 당연하기는 하지만 과도한 소송으로 인해서 회계법인 기반이 흔들린다면 이 또한 적절하지 않으며 이는 자칫 회계업계의 기반을 흔드는 일로 비화될 가능성도 없지 않다. 이러한 경우, 어느 정도까지는 공인회계사회에 회계법인이 적립한 기금에 의해서 지급된다.

---

1) 최명수. 2003을 많이 참조하였다.

미국은 변호사 천국이라고 지칭된다. 변호사의 수가 지나치게 많을 경우 남소의 가능성이 높은 점은 사회적으로 최적(optimal)이 아닐 수 있다. 그러나 사회의 각 부문이 자신의 경제활동을 수행하는 것은 최적이다 아니다의 차원에서 언급한다는 자체가 불합리할 수 있다. 경제주체 누구나가 합리적으로 의사결정을 하는데 그들이 수행하는 경제활동이 합리적이다 비합리적이다라고 누구도 판단하기 힘들다. 이러한 점은 정책적인 차원에서의 자격증 소지자의 정원과도 관련된다.

그러나 이와 같이 회계와 관련된 소송이 확장된다면 기업과 회계법인의 본인의 생존을 위한 정책을 입안하여야 한다.

국내의 회계법인이 많이 대형화되었다고 하여도 아직까지 그 기반이 매우 취약하기 때문에 과도한 법정 소송으로부터 회계법인은 보호되어야 한다. 모든 경제활동에도 힘의 논리가 작용한다. 회계법인이 피감사기업에 비해서 모든 것이 영세하면 힘에서 밀리게 된다. 그렇기 때문에 정부에서도 수년간 대형회계법인을 육성하기 위해서 노력을 경주하였다.

한국공인회계사회 회장은 독일과 호주의 예를 들며 손해배상에서 감사보수의 5배까지만으로 cap을 둘 것을 주장한다.[2] 회계법인이 어느 정도 보호받지 않고는 천문학적인 손해배상금액을 감당할 수 없기 때문이다.

감독원의 경우도 감리에 의해서 기업에 대한 조치시 과징금액을 결정할 경우에 (1) 규정에 의한 과징금 결정금액과 (2) 최근 수년간의 감사수임료의 가장 높은 금액의 두배 중에서 낮은 금액으로 과징금을 부과하는 것으로 되어 있다(증권선물조사업무규정. 부칙. 별표 제3호. 과징금부과기준. III. 위반행위별 기준금액).

물론, 이러한 식으로 과징금이거나 손해배상을 결정함에 있어서 어느 한도를 정하는 것이 적절한지에 대해서는 누구나 주관적인 판단을 할 수 있다. 물론, 손해배상책임 금액에 한도를 두는 것과 과징금에 한도를 두는 것은 구분하여야 한다. 그러나 동일한 내용에 근거한다.

손해배상을 수임료에 근거해서 결정하는 규정은 존재하지 않지만 과징

2) 한국경제신문. 2004. 6. 21. 회계법인, 분식회계 제한해야.

금의 경우 위와 같이 상한선을 두었다. 그러나 과징금의 경우는 행정적인 조치이기 때문에 규제기관의 단계에서 처리할 수 있으나 손해배상일 경우는 법적인 문제이므로 입법기관에서 처리할 부분이다.

당해 유가증권신고서상의 기재사항 또는 그 첨부서류가 진실 또는 정확하다고 증명하였거나 서명한 공인회계사, 감정인, 신용평가업자와 인수업자, 당해 사업설명서를 작성하거나 교부한 자에 대하여는 이 기준에 의한 부과액과 용역제공수수료 등 보수액의 2배 금액 중 적은 금액으로 1995년 미국도 민간증권소송개혁법(PSLRA, Private Securities Litigation Reform Act)에서 손해배상한도(damage cap)를 언급하고 있다.[3)]

1995년의 민간증권소송개혁법은 분식회계를 포함하는 손해배상 소송에서 기업과 회계감사인이 과도한 책임을 진다는 정책적인 판단하에 기업과 감사인을 보호하는 입안을 제정하였다. 구체적으로

1. 연대책임보다는 비례책임을 지는 것으로,

2. 손해배상한도를 설정하는 것으로,

3. 피고(기업)가 거짓되고 현혹시키는 언급을 했고 또 고의적으로 행동하였다는 강한 추정이 있어야 할 경우에만 제재를 가하는 것을 골자로 하는 개정안이 나왔다.

회계업계를 부정적으로 보는 입장에서는 피감사기업에게 감사를 수임하기 위해서 전방위 로비를 펼쳐서 감사를 수임하는 현실에서는 피감사기업에 대한 공정한 감사를 언급한다는 것 자체가 무리라는 상반된 논리도 전개된다. 특히, 감사수임료에 비해서 비감사수임료의 비중이 매우 높기 때문에 감사는 적당히 수행한다는 비판을 받고 있음과 동시에 최근에는 감독기관으로부터의 제재의 수위가 워낙 높기 때문에 감사건을 피감사기업과 타협한다는 것은 거의 생각하기 어렵다는 상반되는 주장이 있기도 하다.

혹자는 분식회계와 부실감사로 인해서 피감사기업이나 회계법인 또는 공인회계사가 감독원으로부터 조치를 받을 때, 형평성에서 어긋난다는 주장이 있다. 일차적인 책임은 기업에 있는데 기업에 대한 조치가 회계법인이나

---

3) 김석웅. 2003. p.402.

공인회계사에 대한 조치에 비해서 약하다는 주장이다. 이는 조치의 근거가 되는 외감법과 감리제도가 처음 도입된 시점이 국보위가 활동하던 1980년 시점인 점과 무관하지 않다. 정치적으로 5공 초기 시점으로 군사정권이 무소불위의 권력을 행사하던 시점이므로 도입 초기부터 공인회계사에 대한 조치를 위해서 도입된 법령이며 기업에 대한 조치는 도입 후에 추가된 부분이기 때문이라고 한다.

감사보고서와 같은 법적인 위치는 갖지 않지만 경제활동에 영향을 미칠 수 있는 보고서도 다음과 같은 법적인 문제를 유발한다.

> 금감원 조사 결과, 한국타이어는 보고서가 나오기 이전 이미 외국환관리법 위반 혐의가 인정된 상태였다.[4] 그러나 한 애널리스트는 보고서를 만들다 보면 본의 아니게 실수가 나오게 마련이라며 고의나 시세조종이 아닌 단순 과실에 대해서도 금감원이 징계를 한다면 어떻게 보고서를 낼 수 있겠느냐며 금감원이 하루에도 수없이 쏟아지는 보고서를 일일이 뒤져 잘잘못을 가렸다는 게 납득이 안 된다며 뭔가 배경이 있는 것 아니냐고 의혹을 제기했다. 또 다른 애널리스트는 '금감원이 보고서에 오류를 적발했다면 이 사실만 시장에 알리는 데 그쳐야 한다'고 지적했다. 반면 일부 애널리스트는 '의견은 자유지만 사실은 틀리지 말아야 한다'며 이 기회를 자성의 기회로 삼아야 한다고 의견을 피력하였다.

> 통신장비업체인 휴맥스가 오는 9월까지 애널리스트들의 방문을 받지 않고, 증권사가 자사 관련보고서를 발표할 때도 미리 내용을 보여달라는 공문을 증권사에 보내 담당 애널리스트들의 반발을 사고 있다는 기사가 실렸다.[5]

전문가의 의견은 그 정확성을 판단하기 매우 어렵다. 특히 이러한 전문가의 의견이 개인 투자자의 부에 영향을 미친다면 더욱 그러하다. 공적인 업

4) 한국경제신문. 2005. 2. 5. 보고서 오류 애널리스트 징계 논란.
5) 한국경제신문. 2005. 5. 27. 기업보고서 비리 보여 달라.

무를 수행하는 공인회계사는 어떠한 과정을 거쳐서 감사가 수행되어야 한다는 guideline이 있는 반면, 다른 전문가들은 이러한 과정마저도 명확히 기술된 것이 아니므로 모두 다 주관적인 판단을 수행할 것이며 업적은 결과에 의해서 평가받을 수밖에 없다. 물론, 주관적인 판단의 적정성은 시장에 의해서 판단된다.

우리는 과거에 대형 기업의 도산으로 인해서 공적자금이 투입되는 것을 보아 왔다. 부실감사와 관련된 문제는 단순히 해당 기업이나 회계업계의 문제가 아니라 이 단계에 이른다면 국민 전체의 부담이 되는 것이다.

우리나라에도 감사와 관련된 소송이 매우 광범위하게 진행될 소지가 충분히 있다. 미국에서는 1960년부터 1995년까지의 회계와 관련된 소송 수천 건을 모두 데이터베이스화한 Palmrose(1999)의 데이터베이스가 있다. 우리나라에서도 이러한 데이터베이스를 정리할 충분한 유인이 미래의 연구와 법정에서의 용도를 위해서 존재할 것이다.

금융감독원이 파악한 바에 따르면 1991년부터 2002년까지 12년 동안 외부감사인을 상대로 한 손해배상 청구소송건수는 총 21건이다.[6)7)] 물론, 이 이후에는 체계적으로 이를 정리한 문건을 저자가 아직 접하지 못하였기 때문에 이 통계치를 인용한다.

이는 회계법인이 제출한 사업보고서를 토대로 한 통계이다. 실제 소송건수는 이보다 더 많을 것으로 보인다. 대우계열사 부실감사에 손해배상 청구소송이 금융감독원의 집계에도 잡혀 있지 않다는 점을 봐도 쉽게 짐작할 수 있다. 회계법인들이 자신을 상대로 한 소송건에 대해 보안을 유지하려는 노력을 보인다는 점을 감안하면 부실회계 소송제기 건수는 이보다는 매우 많을 것이다.

아마도 회계법인의 경우도 소송이 계류중인 모든 사건을 기업회계기준에 적절하게 우발채무로 계상하여야 한다고도 판단된다. 그러나 회계법인이

---

6) 본 내용은 최명수 2003. p.53을 많이 참조한다.

7) 본서가 저술되는 현재 시점에 이보다 더 updated된 자료를 구하지는 못하여 최명수. 2003의 내용을 이곳에 인용한다.

공개기업이 아니기 때문에 회계법인의 지배구조 및 재무제표에 대해서는 많은 관심을 갖지 않는다.

2003년 외감법 개정부터 감사조서의 보관의무가 감사종료시점부터 8년으로 연장되었다. 1998년까지는 감사준칙에서 3년, 1999년 이후에는 5년이 보존의무기간이었다.

과거에는 감사조서의 훼손, 위변조, 파기 등에 대한 처벌규정이 부재하였다. 엔론의 사태에서 우리가 목격하였듯이 감사인이 감사와 관련되어 문제가 제기될 때에 감사조서를 파기하는 사건이 발생할 수 있다. 이에 대해 감사조서의 보존기간이 짧으며 보존의무를 법률이 아닌 감사준칙으로 규정하고 있어 훼손, 위변조, 파기행위 등에 대한 처벌이 곤란하다는 점이 문제점으로 지적되었다. 미국은 개혁법에서 감사인은 감사조서 등 관련 증빙서류를 최소한 5년간 보존하도록 규정하고 있으며 PCAOB가 제정하는 감사준칙에는 최소 7년 이상 보관의무가 있다. 보존기간 불이행, 위변조, 파기시 10년 이하의 징역 또는 25만불 이하의 벌금을 부과한다.

최근 감사조서의 보존기관과 관련되어 이슈가 되었던 내용을 기술한다.

금감원은 삼일회계법인이 H 기업의 감사건에 대해서 감사조서 보존기간(3년)이 지났다는 점과 현재 소송이 진행중이라는 이유로 자료제출을 거부하자 특별감리의 정당성 여부를 놓고 법적 검토를 해왔다. 금감원 관계자는 감사조서 보존기간이 지났다고 하더라도 자료를 활용할 수 있는데다 소송 중인 사안에 대해서도 감리를 할 수 있다는 검토결과가 나왔다고 인용되었다.[8] 이 건과 같이 감사조서의 보존기간은 매우 민감한 법적인 문제이다.

A 회계법인은 H 기업과 같이 소송중인 회사에 대한 특별감리를 수행하는 것은 원고를 지원하는 것이나 마찬가지라는 의견을 표명하였다.

부실감사로 금융감독당국의 제재를 받았던 회계법인이 감독원을 상대로 행정소송을 제기하였다. 회계법인이 감독기관을 상대로 소송을 제기한다는 점이 매우 어려우므로 매우 획기적인 사건이다.

부실감사로 금융감독당국의 제재를 받았던 삼일회계법인이 이에 불복해

8) 매일경제신문. 2003. 11. 8. 삼일회계법인 특별감리.

금융감독원과 금융감독위원회를 상대로 행정소송을 제기한 사실이 뒤늦게 밝혀졌다.[9] 재심 신청까지 기각된 사안에 대해 회계법인이 소송을 제기한 것은 극히 이례적인 일로 재판 결과에 따라 부실감사의 책임 소재를 놓고 논란이 일 전망이다.

17일 금융감독원에 따르면 삼일회계법인은 지난해 말 하이닉스반도체와 현대상선 부실감사로 각각 7억7,000만원과 3억9,000만원의 과징금을 부과받은 후 재심 신청이 받아들여지지 않자 행정소송을 제기했다. 재판부는 최근 금감원과 삼일회계법인에 과징금 경감을 주내용으로 하는 중재안을 제시했으나 금감원이 이를 거부해 최종 판단은 결국 법정에서 가려지게 됐다.

이번 소송은 분식회계 등 기업의 잘못된 경영 형태에 대해 감사를 맡은 회계법인이 어느 선까지 책임을 져야 하는지에 관한 기준을 제시하게 될 것이라는 점에서 주목된다. 삼일회계법인은 거액의 과징금을 부과받자 정당한 주의를 다해 감사절차를 수행했는 데도 징계를 받은 것은 부당하다는 주장을 해왔다.

기업이 작심하고 회계기록을 조작할 경우 분식을 발견하는 것은 사실상 불가능한 데도 회계법인에 과도한 책임을 묻는 것은 지나치다는 것이다. 실제로 부실감사로 제재를 받은 공인회계사들이 금감원을 상대로 소송을 제기한 적도 있다. 하지만 금감원은 중재안을 거부할 정도로 입장이 단호하다. 금융감독원의 한 관계자는 '재판안 중재안을 거부한 것은 과징금의 많고 적음의 문제가 아니라 제재의 적법성을 따지기 위한 것으로 볼 수 있다'고 말했다.

위에서의 논란 끝에 하이닉스반도체와 현대상선에 대한 부실감사를 이유로 삼일회계법인에 대한 과징금을 부과한 금융감독위원회의 처분은 법적 근거가 없다는 법원의 판결이 나왔다.[10] 서울행정법원은 1일 금감위가 감사를 맡은 회계법인에 기업의 부실감사 책임을 물린 것은 부당하다며 삼일회

9) 매일경제신문. 2005. 10. 18. 삼일회계, 금감원제소 '하이닉스, 현대상선 부실감사 과징금은 부당'.

10) 한국경제신문. 2005. 11. 2. 부실감사에 따른 과징금 회계법인에 부과 못한다.

계법인이 금감위 등을 상대로 낸 소송에서 원고승소 판결을 내렸다.

재판부는 '증권거래법이 변경되기 이전에는 법인이 아닌 공인회계사나 감정인 등에게만 책임을 묻도록 되어 있어 금감위가 삼일회계법인에 과징금을 부과한 7억7,000여만원과 증권선물위원회가 매긴 3억9,450만원을 취소하라'고 밝혔다.

재판부는 그러나 '지난 2003년 12월말부터 개정된 증권거래법에는 회계법인에 대해서도 과징금 부과가 가능해졌다'며 '이번 판결 결과가 회계법인이 기업의 분식회계 등에 관한 감사소홀에 대해 책임을 묻지 않게 된 것은 아니다'고 덧붙였다.

금감위는 2005년 9월 하이닉스반도체가 지난 99년부터 2003년까지 분식회계를 저지른 것에 대해 감사를 맡은 삼일회계법인이 감사를 잘못한 책임이 있다며 과징금 7억7,000여만원을 부과했다. 금감위는 또 삼일회계법인에 2000년부터 2002년까지 현대상선에 대해서도 부실감사를 했다며 2004년 12월 과징금 3억9,450만원을 물렸다. 금감위는 '자산 규모 500억원 이상이 되는 상장법인에 대해서는 회계법인만 감사를 수행할 수 있어 옛 증권거래법상 "공인회계사"의 범위에 회계법인도 포함시켜야 한다'고 주장해 왔다.

Chapter 18 SK글로벌에서의 금융기관의 책임

SK글로벌이 1조5천억원대의 분식회계를 할 때 은행들도 직·간접적으로 연루됐던 것으로 밝혀졌다. 이에 따라 향후 분식회계와 관련된 손해배상 소송이나 형사·행정 처벌에서 은행들도 책임을 면키 어려울 것으로 보인다. 서울지검 관계자는 14일 "SK글로벌이 2001회계연도 결산에서 1조1천8백억원의 은행대출금(유선스, 기한부수출환어음매입)을 누락시킬 수 있었던 것은 일부 은행이 대출잔액증명서(은행조회서)상의 대출잔액란을 공란으로 처리해 줬기 때문"이라며 "이들 은행은 분식회계의 원인제공자로 민·형사상 책임을 피할 수 없을 것"이라고 말했다.

또 여신 규모가 컸던 3-4개 은행은 대출잔액란을 제대로 기재하긴 했지만 회계법인에 우편으로 보내야 할 은행조회서를 SK글로벌에 넘겨줘 결과적으로 서류위조를 방조한 책임이 있다. SK글로벌은 은행에서 받아온 이들 조회서를 위조해 유선스대출잔액을 공란 처리한 뒤 은행별 관할 우체국에 가서 회계법인에 발송하였다.

검찰 조사 결과 지난 2000년 말까지 대부분의 은행들은 SK글로벌에 대한 은행조회서에 대출한도액만 기재하고 대출잔액(현재 나가 있는 대출금)은 공란으로 처리해 줬다. SK글로벌은 이 조회서를 유선스대출잔액이 없음

을 증빙하는 자료로 회계법인에 제시했고 회계법인은 추가 사실 확인 없이 이를 인정해 줬다.[1)]

그러나 실무에서 근무하는 회계사들의 의견으로는 대부분 대출한도액만을 표기하는 것이 금융기관에서의 관례였다고 한다. 이는 대출잔액을 대출한도까지 대출하지 않은 것은 대출을 받는 기업의 문제이며 대출한도(line of credit)을 허용하여 주었다는 것도 대출을 받는 기업의 신임도와 연관되기 때문에 매우 중요한 정보의 하나이다. 회계에서도 실무에서의 관례를 어디까지 인정해야 하는지가 이슈가 된다.

SK글로벌이 조회서를 은행별 관할 우체국에 가서 회계법인에 발송하였다는 것은 완전한 범죄행위이며 SK글로벌의 책임은 명백하다. 이러한 문제를 해결할 수 있는 방법으로는 회계감사인이 은행조회서를 회수한 후 이를 해당 은행 지점에 확인하는 것이다.

은행들은 분식회계의 최대 피해자이기는 하지만 위와 같이 책임을 면하기는 어려우며 공동책임을 져야 한다. 기업에서 채무잔액증명서까지 위조하면서 조직적으로 저지른 분식회계를 감사에게 적발하지 못했다며 책임을 묻는 것은 감사구조에 대한 이해가 부족한 것 아닌지와 관련된 법적 책임 문제가 이슈화되고 있다.

기업이 조직적으로 은폐한 분식회계에 대한 책임을 묻는다면 수천억원대의 대출을 해주면서 심사를 느슨하게 한 채권은행 역시 분식회계의 책임에서 자유로울 수만은 없을 것이라고 강조했다.

한편 채권은행단도 참여연대로부터 SK글로벌의 여신심사 및 사후관리 책임을 이행하지 않았다는 지적과 함께 사실상 공범이라는 비난까지 받은 바 있어 SK글로벌 분식회계의 책임은 꼬리에 꼬리를 물어 채권단에게까지 이어졌다.

---

1) 한국경제신문. 2003. 3. 15. 은행도 SK 분식회계 책임있다.
국민일보. 2003. 3. 18. SK 분식 회계의 교훈.
조세일보. 2003. 4. 2. 기업 분식회계 책임 회계법인에만 전가 안돼.

> 참여연대는 이날 "SK글로벌이 채권은행 명의로 된 채무잔액증명서를 위조해 재무제표의 해당항목을 '0'으로 만든 것을 인지하지 못한 것은 수천억원대의 채권을 보유한 채권은행으로서 재무제표의 숫자조차 확인하지 않는 중과실을 범한 것이거나 고의로 분식회계 사실을 묵인한 것으로 볼 수밖에 없다"고 지적하며 금융감독위원회에 채권은행단에 대한 조사를 요청했다.

분식회계와 관련되어 기업, 회계법인만 책임이 있는 것이 아니라 위에 보듯이 채권은행도 책임을 면하기 어렵다. 이러한 부분은 이제까지 간과된 부분이다. 은행이 여유자금이 있을 경우는 거래하는 기업의 건전성을 보지 않고 무조건적으로 자금을 대출하는 것이나 회계법인이 수임료를 덤핑을 하는 것이나 모두 영업활동을 수행하기 위해서 분식과 관련된 공범이 되는 것이다.

SK글로벌의 사건이 터졌을 때도 잔액증명서와 관련해서 은행도 책임이 없다고 할 수 없었기 때문에 은행이 소송을 제기하지 않고 영화회계법인과 150억원으로 타협을 보게 되었다. 이러한 과정에서의 영화(현재 한영)회계법인의 입장을 충분히 이해할 수 있다. 이러한 성격의 소송이란 매우 장기간의 소송으로 가는데 변호사 비용만 천문학적인 금액을 보일 것이다. 실질적으로 대우 건의 소송은 변호사 비용만 1,000만불(100억원)을 초과하였다고 알려졌다. 이러한 금액의 소송을 진행하기보다는 150억원으로 타협을 본 것이다. 반면, 다른 회계법인의 입장에서는 영화회계법인의 사례가 좋지 않은 선례를 남긴다는 불만을 갖고 있다.

예금보험공사 등 금융당국의 지침은 '분식회계가 벌어진 회사의 임원들은 모두 민사상 손해배상 소송 대상으로 포함시킨다'는 원칙을 견지하고 있다. 은행의 입장에서는 자신들의 책임도 없지 않지만 회계법인을 소송하지도 않을 수 없는 입장이다.

은행조회서의 정확한 또는 신속한 회신은 필수적인 것인바 개별 은행 및 은행연합회 차원에서의 협조가 보다 적극적으로 이루어지도록 하는 제도적 보완이 필요하고 장기적으로는 On-line에 의한 확인시스템까지 갖출 필요가 있다. 현재도 은행연합회를 중심으로 데이터베이스가 구축되어 있으나 이러한 데이터베이스에 문제가 있음이 지적된다. 일부에서는 해당기업이 주거래하고 있는 지점의 금액만 확인이 가능하면 다른 지점일 경우의 금액도 확인이 되지 않는다는 감사인 측에서의 불평이 있다. IT 강국이라고 자부하고 있는 우리나라에서 은행연합회에 의한 데이터베이스가 신뢰성이 없어서 감사에 긍정적으로 사용되지 못한다는 사실은 매우 큰 문제이다.

금융권 등 주요 관계자들의 감사협조의무를 제도화할 필요가 있다. 예를 들어 금융기관조회확인서의 경우 발신/수신을 모두 등기우편으로 의무화하고, 동 조회와 관련된 은행 업무에 대하여 수수료를 지급하도록 하는 방안 등의 검토가 필요하다는 주장도 있다. 또한 금융기관조회확인서에 대하여 고의 또는 중대한 과실로 사실과 다른 내용을 제공하거나 누락하는 자에게 민/형사상 책임을 의무화하는 것도 고려할 수 있다. 또한 감사에 필요한 중요 정보를 제공할 수 있는 국세청, 감독기관에 대한 감사인의 직접조회를 허용하고 해당기관의 협조를 의무화하는 것도 유효한 방안이 될 것이다.[2]

국회가 회계감사를 받는 기업의 거래 상대방에게 대해서도 관련 정보를 조회할 수 있도록 강제정보조회권을 부여하는 논의를 진행한 적이 있다.[3] 이러한 내용은 권한 남용 등 논란이 예상된다. 현행법에는 감사인이 감사를 받는 기업 및 관계회사 · 계열사에 대해서만 자료 및 정보를 요구할 수 있도록 돼 있다. 물론, 해당기업의 재무정보를 이용하는 이용자의 측면에서는 이를 반기게 되는 내용이지만 감사인이 수사기관도 아닌 이러한 권한을 받아도 되는지에 대해서는 심각한 고민을 수행하여야 한다.

피감사회사의 거래 상대방에게 거래 사실 및 정보를 제공하여야 하며 거래 상대방이 이에 응하지 않거나 거짓 자료를 제공할 때는 2년 이하의 징역 또는 2,000만원 이하 벌금을 부과하는 것을 계획중이다.

---

2) 삼일회계법인. 2003. 3. 회계투명성개선방안.

3) 매일경제신문. 2003. 6. 12. 감사인에 강제 정보조회권 논란.

Chapter 19

자회사와의 감사관계

분식회계기업에 투자를 한 기업도 감리를 병행해야 한다는 의견이 제기됐다.[1)]

2003년 10월 1일 정무위원회 국정감사에서 민주당 이훈평 의원이 제시한 금융감독원 자료에 따르면 분식회계를 한 기업뿐만 아니라 투자한 회사도 지분법 평가이익 발생으로 2001년 388억원, 2002년 2,058억원의 이익이 부풀려졌다. 이 의원은 이와 같은 조사결과를 토대로 투자를 받은 기업의 분식회계로 인해 투자한 기업의 이익도 부풀려져 있는 만큼 투자회사에 대한 분식 감리도 병행되어야 한다고 주장하였다.

설령 외부감사인의 감사를 받은 재무제표가 문제가 있더라도 투자회사가 그 재무제표를 근거로 지분법평가를 하였다면 지분법평가를 한 투자회사에게 책임을 묻기는 쉽지 않다. 피투자회사의 감사에 대해서 투자회사의 감사인이 문제를 제기하는 빈도수가 증가한다면 이는 통제할 수 없는 상황으로 발전할 수도 있다.

1) 파이낸셜뉴스. 2003. 10. 2.

자회사의 감사권(상법 제412조의 4 제1항)과 관련되어 모회사의 감사위원회는 50%를 초과하는 지분을 가진 자회사에 대해 모회사의 감사를 위해 필요한 범위 내에서 영업의 보고를 요구할 수 있다.

그러나 이러한 경우라고 하여도 권한 이외로 자회사의 감사에 개입할 수는 없다. 지주회사의 감사위원회는 연결대상 자회사의 감사위원회 또는 감사, 외부감사인 및 내부감사부서와의 관계를 정립하여야 한다.[2)]

즉, 지배회사는 당연히 의결권에 비례하여 피투자회사의 경영에 참여할 권한이 있다. 그러나 이러한 경영에의 참여가 감사위원회, 감사, 외부감사, 내부감사부서에도 적용되는지는 명확하지 않다. 경영활동과 감시활동은 동일한 활동으로 분류되지 않기 때문이다. 단, 지배회사의 입장에서 감사인선임위원회, 이사회 등을 통해서 경영에 참여할 수는 있지만 피투자회사 자체적인 감시활동에 직접적으로 참여할 수 있는지와 참여하는 것이 적절한지는 의문사항이다.

위의 건은 외부감사인이 자회사에 대한 외부감사인으로부터 표명된 감사의견을 그대로 인정할 것인가도 복잡한 문제이지만 감사위원회의 자회사에 대한 감사권도 이에 못지않은 복잡한 문제이다. 즉, 자회사에 대한 내부와 외부감사일 경우는 분리해서 판단하여야 한다.

모회사와 자회사의 감사인을 단일화하는 것이 좋은지 별개의 감사인을 선임하는 것이 좋은지에 대해서는 이와 관련된 의사결정이 진행된 모기업의 감사위원회의 회의록에서 찾을 수 있다.

감사위원회: "회계팀의 입장은 ××의 외부감사인과 자회사의 외부감사인을 단일화하자는 내용"인데 이는 독점관계형성에 부작용이 있다. 업무 편의성과 독립성 중에 어느 것이 중요한지요? "회계법인의 호환성과 경쟁성을 확보하는 것이 독립성 측면에서 좋다."

회계팀장: 업무의 편의성이라는 것은 단순히 일을 편하게 한다는 취지보다는 실무적인 면에서 자회사의 외부감사인이 다른 회계법인일 경우에는

2) 김건식. 2004.

××의 외부감사인이 자회사의 것을 다시 들여다 봐야 sign을 할 수 있기 때문에 그러한 면에서 어려움이 있다. 따라서 자회사의 감사가 모회사의 감사와 다른 감사인에 의해서 수행될 경우는 어려움이 따르게 된다.

물론, 자회사가 독자적으로 회계감사인을 선임하게 되지만 모회사가 자신들의 감사인을 선임하도록 영향력을 행사할 수는 있다.

연결대상일 경우, 여러 가지 문제가 논란의 대상이 된다. 예를 들어 연결대상 기업의 회계정보의 투명성에 연결회사가 어느 정도로 책임을 져야 하는 것인지, 연결대상 기업의 감사인의 선정에도 어느 정도 책임을 져야 하는 것인지 등의 문제이다. 예를 들어 완전한 책임이 있다고 하면 각 기업이 상법상의 별개의 실체인데 실체를 넘어서 책임을 부과할 수 없다. 반면에 누가 보더라도 문제가 있는 회계처리에 대해서 연결대상 기업의 감사의견을 그대로 수용하고 이를 연결하였다면 이를 완전히 책임이 없다고 하기도 어렵다. 예를 들어 삼성전자일 경우 2005년 6월 현재 해외 자회사 66, 해외 관계사 6, 국내 자회사 11, 국내 관계사 21개 등 총 104개 기업이 재무보고의 대상회사이다.[3)]

또한 다음과 같은 부분도 문제가 될 수 있다.

연결재무제표준칙 9조(회계정책의 적용) 마항

연결재무제표의 작성시 통상 유사한 거래 및 유사한 상황 하에서의 거래에 대해서는 연결대상회사간에 동일한 회계처리방법을 적용하여야 한다.

문제가 되었던 기업은 모기업은 정률법, 자회사는 정액법으로 서로 상이하고 연결재무제표 조정을 하지 않았다.

기업회계기준서 공개초안 제03-20호(연결재무제표) 규정의 해석

“문단 28에서 ‘유사한 상황에서 발생한 동일한 거래나 사건에 대하여는 종속회사의 회계정책 또는 회계추정방법을 지배회사의 회계정책 또는 회계추정방법으로 일치시켜 적절히 수정하여 연결재무제표를 작성한다.”

3) 최외홍, 2005. Speed와 투명성 확보를 위한 재무보고 및 내부통제시스템. 서울대학교 경영대학 30주년 기념 통합학술대회. 2005. 10. 19.

그러나 유사한 상황에 대한 자의적인 판단이 가능하다. KT와 KTF의 건이 이슈화된 적이 있다. 상황이 유사한지 상이한지는 다음의 항목에 따라 의사결정될 수 있다. 그러나 유사한 상황인지는 유사성의 범주를 어느 단계에서 판단할 것인가의 문제이다.

- 자산구성 및 서비스, 생산요소의 결합상태 상이
- 수익, 비용의 발생상태 상이
- 유선, 무선 통신업으로 업종 상이

동일회사도 사업 부분별로 감가상각방법을 달리 적용 가능하므로 연결회사의 한 사업부문으로 보아 다른 상각방법을 적용하여도 문제가 없고, 오히려 무리하게 통일하여 적용할 경우 연결재무정보의 왜곡을 가져올 수 있다. 일본 및 미국에 상장된 SONY사의 경우 주요시설과 일본내 자회사는 정률법을 적용하는 반면, 반도체 사업부문과 해외 자회사는 정액법을 적용하고 있다.

반면에 외감법은 다음과 같이 연결재무제표에서의 감사인의 책임에 대해서도 기술하고 있다.

외감법 제17조 2항:

감사인이 중요한 사항에 관하여 감사보고서에 기재하지 아니하거나 허위의 기재를 함으로써 이를 믿고 이용한 제3자에게 손해를 발생하게 한 경우에는 그 감사인은 제3자에 대하여 손해를 배상할 책임이 있다. 다만 연결재무제표 또는 결합재무제표에 대한 감사보고서에 중요한 사항을 기재하지 아니하거나 허위의 기재를 한 책임이 종속회사 관계회사 또는 계열회사의 감사인에게 있는 경우에는 당해 감사인은 이를 믿고 이용한 제3자에게 손해를 배상할 책임이 있다.

물론, 모회사와 자회사의 회계방법이 상이할 경우 모회사의 회계방법을 자회사의 회계방법에 일치시키는 것도 한 방법이지만 수년 전부터 시행해오고 있는 소급법의 적용이 모회사에게 부담이 될 수 있다.

모회사가 자회사의 지분을 50% 이상 소유하고 있다고 하더라도 모회사/

자회사의 관계는 별개의 법적인 실체이며 자회사가 독자적인 이사회라는 의사결정기구를 운영하고 있으므로 회계방법의 선택을 포함한 모든 건에 대해서 모회사가 자회사의 의사결정에 영향을 미치기는 어렵다. 특히, 자회사 이사회의 사외이사인 경우는 모회사의 영향력 밖에 있다고 보아야 한다. 지분으로 영향을 미치는 경우는 주총에서의 의결권에 의한 의사결정인데 주총은 1년에 한번 개최되는 정기주총이 대부분이어서 영향력에는 한계가 있을 수밖에 없다. 이러한 구도는 모회사의 입장에서는 충분한 영향력을 행사할 수 없는 부분이 불만족할 수 있지만 개별기업이 중심적으로 의사결정을 수행하는 과정이라는 점에서는 바람직하다.

모회사가 자회사와 회계방법을 일치시키려는 이유는 동일 실체인 것과 같이 보고하여야 하기 때문이다. 만일 일치하지 않는다면 피투자기업의 방법을 투자기업과 일치한다면 당기순익이 얼마였겠는지를 구하여 이를 근거로 지분법/연결재무제표를 작성하여야 한다.

기업회계기준서 제15호 문단 25에 따르면 '유사한 상황에서 발생한 동일한 거래나 사건에 대하여는 지분법피투자회사의 회계정책 또는 회계추정방법을 투자회사의 회계정책 또는 회계추정방법으로 일치하도록 적절히 수정하여 지분법을 적용한다'라고 되어 있으며, 동 기준서 실무지침과 적용사례 A46에 따르면 '투자회사와 지분법피투자회사의 업종이 동일한 경우 원칙적으로 문단 25에 따라 투자회사의 재고자산 평가방법이나 기계장치의 감가상각방법 등과 일치되도록 지분법피투자회사의 회계처리를 적절히 조정하여 지분법을 적용하는 것이지만, 업종이 다를 경우에는 유사한 상황에서 발생한 동일한 거래나 사건과 관련되지 않으므로 그러한 조정이 불필요하다. 또한, 업종이 동일하고 기계장치가 동일하여 동일한 추정방법을 적용하더라도 투자회사가 동종의 기계장치에 대해 예상하는 기대가동시간이나 감모의 정도 등이 지분법피투자회사가 예상하는 것과 다를 수 있으므로 회계추정방법의 일치가 반드시 내용연수의 일치를 의미하는 것은 아니다'라는 규정이 있다.

또한 투자회사 감사인의 피투자회사 가결산재무제표의 이용과 관련하여 기준서에는 다음과 같이 규정하고 있다.

A42. 지분법 회계처리시 적용하는 지분법피투자회사의 재무제표는 기업회계기준에 따라 적정하게 작성된 재무제표이어야 하므로 원칙적으로 외부감사인의 감사 · 검토절차를 거쳐 신뢰성이 검증된 것이어야 한다. 왜냐하면 투자회사가 지분법피투자회사의 부정확한 재무정보를 기준으로 지분법을 적용하는 경우 지분법손익계정 등을 통해 투자회사의 재무정보가 왜곡되고 이로 인해 투자자들은 잘못된 의사결정을 할 수밖에 없기 때문이다. 그러나 투자회사가 지분법피투자회사의 감사 · 검토를 받은 재무제표를 결산확정일까지 입수하기 어려운 경우 투자회사는 지분법피투자회사의 가결산 재무제표를 이용하여 지분법을 적용할 수 있다. 이 경우 투자회사는 재무제표작성자로서 지분법피투자회사의 재무제표가 기업회계기준에 따라 적정하게 작성되었는지에 대한 신뢰성검증을 할 책임이 있으므로 지분법피투자회사의 가결산 재무제표에 대한 신뢰성검증을 통해 가결산 재무제표가 외부감사인의 감사 · 검토를 받은 재무제표와 중요한 차이가 발생하지 않을 것이라고 확신할 수 있어야 한다. 지분법피투자회사의 가결산 재무제표에 대한 신뢰성검증은 투자회사의 주관적 판단이 아닌 객관적 증거에 근거하여 이루어져야 하며 이를 위해 투자회사는 다음과 같은 사항을 포함한 필요한 절차를 취하여야 한다.

(가) 가결산 재무제표에 대한 지분법피투자회사의 감사와 대표이사의 서명날인 확보

(나) 지분법피투자회사가 시장에 공시한 중요한 거래나 회계적 사건을 포함하여 투자회사가 인지하고 있는 중요한 거래나 회계적 사건이 가결산 재무제표에 적절히 반영되었는지를 확인

(다) 지분법피투자회사와 동사의 감사인 사이에 제기되고 있는 결산관련 주요 쟁점 사항 및 향후 처리방향의 파악

(라) 기타 가결산 재무제표와 감사받은 재무제표간에 발생할 수 있는 차이분석 등

만일 지분법피투자회사의 가결산 재무제표에 대한 신뢰성검증을 통해 중요한 차이가 발견되는 경우 투자회사는 반드시 그 차이를 가결산 재무제표에 반영한 후 이를 기준으로 지분법을 적용하여야 한다(문단 22와 23).

Chapter 20

내부통제/중간재무제표에 대한 검토

감사인의 영역이 회계감사 이외로 폭넓게 확대되어야 한다는 점에는 이론이 없다. 감사에만 의존하다 보면 수입이 한정되며 회계법인도 감사라는 공익적인 사업을 전개하기는 하지만 영리단체이기 때문에 감사수입을 지속시키기 위해서 감사의 독립성을 훼손할 위험도 있다. 그렇기 때문에 회계법인은 업무를 다변화할 필요성이 존재한다. 개정된 공인회계사법에 의해서 공인회계사는 몇 개의 이해상충이 분명한 업무는 병행하지 못하는 것으로 결정되었다. 따라서 다양한 방향으로 공인회계사의 업무를 다변화하여야 한다. 이러한 업무로는 다른 형태의 인증(attestation, assurance)을 들 수 있는데 감사보다 낮은 단계의 인증인 검토(review)를 들 수 있다. 현재 진행되고 있는 검토는 분 · 반기 재무제표에 대한 검토와 개정된 외감법에 의해서 강제되는 공인회계사의 내부통제제도에 대한 인증 정도이다.

한가지 우리가 주의할 점은 공인회계사의 인증일 경우는 보통 여러 단계로 구분되는데 이러한 인증의 단계로는 audit(감사), review(검토), examination(조사), compilation(기장대리, 재무정보작성업무), agreed upon procedure(합의된 절차수행), compliance attesting(이행증명)으로 구분할 수 있다. 미국에서는 이러한 여러 단계의 인증에 대한 준칙이 모두 존재하여서 책임과 인증의 범위가 명확하지만 우리나라는 감사와 검토와 관련된 준칙만이 존재하여서 책임의 한계가 명백하지 않다. 검토일 경우도 검토와 관련된 일반적인 준칙이 존재하는 것이 아니라 분반기 검토준칙을 준용하고 있으며 내부통제제도와 관련된 검토준칙은 최근 한국공인회계사회에서 작성하였으며 내부통제제도와 관련된 모범규준은 기업지배구조개선연구센터에서 작성하였다.

이러한 인증과 맞물려서 매우 중요한 요인 중의 하나가 이러한 인증에 대한 공인회계사의 책임문제이다. 공인회계사는 다른 직종과는 달리 국가에서 公認된 자격증이기 때문에 다른 전문가가 어떠한 사실을 인정하는 것과는 달리 공인회계사의 모든 업무는 이러한 보고서를 읽는 이용자가 이를 공적인 자격에 기초한 인증으로 이해하기 때문에 다른 보고서와는 차별화되어 해석된다. 다른 전문가에 의한 보고서는 이들 전문가의 개인 또는 전문가가 속한 조직이 '책임'지는 내용이지만 공인자격증 소지자의 보고서는 달리 해석될 수 있다. 이러한 의미에서 미국에서의 윤리규정에 보면 공인회계사가 사용하는 letterhead에도 신경을 쓰고 있다는 것을 알 수 있으며 공인회계사의 직책의 사용도 매우 민감한 법적인 부분이다. 즉, 자격증시험에 통과하였다고 해서 공인회계사라는 직책을 사용할 수 있는지 아니면 시보를 마쳐야 이러한 직책을 사용할 수 있는 것인지 등의 논의가 진행될 수 있다. 미국의 경우는 시험이 통과되었다는 것, certificate, license가 모두 상이하기 때문에 또한 이러한 자격의 통제가 주정부이기 때문에 우리나라에 비해서 매우 복잡하다.

또한 이러한 책임의 문제는 법정에서 이러한 인증에 기초하여 의사결정을 수행하였다고 할 때에 어느 정도를 공인회계사가 인증한 것인지의 범주에 따라 배상의 수준이 달라질 수 있을 뿐만 아니라 책임의 문제도 따르기 때문에 매우 중요하다. 특히 이러한 책임의 한계는 집단소송제도가 도입되면서 더욱 중요하게 부각된다.

반기 재무제표에 대한 검토는 1992년부터 모든 기업에 대해서 수행되었으며 분기 재무제표에 대한 검토는 2001년부터 자산규모 2조원 이상의 기업에 대해서 수행되는데 이에 해당하는 기업수는 상장은 73개, 코스닥은 4

개사이다. 2004년 3분기부터 자산규모 1조원 이상의 121개 기업에 대해서도 수행하는 것으로 그 범위가 확대되었다. 2006년부터는 자산규모 5,000억원 이상의 191개 기업으로 확대될 계획이다. 재무제표와 관련된 일반적인 정책 방향은 개별재무제표에서 연결재무제표의 방향으로의 전환이며 온기(연차) 재무제표에서 분반기(중간) 재무제표로의 전환이다.

중간재무제표가 온기 재무제표와 비교하여 중요한 요인으로 우리나라 주식투자자들의 투자행태와 무관하지 않다.

투자의사결정이 단기화되면서 국내 상장기업의 거래량회전율이 1.5에 이르고 있으며 거래 대금 회전율은 5.7이다. 또한 코스닥 기업일 경우 거래량회전율이 2.4이며 거래대금회전율은 2.0이다. 따라서 거래소에 상장된 기업일 경우 8개월에 한번씩 평균적으로 주식이 거래된다고 보면 되는 것이며 코스닥에 등록된 기업일 경우 5개월에 한번씩 평균적으로 주식이 거래된다고 보면 된다. 이는 거래가 거의 수행되지 않는 최대주주 및 우호지분이 보유하고 있는 주식 등을 제외한다면 매우 과소 계상된 회전율일 것이다. 미국의 경우 거래량 회전율이 약 0.7 정도이어서 우리나라의 주식투자기간이 미국에 비해서 반 정도밖에 되지 않는 짧은 기간임을 보인다. 즉, 우리나라 주식시장은 대표적인 단타 위주의 주식시장이다. 또한 미국에 비해서 최대주주 주식 집중도가 우리나라가 높을 것이므로 이를 감안하여서도 미국시장에 비해서도 매우 높은 회전율이다.

이러한 단타 위주의 주식시장은 주식시장의 안정성을 해친다. 그렇기 때문에 주식시장의 안정성을 도모하고 장기투자를 활성화하기 위해서 정부에서는 배당금 지급을 기업에 독려하고 있지만 이는 정부 정책으로는 조정하기 어려운 각 투자자의 투자성향과 연관되는 부분이다. 한때는 어느 정도의 배당을 지급하지 않는 기업일 경우는 증자도 제한하는 등의 극단적인 정책이 구상되기도 했지만 실현되지는 않았다. 모든 투자자들의 투자 선호 경향을 정부의 정책으로 바꾸는 것이 바람직하지도 않지만 이상적이지도 않다.

재무회계개념체계에 보면 “재무회계는 기업 실체 외부의 다양한 이해관계자의 경제적 의사결정을 위해 경영자가 기업 실체의 경제적 자원과 의무,

경영성과, 현금흐름, 자본변동 등에 관한 재무정보를 제공하는 것을 말한다"고 기술하고 있다. 즉, 재무회계는 이해관계자의 회계정보 이용을 목적으로 존재하는 것이다. 국내의 회계정보 이용자가 단기간 투자 목적을 위해서 단기 업적을 중요시한다면 이에 대한 요구를 만족시켜야 하는 것이 회계정보의 역할이라고 할 수 있다.

이러한 내용에 기준해서 국내의 환경에서는 중간재무제표를 중요시할 필요가 충분하다고 판단되며 이에는 중간재무제표의 인증의 필요성 및 확대도 포함된다. 반면에 인증의 횟수가 많아짐으로 인해 기업은 이와 관련되는 부담을 진다.

따라서 1년에 한번 발표되는 연차 재무제표가 투자의사결정에 어떠한 영향을 미칠 것인가를 생각해 본다면 그 상대적인 중요성은 미미하다고 할 수 있다. 많은 투자자가 평균적으로 8개월에 한번씩 투자의사결정을 수행하는 현 시점에서 1년에 한번씩 발표되는 연차보고서는 적시의(timely) 정보를 제공할 수 없다. 단, 회계정보가 기본적으로 1년간의 영업의 결과와 1년이 종료되는 시점에서의 자산의 상태를 보이기 때문에 1년의 회계기간이 마감되는 시점의 연차보고서가 중요하지 않은 것은 아니지만 중간재무제표가 이전과 비교하여 상대적으로 중요하게 부각된다. 단, 사업보고서에는 분기보고서에 공시되지 않는 많은 주석 사항 등이 공시되므로 중간 재무제표가 강조된다고 하여서 연차 재무제표에 대한 상대적인 중요성이 감소하는 것은 아니다. 이러한 내용은 특히 최근에 정기공시뿐만 아니라 수시공시가 강조되는 것과 무관하지 않다. 사업보고서에 보고되는 모든 자세한 정보를 중간보고서에 포함하는 것은 매우 어렵다.

단, 분기 검토일 경우는 검토와 관련된 이러한 cost는 transaction cost이기 때문에 기업이 영업활동을 수행함에 있어서 큰 부담으로 작용하여서는 물론 아니 된다. 그렇기 때문에 분기검토의 경우 기업규모를 한정하는 것이다.

이는 자산규모로 외감대상법인을 정하는 것과 같은 맥락에서 판단할 수 있다. 현재는 외감법에 의해서 자산규모 70억원 이상의 법인에 대해서 외부감사인의 감사가 강제화되어 있는데 상공회의소 등의 기관은 이를 100억원으로 상향 조정하기를 요구하고 있다. 자산규모 70억원 정도의 개인 기업에서 감사를 받는 것이 부담이 된다는 이유이다. 이 정도 규모의 기업은 어차피 공개기업이 아니기 때문에 회계정보가 적절치 않을 경우의 피해라고 하면 이들 기업의 재무제표를 근거로 대출의사결정이 잘못 결정된다면 대출이 되어서는 안 되는 기업에 대출이 수행되는 염려가 있다. 다만, 공개기업이 아니기 때문에 잠재적인 투자자의 피해 등은 고려의 대상이 아니다. 이러한 주장에 대해서 회계법인은 주된 수입원이 축소되는 것이므로 당연히 반대의견을 내고 있다. 이에 대해 상반된 의견이 팽팽하게 맞서고 있다.

정부는 우선 현행 직전 사업연도의 자산 총액이 70억원 이상으로 돼 있는 외감법 적용 대상 기업의 기준을 80-90억원 가량으로 높이는 방안을 추진할 계획이다. 물가 상승과 경제 규모가 커지는 것을 고려해 중견기업들의 경영상 부담을 다소 덜어주자는 것이다.

재경부 관계자는 "기업들은 기준을 100억원 이상으로 높여달라고 하지만 회계 투명성을 감안할 때 한꺼번에 대폭 상향 조정하는 것은 힘들다"며 "80억원 수준으로 높이는 방안을 검토 중"이라고 밝혔다.

외감법에 따른 감사 대상 기업은 지난 82년 1,408개였던 것이 현재 1만4,005개로 10배 가까이 늘어났으며 기업들이 회계법인에 지출하는 회계 처리 비용도 2001년 6,566억원에서 2002년 7,656억원, 2003년 8,234억원, 2004년 8,984억원 등으로 최근 4년 동안 총 3조1,440억원에 달했다.

이에 앞서 전병헌 열린우리당 의원은 "1980년 자산총액 30억원이었던 것이 25년이 흘렀지만 70억원으로 2배를 조금 웃도는 수준으로밖에 늘지 않았다"며 "대상 기준을 100억원으로 높여야 한다"고 주장했다.[1)]

중기업의 형태도 갖추지 못한 기업에 내부회계관리제도 등 체계화된 기업에서 갖추어야 하는 제도를 강제함이 이들에게 큰 부담이 된다는 주장과 일맥상통하는 내용이다. 이는 상장기업과 코스닥상장기업에 상이한 잣대를 적용하는 것과 동일하게 해석하면 된다. 위험이 태생적으로 높은 코스닥기

1) 서울경제신문. 2005. 11. 6. 외부감사 기준 완화… 중견기업 부담 줄듯.

업의 경영자와 주주는 모두 위험에 대한 선호도가 높다고 할 수 있으며 이는 본인들의 투자행태와 무관하지 않다. 이러한 코스닥기업에 지나치게 안정적인 기업 추구를 위한 제도를 강제함도 바람직하지 않다. 물론, 제도가 미비하여 선의의 피해자가 생기는 것은 피해야 한다.

위와 같은 회계법인에 대한 위험 요인 이외에도 여러 가지 회계법인의 환경에 영향을 미치는 요인이 존재한다. 영세자영업자나 중소기업인이 복잡한 재무제표 대신 간편한 장부를 이용해 소득세나 법인세를 납부할 수 있도록 하는 간편 납부제도가 2006년부터 시행될 예정이어서 회계법인과 세무사 업계에 위협 요인으로 작용하고 있다.[2)]

중소기업에서 내부회계관리제도가 부담이 된다는 것은 다음의 기사로도 판단할 수 있다.

상장기업 네 곳 중 한 곳은 증시 상장 유지비용이 효용보다 커 상장을 철회하고 싶어하는 것으로 나타났다.[3)] 한국증권연구원은 15일 거래소시장 113개, 코스닥시장 88개 등 총 201개 상장기업을 대상으로 한 설문조사 결과 응답기업의 25%가 '상장비용이 상장효용보다 크다'고 응답했다고 밝혔다. 상장기업의 92.5%는 공시의무와 지배구조 등 비금전적인 부담을 느낀다고 응답했고 58.5%는 금전적인 부담을 호소했다. 상장기업들은 상장과 관련해 가장 부담이 되는 요소로 수시공시의무(30%), 집단소송 등 우발적 비용(25%), 상장유지조건 충족(21%) 등을 꼽았다.

또 신규 상장 가능성이 있는 141개 기업에 대해 별도 설문조사한 결과 이들은 상장 후 주주의 경영간섭 및 압박(31%), 상장 이후 우발비용(14%) 등을 부담스러워했다. 국내 상장사들이 상장을 유지하기 위해 직접 또는 간접적으로 부담하는 비용은 지난해 기준 평균 6억 2,000만원에 이른 것으로 조사됐다. 이는 2003년의 5억 9,000만원에 비해 5% 늘어난 금액이다. 거래소 상장사는 평균 9억 4,000만원, 코스닥 상장사는 3억 6,000만원을 부담했다.

---

2) 매일경제신문. 2005. 7. 26. 간편 납세제 시행땐 치명타. 세무 회계법인 반발.

3) 한국경제신문. 2005. 6. 15. 상장 유지비용 부담 크다.

항목별로는 회계비용이 43.3%로 가장 큰 비중을 차지했고 이사회 비용(34%), 공시비용(14.9%), 기업설명회(IR)와 거래소 및 협회 납부금 등 기타비용(7.9%)이 뒤를 이었다. 증권연구원의 노희진 연구위원은 "투자자 보호를 저해하지 않는 범위 내에서 수시공시 부담 완화, 상장으로 인한 우발적 비용 발생 대책 등 상장부담 경감방안 마련이 필요하다"고 말했다.

중소기업기본법을 보면 자산규모로 5,000억원이 안 되는 기업은 중소기업의 자격이 있다. 즉, 공개기업 중 자산규모가 5,000억원 이상이 되는 191개 기업을 제외하고는 중소기업법에서의 중소기업의 자격이 있는 것이다. 이 법령에 의하면 우리나라의 대부분의 공개기업도 중소기업의 범주에 속한다.

제3조(중소기업의 범위) 중소기업기본법(이하 "법"이라 한다) 제2조 제1항의 규정에 의한 중소기업은 다음 각호의 기준을 모두 갖춘 기업으로 한다.

1. 당해 기업이 영위하는 주된 사업의 업종과 당해 기업의 상시근로자수·자본금 또는 매출액의 규모가 별표 1의 기준에 적합한 기업. 다만, 다음 각목의 1에 해당하는 기업을 제외한다.
   가. 상시근로자수가 1천명 이상인 기업
   나. 증권거래법 제2조의 규정에 의한 주권상장법인 또는 협회등록법인으로서 자산총액(직전사업연도 말일 현재 대차대조표에 표시된 자산총액을 말한다)이 5천억원 이상인 법인

위 기사에서도 볼 수 있듯이 상장사들의 회계관련 비용은 4억원을 초과하고 있다. 또한 비용이 효용을 초과하고 있다는 부분은 주목해서 관찰할 필요가 있다. 회계기준을 제정함에 있어서도 또는 어떠한 의사결정을 수행하거나 항상 효용이 비용을 초과하여야 한다. 이는 거의 모든 경제적인 의사결정의 기초이다. 재무회계개념체계에서도 라. 회계정보의 제약조건의 하나로 비용과 효익을 선정하고 있다.

회계 관련된 비용은 기업으로 보아서는 본연의 업무를 수행하기 위한

부수적인 비용이다. 부수적인 비용이 본연의 업무를 저해할 정도가 되어서는 안 된다. 기업이 자의적으로 판단하여 기업 공개를 결정하고 수행한 것이므로 이를 제3자가 걱정할 필요는 없으나 부대비용이 너무 크다는 것은 어느 모로 판단하나 바람직한 것은 아니다.

이곳에서 기술되는 내부회계 관련된 비용도 같은 맥락에서 이해할 수 있다. 제도를 위한 제도가 아니라면 이러한 제도를 만족시킬 수 없는 기관에 너무 많은 부담을 준다는 것은 바람직하지 않다. 감사수임료도 기업에는 부담이 될 것이지만 이 비용만큼은 불가피한 비용이다.

외감대상 기업이 증가하는 추세는 다음과 같다.

- 1980년 12월 31일 외감법 제정 당시에는 외부감사의 대상을 직전사업연도 말 자산총액이 30억원 이상 또는 자본금이 5억원 이상인 주식회사로 규정함
- 1988년 4월에는 자산총액이 30억원 이상인 주식회사로 그 기준을 단일화함
- 그 후 전반적인 회사의 규모가 커짐에 따라 1990년 3월에는 자산총액을 40억원 이상으로 상향조정함
- 1993년 5월에 또다시 자산총액을 60억원 이상으로 상향조정함
- 1998년 4월에 현재의 자산총액인 70억원 이상으로 상향조정함

중간단계의 재무제표가 모아져서 연차보고서가 된다고 하면 중간단계의 재무제표를 적절하게 작성하면 연차보고서가 적절하게 작성되는 필요조건은 만족된다. 물론, 연차보고서에는 중간재무제표에 포함되지 않는 정보도 포함되므로 충분조건은 아니다. 따라서 중간재무제표에 대한 검토의 강제를 추가적인 부담으로 생각할 것이 아니라 중간 단계로 이해하면 된다.

사업보고서에는 회계정보의 단위 기간인 1년의 모든 계절적(seasonality) 요인을 포함하기 때문에 적시성은 없지만 중요하다. 사업보고서는 재무정보 이외에도 여러 가지 제반 정보를 포함하는데 이러한 정보를 분반기에 모두 포함할 수는 없다. 즉, 연차재무제표에 보고되는 각주 사항에도 많은 내용이 포함된다. 또한 연차재무제표는 주주총회에서 확정되기 때문에 이러한 의미

에서도 별도의 의미가 있다. 분반기 재무제표를 확정하기 위해서 정기 주주총회를 분기 또는 반기에 한번씩 개최할 수 없다. 사업보고서에만 포함되는 정보로는 영업에 관한 사항, 주식에 관한 사항, 감사인에 관한 사항, 임원에 관한 사항, 관계사에 관한 사항 등 자세한 내용이 포함된다. 예를 들어 감사인에 관한 사항 중에는 비감사서비스, 감사수수료, 감사시간 등이 포함된다. 1년간 지속적으로 발생하는 수익, 비용일 경우는 각 분기에 금액을 배분할 수 있다. 그러나 기간 배분이 가능하지 않고 회계기간이 경과해야 발생 금액을 파악할 수 있는 경우도 있다.

자산규모가 2조원이 넘어야 대기업이라는 것은 매우 주관적인 판단이지만 언제부터인가 이러한 기준이 적용되었다. 물론, 위에 인용된 중소기업법과 같이 대기업법이 있는 것은 아니다 통상적으로 2조원이 사용된다. 이러한 기준은 감사위원회를 강제로 도입하는 기준이기도 하며 자산규모 2조원이 넘는 기업이 집단소송제도의 대상이다. 또한 자산규모 2조원 이상의 기업에 대해서 분기재무제표에 대한 검토가 강제되었다. 자산규모 2조원이 넘을 경우에 감사인선임위원회일 경우 사외이사의 비율이 50% 이상 되어야 한다. 또한 자산규모가 2조원이 초과할 경우는 손익구조변경수시공시에 있어서 전기대비 15% 이상의 증감이 있는 경우에 그 사실을 수시공시를 통해서 공시하도록 하고 있다. 수시공시사항에는 매출액의 10%(대규모법인인 자산규모 2조원 이상일 경우 5%)에 해당하는 사항이 발생할 때 의무공시를 하게 되어 있다. 즉, 대기업에는 일반적으로 적용되는 기준보다 높은 수준의 기준이 적용된다.

검토는 감사와는 분명히 구분되는 수준의 인증이기 때문에 표준 감사/검토보고서를 비교한다.

표준감사보고서

"본 감사인의 의견으로는 위 재무제표는 ××주식회사의 ××××년 ××월 ××일 현재의 재무 상태와 동일로 종료되는 회계연도의 경영성과 그리고 이익잉여금의 변동과 현금흐름의 내용을 기업회계기준에 따라 중요성의 관점에서 적정하게 표시하고 있습니다."

표준반기검토보고서

"본 감사인이 실시한 반기검토의 결과 상기 반기재무제표가 반기재무제표 준칙에 중요하게 위배되어 작성되었다는 점이 발견되지 아니하였습니다."

감사보고서일 경우는 "적정하게 표시하고 있습니다"라고 의견을 표명하고 있어 적극적 조회(positive assurance)라고 할 수 있으며 검토의견일 경우는 "위배되어 작성되었다는 점이 발견되지 아니하였다"고 기술되는 소극적 조회(negative assurance)를 표명하고 있다. 즉, 검토의견일 경우는 '위배되어 작성되었다는 점이 발견되지 않았기'로 기술되기 때문에 모든 점이 적절하다는 것을 완곡하게 의견으로 표명한 것이다. 다만, 내용적으로는 구분하기 어렵다. 형식적으로는 이러한 감사와 검토 간의 인증 정도에 차이가 있지만 시장이 이러한 인증의 차이를 인지하는지는 의문이다. 단지, 인증의 차이를 구분하기 위해서 기술적으로 이와 같이 표현한 것이 아닌가에 대한 의문도 있다.

분반기 재무제표에 대한 인증에서 일반인들이 잘못 이해하고 있는 부분은 다음과 같다. 중간재무제표가 발표되는 시점에는 이전 중간재무제표가 보고된 이후 기간의 증분적인 재무제표가 발표될 뿐만 아니라 이제까지의 누적적인 재무제표가 동시에 보고된다. 즉, 반기재무제표가 공시되는 시점에는 2분기 재무제표가 공시되며 또한 상반기의 재무제표가 공시된다. 3분기 재무제표가 공시되는 시점에는 3분기만의 재무제표가 공시되며 동시에 1분기부터 3분기까지의 누적적인 재무제표가 공시된다. 연차 재무제표는 어차피 마지막 재무제표이기 때문에 4분기의 재무제표가 별도로 공시되지 않는다. 이러한 분반기 재무제표에 대한 감사인의 검토는 이 시점에 발표되는 두 재무제표에 대한(반기와 3분기 재무제표의 경우) 인증이다.

중간재무제표 기준서가 적용되기 이전에는 누적된 정보만 공시되었다. 물론, 누적된 정보에서 지난기까지 누적된 정보를 차감하면 증분 정보를 구할 수 있지만 별도의 증분 정보를 공시함에 대한 장점이 있다.

이러한 다른 수준의 인증이 실무의 공인회계사들도 감사와 검토에 대한 인증에 대하여 명확히 구분하는지와 실지로 이러한 인증을 회계정보 이용자가 달리 해석하는지는 별개의 문제이다. 공인회계사는 다음의 이유 때문에 분반기 재무제표를 달리 취급할 수 있다.[4)]

수행하는 절차도 검토의 경우 주로 분석적 검토와 질문에 의해 이루어지는 등 감사보다 상당히 제한적이다. 이에 따라 회계법인 내부의 각종 점검표 작성이나 심리절차 등도, 회계법인별로 차이가 있겠지만, 감사와 검토 간에는 차이가 있는 것이 일반적인 것으로 이해하고 있다. 일반적으로 검토에 대해서도 심리실(또는 Concurring Review Partner)의 검토 및 승인의 절차는 이루어지나, 그 심리 절차나 참여에 있어 실무적으로는 감사와는 차이가 있다.

이러한 차이는 기본적으로 제공 확신 수준의 차이로 인해 검토는 감사보다 감사인의 책임과 위험이 작다는 이해를 바탕으로 한 것이다. 그러나 국내에서는 아직까지 검토보고서에 대한 검토인의 책임을 명확히, 감사와 비교해서, 규정한 것은 없는 것으로 알고 있으며(반기재무제표검토준칙 7에 일부 내용 포함되어 있으나 명확한 것은 아님), 이에 대해 명확히 할 필요도 있다고 생각한다.

감독기관도 별도의 기준을 가지고 중간재무제표가 적절치 않을 경우에 이에 대한 조치를 연차 재무제표와 차별화하지 않는다. 중간재무제표를 별도의 감리대상으로 선정하지는 않지만 연차 재무제표를 감사하는 과정에서 중간재무제표에 문제가 있을 경우는 이를 지적하게 된다.

내부통제제도에 대한 검토 인증을 분석하는 과정에서도 내부통제제도에 대한 인증이 검토가 되어야 하는지 아니면 감사가 되어야 하는지에 대한 논의를 거친 것으로 알고 있다. 반면 일부에서는 검토라는 수준의 인증이 되었건 감사라는 수준의 인증이 되었건 감독기관의 제재도 차별화되지 않고 동시에 법정소송일 경우도 검토 인증이라고 하여서 감사보다 낮은 수준의 책임을 질 것으로 기대되지 않기 때문에 어느 인증의 이름을 갖는지가 별로 중

4) 이러한 의견을 주신 삼일회계법인 정문기 상무님께 감사한다.

요치 않다고 할 수 있다. 단, 위에 기술하였듯이 적법한 절차에는 차이가 있을 수 있다. 법정소송에서 가장 흔하게 나타나는 결과는 적절치 않은 재무제표에 근거하여 의사결정을 수행하였고 투자손실을 입었다는 내용일 것인데 인증의 수준에 따라 법정에서의 공방 내용이 달라질 것 같지 않다.

가시적으로 반기재무제표에 비적정의견을 받는 비율과 연차재무제표가 비적정의견을 받는 비율을 비교하며 유사한 비율(약 5%)을 보인다. 따라서 검토를 감사에 비해서 감사인이 쉽게 생각하고 적정의견을 남발하는 것은 아니다. 물론, 단순히 비적정의견이 표명되는 비율을 이용하여 어떠한 수준의 인증이 수행된다고 속단할 수는 없지만 이러한 비율도 암시하는 바가 있다. 단, 분기 검토일 경우는 비적정의견을 받는 경우가 매우 소수이며 반기일 경우는 비적정검토의견을 받는 경우가 5%라는 점은 분기검토일 경우는 이제까지는 자산규모 2조원 이상의 기업에 대해서만 해당되어서 시스템이 잘 갖추어진 기업이기 때문에 회계적으로 문제가 발행할 가능성이 낮았다고 할 수 있지 동일한 검토 인증인 분/반기가 인증의 정도에 차이가 있지는 않을 것이다. 반기도 아니며 또한 연차도 아닌 보고서에 비적정의견을 표명한다는 자체도 감사인들이 큰 부담을 안을 수 있다.

즉, 반기와 온기의 인증 수준을 고려하지 않고 비적정의견을 받는 확률만을 검토하면 검토가 검토 인증이라고 해서 낮은 수준의 인증을 수행한다고 할 수 없다. 이는 물론 감사와 검토 절차가 모두 적법하게 준수되었는지를 관찰할 수 없기 때문에 결과론적인 접근일 수밖에 없다.

위의 내용은 분반기 재무제표의 검토와 관련된 내용이고 아래의 내용은 내부통제제도에 대한 검토인증과 관련된 내용이다.

미국에서는 오래전부터 내부통제제도의 인증과 관련된 논의가 지속되었다. 회계정보는 일정한 통제의 과정에서 산출되는 산출물이기 때문에 회계정보를 생산하는 내부통제제도가 강건하다고 하면 이로부터의 회계정보는 투명할 수밖에 없다. 따라서 내부통제제도에 대한 인증과 회계정보에 대한 감사는 상호 보완적이라고 할 수 있다. 아무리 통제제도가 완벽하게 구축되어 있어서 부실한 산출물이 생성될 수 있으나 통제제도가 느슨하다고 하면 회계정보가 강건하게 보고되기 어렵다. 그러나 일반적으로 조직화된 시스템이 구축되어야 회계정보가 투명할 수 있다. 따라서 충실한 내부통제제도는 공정한 회계정보 전달의 필요조건이라고 할 수 있다.

우리나라에서는 내부통제제도가 주목을 받기 시작한 것은 2001년 기업구조조정촉진법(구촉법)이 통과되면서부터이다. 이 법은 3년간의 한시법으로 적용되다가 2003년 말 회계관련법안이 개정되면서 대부분의 내용이 영구법인 외감법으로 통합되었다. 기업구조조정촉진법의 핵심은 내부회계관리제도의 시행이다. 모든 기업에 있어서 내부회계제도를 관리하는 관리자를 선정하도록 되어 있으며 또한 내부통제제도와 관련되어 획기적인 사건은 외부감사인이 감사과정에서 내부통제와 관련되어 취약점과 보고가능한 조건(reportable condition)을 발견할 경우는 이를 감사보고서에 보고하도록 강제하였다.

내부통제의 대상은 회사경영의 효율성과 효과성, 법규준수, 재무보고 및 공시의 신뢰성의 세 분야로 볼 수 있다.[5] 따라서 어떻게 보면 내부통제의 대상은 회계정보의 작성 주체보다도 더 포괄적이다. 즉, 내부통제의 적절한 구축은 경영의 효율성과도 연관되며 기업의 의사결정구조의 생산성까지도 연관된다. 내부통제에 대한 내용이 이와 같이 포괄적이기 때문에 기업에서도 적용에 어려움을 겪고 있다.

감사인이 제출한 257사의 2003년 내부회계관리제도 검토보고서상 취약점을 유형별로 살펴보면 내부회계관리조직이 미흡하다는 사유가 75.9%이고 내부회계관리자의 미지정 등 인력미비에 관한 부분이 56.4%를 차지하였다.[6]

그러나 내부회계관리조직이 미흡하다는 정도의 내용은 매우 주관적인고도 애매한 표현이다. 또한 기업회계기준의 위반과 비교해서 매우 자의적인 판단일 수밖에 없다. 사실상 내부회계관리에 대한 지적이어야 하기 때문에 기업회계기준의 준수와는 달리 구체적으로 어떠한 부분이 기준상으로 잘못

5) 김건식. 2004.

6) 금융감독원. 회계제도실 자료. 이 자료를 제공해 주신 유재규 실장님께 감사드린다.

되었다는 점을 밝히기는 어렵다.

내부회계관리제도의 도입 및 인증이 증권거래법이 아니라 외감법에 도입되었기 때문에 모든 외감기업에 이 제도가 적용되며 매우 영세한 기업도 이러한 제도를 도입하여야 한다는 점이 내부회계관리제도의 문제점으로 제기되었다. 증권거래법에 이 제도가 도입되었다면 거래소 상장 및 코스닥상장기업에만 이 제도가 도입되었을 것이다. 따라서 행정/입법기관에서는 법의 개정 단계에서 해당되는 제도가 공개기업에만 적용될 경우는 외감법이 아니라 증권거래법으로 이 내용을 포함하여야 한다.

구촉법이 적용되었던 기간인 2002년과 2003년의 연차재무제표를 검토해 보면 취약점과 보고 가능한 조건이 보고된 경우가 12월 결산법인일 경우 2002년은 15개 기업에 있어서, 2003년은 10개 기업에 있어서 이러한 의견이 표명되었다.

이러한 25개 기업의 감사의견은 한 기업만을 제외하고는 적정의견이 표명되었다. 즉, 내부통제제도에 문제점이 발견되기는 하였지만 대부분의 경우 비적정의견을 표명할 정도는 아니었다는 감사인의 의견 표현이다. 이 두 의견이 표명된 2002년의 두 기업의 감사보고서를 검토하면 다음과 같다.

1. 디에이블에 대한 내부통제제도에 대한 검토의견에서:
   "본 감사인은 이러한 (내부통제제도와 관련된) 사항으로 인하여 감사보고서에 한정의견을 표명하였습니다." ( )안의 내용은 연구자가 추가

2. 대화유화공업주식회사에 대한 내부통제제도에 대한 검토의견에서:
   "이러한 사항은 회사의 재무제표에 대한 감사의견에는 영향을 미치지 아니하였습니다."

2002년 현대상선의 감사보고서에서는 정치적으로 민감한 다음 사항에 대해서도 의견이 표명되었다.

"본 감사인은 회사의 내부회계관리제도에 있어서 동 제도의 시행 이전에 발생한 대북송금 및 그와 관련된 회계처리가 회사의 의사결정기관인 이사회의

의결을 거치지 않고 실행되었으며 이러한 사실이 재무제표에 적절히 반영될 수 있도록 회계관리자에 의해 통제되지 않은 예외적인 사항을 발견하였습니다. 본 감사인은 이러한 사항을 감사의견 형성시 고려하였습니다."

이러한 점에 있어서 내부관리회계제도가 회계의 범주를 넘어 지배구조 등과 같은 좀더 포괄적인 문제를 다룬다고 할 수 있다. 현대상선은 대북지원금과 관련된 금액을 보고함에 있어서 기업회계기준을 위반하였기 때문에 사후적으로 감독원의 조치를 받는다.

내부통제제도의 취약점으로 인해서 감사와 관련되어 심각한 정도의 문제가 야기될 수 있고 이러한 내용이 비적정감사의견으로 나타난다면 이는 감사범위제한으로 인한 비적정의견일 것이다. 즉, 내부통제제도와 관련된 불확실성이 크기 때문에 비감사의견까지 표명될 수 있다.

물론 이러한 의견은 개정된 외감법에 따라 내부통제제도에 대한 별도의 검토의견을 표명하는 것과는 차이가 있다. 내부통제제도와 관련되어 취약점과 보고 가능한 조건이 심각한 수준이기 때문에 이러한 점이 영향을 미쳐서 회계정보를 신뢰하기 어렵다는 것이다.

어떻게 해석하면 내부통제제도에 대한 인증은 공인회계사의 몫이라기보다는 시스템을 담당하고 있는 정보시스템 전문가의 몫이기도 하다.

내부통제제도에 대한 인증은 회계감사와는 별개의 인증 업무이기 때문에 당연히 별도의 감사수임료가 청구되어야 하지만 우리의 현실은 아직은 그러하지 못하다. 미국에서는 이러한 내부통제제도에 대한 인증 수임료가 감사수임료의 20-30% 수준이라고 하는데 우리나라의 경우는 이에 대한 별도의 수임료를 받을 수 있을지가 아직은 명확하지 않다. 이러한 인증이 추가적인 업무이기 때문에 당연히 추가적인 수임료를 받아야 하지만 피감사기업의 입장에서는 이러한 인증이 감사의 한 부분으로 추가의 노력 없이 수행된다고 인지하고 있으므로 별도의 수임료를 청구하기 어려운 입장이며 또한 다른 회계법인과 가격으로 경쟁하는 입장이므로 어려운 의사결정이다.

흥미로운 부분은 이러한 2002년과 2003년의 검토보고서가 감사보고서와 같이 주주 및 이사회 귀중일 경우도 있었고 대표이사 귀중일 경우도 있다. 이는 실무의 공인회계사들이 검토보고서와 감사보고서를 달리 생각하고 있다고 판단된다. 검토가 되었건 감사가 되었건 간에 이는 감사보고서와 같이 주주와 이사회에 대한 인증이어야 하는데 일부의 감사인들은 내부통제제도에 대한 인증을 대표이사에 대한 인증이라고 이해하고 있다는 판단을 할 수 있다.

물론, 대표이사 귀중이라고 기술된 부분도 이해가 간다. 내부통제의 문제점을 최고경영자가 파악하고 있어야만 조직을 효율적으로 운영할 수 있기 때문에 이러한 보고서를 외부의 이해관계자에 대한 용역이라기보다는 내부의 경영자에 대한 인증으로 외부감사인이 이해한다는 의미도 내포된다. 즉, 내부통제의 목적으로 최고경영자에 대한 인증이라는 접근에서는 의사결정구도에 문제가 없는지를 확인할 수 있는 용역을 최고경영자에게 제공한다는 의미도 있으며 또한 외부에 대한 인증이라는 차원에서는 해당 기업이 의사결정구도를 적절하게 운영하고 있는지를 외부의 시각에서 검토하도록 하는 서비스의 제공이다.

모회사의 경영자가 자회사의 내부통제제도도 책임져야 한다고도 판단할 수 있다. 이는 내부통제제도로부터 정보가 생성되는 것이기 때문이다. 이는 연결재무제표에 의해서 자회사의 영업의 결과가 보고되는 경우도 이를 모회사가 반영할 때 자회사의 재무제표에 대해서도 어느 정도 책임을 져야 하는 것도 동일한 논리로 이해할 수 있다. 이는 자회사에 대한 감사에 대해 모회사가 영향을 미칠 수 있다는 내용과도 맥을 같이한다.

내부통제제도에 대한 인증과 관련되어 많은 부분이 문제가 된다. 구체적인 이슈들로는 (1) 누가 내부통제제도에 대하여 확인 작업을 수행할 것이고, (2) 이 확인작업은 어떠한 내용을 포함할 것이며, (3) 이를 누구에게 보고할 것인가의 내용을 선정할 수 있다.[7]

제도가 가장 중요하기 때문에 2004년부터 적용되는 관련된 법률을 우선적으로 검토한다.

---

7) 손성규(2004). 월간 공인회계사 논단을 참고한다.

2. 주식회사의 외부감사에 관한 법률 제2조의 3

① 감사인이 감사업무를 수행하는 경우에는 제2조의 2에서 정한 사항의 준수 여부 및 내부회계관리제도의 운영실태에 관한 보고내용을 검토하여야 한다. 〈2003. 12. 11. 신설〉

② 감사인은 제1항의 규정에 의한 검토결과에 대한 종합의견을 제7조의 2의 규정에 의한 감사보고서에 표명하여야 한다. 〈2003. 12. 11. 신설〉

즉, 감사인은 해당 임직원에 대한 질문, 관련 문서의 증빙대조, 내부회계관리제도 운영실태에 대한 점검 등을 통하여 내부회계관리제도가 회계정보의 중대한 오류를 방지하여 작성 및 공시될 수 있도록 적정하게 설계, 운영되고 있는지 여부 등 내부관리회계제도 운영실태 보고 내용 검토결과를 감사보고서에 표명해야 한다.

그러나 2003년 말에 통과된 외감법에서는 회계감사인의 내부통제제도의 구축을 법으로 제한하였다. 회계감사인이 내부통제제도를 구축하고 이를 검토한다면 이는 자신이 수행한 업무를 자신이 감사하는(audit your own work) 문제점에 봉착하게 된다. 대신, 개정된 외감법에서는 외부감사인에게 내부통제제도에 대한 검토 인증을 강제한다.

내부통제제도에 대한 인증은 그 범주가 매우 광범위하며 기업의 지배구조와도 밀접하게 연관된다. 즉, 경영권에 대한 통제장치가 적절하게 구비되어 있는지와도 연관되는데 기업에 적절한 지배구조란 정답이 없다. 물론, 기업지배구조개선연구센터 등의 기관에서 기업지배구조모범규준을 작성하기는 하지만 이 또한 기업의 성격에 따라 상이하며 동일한 자산 규모 70억원 이상의 외감법인이라고 하여도 조직화 정도는 기업별로 천차만별이기 때문에 동일한 원칙을 적용하기 어렵다. 자산규모가 얼마 되지도 않는 기업에까지 완벽한 제도를 기대함은 무리라는 의견도 있다. 또한 규준은 규준으로 의미가 있는 것이지 정형화된 형태를 띠어서도 안 된다.

우선, 내부회계관리제도는 도입 초기부터 많은 비판을 받았다. 내부회계 또는 내부통제와 관련된 기업 내의 기관은 (상법상의) 감사, 또는 감사위원회, 내부감사인(internal auditor) 또한 금융기관일 경우는 준법감시인

(compliance officer)까지 있는데 이들의 역할을 분명히 구분한다는 것이 매우 어렵다는 것이다. 준법감시인은 금융기관이 제도에 부합하게 실무를 수행하는지와 관련된 사전적인 점검을, 내부감사는 이를 사후적으로 점검하는 역할로 구분한다.

KT가 자신들의 내부통제제도에 대해 2004년 분석을 수행하였던 시점에도 KT는 삼정으로부터 감사를 받고 있었지만 내부통제제도에 대한 분석은 삼일로 하여금 이러한 작업을 수행하도록 하였다. 이는 감사를 맡고 있는 삼정이 이러한 업무를 수행할 경우는 감사 업무와 이해상충이 존재하지 않는지에 대해 감사위원회에서 이를 승인받아야 하는데 KT는 이보다는 삼일을 선택하였지만 경쟁 관계에 있는 이 두 회계법인이 어느 정도는 불편한 관계를 유지하였다고 한다. KT가 이 문제점을 예측하고도 삼일회계법인에게 이러한 업무를 위탁한 것은 감사를 수행하는 회계법인일 경우는 내부통제제도에 대한 이해도가 높은 반면, 내부통제제도에 대한 문제점을 비판적으로 분석할 수 있는 능력이 외부 용역자에 비해서 뒤질 수 있다는 점은 간과할 수 없다.

내부통제제도 인증과 관련된 제도의 변화

제도가 어떠한 방식으로 변화되었는지를 검토하기 위해서 내부통제제도의 인증과 관련된 외감법이 개정되기 이전의 내부통제제도와 관련된 인증을 규정한 기업구조조정촉진법을 우선적으로 검토한다. 내부통제제도에 대한 확인을 규정하는 새로운 법률이 적용되는데도 구촉법을 검토하는 이유는 규정이 어떻게 개정되었는지를 검토하는 것이 정책 방향의 변동을 파악하는 데 중요하기 때문이다. 구촉법은 3년 기간의 한시법으로 제정되었다.

구조조정촉진법(2001년 8월 제정, 9월 시행)

제4조(내부회계관리제도의 운영 등)

⑤ 감사는 내부회계관리제도의 운용실태를 평가하여 이사회에 보고하고 당해 기업의 본사에 비치하여야 한다. 이 경우 내부회계관리제도의 관리 및

운영에 대하여 시정의견이 있는 경우에는 이를 포함하여 보고하여야 한다.
⑥ 내부회계관리제도의 운영 등에 관하여 필요한 사항은 대통령령으로 정한다.

제5조(감사인의 내부회계관리제도에 대한 검토) ① 주식회사의외부감사에 관한법률 제3조의 규정에 의한 감사인(공인회계사를 포함한다. 이하 "감사인"이라 한다)이 공인회계사법 제2조의 규정에 의한 감사업무(이하 "감사업무"라 한다)를 수행하는 경우에는 내부회계관리제도의 적정성 및 준수여부와 제4조 제4항에 의한 내부회계관리 운영 실태에 대한 보고내용을 검토하여야 한다.
② 감사인은 내부회계관리제도의 적정성 및 준수여부 등이 의문시되거나 허위 또는 부실한 회계정보를 제공할 우려가 있는 경우에는 내부회계관리자에게 소명자료를 요구하여야 하며, 이를 검토한 종합의견을 감사보고서에 표시하여야 한다.

5조 ②의 내용을 유심히 관찰할 필요가 있는데 모든 기업이 내부통제제도에 대해 검토한 종합의견을 표명하는 것이 아니라 허위 또는 부실한 회계정보를 제공할 우려가 있는 경우에만 이를 표시하여야 한다.

구축법은 제정 당시부터 문제가 많았던 법령이었다. 기업지배구조가 중요하다고 해서 급하게 법령이 제정은 되었으나 현실화하기 어려운 제도의 도입을 서두른 면도 없지 않다. 예를 들어 관리회계관리자의 선임일 경우 모든 외감기업에게 이러한 직책의 임명이 강제되었는데 기업 내부에서 누가 이러한 직책을 맡고 있는지를 아는 경우가 많지 않다. 따라서 법의 취지는 좋으나 제도가 현실을 무시하고 너무 앞서 간다는 의견이 제시되기도 하였다.

내부통제와 관련되어 누가, 무엇을, 누구에게 통보/보고하는지를 아래의 표로 정리한다.

외부감사가 구축법에서 또한 개정된 외감법에서 주주와 이사회에 보고하는 것은 별도의 보고서가 아니라 감사보고서이다.

아래의 표 6. 외감법에서 법령/정관의 중대한 위반사실을 보고하는 것은 굳이 내부통제제도에 대한 보고에 국한된 것은 아니지만 외감법에서 정한 바

2003년 재무제표 이전			
법 안	누가 이를 확인하는가	무엇을 보고	누구에게 이를 보고하는가?
구 촉 법	감 사	운용실태	이사에게 보고
구 촉 법	외부감사	우려되는 부분	주주와 이사회
2004년 재무제표 이후			
법 안	누가 이를 확인하는가	무엇을 보고	누구에게 이를 보고하는가?
1. 거래법	경영자/재무담당이사	적절하게 운용된다는 사실	모든 이용자
2. 외감법	내부회계관리자	운용실태	이사회 및 감사
3. 외감법	감사(위원회)	운용실태	이사회
4. 외감법	감사(위원회)	부정행위/위반사실	외부감사
5. 외감법	외부감사	종합의견	주주와 이사회
6. 외감법	외부감사	법령/정관의 중대한 위반사실**	감사(위원회)

에 기준해서 내부통제제도가 적절치 않게 구비되어 있다면 내부통제제도에 대해서 보고할 수 있어야 한다. CEO/CFO 인증일 경우, 인증이 누가 대상이라고 하기보다는 모든 시장 참여자에 대해서 인증하는 것이기 때문이다.[8)]

4와 6은 상호적으로 보고한다. 이들 4, 6의 보고는 1, 2, 3, 5의 보고와는 달리 부정행위나 위반사항에 대한 보고이며 이들의 보고는 기업 내외적으로 감시 역할을 수행하고 있는 감사(위원회)와 외부감사간의 위반사항에 대한 양자간의 보고이다. 이들 감시 역할을 수행하는 두 기관의 차이는 기업 내/외의 차이일 뿐이지 그 수행하는 역할에는 차이가 없으며 문제점을 먼저 인지한 측에서 상대방에게 보고하도록 하고 있다. 즉, 이들 두 기관의 역할은 상호 보완적이어야 한다. 외부감사와 감사(위원회)는 counter part로 이해하면 된다.

외부감사에 대한 기업 내부의 counterpart는 감사(위원회)이기 때문에 이들 기관간에 업무간 상호 유기적인 연관성을 갖도록 제도화한 것이라고도 이해할 수 있다. POB(Public Oversight Board)는 외부감사인의 감사계약

8) 삼일회계법인(2004)에서 감독원/기업지배구조개선연구센터 용역의 중간 단계로 작성된 경영진의 보고서에도 이 보고서가 누구에게 보고되는 보고서인지는 명확히 밝히고 있지 않다.

서는 감사의뢰주체가 감사위원회가 되어야 한다고 하였다.

그러나 위의 법령에 제시된 내용대로 제도가 적절하게 시행되는 경우가 공개기업 중 얼마나 되는지는 매우 의심스럽다.

위에 나열된 인증에서 1, 2, 3과 5의 경우는 일반적인 내부통제제도에 대한 보고이며 이들 보고의 주체는 최고경영자/재무담당이사, 내부회계관리자, 감사(위원회) 및 외부감사이다. 유사한 성격의 보고가 중복되어 보고되는 것은 부정적이지만은 않다. 여러 기관에서의 중복확인이 가능하기 때문이다. 반면에 어떠한 기관이 내부통제제도의 보고와 관련된 고유하고(unique) 배타적인(exclusive) 의무를 갖는 것인지에 대해서는 논란이 있을 수 있다. 유사한 업무가 다른 기관에 의해서 수행된다면 이러한 업무에 대한 협조가 이루어질 수도 있지만 다른 기관에 해당 업무를 의존할 수 있다.

5의 외부감사의 인증은 외부 인증이라는 점이 기존의 1, 2, 3의 인증과 구분될 수 있다. 경영자/재무담당이사의 인증은 상징적인 의미를 갖을 수 있으며 2와 3의 확인 절차는 그 성격을 구분하기 어렵다. 내부회계관리자가 이사회 및 감사에게 운용실태를 보고해야 하며 감사(위원회)가 동시에 운용실태를 이사회에 보고하는 이중적인 구조를 갖고 있다. 즉 이사회는 제도적으로 내부통제제도의 운용실태를 내부회계관리자로부터도 보고받고 감사(위원회)로부터도 보고받는 이중구조를 갖는다.

이를 긍정적으로 판단하면 이중의 확인 작업이 진행된다고도 할 수 있으나 반면에 중복으로 인한 혼란이 야기된다고도 할 수 있다. 이러한 부분이 실무에서 내부통제제도 관련된 제도가 혼동스럽다고 이해되는 부분이다.

내부통제에 관련하여서는 누가 누구에게 어떠한 보고서를 보내야 하는지도 많은 부분이 중복되어 있지만 누가 내부통제제도의 책임자여야 하는지도 매우 혼란스럽다. 즉, 내부회계관리자, 감사, 감사위원회, 내부감사인, 금융기관의 경우 compliance officer 등으로 얽혀 있다.

해당 기업의 외부감사인은 경영자가 보고한 내부통제제도의 평가에 대해서 인증하고 보고하여야 하며 이러한 인증은 인증을 위한 준칙에 의해서 수행되어야 한다. 이러한 인증 과정은 감사와 별도의 과정이어서는 안 된다.

즉, 회계정보에 대한 감사와 내부통제에 대한 검토를 통합적인 인증이라고 판단하였다. Sarbanes Oxley Act에서는 이를 "Any such engagement shall not be the subject of a separate engagement"라고 표현하고 있다.

즉, Sox에서도 내부통제제도에 대한 평가와 감사는 분리할 수 없는 한 실체의 인증이라고 해석하고 있다. 이는 감사/검토라는 과정으로 보아서도 그러하며 또한 내부통제제도에 대한 인증과 감사가 내용적으로도 분리할 수 없는 것이다. 이는 회계정보는 적절한 통제시스템의 산출물이어야 하기 때문이다.

미국에서의 내부통제제도에 대한 인증에서는 13%의 높은 비적정의견을 보인다.[9] 위에서 논의되었듯이 재무제표에 대한 회계감사와 내부통제제도에 대한 검토(미국에서는 감사)가 integrated approach를 띠기는 하지만 이 두 인증의 의견이 상이할 경우, 투자자가 어떻게 반응할지는 흥미롭다.

미국에서는 내부통제제도의 비적정 감사의견에 대한 주가 반응은 일반적으로 절차의 문제일 경우는 반응을 보이지 않지만 신뢰성 훼손과 관련된 비적정의견에 대해서는 부정적인 반응을 보인다.

우리나라에서 2006년부터 내부통제제도에 대한 검토보고서가 발표되면 많은 연구가 수행될 수 있다. 예를 들어, 내부통제제도에 대한 인증의 의도는 궁극적으로 적정한 회계정보를 목적으로 한다. 즉, 내부통제제도가 문제가 없음에도 회계정보가 문제가 있다면 이는 내부통제제도의 적절한 정착이 적절한 회계정보를 보장하지 않는다는 반증이 될 것이다.

9) 삼일회계법인. 2005. 내부회계관리제도의 운영과 개선과제. 제1차 삼일포럼.

Chapter 21

대형 분식회계

2000년 9월 15일, 대우계열사 12개 기업의 분식회계가 발표됐다.[1] 금융감독원이 발표한 분식규모는 총 22조 9,000억원. 12개 계열사 전체 자산규모 90조원의 25.4%에 달했다. 쉽게 말해 대우계열사는 1997-1998년 2년 동안 회사재산의 1/4을 조작했다는 이야기이다. 정말로 어처구니없는 사건이며 대형 재벌사 앞에서 회계법인의 위상이 이 정도로 미약한지에 대해 생각해 보게 한다. 대우의 감사를 주도하였던 산동회계법인은 금융감독위원회로부터 영업정지 처분을 받은 결과 청산되었다. 중형 회계법인인 청운회계법인도 이전에 기아자동차 분식건으로 청산의 절차를 밟았다. 회계법인에게 영업정지 처분은 청산을 의미한다.

미국에서는 2001년 엔론(Enron) 사태 이후에 아더앤더슨이라는 초대형 회계법인이 공중분해되었다. 회계부정 앞에선 기업과 회계법인이 안주할 곳은 없다.

최근 분식회계와 관련된 대형사건과 그 분식 금액은 다음과 같다.

한보철강 1990-1996년 6,920억원

기아자동차 1991-1997년 3조 148억원, 아시아자동차 1조 5천 5백 88억원

1) 최명수. 2003. p.84를 많이 참조하였다.

동아건설 1997년 7,140억원
대우그룹 1997-1998년 22조 9,000억원
SK글로벌 1999-2001년 1조 9,975억원
하이닉스 2004년 2조원
현대상선 2002년 1조 5천억원

위의 사례 중 특히 한보와 기아사태는 경제위기의 빌미가 되는 분식회계사건이었다. 이를 분식 금액의 순으로 나열한다면 대우, 기아자동차, 하이닉스, SK글로벌의 순이다. 재벌 순위는 시대적으로 변경되기 때문에 이를 재벌 순위에 따라 나열한다는 것이 큰 의미는 없지만 대우는 재계순위 한때 3, 4위, 기아는 재계순위 8위, SK는 재계순위 4위의 기업군이었기 때문에 이들이 주는 충격은 더 크다고 할 수 있다. 이들이 이러한 규모의 기업이었기 때문에 기업의 조직이 좀더 체계적이었을 것이며 이러한 이유에서 분식의 방법 또한 더욱 조직적이라고 할 수 있다. 이러한 대기업의 위력 앞에선 감사인이 미력한 존재일 수밖에 없었다.

감사인과 피감기업의 힘의 균형이 빈번하게 공정한 회계의 걸림돌로 언급된다. 감사인은 약한 피감기업에는 한없이 강한 존재이며 강한 피감기업 앞에서는 한없이 약한 존재일 수 있다. 이러한 피감기업과 감사인의 힘의 우위가 역전되는 경우가 감사인이 지정되었을 경우이다. 감독기관이 감사인을 선임하였기 때문에 감사인은 피감기업에 비해서 우위에 설 수 있으며 이러한 과정에서 수임료 협상이 지체될 수 있고 이러한 이유에서 감사인 지정 경우는 예외적으로 감사수임료에 대한 guideline을 규제기관에서 제시할 수 있는 것으로 논의되고 있다.

대우의 기업별 분식 금액의 구분은 다음과 같다.

(주)대우 14조원
대우중공업 2조 5천억원
대우전자 1조 9천억원
대우자동차 3조원

대우통신 1조원
쌍용자동차/대우차판매 5천억원
총계: 22조 9천억원

이들을 분식 항목별로 보이면 다음과 같다.

차입금누락 15조원
가공 및 부실채권계상 4조원
가공 재고자산 계상 2조원
총액: 약 21억원

(주)대우는 영국 현지법인(BFC)의 해외 차입금을 지급이자 상환, 계열사 손실지원, 해외투자사업에 사용하면서 이를 차입금으로 계상해야 하는데도 재무제표에서 누락한 것으로 BFC(British Finance Center)에서 발견된 분식규모가 5조-6조원에 달한다. 이 현지 해외법인일 경우 그 존재를 아는 임원도 극소수에 불과하여 조직적인 은폐의 극치를 보인다.

대우중공업은 80년대 후반 이후 조선 경기가 불황 때 선박 수주 경비와 선가감액분 등 손실을 장부에 기재하지 않은 차입금으로 메움으로써 그 동안 손실을 적게 발표해 온 것으로 밝혀졌다. 대우자동차는 해외투자법인에 자동차 제조설비를 수출하면서 받은 선수금을 다른 항목으로 고쳐 수익으로 계상해 매출액을 부풀렸다. 대우중공업도 허위로 매출을 계상해 실적을 부풀렸다. 대우자동차는 자동차 생산에 이미 쓰인 원재료를 아직 쓰지 않았다며 재고자산으로 처리해 재고를 과대 계상했다. 대우전자는 현업부서에서 쓰지 않고 폐기시킨 설비를 손실처리하지 않아 유형자산이 과대계상되도록 했다. 대우통신은 비용으로 써야 할 연구개발비용을 자산항목으로 기재해 자산을 부풀렸다.

대우측은 자기자본이 14조 3천억원이라고 제시했다. 그러나 워크아웃 관련 실사 결과 자기자본은 마이너스 28조 6천억원으로 나타나 42조 9천억원의 차액이 발생하였다. 이중 53%인 22조 9천억원이 회계장부상 조작(분식회계)으로 밝혀졌고 나머지 20조원은 실사기준이 회계감사기준보다 엄격했던 데 따른 차액이라고 금융감독원은 설명했다.

이미 대우나 한보, 기아자동차의 분식회계건은 수년이 경과된 내용이므로 가장 최근의 분식회계건인 SK글로벌의 경우를 자세하게 기술한다. SK글로벌은 다음의 세 건에 대해서 조치를 받았다. 그 해당되는 금액도 표시한다. 하이닉스에 비해 분식의 금액은 적으나 큰 파문을 유발한 사건이다.

1. 외화외상매입금 누락 등 허위의 재무제표 작성

당기손익, 잉여금, 자기자본 영향액 (단위: 백만원)

	1999	2000	2001
가공의 매출채권계상	181,224	193,240	149,824
대손충당금 과소계상	48,308	37,985	40,784
예금 등 과대계상	290,970	395,084	444,000
재고자산 과소계상	(12,000)	(67,000)	
매입채무 등 누락	564,398	958,584	1,181,052
합　계	1,084,900	1,572,893	1,748,660

2. 투자유가증권 과대계상 등

당기손익, 잉여금, 자기자본 영향액

투자유가증권 과대계상	233,141	229,317	248,915
우발손실주석미기재	3,723,282	4,461,255	5,689,418

3. 외부감사방해

Chapter 22

감사의견의 분류

감사의견 분류기준	회계법인의 판단		
	가 볍 다	중요하다	매우 중요하다
특기 사항 문단의 필요성	적 정	적정(특기사항 명시)	적정(특기사항 명시)
기업회계기준의 위배	적 정	한 정	부 적 정
감사범위의 제한	적 정	한 정	의견거절
계속기업존속 가능성 의문	적 정	부 적 정	의견거절
감사인의 독립성결여	의견거절	의견거절	의견거절

위의 의견분류표를 보면 동일한 회계법인의 판단 기준에서도 기업회계기준의 위반, 감사범위의 제한, 계속기업존속 가능성 의문, 감사인의 독립성 결여 순으로 감사의견이 가중되는 것을 보인다.[1] 어떻게 보면 감사의견의 심각성을 나타내는 이러한 순서가 회계정보의 적정성을 해치는 심각성의 정도라고도 할 수 있다. 그러나 기업회계기준의 위배보다 어떠한 이유에서 감사인의 독립성의 결여가 더욱 심각한 문제를 야기시키는지 등에 대해 명확한 해답을 제시하는 것은 가능하지 않다. 중요한 정도에 따라 의견이 한정,

1) 한국경제신문. 2003. 4. 7. 기업재무제표 적정성여부 4가지로 표시.
최명수. 2003. p.129.

부적정, 의견거절의 순으로 제시되는데 이러한 판단도 매우 주관적이다. 아마도 감사인의 독립성이 결여되었을 경우에는 기업회계기준의 위반 이외에도 여러 가지 문제가 포괄적으로 나타날 수 있으므로 오히려 기업회계기준 위반이 지적되었을 경우보다도 가중한 의견을 표명하는 것이다.

그러나 위의 감사의견분류기준의 순서를 검토하면 이 순서는 구체적인 분식의 사례에서 회계환경으로의 변화의 순서로 이해할 수 있다. 기업회계기준의 위배는 구체적으로 기준이 지켜지지 않은 부분을 밝히고 있으나 감사범위의 제한은 감사범위가 제한되어 있기 때문에 특정한 기업회계기준은 어느 정도 위배되는지를 알 수 없는 경우이다. 즉, 특정한 기업회계기준이 위배된 것을 지적할 수 있는 경우와 비교하여 감사범위의 제한은 이러한 특정한 기업회계기준의 위배 이외에 다른 어떠한 기준이 위배되는지를 알 수 없다는 의견이다. 즉, 어떻게 해석하면 회계정보에 어떠한 정보가 포함되었는지를 확인할 수 있는 방법이 없음을 의미한 것이므로 기업회계기준의 위반보다도 심각한 문제를 내포한다. 즉, 회계정보가 black box라는 것이다. 물론, 감사범위가 제한되지 않고 감사를 수행하였을 때, 문제가 발견되지 않을 가능성도 있으나 원천적으로 감사범위가 제한되어 있으므로 위험부담은 매우 높다고 할 수 있다.

감사범위의 제한일 경우도 사례를 보면 두 가지로 구분할 수 있는데 구체적으로 어떠한 계정과목의 표시에 있어서 감사범위가 제한될 수 있으며 어떠한 계정과목인지도 명확하지 않을 수 있다. SK글로벌인 경우는 감사범위가 제한된 계정과목을 해외 현지 법인에 대한 지급보증과 관련되었음을 밝히는 반면 현대상선은 "대북송금과 관련된 감사범위 제한 한정의견"이라고 기술되어서 무슨 항목이 잘못되었는지를 알 수 없다. 동일한 감사범위 제한 한정의견이라고 하여도 어느 계정과목에 대한 감사가 제한되었다는 것과 현대상선의 경우와 같이 어느 계정과목에 대한 감사범위 제한인지도 명확하지 않은 감사범위 제한 한정의견은 정도에 차이가 있다.

즉, 이를 극단적으로 해석하면 감사범위가 한정되었기 때문에 회계정보가 잘못 전달되었지만 어떠한 정보가 잘못되었는지는 알 수 없다는 것이다.

즉, 대북송금과 관련되어 관련된 계정이 잘못 표시될 수 있는데 어떠한 계정과목이 어떻게 잘못 표시되었는지는 알 수 없다는 것을 의미한다.

현대상선의 경우 매출채권, 유형자산, 단기대여금 등 계정과목 담당공인회계사는 동 계정과목 감사결과 충분한 입증자료를 수집하지 못하여 감사범위가 제한되었다고 감사조서에 기재되어 있다. 세 건의 경우에 관련된 계정은 다수이다.

이러한 이유에서 차후에도 기술되겠지만 감사범위제한으로 한정의견을 받을 경우는 관리종목으로 편입되며 이러한 의견을 두 번 연속 받을 경우는 시장에서 퇴출된다.

Chapter 23

계속기업과 관련된 변형된 의견

계속기업 존속 가능성의 의문은 계속기업의 가정이 재무제표개념체계에서 규정한 재무제표의 기본 가정이므로 이 가정 자체를 위배하는 것은 심각한 문제점을 내포하여서 범위의 제한보다도 심각한 문제점으로 지적된다. 현재 논의중인 기업회계기준서 21호 재무제표작성과 표시 기준서에도 경영자는 계속기업의 전제에 대한 중대한 의문이 있는 경우, 그 내용을 주석으로 기재하도록 하고 있다. 즉, 계속기업은 회계의 중요한 요건인데 이러한 가정이 만족되지 않을 경우에는 경영자도 이와 관련된 내용을 주석으로 공시하도록 하고 있는 것이다. 이와 같이 경영자 스스로가 계속기업과 관련된 문제를 공시한다면 외부감사인은 별도의 의견을 제시할 필요가 없을 것이며 이러한 기준서가 적용되는 시점에는 계속기업과 관련된 변형된 감사인의 의견이 발표될 가능성은 낮아질 것이지만 아직 이 기준서가 적용되지 않기 때문에 이러한 기준서가 어떻게 적용될지는 알 수 없다. 다만, 본서가 저술중인 현 시점에서 작성과 표시기준서가 어느 시점에 채택될지는 매우 불투명하다.

이러한 기준서가 적용된다고 하여도 회계담당자가 스스로 주석사항으로 계속기업과 관련된 불확실성을 공시할 것인지는 의문이다. 따라서 이러한 기준서가 제정된다고 하여도 감사인의 계속기업과 관련된 변형된 의견에 대한 필요성은 지속될 것이라고 예측된다.

즉, 계속기업 존속 가능성의 의문은 재무제표의 기본 가정과 관계되며 외부감사인의 독립성은 외부감사의 기본 조건이므로 어떠한 가정/조건이 더욱 중요한지를 가늠하기는 주관적인 판단이다. 그러나 회계감사준칙은 감사인의 독립성의 결여를 더욱 정도가 심한 문제점으로 해석하고 있다고 할 수 있다. 계속기업존속은 회계와, 감사인의 독립성은 감사와 연관되는 내용이므로 이를 일 대 일로 비교해서 무엇이 더 중요하다는 판단을 하기는 매우 어렵다. 독립성이 위배될 경우는 아무리 경미한 문제라고 하여도 감사인은 의견거절을 표명하도록 되어 있다.

그러나 계속기업과 관련된 변형된 의견(going concern modified opinion)은 피감사기업 자체가 존속하지 않을 가능성이 있다는 의견이므로 매우 심각한 의견이다. 계속기업과 관련된 변형된 의견을 기업공개시장으로부터의 퇴출과 혼동하는 경우도 있는데 퇴출은 기업 공개로부터의 퇴출을 의미하므로 계속기업과 관련되어서는 아무런 문제가 없다. 오히려 어떠한 기업은 자의적으로 공개기업에서 비공개기업으로 전환하기도 하므로 기업에 따라서는 퇴출은 큰 문제가 아닐 수 있다. 계속기업과 관련되어 문제가 발생한다면 구체적으로 화의, 법정관리, workout으로 구분할 수 있다. 계속기업과 관련된 변형된 의견은 다음의 경우를 지칭한다고 할 수 있다.

부도는 어음이나 수표의 지급결제일에 대금을 결제하지 못하는 경우를 말한다. 따라서 부도는 도산예측모형 연구에서 언급되는 "도산" 또는 "재무적 곤경"의 일부에 해당하는 경우이다. 그리고 화의, 법정관리, workout은 재무적 곤경에 빠진 기업이 채권자들과 채무상환스케줄 및 조건을 협약을 통해 변경하는 상황을 말한다. 다만 화의나 법정관리는 화의법, 회사정리법 등 근거법령에 의해 수행하는 것이며, workout은 협약에 의해서 수행된다. 이 또한 도산예측모형 연구에서 언급되는 "도산" 또는 "재무적 곤경"의 일부에 해당하는 경우이다. 도산예측모형 연구에서도 "도산"의 정의를 무엇으로 할 것인가는 상당히 논란이 많고 연구마다 다른 정의를 사용하고 있으며 계속기업과 관련되어서도 동일하다고 할 수 있다.

미국에서는 이러한 의견이 오랫동안의 논란 끝에 도입되었다. 즉, 이러한 의견이 별도의 의견으로 도입된다는 것이 장/단점을 보인다. 이러한 의견이 별도의 의견으로 표명되는 것의 장점은 피감사기업의 이해관계자에게 이 기업의 존속과 관련된 불확실성이 존재함을 표시하는 red flag인 것이다.

반면에 미국의 경우 이러한 의견이 표명될 때에 가장 큰 문제점으로 제시되었던 부분은 self-fulfilling prophecy(자체예언실현효과)라고 해서 이러한 변형된 의견이 불확실성이 존재함을 전달하는 효과를 초과하여 이러한 의견이 표명되었다는 사실 자체가 해당 기업이 부도가 발생되는 원인으로 제공될 수도 있다는 점이다. 일단, 이러한 의견이 표명되면 추가적인 자본조달이 거의 불가능할 뿐만 아니라 투자자는 주식을 매도하려 할 것이며 채권자는 부채를 회수하려 하기 때문에 이러한 의견이 표명되지 않았으면 부도가 발생하지 않았을 기업도 이러한 의견이 표명되었기 때문에 부도가 발생할 수 있다. 즉, 계속기업과 관련된 변형된 의견이 원인으로 제공될 수 있다. 많은 사회적인 현상에서 원인과 결과를 규명하기는 매우 어렵다. 원인과 결과에 대한 추측만을 할 수 있는 경우가 매우 다수이다. 예를 들어 연구방법으로 가장 빈번하게 사용되는 회귀분석일 경우, 독립변수와 종속변수의 인과관계를 가정할 수 있지만 이를 증명할 수는 없다. 이러한 인과관계는 단지 논리 전개에 의해서 성립한다.

이러한 self-fulfilling prophecy를 archival data를 이용해서 검증한다는 것은 매우 어렵다. 이는 계속기업과 관련된 변형된 의견이 표명되지 않았을 경우에 발생하는 여러 상황에 대한 통제가 완전할 수 없으며 단지 archival data에 의할 경우는 모두 발생한 현상만이 접근가능하기 때문이다. 이를 연구하기 위해서는 실험(experiment)으로 접근되어야 한다. 사후적으로 구할 수 있는 자료로는 (i) 이러한 계속 기업과 관련된 변형된 의견을 받고 부도가 발생한 기업, (ii) 이러한 의견을 받고도 부도가 발생하지 않은 기업, (iii) 이러한 의견을 받지 않고 부도가 발생한 기업, (iv) 이러한 의견을 받지 않고 부도도 발생하지 않은 기업군으로 기업을 구분할 수 있다. 물론 (iv)에 해당되는 기업이 거의 모든 기업이다.

국내에서는 손성규, 이영한과 김태동(2005)이 이와 관련된 연구를 수행하였다. 불확실성이 존재하므로 이에 대한 경고로서의 감사의견이 의미가 있는 것이지만 이 의견이 원인으로 작용하여 기업이 도산될 수도 있다는 점이다. 물론, 이 의견은 후자의 목적을 띠고 도입된 의견은 아니지만 이러한 부작용을 유발할 개연성은 충분히 존재한다. 이 연구는 이러한 의견에 대해 의도하지 않은 역효과가 존재하는지를 검증한다. 분석결과 기업의 도산에 영향을 미칠 수 있는 제 요인을 통제한 이후에 감사인의 계속기업 관련 의견표명은 감사보고서 공시 후 기업의 도산에 영향을 미치는 것으로 나타났다.

계속기업과 관련된 변형된 의견은 이러한 의견을 보이는 시점으로부터 1년 이내에 계속기업과 관련된 불확실성이 존재한다는 의미이다. 그러나 미국에서는 닷컴, 벤처기업이 한창 번성할 때는 이러한 기업일 경우 수익창출 모델로 이익을 단기간에 창출한 후에는 이러한 기업의 수익모델을 모방하는 기업으로 인해서 단기간에 시장에서 퇴출되는 행태를 보이는 경우가 빈번하게 발생하였다. 이들 기업일 경우 “one year for this type of companies is a life time”이라고 한다.[1] 즉, 1년이라는 기간의 계속기업의 가정이 어떠한 특정 기업에는 너무 길다는 것이다.

국내에서는 이러한 내용은 적정의견을 보이면서 문단으로 추가되다가 최근에 와서 별도의 의견으로 추가되었다. 이와 관련되어 저자가 수행한 설문지 조사에서 한 응답자는 변형된 의견의 장점을 다음과 같이 기술하였다.[2]

사후적으로 보아 회사는 2001년 말로 상거래 채권자와 금융기관 채권자들로부터 일부채무탕감과 출자전환을 받아 갱생의 길을 걷고 있다. 이러한 채무탕감과 출자전환은 결국 회사의 전기 감사의견이 큰 영향을 미쳤다고 할 수 있다. 감사의견이 정상적으로 나갔다면 채권자의 입장에서 자신에게 불이익이 미치는 채무탕감 등을 하는 것에 동의하는 것이 쉽지 않았을 것이나, 회사의 감사의견이 계속기업에 대한 중대한 의문과 자구계획의 중요한 불확실성 때문에 의견거절을 받았고, 재무구조가 개선되지 않을 시에는

1) Wall Street Journal. 2001. 2. 9. ‘Going Concern’: Did Accountants Fail to Flag Problems at Dot-Com Casualties?

2) 손성규. 2002. 계속기업과 관련된 변형된 의견의 의미.

2001년도에도 의견거절을 받을 것이 거의 확실시되며 이럴 경우 상장폐지가 되어 기존의 채권 중 회수할 수 있는 것이 거의 없을 것으로 판단되어 채무탕감 등에 동의를 한 것으로 판단된다. 즉, 기업이 처한 상황이 매우 심각하다는 점이 채권자에게 적절히 전달되었기 때문에 구조조정이 성공적으로 수행될 수 있었다는 점을 기술하고 있다. 위에서 지적한 red flag가 효과를 발한 것이다.

원인과 결과가 혼합되는 경우로는 지금 계속기업과 관련된 변형된 의견을 보이며 주식매입선택권은 이미 기술하였다.

이러한 추가적인 사례로는 우발채무의 경우를 들 수 있다. 기업회계기준에 보면 우발채무는 이러한 상황이 발생할 가능성과 금액추정의 가능성의 경우의 수에 근거하여 우발채무를 (i) 재무제표 본문에 올리거나, (ii) 각주에 올리거나, (iii) 공시하지 않게 된다.

이 경우, 법률전문가의 의견을 구하여 결정을 하는 것이 正道일 것인데 법률전문가가 소송에 패소할 가능성이 높다고 판단하여 이러한 우발채무를 본문에 올리도록 요구한다면 이는 오히려 법정 소송에서 사법부에 의해 회사에 불리한 증거로 채택될 수 있어서 오류 prophecy로 작용할 수 있다.

일반적으로 피감사기업은 계속기업과 관련된 변형된 의견을 표명하는 감사인이 당연히 달갑지 않을 것이다. 계속기업과 관련된 변형된 의견은 감사의견으로만 표명되는 것이 아니라 분기 검토의견으로도 표명될 수 있다. 이러한 법률전문가의 의견은 기업의 법무팀에서 표명할 수 있으며 소송이 크게 계류중인 경우는 법무법인에서 의견을 표명할 수도 있다.

감사인은 동일한 현상을 놓고 판단할 때에 어떠한 의견을 표명할지에 대해서 고민하게 된다. 이러한 두 사례가 SK글로벌(네트웍)의 2002년 감사의견이며 또 하나는 아래 기술된 사례이다.[3] SK글로벌의 사례는 이후 장에서 기술된다.

---

3) 본 사례를 제공하여 준 삼일회계법인의 김영현 상무에게 감사한다.

감사보고서 본문

외부감사인의 감사보고서

주식회사 ××××

주주 및 이사회 귀중

본 감사인은 주식회사 ××××의 2001년 12월 31일과 2000년 12월 31일 현재의 대차대조표와 동일로 종료되는 양 회계연도의 손익계산서, 결손금처리계산서 및 현금흐름표를 감사하였습니다. 이 재무제표를 적정하게 작성할 책임은 회사 경영자에게 있으며 본 감사인의 책임은 동 재무제표에 대하여 감사를 실시하고 이를 근거로 이 재무제표에 대하여 의견을 표명하는데 있습니다.

본 감사인은 회계감사기준에 따라 감사를 실시하였습니다. 이 기준은 본 감사인이 재무제표가 중대하게 왜곡 표시되지 아니하였다는 것을 합리적으로 확신하도록 감사를 계획하고 실시할 것을 요구하고 있습니다. 감사는 재무제표상의 금액과 공시내용을 뒷받침하는 감사증거에 대하여 시사의 방법을 적용하여 검증하는 것을 포함하고 있습니다. 또한 감사는 재무제표의 전반적인 표시내용에 대한 평가뿐만 아니라 회사가 적용한 회계원칙과 경영자에 의한 중요한 추정에 대해 평가하는 것을 포함하고 있습니다. 본 감사인이 실시한 감사가 감사의견 표명을 위한 합리적인 근거를 제공하고 있다고 본 감사인은 믿습니다.

본 감사인의 의견으로는 상기 재무제표는 주식회사 ××××의 2001년과 2000년 12월 31일 현재의 재무상태와 동일로 종료되는 양 회계연도의 경영성과 그리고 결손금의 변동과 현금흐름의 내용을 기업회계기준에 따라 중요성의 관점에서 적정하게 표시하고 있습니다.

다음은 감사의견에는 영향이 없지만 감사보고서 이용자의 합리적인 의사결정에 참고가 되는 사항입니다.

(1) 계속기업가정에 관한 중대한 불확실성

재무제표에 대한 주석 10에서 설명하고 있는 바와 같이, 회사는 당기영업손실이 13,101백만원이며 당기순손실이 31,588백만원입니다. 또한 당기말 현재 특수관계자에 대한 지급보증으로 인해 재무제표에 계상된 우발채무 4,620백만원을 포함하여 유동부채가 유동자산을 6,854백만원만큼 초과하고 있으며, 누적결손으로 인한 결손금이 50,011백만원입니다. 특히 회사의 지급보증채무 4,620백만원에 대하여 관련 금융기관에서 일시에 동 지급보증채무의 이행을 청구할 경우 회사는 심각한 유동성부족 위기에 처할 수 있습니다. 이러한 상황은 회사의 계속기업으로서의 존속능력에 중대한 의문을 제기하고 있습니다. 따라서 회사의 계속기업으로서의 존속여부는 동 주석에서 설명하고 있는 회사의 차기 자금조달계획과 안정적인 경상이익 달성을 위한 재무 및 경영개선계획의 성패에 따라 결정되므로 중요한 불확실성이 존재하고 있습니다. 만일 이러한 회사의 계획에 차질이 있는 경우에는 계속기업으로의 존속이 어려우므로 회사의 자산과 부채를 정상적인 사업활동과정을 통하여 장부가액으로 회수하거나 상환하지 못할 수도 있습니다. 이와 같이 불확실성의 최종결과로 계속기업가정이 타당하지 않을 경우에 발생될 수도 있는 자산과 부채의 금액 및 분류표시와 관련손익항목에 대한 수정사항은 위 재무제표에 반영되어 있지 않습니다.

(2) 특수관계자와의 거래

재무제표에 대한 주석 14에서 설명하고 있는 바와 같이, 회사의 당기말 현재 특수관계자에 대한 대여금 및 지급보증내역은 다음과 같습니다(단위: 천원).

구 분	제 공 처	대 여 금	지급보증
주 주	×××	₩ 2,100,000	₩ -
주 주	(주)×××	-	1,600,000
주 주	××	835,101	3,020,000
피투자회사등	×××	1,161,089	-
		₩ 4,096,190	₩ 4,620,000

상기 특수관계자 대여금 중 당기말 현재 회수가 불확실한 대여금액 4,095,440천원에 대하여 대손충당금을 설정하였습니다.

상기 특수관계자 지급보증은 우발손실의 발생가능성이 확실하여 우발채무로 재무제표에 계상하였습니다.

(3) 소송사건

재무제표에 대한 주석 9에서 설명하고 있는 바와 같이, 회사는 전 대표이사를 비롯한 임직원을 배임, 횡령 등으로 형사 고발하였습니다. 동 고발건은 현재 사건 수사중에 있으며 이러한 소송사건의 최종 결과는 현재로서는 예측할 수 없습니다.

(4) 경제위기에 따른 불확실성

재무제표에 대한 주석 9에서 설명하고 있는 바와 같이, 회사의 영업은 1997년 말 외환위기로 시작된 우리나라와 아시아지역 국가들의 전반적 경제 침체 등에 의해 영향을 받아 왔으며, 이러한 현상은 당분간 지속될 것으로 예상됩니다. 현재로서는 이러한 상황이 재무제표에 미칠 영향을 예측할 수 없으며, 본 재무제표는 이러한 불확실성으로 인하여 발생가능한 조정사항이 반영되지 않았습니다.

본 Engagement Team은 당 감사와 관련하여 다음과 같은 판단으로 적정의견을 제시함

종 류	근 거	반 론
적 정	- 영업면: 과거 부실사업을 정리하고 수익성사업으로 재편하여 영업추진중 - 재무면: 유동부채가 유동자산보다 60억원 많지만 관련 금융기관이 당장 차입금 회수하지는 않을 것으로 판단되며, 만약 즉	- 금융기관에서 대출금 상환 및 지급보증액의 회수를 추진할 경우 회사는 유동성 부족으로 파산할 가능성이 큼 - 설립 후 3년연속 영업손실이 발생함 - 전직 임직원이 구속되는 등 사회적 물의를 일으킴 - 무역 부분 매출액 대부분이(약 100억

	시 회수하는 경우 처분가능한 모든 자산을 처분하여 상환에 응함.	원) 회수 불가능, 대여금 대부분이(약 40억원) 회수불가능, 투자유가증권 대부분이(약 80여억원) 감액손실, 개발비 대부분이(약 30억원 등) 감액손실 등 회사는 600억원의 증자와 관련하여 사실상 사업의 실패로 판명된 회사에 대해 적정의견을 표명하는 것은 감사인으로서 상당한 부담임.
한 정	- 회사가 계속 존속할지에 대한 상당한 불확실성이 존재함. 따라서 이를 적정 또는 의견거절을 표명하는 경우 상당한 리스크를 부담하게 됨. 그러므로 회계편람 P1573에서 설명하는 바와 같이 계속기업 판단근거인 채무상환에 대해 회사에서 적절한 자료를 제시하지 못한 점을 들어 부적절한 공시를 근거로 한정의견을 표명함	- 계속기업에 대한 회계준칙의 기본입장은 계속기업 가정이 타당한 경우는 적정이며, 타당하지 않은 경우는 부적정임. 한정의 사유는 공시의 부적정인데, 공시 부적정은 감사인이 해소하면 됨
의견거절	- 영업면: 기존사업의 대부분을 정리한 상태임 - 재무면: 유동성 위기이며 내년에 즉시 금융기관이 차입금 회수하게 되면, 현재의 회사의 자산상태로는 상환이 불가능함	- 영업면: 기존사업을 대부분 정리하였으나 ×××× 및 캐릭터사업 등을 운영중이며, 완구도소매업도 계속하고 있음. - 재무면: 순자산가액이 30억원정도 있는 상태이며, 만약 금융기관이 상환을 요구할 시엔 처분가능한 모든 자산(약 100억원)을 처분하여 상환함 - 현재 감사보고서상 회사의 자산은 부실자산을 거의 정리한 상태이며, 부채는 우발채무까지도 모두 계상한 상태임. 그럼에도 불구하고 자본 잠식이 아님 - 상당한 불확실성이 존재하나 감사인의 판단으로 의견거절을 표명하는 경우, 회사의 반발이 예상되며 회계법인을 상대로 한 손해배상소송가능성 또한 존재함

위의 사례에서 볼 수 있듯이 기준에서 제시한 의견 중 한 의견을 선택한다는 것은 고심의 결과이다. 적정, 한정, 의견거절의 모든 표명 가능한 의견에 대한 근거와 반론이 제시될 수 있다. 이러한 사례에서 나타나지만 기준의 적용은 매우 주관적인 판단의 대상일 수 있다. 또한 동일한 감사건에 대해서 적정, 한정, 의견거절을 모두 고려해야 할 정도로 감사환경이 불확실하다는 것을 알 수 있다. 단, 의견거절은 퇴출을 유발시키는 의견이기 때문에 쉽게 표명할 수 있는 의견은 아니다.

또한 의견거절에 대한 반론에는 매우 흥미로운 내용이 기술되어 있다. 즉, 감사인은 감사의견의 대안을 검토할 때, 피감기업에서의 손배소송의 위험까지도 고려하고 있다. 즉, 이러한 소송 위험이 감사의견 표명에 있어서의 자유도(degree of freedom)에 영향을 미친다면 전문가로서 자유롭게 의견을 표시하여야 할 공인회계사의 의사결정을 제약하여 바람직하지 않은 영향을 미치는 것이다. 이러한 의미에서 한국공인회계사회에서 주장하는 손해배상에 한도를 주는 내용이 정당화될 수 있다. 의견거절에서 손배위험이 구체적으로 기술되는 것은 의견거절이 퇴출을 초래함과 무관하지 않을 것이다.

어떻게 보면 경제위기로 인한 불확실성은 그 내용이 매우 포괄적이다. 경제위기 상황에서 계속기업과 관련된 불확실성으로부터 자유로운 기업이 몇이나 될지는 의문이다. 그러나 반면에 이러한 불확실성으로 인한 변형된 의견이 적지 않게 표명된다. 이는 회계법인이 소송 등으로부터 본인들을 보호하려는 의도도 강하다고 할 수 있다.

피감사인이 감사인을 대상으로 소송을 제기하는 경우가 있다. 감사가 적절치 않을 경우에 발생할 수 있는데 감사가 적절치 않다는 점은 매우 주관적이기 때문에 이를 법정에서 증명하여 보인다는 것이 여간 어렵지 않다. 이 부분은 특히나 감독기관의 경우에서 이를 규명할 경우에는 이들에게 감사조서 등을 제출하라고 하여 감독기관의 회계전문가들이 적절한 회계절차를 거쳤는지에 대한 조사를 수행할 수 있으나 법정에서 이러한 부분이 규명된다는 점이 법원의 회계에 대한 전문성뿐만 아니라 여러 가지로 어려운 과정이다. 그러나 계속기업과 관련된 변형된 의견일 경우는 피감사기업에게 감사인에 대한 소송을 제기하는 좋은 사유를 제공한다. 쉽게 생각할 수 있는 경우가 계속기업과 관련된 변형된 의견을 받고 부도가 발생한 기업이다. 이들 기업은 계속기업과 관련된 변형된 의견이 부도의 원인이 되었다고 주장할 것이다. 또한 계속기업과 관련되어 변형된 의견을 받은 기업이 부도가 발생하지 않았다고 하더라도 이들이 이러한 의견으로 인해서 금융기관으로부터의 대출 등으로 인해서 불이익을 받았다면 감사인이 소송의 대상일 수 있다. 또한 부도가 발생하지 않았으므로 결과론적으로 해석하면 감사인의 의견이 잘못되었다고도 해석할 수 있으며 이러한 이유로 소송이 제기될 수도 있다. 물론, 계속기업과 관련된 변형된 의견이 계속기업으로서의 전제를 완전히 단정적으로 부정하는 의견은 아니기 때문에 논란의 대상이 될 수 있다.

self-fulfilling prophecy의 연구도 어렵지만 이러한 법정소송일 경우도 통제할 수 없는 여러 변수 때문에 인과관계의 입증이 어렵다.

Chapter 24

감사의견의 정보효과

재무회계에서는 어떠한 정보가 새로운 정보로 제공될 때에 이렇게 제공된 정보가 주가의 변화를 유발시키는지에 대한 연구는 정보효과에 대한 연구라고 한다. 회계감사연구에서는 표명되는 감사의견이 정보로서의 가치가 있는지를 연구하는데 이는 감사의견의 정보효과와 관련된 연구이다.[1) 2)]

특히 부적정의견과 의견거절을 받았던 기업일 경우에는 즉시 퇴출되는 제도가 시행되기 때문에 기업가치에 부정적인 영향을 줄 것이라는 것은 당연하다. 시장에서 퇴출을 스스로 원하는 기업이 아닌 경우에 시장에서의 퇴출은 부정적인 내용이다. 또한 감사범위 제한으로 인한 한정의견일 경우에 관리종목으로 편입되기 때문에 이러한 기업들의 주가 또한 하락할 것이라는 것을 예상할 수 있다.

퇴출일 경우는 주주가 소유하고 있는 주식은 거의 휴지조각과 같이 된다. 계속기업과 관련된 변형된 의견이 제시된 경우도 1년 이내에 기업이 부도가 발생한다는 의견이기 때문에 기업가치에 부정적인 의견을 보일 것이라는 것을 예상할 수 있다.

달리 판단하면 감사의견은 기업이 기업회계기준을 준수하였는지에 대한

---

1) 이효익, 박철우. 1990.

2) 이원흠, 최수미. 2001.

의견이기 때문에 이러한 의견이 반드시 기업가치와의 연관성도 찾기가 어렵다. 단, 기업회계기준을 준수하지 않은 기업일 경우, 예를 들어 부채비율이 대출약관 등에 정해진 한도에 근접하였기 때문에 부채비율에 불리한 회계정보를 왜곡하기 위해서 회계정보가 적절치 않았다고 하면 이는 기업가치와도 연관될 개연성을 갖는다. 또한 감사범위 제한 때문에 비적정의견을 받는 경우도 어떠한 내용이거나 숨길 것이 있기 때문에 감사범위를 제한하는 것이다.

감사의견의 정보효과와 관련된 연구에서 매우 어려운 부분은 감사의견이 표명됨과 동시에 회계정보가 공시되기 때문에 이 둘의 효과를 분리하는 것이다. 즉, 감사의견의 정보효과만을 검토하기 위해서는 회계정보의 효과를 통제하고 이를 검토하여야 한다.

감사의견은 기준에는 명확하게 구분되어 있지만 또한 SK글로벌의 경우에서 마찬가지듯이 주관적인 판단을 하여 할 경우가 많이 있으며 이러한 주관적인 판단이 자의적으로 수행된다.

한정의견은 회계법인이 재무제표의 일부 내용에 대해 부정적인 단서를 달긴 했지만 사실상의 적정의견으로 간주되기 때문에 피감사기업에도 피해를 덜 주고 회계법인은 부실감사의 책임을 면할 수 있다는 이점이 있다.

최근에는 연차재무제표로부터 중간재무제표로, 개별재무제표에서 연결재무제표로의 주된 재무제표가 전환되고 있다. 따라서 감사의견에 대한 정보효과만이 중요한 것이 아니라 검토의견에 대한 정보효과도 중요하다. 일반적으로 검토의견은 낮은 수준의 인증이라고 인식된다. 검토인증과 관련된 내용은 종합적으로 기술한다.

그러나 검토가 감사에 비해서 낮은 수준의 인증이라는 것은 교과서적인 내용이지 실질적으로 검토를 감사인이 낮은 수준의 인증으로 시행하는지와 일반적인 회계정보 이용자가 검토의견을 감사의견에 비해서 낮은 수준의 인증으로 인식하는지는 별개이다. 이는 왜냐하면 인증이라 함은 주관적인 판단인 것과 동시에 검토가 낮은 수준의 인증이라고 하여도 검토나 감사의 인증 결과에 대해서 감독기관의 규제가 수행되며 어느 수준의 인증이나 법적인 소송의 대상이기 때문이다. 최근 지대한 관심을 끌고 있는 집단소송제도의 경우도 분반기에 무관하게 모든 재무제표가 소송의 대상이 될 수 있다.

손성규와 이은철(2005)은 반기 검토의 정보효과에 대한 연구를 수행하였다. 반기 검토일 경우도 감사의견의 경우와 동일하게 정보효과가 존재함을 보인다. 그러나 비적정 검토의견과 비적정 감사의견의 주가반응을 비교한 결과 비적정 감사의견에 대한 주가반응이 더 부정적인 것으로 나타났다. 이는 인증의 정도에 차이가 있음을 반증한다.

결산감사에서 비적정 감사의견을 받은 표본들을 대상으로 반기 검토의견의 적정 여부에 따른 주가반응의 차이를 분석하였다. 분석 결과 반기 검토에서 이미 비적정의견을 받은 표본들에 대한 주가반응이 덜 부정적인 것으로 나타났다. 이는 검토의견이 감사의견에 대해 사전적인 정보효과를 갖고 있기 때문으로 해석할 수 있다. 이러한 실증분석 결과는 감사의견에 비하여 낮은 수준이기는 하지만 반기 재무제표에 대한 검토의견도 시장에 유용한 정보로 이용되고 있다는 것을 의미한다.

분식회계 고백과 주가 움직임도 흥미롭다.[3] 회계정보를 조작하고, 매출이나 자산을 과다 계상하는 분식회계는 회사의 문제를 감추는 행위다. 주주를 속이는 분식회계는 알려질 경우 주가가 떨어지는 것이 당연한 듯 보이지만 반드시 그런 것은 아니다. 수백억원대의 분식회계를 스스로 고백했던 대한항공의 경우 단기적으로 주가에 부담으로 작용했으나 이후 국제 유가가 사상 최고치를 경신하는 악조건에도 불구하고 당초 수준을 회복했다. 2005년 8월 분식회계를 고백한 두산산업개발도 발표 다음날에는 주가가 6,250원으로 5.93% 올랐다가 이틀 뒤인 11일 5,900원으로 떨어졌다. 그러나 12일 8% 이상 올라 6,400원으로 마감했다. 두산산업개발의 경우 분식규모도 크고, 잇따른 대주주간 분쟁으로 주가 하락을 점쳤으나 상황은 반대로 전개되었다.

이는 기업들의 투명경영의지가 평가받는다고 할 수 있다. 분식회계 고백, 대주주 비리 폭로 등은 이미 과거의 일이기 때문에 투자자에게는 오히려

3) Economist. 2005. 8. 23. 분식회계고백과 주가 움직임.

이러한 발표가 호재가 될 수 있다는 의견도 있다. 투자자들은 법인의 수익성과 영업 실적이 떨어지는 정보에 민감해야지 도덕적인 문제에 흔들릴 필요가 없다는 것이다. 일부 기업의 사례이기는 하지만 분식회계/부실감사가 기업가치에 미치는 영향이 장기적이 아니라 단기적인 영향에 그친다는 점은 주목하여야 한다.

Chapter 25

감사품질/독립성

감사인의 독립성을 확보하기 위한 여러 가지 제도가 강구되고 있다. 이들 중에서 두 가지만을 우선 기술하면 감사에 관련하였던 회계사가 피감사기업에 채용되는 것을 제도적으로 저지해야 한다. 감사기업의 파트너가 피감사기업에 의해서 고용될 가능성이 있다고 하면 감사를 수행할 때 독립적인 감사가 수행되기 어려울 것이다.

물론 반대의 경우도 생각할 수 있으나 즉, 피감사기업의 임원이 퇴사를 하고 회계법인에 입사를 해서 본인이 근무하던 기업의 감사를 맡게 되는 경우인데 전자에 비해서 발생할 가능성은 거의 없기는 하지만 동일한 문제를 발생시킨다. 또한 직접 감사를 수행하지 않는다고 하여도 단지 해당 감사인을 위해 일을 한다는 자체가 영향력을 미칠 수도 있다.

감사품질은 정의하기 매우 어려운 내용이다. 회계감사의 품질은 회계정보의 품질과도 연관된다고 할 수 있다. 이는 재무회계개념체계에서 회계정보의 목적을 회계정보 이용자가 유용하게 사용할 수 있는 정보로 규정하였기 때문이다.

회계감사의 품질을 논하기 위해서는 회계정보의 품질과 연관되어야 하며 이는 회계정보의 목적과 불가분의 관계를 맺는다. 재무회계개념체계에는 재무제표는 현재 및 잠재적 재무제표 이용자의 경제적 의사결정에 유용한

정보를 제공하여야 한다고 기술하고 있다. 특히 투자자와 채권자 등의 의사결정은 사회 전체적인 자원배분에 영향을 미치므로 이들의 의사결정에 유용한 재무제표는 자원배분의 효율성 제고에 기여하게 된다고 기술하고 있다. 또한 재무제표는 정보이용자의 경제적 의사결정에 유용한 정보를 제공함에 있어서 과거에 발생한 거래나 사건의 재무적 영향에 관한 정보를 제공하는데 중점을 두고 있다고 기술하고 있다.

따라서 재무제표개념체계에 의하면 재무제표의 목적을 회계정보의 유용성에 두고 있다. 이러한 재무제표의 목적에 근거한다면 회계정보의 품질은 얼마나 이러한 회계정보가 유용한지에 따라 결정될 것이며 이러한 유용성이란 회계정보가 정보이용자들의 의사결정에 폭 넓게 이용되는지로 가늠된다. 이러한 이유에서 회계정보의 품질을 측정함에 있어서 회계정보의 정보효과(information content)를 측정하려는 연구가 지난 30여년 동안 국내외에서 폭넓게 진행된 것이다.

회계감사의 품질은 다음과 같이 논의될 수 있다. 회계감사의 산출물이라고 할 수 있는 감사의견과 감사의견이 산출되기까지의 과정으로 볼 수 있는데 감사의견이 표명될 때까지의 적절한 과정을 거쳤는지는 감사절차 및 이와 관련된 기준 및 준칙을 준수하였는지의 논의일 것이다. 물론, 감사가 완전할 수 없기 때문에 재무제표에 오류가 포함되었다고 하여도 감사에서 적법한 절차를 밟았다고 하면 감사에는 한계성이 있을 수밖에 없기 때문에 문제가 되지 않을 수 있다. 예를 들어, 감사는 전수조사가 아닌 표본조사를 수행하게 되는데 적절한 방법에 의한 적절한 수의 표본조사가 수행되었는데도 오류가 발견되지 않을 수 있다. 우연히 그럴 수 있는 것이다. 또한 문서의 위조로 인해 감사인이 오류를 발견하지 못할 수도 있다. 따라서 규제기관이 조치를 취함에 있어서 관건이 되는 것은 오류를 발견하였는지도 중요하지만 적법한 감사절차를 취했는지가 더욱 중요하다. 감사인이 수사기관이 아니기 때문에 문서위조까지 발견할 수는 없으며 단지 전문가적인 의구심(professional skepticism)을 발휘하는 것이 중요하며 due care를 수행하였는지도 중요하다.

완벽한 감사는 존재하기 어렵다. 다음과 같은 예를 들 수 있다. 위에서도 기술하였듯이 전수조사가 아니라 표본조사로 감사가 수행되는데 감사인은 당연히 중요한 금액에 대해서만 표본조사를 수행한다. 이를 감지한 피감사회사가 낮은 금액으로 세분하여 처리하면 이는 중요하지 않은 금액이므로 표본조사의 대상이 되지 않을 수 있다.

DeAngelo(1981)는 감사품질을 정의하며 감사의 품질을 기업회계기준에 적절하지 않은 오류를 발견할 능력(적격성, 전문성)과 이를 지적하여 수정하거나 또는 의견으로 나타낼 능력(독립성)의 결합확률이라고 정의하였으며 이 내용은 기준이나 준칙의 내용은 아니지만 회계감사의 품질을 정의함에 있어서 정설로 가장 빈번하게 인용된다.

우리가 흔히 감사품질의 모든 것을 독립성이라고 생각하기가 쉬운데 이는 잘못된 판단이다. 감사인이 전문성이 있어야지만 잘못된 회계정보를 우선적으로 발견할 것이고 독립성이란 그 다음 단계에서 개입되는 부분이다. 전문성과 독립성은 대등한 관계이며 이 두 조건이 모두 만족되어야 감사품질이 제고될 수 있다.

이러한 DeAngelo의 접근은 그 적용이 매우 광범위하다고 할 수 있다. 감사품질은 객관적으로 관찰하기가 매우 어렵다. 감사품질을 가장 직접적으로 측정할 수 있는 경우는 감독원의 감리지적이다. 그러나 모든 기업이 감리의 대상은 아니며 또한 감독원에서 어떠한 기업이 감리의 대상이었는지를 대외비로 하기 때문에 감사품질이 적절치 않은 기업만을 구분할 수 있는 것이지 어떤 기업의 회계정보가(감사가) 적절하였는지를 분류할 수는 없다. 2004년의 경우는 감리대상기업이 공개기업 중 10퍼센트에 불과하지만 감독원은 이 비율을 점진적으로 증가시켜 2007년에는 30퍼센트의 기업에 대해 감리를 수행할 계획이다.

또한 위에서도 기술되었듯이 감사인의 감사활동이 완벽할 수 없듯이 감독원의 감독활동도 완벽할 수 없기 때문에 감리에서 지적되지 않은 기업의 재무제표에도 적절치 않은 회계정보가 포함될 수 있다. 감리에서 지적되었을 경우에는 감리위원회에서 진술과정을 거치기 때문에 합당치 않게 조치를 받을 가능성은 매우 낮다. 물론, 동일한 건에 대해서 감독기관과 피감기업/감사인이 상이한 의견을 보일 수는 있다.

회계정보가 적절치 않을 경우, 가장 먼저 이에 대한 monitoring을 수행하여야 하는 주체가 감사인이다. 회계정보를 왜곡하려고 할 때에 그 대상으로 가장 먼저 선정할 수 있는 것이 이익의 조정이다. 영업의 결과로 가장 가시적으로 나타나는 것이 당기순이익이며 그렇기 때문에 이익의 조정은 회계학 연구의 대상 중 실무에서 가장 많은 관심을 갖고 있는 내용일 것이다. 이익의 조정을 판단하고 이를 이용하여 감사품질을 검증할 수 있다. 그러나 이익 조정의 판단은 매우 자의적이다. 즉, 어떠한 모형을 사용하여 재량적 발생액을 구함에 따라 상이한 결론이 도출된다.

감사인과 피감사기업간의 의견불일치가 있을 경우는 이 내용이 회계정보 이용자에게 전달되어야 한다. 물론, 이러한 의견불일치의 내용이 비적정의견으로 나타나기도 한다. 이와 같이 의견불일치가 있을 경우에 감사인이 얼마나 강하게 자기주장을 관철시킬 것인가의 문제가 대두되는데 이러한 부분이 의견조정과정에서 관찰될 수 있다. 감사인이 자기 주장을 강하게 피감사기업으로 하여금 회계정보를 조정하도록 한다면 이는 감사품질이 우수한 경우로 구분할 수 있다.

회계정보 이용자들은 관찰할 수 없는 부분이지만 감사의견이 표명되기까지 또한 적정의견이 표명된다고 하여도 회계정보가 확정적으로 공시되기까지의 기간까지에는 피감기업과 감사인간에 의견조정의 과정을 거치게 되며 그러한 모든 조정의 결과가 최종적인 확정된 회계정보로 보고되게 된다. 따라서 감사인과 피감사기업간의 의견 조정과정을 관찰할 수 있다면 피감기업의 특성과 감사인의 특성에 따라서 어떠한 조정이 수행되었는지를 검토할 수 있는 좋은 기회를 제공한다.

이러한 피감기업의 의지와 감사인의 의지를 구분할 수 있다면 이익조정 및 감사품질과 관련된 연구가 수행됨에 있어서 방법론의 개선을 갖고 올 수 있다. 예를 들어 최종이익을 이용하여 이익의 조정 및 감사품질과 관련된 연구가 수행된다면 최종이익은 감사인의 이익의 조정 의지와 감사인의 조정의지가 조정과정을 거친 조정 후의 이익이므로 감사인의 의지가 강하다면 피감기업의 의지는 많이 반영되지 않았을 것이다. 반대로 피감기업의 의지가 강하고 감사인의 의지가 강하지 않다면 조정된 이익은 피감기업의 의지만을 반영할 것이다. 그러나 이러한 구분 없이 조정된 이익에 대해서 감사인의 특성/피감기업의 특성을 설명변수로 추정하는 연구를 수행한다면 결과가 혼합될 것이다. 즉 조정된 이익이 감사인의 특성에 의해서 조정된 것인데 이를 이익 조정을 수행하는 기업의 특성과 연관시킨다면 관련성을 찾기 어려울 것이며 또한 조정된 이익이 감사인이 역할을 수행하지 못한 결과인데 이를 감사인의 특성과 연관시킨다면 이 또한 결과를 찾기 어려울 것이다. 따라서 조정전의 이익을 기업의 특성과, 조정 후의 이익을 감사인의 특성과 연관하려는 분리의 과정이 필요하다.

손익구조변경수시공시는 기업이 감사 전에 자체 결산을 통해서 장부를 작성하고 이를 감사인에게 제출하는데 이 과정에서 기업의 결산 결과가 전기대비 30% 이상의 증감이 있는 경우 그 사실을 수시공시를 통해 공시하도록 하고 있다. 이를 손익구조변경수시공시라고 하는데 이 과정에서 공시된 이익을 잠정이익이라고 할 수 있다. 이러한 잠정이익과 조정 후의 최종적인 이익이 좋은 연구 환경을 제시해 준다. 즉, 잠정이익은 완전한 경영자의 의지의 결과이며 최종이익은 감사인의 의지의 결과이다. 물론, 조정과정에서 경영자가 오류로 범한 잘못을 경영자가 자의적으로 수정할 수도 있으나 결산을 이미 거쳤기 때문에 이러한 가능성보다는 조정 기간에서는 감사인의 역할에 의해서 조정이 수행된다고 가정하는 것이 적절하다. 이러한 손익구조변경수시공시를 수행하는 기업의 수가 전체 상장기업 중 60%를 상회하여 매우 많은 기업이 이에 해당된다.

이러한 의견 불일치는 감사인 교체의 결과를 초래할 수 있다. 미국 SEC는 이러한 의견 불일치의 결과로 감사인이 교체되었을 경우는 이를 8-K에 공시하도록 의무화하였다. 즉, 감사인 교체의 사유가 다른 데 있지 않고 의견불일치에 의한 경우를 회계정보 이용자에게 공시할 필요가 있음을 나타낸다. 물론, 이러한 의견불일치의 원인이 감사인이 무리한 요구를 하였을 경우도 있으며 여러 가지 경우의 수가 있을 수 있다. 다만, 이러한 의견 불일치가 있었다는 사실을 재무제표 이용자들이 인지할 필요가 있기 때문에 이러한 정책을 수행하는 것이다.

우리나라에서는 의견불일치에 대하여 구체적으로 언급하고 있는 법이나 규제는 찾을 수 없다. 그러나 감사인변경이 투자자들에게 중요한 정보라는 인식에 따라 2001년 말에 상장법인 공시규정과 협회중개시장공시규정을 개정하여 수시공시 항목에 외부감사인의 선임 및 해임 등의 사항을 포함시켰다. 또한 전기 감사인으로 하여금 감사위원회 또는 감사에게 의견을 진술할 기회인 의견진술권 부여에 대한 근거를 마련하기 위해 주식회사의 외부감사에 관한 법률을 개정하였다. 그러나 이러한 제도는 적절하게 준수되지 않는다는 판단을 자료 검토 결과 도출할 수 있다. 이처럼 감사인 교체에 대한 수시공시 의무화나 전기 감사인의 의견진술권을 부여한 제도의 도입취지에는 감사인과 경영자간의 의견불일치가 경영자의 기회주의적 행동에서 연유하기 때문이라는 문제의식이 깔려 있다고 볼 수 있다.

손성규와 이은철(2005)은 재무상태와 경영상태가 좋지 않을수록, BIG5 회계법인으로부터 감사를 받을수록, 초도감사일수록 이러한 의견불일치 가능성이 더 커지는 것을 보고하였다. 또한 의견불일치로 인해 차기 감사인을 교체할 가능성이 큰 것으로 나타났다.

감사의견의 적정성을 판정하는 또 하나의 방법은 감사의견예측모형을 사용하여 예측되는 의견을 적절하게 추정하는 모형을 개발하고 이러한 모형이 신뢰할 수 있는 모형일 경우, 이러한 모형에 의해서 회계정보를 이용하여 표명되는 감사의견을 예측하고 이와 같이 예측된 의견이 실제로 표명된 의견과 비교하여 차이가 있는지를 검토하는 접근방법이다. 지정제 및 계속감사기간과 관련된 감사의견의 적정성을 검증하는 방법론으로 폭넓게 사용된다.

그러나 이러한 접근방법에 있어서 감사의견예측모형의 적정성이 전제되어야 하는 것은 물론이다. 즉, 감사의견예측모형에 의해서 추정된 감사의견이 실제로 표명된 감사의견을 예측하는 적법한 모형이어야 이러한 접근방법이 가능하다. 따라서 추정된 모형의 적합도(goodness of fit test)가 필수적이다. 또한 적절하지 않을 가능성이 있는 의견을 추정함에 있어서 회계정보가 사용되기 때문에 어떠한 비적정의견(한정, 부적정, 의견거절)의 추정이 가능한지를 생각해 보아야 하는데 예를 들어 기업환경과 관련되어 불확실성과 관련된 의견은 추정이 가장 용이하다고 할 수 있다. 즉, 계속기업과 관련된 변형된 의견일 경우가 추정이 가장 용이하다고도 할 수 있다.

감사나 감리과정에서 어느 방향이 되었건 오류가 발생할 수 있다. Type Ⅰ error는 회계정보에는 문제가 없는데 감사의견을 잘못 표명하는 경우의 오류이며 Type Ⅱ error는 회계정보가 잘못되었는데 제대로 되었다고 판정하는 오류이다. 이러한 각각의 오류에 대해서 오류가 발생할 확률이 존재할 것이며 또한 각각의 경우에 대해서 발생하는 비용이 측정될 수 있다. 확률과 비용을 곱하여 기대비용을 구할 수 있다. 즉, 적절하지 않은 감사의견이 초래할 오분류 기대비용이다.

제대로 회계정보가 작성되었는데 감사의견이 비적정의견으로 표명되거나 회계정보에 잘못된 점이 없거나 감사절차에 이상이 없는데 규제당국에서 문제를 지적하는 확률은 매우 낮다. 물론 어떠한 안건에 대해서 의견이 상이할 수는 있다. 또한 이러한 오류가 발생할 경우, 이러한 해당 기업만이 피해를 입게 된다. 예를 들어 비적정의견을 받았기 때문에 금융기관에서 대출을 받지 못하였다면 바로 그 기업만의 문제이다.

반면에 비적정의견을 받아야 할 기업이 적정의견을 받거나 회계정보 또는 감사절차에서 문제가 있는데 이러한 피감기업/감사인이 감리가 수행되었음에도 지적되지 않았다면 이들의 문제를 대출의사결정과 연관시켜볼 때 대출을 받아서는 안 될 기업이 대출을 받게 되는 것이다. 경제에 영향력이 지대한 기업일 경우 이들 기업에 대출금을 회수하지 못하게 되고 금융기관이 어려움을 겪게 되면서 국민의 혈세가 쓰이는 것을 우리는 많이 목격하였다. 모두 Type Ⅱ error에 기인한 오류이다. 따라서 Type Ⅱ error가 발생할 수 있는 가능성을 적극적으로 낮춰야 한다.

어떠한 의견을 예측할 수 있는지는 논란의 대상이다. 감사의견예측모형에서 사용되는 많은 설명변수 중 한 변수만을 예로 들어 이를 설명한다. 거의 모든 감사의견예측모형에서는 부채비율이 사용된다. 단정적으로 예를 들면 부채가 높은 기업이 높은 이자비용을 부담하기 어려워 계속기업과 관련된 변형된 의견을 받을 가능성이 높아진다는 것이다. 회계변수를 사용한 이러한 감사의견예측모형은 그러나 다른 비적정의견을 예측하기는 용이하지 않다. 기업회계기준을 위배하는 한정의견일 경우, 어떤 기업도 기업회계기준을 위배할 수 있기 때문이다. 물론, 부채비율에서 문제 있는 기업이 계상하여야 할 부채를 기업회계기준을 어겨서까지 부외부채로 처리할 수는 있어도 이러한 현상은 어떤 기업에도 나타날 수 있기 때문에 이를 사전적으로 예측함은 그렇게 용이하지는 않다. 미국의 연구에서는 이러한 이유에서 감사의견예측모형을 적용함에 있어서 계속기업과 관련된 불확실성의견으로 연구를 수행하고 있으나 국내의 연구는 더욱 포괄적으로 모든 비적정의견을 포괄한다.

최근에 와서는 광범위하게 사용되던 발생액의 사용을 자제하면서 전기오류수정이나 재무제표재작성을 회계정보의 적정성과 연관시키기도 한다.[1] 즉, 통제(monitor)가 적절하게 수행되었기 때문에 전기오류를 밝히고 이를 보였으므로 전기오류수정 또는 재무제표재작성으로 나타난다는 접근이다.

물론 이에는 어느 경제주체가 전기오류수정을 발견하였는지와 연관된다. 감사품질과 전기오류수정의 공시가 연관되려면 전기오류수정을 발견한 주체가 감사인이어야 논리가 연결된다. 그러나 전기오류를 발견할 수 있는 주체는 감사인일 수도 있지만 피감사기업 자체일 수도 있다. 피감사기업이 자체적으로 오류를 발견하였다고 하면 이 경우는 직접적으로 감사품질과 연관되지는 않는다. 물론, 피감사기업이 과거의 잘못된 부분을 지적하려고 하여도 역설적이지만 감사인이 이를 저지할 수는 있다. 이는 감사인의 책임문제와 연관되며 이를 발견한 감사인이 오류가 발생한 연도의 감사인과 동일 감사인인지 또는 오류가 발생한 연도의 담당이사와 동일인인지 등과도 연관된다. 이러한 점이 주요 관심사이기 때문에 파트너교체제도 및 감사인 강제

1) 손성규, 최정호, 이은철. 2004.

교체 제도가 시행되는 것이다.

그러나 감사품질로 사용되는 모든 변수는 감사품질의 대용치에 불과하다. 이는 감사품질이 객관적으로 관찰할 수 없는 변수이기 때문이다.

Chapter 26

내부감사

외부감사가 제한적인 기간과 제한적인 인원으로 수행할 수 있는 한계가 있기 때문에 최근에 와서 내부감사(internal auditor)에 많은 강조점이 주어지고 있다. 이러한 내용은 내부통제제도에 대한 인증 등 최근 진행되는 논의와 연관된다. 금융감독원과 상장회사협의회, 코스닥증권시장이 이와 관련되어 기업지배구조개선연구센터 용역으로 내부통제제도 모범규준을 작성하였으며 한국공인회계사회에서 내부통제제도와 관련된 인증의 준칙을 완성하였다.

미국의 내부감사인(IIA, Institute of Internal Auditors) 규정을 보면 내부감사인도 독립적이어야 한다고 규정하고 있다.[1] 내부감사인은 미국에서도 주정부가 인정하는 공적인 자격증이 아니므로 공적인 업무를 수행하지 않으며 따라서 어떠한 법령이 적용되지는 않지만 자율기구인 협회에서 상징적이기는 하지만 자격요건을 정의한다. 즉, 자율규제(self regulation)이다. 그들간에 품질관리(quality control)가 수행되어야만 어느 정도의 양질의 업무를 수행하는 것으로 인정받을 수 있다.

그렇다면 미국의 경우는 회계와 관련된 모든 경제 주체가 독립적이어야

1) Institute of Internal Auditors. 2001. Standards for the Professional Practice of Internal Auditing.

한다고 할 수 있다. 즉, 외부감사인, 사외이사, 내부감사, 감사위원회 위원이 모두 독립적이어야 한다. 이중에서 독립적이지 않을 가능성이 가장 높은 경우는 물론 내부감사일 것이다.

미국에서는 회계정보의 공정성을 달성하기 위해서 6개 조직을 6개 축이라고 표현한다. 이는 이사회, 감사위원회, 최고경영자, 내부감사인, 외부감사인, 감독기관이다. 특히 우리나라의 경우는 투명회계와 관련되어 내실보다는 기업 외적인 조건에 많은 역량을 집중하다 보니 내부감사인에 대한 중요성이 덜 강조되었다는 판단도 할 수 있다. 또한 발전 지향적인 우리의 경영환경에서는 monitoring을 중요시하지 않았다. 어떻게 보면 통제는 발전에 대한 저해요인으로 인식될 수도 있다. 이를 축소하여 최고재무책임자, 독립감사인 및 감사위원회를 3각형 의자라고 구분하기도 한다.

우리나라의 현실에서 내부감사의 역할이 이제까지 덜 강조되었던 이유는 최대주주는 외부에서도 통제하기 어려운 강력한 영향력을 미치는데 내부에서 이들의 영향력에 제동을 건다는 것이 태생적으로 어렵기 때문이다. 상법에서 통제의 역할을 수행하여야 할 감사는 최대주주의 친인척이 맡았던 것이 기업 지배구조에 대한 논의가 본격화되기 이전 불과 10여 년 전의 우리의 현실이었다.

미국과 같은 내부감사인협회(Institute of Internal Auditors)의 체계적인 조직이 국내에도 필요하다. 현재의 내부회계관련된 국내의 조직은 상장회사의 감사 또는 감사위원회 위원으로 구성된 상장회사협의회 감사회와 주로 정부투자기관, 공기업의 감사가 주축이 되어 구성된 한국감사협의회를 들 수 있다. 또한 감사로 국한되지는 않으나 이사들의 모임인 이사협회도 산하에 감사위원협의회를 두고 있다. 모든 모임이 협회의 성격이다. 회계학회와는 별도의 회계감사학회와 관련된 움직임도 있었다.

미국의 경우 내부감사인은 내부감사인협회의 내부감사기준서 제 3 호에 따라 조직외부의 개인에게 부정행위를 폭로하는 것을 삼가야 한다. 이러한 규정이 있다는 것은 매우 흥미롭다. 즉, 내부적으로 문제를 발생하면 이러한 문제의 해결이 일단은 우선적으로 내부적으로 수행되어야 한다는 점을 강조한 것이다. 그러나 내부의사소통이 이 문제를 해결하는 데 실패할 때는 부정행위를 의사소통하기 위한 최종수단으로 외부경로를 채택해야 한다[2]고 기술하고 있다. 부정을 적발하고 조사하는 전문가의 지식과 동등한 지식을 내부감사인이 가질 것으로 기대하지 않는다.[3] 이는 감사인의 경우도 동일하여 감사인의 전문성은 회계에 있는 것이지 범죄수사에 있지 아니하다.

현재 우리나라에서도 내부고발자 제도에 대한 논의가 광범위하게 진행되는데 이러한 미국에서의 제도를 신중하게 검토하여야 한다. 내부고발은 현실적인 제약점이 분명히 존재하기 때문에 이러한 제도의 활성화에 대해서 부정적으로 예단할 필요도 없지만 이 제도가 원활하게 운용되리라는 지나치게 긍적적인 기대도 아직은 시기상조인 것 같다. 이는 내부고발자가 조직의 배반자로 낙인 찍힐 수 있기 때문이다. 또는 내부고발자의 신분 및 고용은 보호되어야 하지만 이들의 신분을 어느 기간 이상으로 보호할 수도 없는 입장이다. 한번 내부고발을 하였다고 해서 무한정 이들의 고용과 신분을 보호해준다는 것도 적절하지 않다.

물론, 미국의 경우도 기업 내부의 내부감사인이 신분적으로 독립적이기 매우 어렵다. 그렇기 때문에 어떻게 보면 상징적으로 내부감사인이 독립적이어야 한다고 규정하고 있을 수도 있다. 외부감사인의 독립성도 현실적으로 확보하기가 매우 어려운데 기업의 내부 조직의 일부인 내부감사인까지 독립적이기를 기대한다는 것은 무리일 수는 있으나 그럼에도 불구하고 미국의 Standard에서 이를 규정함은 상징적인 의미가 더 강하다고 할 수 있다. 그러할수록 내부감사를 시스템으로 적절하게 정착시켜야 한다.

외부감사인이 지속적으로 감사용역을 수주하기 위해서는 감사계약을 체결하는 주체에게 독립적이기 어렵기 때문이다. 감사계약을 체결하는 주체라고만 이를 밝히고 있는데 이는 현 제도하에서는 감사위원회 또는 감사인 선임위원회이다. 그러나 감사위원회 및 감사인선임위원회에 대한 최대 주주의 영향력을 무시할 수 없기 때문에 이러한 식으로 표시한다.

---

2) 김석웅. 2003. p.177.

3) 김석웅. 2003. p.316.

그러나 외부감사인일 경우는 감사계약이 연장되지 않는다면 용역을 잃게 되는 것으로 계약 관계가 종료되지만 내부감사일 경우는 고용이 연장되지 않는다면 직장을 잃게 된다. 그렇기 때문에 내부감사일 경우의 독립성을 요구하기가 더욱 어려운 것이다.

미국의 경우 내부감사인의 임면은 최고경영자가 독단적으로 결정할 수 없으며 감사위원회의 동의를 얻도록 되어 있다. 우리나라 기업지배구조 개선연구센터의 모범규준에 보아도 내부감사팀장의 임면에 감사 또는 감사위원회의 승인을 취하도록 되어 있으나 얼마나 현실성인지는 의문이 있다. 지배구조에 모범적인 기업들이거나 공적인 성격이 강한 기업들 즉, 예를 들어 공기업이었다가 민영화된 한전, 포철, 한국통신 등의 기업은 아직은 공기업적인 성격이 매우 강하기 때문에 감사기구를 포함한 지배구조에서 매우 모범적인 형태를 보인다.

기업구조조정촉진법과 2003년 개정된 외감법(2004년 4월 1일 시행)에 보면 내부고발제도 등의 제도가 확립되어 있기는 하지만 내부고발자를 제도적으로 보호한다는 것이 쉽지만은 않다. 외감법은 신고 또는 고지를 받은 자는 신고자 등의 신분 등에 관한 비밀을 유지하여야 함이라고 규정하고 있다.

Mutchler(2003)는 내부감사인제도는 장점만이 있는 것이 아니라 단점도 있다고 지적하면서 내부감사인이 언제까지나 내부감사부서에만 근무하는 것은 아니며 순환보직에 의해서 다른 부서에도 근무하게 되는데 내부감사업무를 수행함에 있어서 어떻게 하면 분식, 부정을 범할 수 있는지와 관련된 기술을 배울 수 있어서 내부감사부서에서 실무부서로 전근이 되었을 경우에 이러한 기술을 이용해서 부정을 범할 가능성이 높아질 수 있다[4]고 주장한다. 매우 비판적인 접근이다.

내부감사팀의 조직 내에서의 위치도 문제로 제기된다. 내부감사팀이 조직 내에서 최고경영자 산하에 위치해야 하는지 아니면 감사나 감사위원회의 하부 위원회로 위치해야 하는지를 고민해야 한다.

---

4) Institute of Internal Auditors. 2003. Research Opportunities in Internal Auditing. p.238.

데이콤의 경우는 감사제도가 시행될 당시에는 내부감사조직이 감사 밑에 위치하였는데 별도의 감사위원회가 도입되면서 이 조직이 최고경영자 밑으로 위치되도록 변화되어 감사위원회가 실질적으로 도움을 받을 수 있는 조직을 갖지 못하는 문제점이 초기 시점에 지적되었다.

일부 외국계 기업에서는 internal auditor나 준법감시인이 외국에 소재한 본사나 지역본사(regional office)에 직접 업무보고를 수행하도록 제도를 갖춘 경우도 있다.

Chapter 27

비감사서비스의 제공

2002년 미국에서 Sarbanes Oxley Act가 통과되면서 10개항의 비감사서비스의 병행이 금지되었다. 미국에서는 비감사서비스의 병행이 감사인의 독립성에 영향을 미칠 수 있다는 논의가 오랫동안 지속되었으나 국내에서는 이러한 논의가 진행되지 않았다. 저자가 판단하기는 회계법인이 부담스러워 하기 때문에 논의가 되지 않는 것으로 보인다.

미국에서는 오래 전부터 감사인이 피감사기업으로부터 감사수임료를 수수하는 한 독립적일 수 없다는 주장이 있어 왔다. 하물며 감사수임료뿐만 아니라 비감사수임료를 감사인이 수수한다면 이는 더더욱 감사인이 독립적이지 않을 유인이 된다. 즉, 감사인이 피감사기업에 경제적으로 예속됨을 의미한다.

감사수임료일 경우 덤핑경쟁에 의해서 제값을 받고 감사를 수행하지 못하는 반면 수익성이 높은 비감사용역일 경우 '제값'을 받고 용역이 수행되기 때문에 위의 논리와 같이 독립성이 훼손될 위험이 존재한다. 즉, 감사가 loss leader의 역할을 수행한다는 것이다. 일반적인 권한 중에서 가장 효과적인 권한이 인사권과 재정권이다. 이는 거의 모든 조직에 해당되는 내용이다. 피감사기업이 감사인에 대해서 포괄적 의미의 인사권과 재정권을 갖고 있다고 할 수 있다. 인사권은 용역을 주는 권한이며 재정권은 수임료를 지급하는 권한이다. 인사권과 재정권은 조직 내에서 적용되지만 범위를 넓히면 감사기업과 피감사기업에 대해서도 이러한 논리가 전개될 수 있다. 물론, 감사인과 피감기업의 관계는 고용관계가 아니라 계약관계이기는 하지만 단기간에 걸친 계약관계는 고용관계와 실질적인 차이가 크지 않다고 할 수 있다.

비감사서비스의 병행이 감사인의 독립성에 영향을 미친다는 내용은 비감사서비스의 용역 제공으로 인한 경제적인 혜택이 회계법인에게 주어질 때, 회계법인은 이러한 비감사서비스 용역을 포기할 수 없기 때문에 감사인의 독립성이 훼손될 수 있다는 주장이다. 즉, 회계법인은 감사를 진행하고 있지 않는 회사에 대한 비감사서비스의 제공은 허용될 수 있지만 감사가 진행되는 피감사기업에 대한 비감사서비스는 병행 허용되어서는 안 된다는 주장이다. 따라서 이러한 정책의 수행은 감사인에게 큰 부담이 되지 않을 수 있다. 이는 감사인으로 하여금 비감사서비스 수행을 제한하는 것이 아니라 감사서비스와의 병행만을 제한하는 것이다. 물론, 감사를 수행하지 않는 기업에 대한 비감사서비스를 수행함에 있어서 처음 초기비용이 발생하므로 감사인의 입장에서는 당연히 병행을 선호할 것이다.

동일한 논리가 반대로 적용될 수 있다. 비감사서비스가 병행되지 않는다면 회계법인은 경제적으로 혜택이 되는 비감사수임료를 받을 수 없고 그렇기 때문에 감사수임료를 높게 책정할 가능성이 많아진다. 따라서 감사수임료가 현실화되며 적정한 감사도 수행될 수 있다는 주장이다.

반면에 비감사서비스가 감사용역에 도움이 된다는 주장도 강력하게 제기된다. 이는 감사를 수행하는 회계법인이 피감사기업을 감사하면서 얻는 기업에 대한 전문적인 지식 및 내부통제제도에 대한 지식 등에 익숙하기 때문에 이러한 지식이 감사를 위해 필요한 지식으로 지식의 전이(knowledge spillover)가 발생하며 이로 인해 비감사서비스는 오히려 권장하여야 한다는 주장이다. 즉, 해당기업에 대한 전문가에게 모든 기업과 관련된 전반적인 업무를 모두 맡긴다는 장점이 존재한다.

KT에서도 내부통제제도에 대한 점검을 회계감사인인 삼정회계법인이 아닌 삼일회계법인에 위탁하여 두 회계법인간에 불편한 점이 있었다고 한다. 어떻게 보면 거의 모든 회계법인은 경쟁관계에 있기 때문에 재무정보의 유출에 상당히 민감하다.

미국에서도 어떠한 비감사업무가 이해상충의 소지가 있는지에 대해서 많은 논란이 있었다. 또한 이러한 업무에 대한 consensus를 도출하기는 매우 어려웠다.

미국에서 Sarbanes Oxley Act of 2002에 의해 병행이 금지된 업무는 다음과 같다.

1. 장부기장(book keeping)
2. 재무정보시스템 설계 및 수행
3. 평가업무(appraisal)
4. 보험계리업무(actuarial service)
5. 내부감사업무(internal auditing function)
6. 경영관리(managerial function)
7. 브로커/딜러
8. 감사와 무관한 법률자문
9. 기타 위원회가 정하는 업무

이러한 업무가 Sarbanes Oxley Act에 의해서 2002년 완전히 제한되기 이전에는 감사위원회에서 이해관계가 상충되지 않는다고 인정되는 경우에만 허용하는 부분적인 항목도 존재하였다.

삼성전자와 같이 시스템이 잘 갖추어진 기업에서는 미국에서의 이러한 제도가 국내로의 도입이 논의되기 이전에 이미 위의 업무에 대해서는 내부적으로 감사위원회의 결정에 의해서 이러한 비감사서비스의 병행을 승인해오고 있었다.

실질적으로 보험계리업무는 국내에서는 해당되지 않는다. 법률업무인 경우도 미국에서 이 내용이 포함된 이유가 미국은 회계법인이 워낙 방대한 규모의 인원을 보유하고 있고 많은 법률 전문가도 고용하고 있어서 법률 용역을 수행할 수 있기 때문이다. 국내 회계법인도 법률 전문가를 고용하고 있으나 아직은 미미한 단계이기 때문에 문제가 될 정도는 아니다. 세무업무와의 병행도 잠시 논란이 되기는 하였으나 이해상충이 크지 않다는 차원에서 문제로 제기되지 않았으나 간헐적으로 문제로 제기되기도 한다.

우리나라의 경우는 논란 끝에 개정된 공인회계사법에 의해서 2003년 말에 다음의 업무를 병행할 수 없는 것으로 결정되었다.

제21조(직무제한)

1. 회계기록과 재무제표의 작성
2. 내부감사업무의 대행
3. 재무정보체제의 구축 또는 운영
4. 그 밖에 재무제표의 감사 또는 증명업무와 이해상충의 소지가 있는 것으로서 대통령령이 정하는 업무

시행령 제14조의 2항에서는 다음과 같이 기술하고 있다.

제21조 제2항 제4호에서 "대통령령이 정하는 업무"라 함은 특정 회사의 자산 · 자본 · 그 밖의 권리 등(재무제표에 표시되지 아니한 경우를 포함한다. 이하 이 항에서 "자산 등"이라 한다)의 일부 또는 전부를 매도하기 위한 자산 등에 대한 실사 · 재무보고 · 가치평가 및 그 매도거래 또는 계약의 타당성에 대하여 의견을 제시하는 업무를 말한다.

미국에서도 여러 종류의 비감사서비스 업무가 가능한데 이중에서 명백하게 이해상충의 소지가 있기 때문에 병행을 금지함에 있어서는 다음의 두 원칙을 선정할 수 있다.

1. audit your own work: 자기가 수행한 일을 본인이 감사하는 업무는 절대적으로 용인되어서는 안 된다. 이는 회계감사의 기본인데 현금의 입출금 기록을 맡는 직원이 현금을 보관하는 금고의 열쇠 및 비밀번호를 맡는 것과 동일한 모습이다. 즉, audit의 가장 기본인 의무의 분리(segregation of duty) 원칙을 무시한 현상이다.

2. management's function: 감사인의 역할은 어디까지나 외부감사에서 그치는 것이기 때문에 이들 외부감사가 경영자의 역할을 수행하는 것은

피해야 한다. 감사인은 감시 역할을 위촉받은 것이지 경영 역할을 위촉받은 것은 아니기 때문이다.

위의 원칙에는 이론이 없지만 이를 적용하여 어떠한 구체적인 업무가 병행이 가능하고 가능하지 않은지를 선정함에 있어서는 여러 가지 이론이 있다. management function을 수행하여서는 되지 않는다는 원칙은 충실히 수행되어야 하지만 현실은 그렇지 않다.

한 사례를 든다. 미국공인회계사회는 회계사 업무의 확장이라는 측면에서 외부감사인의 내부감사로의 outsourcing에 대해서 반대 의견을 갖고 있지 않았다. Sarbanes Oxley Act가 2002년에 발효되기 이전에 SEC도 2000년 11월부터 이를 허용하고 있다.

미국의 경우도 Sarbanes Oxley Act에서 내부통제제도의 구축이라는 비감사서비스업무가 법으로 완전히 제한되기 이전에는 SEC의 Final Rule(2000)에는 자산규모가 $2억 이상 되는 기업에 대해서는 내부감사인 outsourcing이 40퍼센트를 초과하지 못하도록 규정하고 있다. 즉, 자산규모가 $2억이 안 되는 기업일 경우 내부감사인의 부분적 outsourcing을 허용하였다. 물론 이러한 outsourcing 대상에는 회계감사를 담당하는 회계법인도 포함된다.[1] 즉, 규모가 상이한 기업에 동일한 정책을 강제할 수는 없다. 이는 자산 규모가 적은 기업일 경우에 이들 기업의 infra가 취약하기 때문에 이들 기업이 별도의 내부통제시스템을 유지하기 어렵기 때문이다.

그러나 이러한 업무는 Sarbanes Oxley Act에 의해서 국내에서는 개정된 공인회계사법에 의해서 금지되었다. 2000년까지 허용되었던 이러한 제도가 긴 기간을 두지 않고 개정되는 것을 보아서는 이러한 판단이 얼마나 주관적인 정책인지를 알 수 있다.

미국에서의 이러한 논의가 우리나라에도 재연된다. 상장기업의 내부회계관리제도 도입 과정에서 외부감사를 맡고 있는 회계법인이 컨설팅계약을 따내는 사례가 잇따르는 등 '편법수주' 논란이 일고 있다.[2]

1) 동일한 내용이 비감사서비스 병행과 관련된 내용에서도 언급된다.

2) 한국경제신문. 2005. 11. 1. 회계법인 '편법수주' 논란.

공인회계사회가 공인회계사법에 따라 정한 회계감사 기준은 외부감사인의 내부회계관리제도 구축을 금지하고 있지만 회계법인들이 '컨설팅' 형식을 통해 관련 규정을 피해가는 것 아니냐는 지적이다.

31일 회계업계에 따르면 회계법인들이 총 3,000억-4,000억원 규모로 추산되는 내부회계관리제도 컨설팅시장의 주도권을 잡기 위해 각축전을 벌이는 가운데 대형 회계법인들을 중심으로 이 같은 움직임이 확산되고 있다.

업계 1위인 삼일이 LG전자, LG화학 등과, 2위인 Deloitte안진이 현대자동차 등과 각각 컨설팅 계약을 맺은 것이 대표적이다. 이들 회계법인들은 모두 해당 기업의 외부감사인이다.

한 회계법인 대표는 이와 관련, '이름만 컨설팅이지 실제로는 회계법인이 직접 내부회계관리제도를 구축해 주는 경우가 많다'며 '이는 법 취지는 물론 글로벌 스탠더드에도 어긋난다'고 주장했다. 외부감사인은 매 사업연도 말에 해당 기업의 내부회계관리제도를 감사해야 하는데 '자기가 만든 시스템을 자기가 감사하는' 모순이 발생한다는 것이다.

그러나 대형 회계법인들은 '회계법인이 내부회계관리제도를 직접 구축하는 것이 아니라 자문역으로 참여하는 것인만큼 전혀 문제될 게 없다'는 반응이다. 내부회계관리제도는 기업이 재무제표를 기업회계기준에 따라 작성, 공시하기 위한 내부시스템으로 상장 대기업은 내년부터, 상장 중소기업과 비상장 대기업은 2007년부터 적용된다.

위의 내용과 같이 어떠한 업무가 감사인의 독립성과 관련되어 이해상충이 있거나 이해상충이 없다는 결론을 도출하기는 매우 어렵다. 이는 각 사례마다 차이가 있다. 그렇기 때문에 대안적으로 제시되는 내용이 금액으로 이를 규제하자는 것이다. 즉, 총 수임료 중 비감사서비스의 비중이 어느 정도를 초과할 경우는 비감사수임료로부터의 수익을 무시할 수 없는 정도이기 때문에 이를 규제하여야 한다는 논리이다.

일부에서는 이러한 논리가 수익이 아니라 이익으로 접근되어야 한다고 주장된다. 즉, 감사법인이 수익을 위해서 감사의 독립성을 포기하는 것이 아니라 비감사서비스로부터의 이익을 위해서 감사의 독립성을 포기할 수 있기 때문에 중요한 것은 수익이 아니라 이익이라는 점이다. 그러나 회계법인의 각 감사 또는 비감사업무로부터의 이익을 구함은 용이하지 않다. 이는 각 업무로부터의 이익을 구함에 있어서는 수익으로부터 이에 상응하는 비용을 차감하여야 하는데 비용은 인건비 성격의 직접비를 차감하고도 간접비 성격의 공통비가 발생한다. 쉽게 생각할 수 있는 공통비로는 예를 들어 심리실 비용 등을 들 수 있으며 이러한 공통비는 회계법인에 각 사업부별로 적절하게 배분될 것이다. 즉, 독립성의 유지 문제는 회계법인의 incentive와도 민감하게 연관되어 있다.

반면에 한 사업부문이 공통비에 대한 배분이 치중되지 않을 것이면 수익에 크게 다르지 않게 공통비가 배분될 것이므로 수익으로 이를 접근하는 것도 큰 차이는 없을 것이다.

일부에서는 비감사서비스가 감사서비스에 절대로 영향을 미치지 않도록 firewall(또는 chinese wall)을 강제한다면 감사/비감사용역의 병행이 크게 문제가 되지 않을 것이라는 주장도 제기되었으나 이를 누군가가 확인/감시한다는 것이 현실적으로 가능하지 않다. 즉, 동일 회계법인이라고 하여도 감사를 수행하는 팀과 비감사서비스를 수행하는 팀을 구분한다면 이들의 이해상충을 피할 수 있다는 논리이기는 하지만 이들이 모두 한 회계법인 내에 근무하기 때문에 공통적인 이해를 추구한다는 측면에서는 이 두 팀을 구분한다고 하여도 큰 효과는 없을 것이다.

비감사서비스의 병행을 금지하는 정책이 제시되자 일부에서는 이미 회계법인이 비감사업무를 수행하기 위해서 분사(spinoff)를 수행할 것이면 제도적으로 이를 막을 방법이 없다는 우려를 하고 있다. 공정거래법에 의한다면 일정한 지분 이하의(30%) 지분만을 보유할 경우 이를 별도의 법인으로 인정하게 된다. 그러면 이러한 spinoff한 실질적인 자회사가 수행하는 비감사서비스일 경우 문제가 되지 않는다. 즉, 이를 감사/비감사업무의 병행으로 볼 수 없다. 정부 정책에 대해서 눈가리고 아웅식의 대응을 하는 것이다. 제도의 논의시점에서는 이러한 우려가 많이 표출되었으나 아직까지 이러한 문제점이 현실화되고 있지 않다.

비감사서비스의 병행에 대한 제한은 감사인의 실질적 및 외관상 독립성과 연관된다. 회계감사기준 제 7 조에서는 독립성을 다음과 같은 두 가지 항목으로 나열하고 있다.

① 감사인은 감사와 관련된 업무를 수행함에 있어 독립의 정신을 견지하여야 한다.
② 감사인은 외관상으로 독립성에 의문을 초래할 만한 이해관계가 있는 경우에는 당해 감사에 관여하여서는 아니 된다.

첫째 항목은 정신적인 독립성을 둘째 항목은 외관상 독립성을 의미한다. 비감사서비스를 병행함으로 인해서 감사인의 독립성이 훼손되는지는 여러 가지 연구에서 검증되었다. 예를 들어 비감사서비스를 병행하는 피감사기업의 재량적 발생액이 그렇지 않은 기업에 비해서 이익을 상향조정하는 방향으로 나타나기 때문에 실질적으로 독립성이 훼손된다는 증거라는 논리가 전개될 수 있다. 이러한 실증분석결과는 실질적인 독립성과 연관된다. 반면에 외관적 독립성이란 외관적으로 보기에 감사인이 독립적이 아니라고 하면 감사인의 독립성에는 문제가 있다는 접근이다. 예를 들어, 감사인이 비감사서비스를 병행하는 것이 문제가 있다고 재무제표 이용자들이 인지하고 있으면 실질적 독립성이 어떻거나 감사인은 독립성의 두 요건 중의 한 요건을 만족시키지 못하므로 독립적이지 않다. 외관적 독립성의 한 예로는 감사인의 피감사기업 주식 소유를 들 수 있다. 감사인이 피감사기업 주식 몇 주를 소유하고 있다고 하여서 독립성이 훼손될 것 같지는 않다. 그러나 이러한 감사인의 주식소유가 감사인으로서가 아니고 주주로서의 의사결정을 수행할 위험이 있다고 판단하였기 때문에 이러한 제도가 시행되는 것이다.

위에서 논의된 대로 어떻게 판단하면 사외이사의 주식 또는 stock option의 소유와 같이 주식을 소유하고 있기 때문에 주주의 이익을 위해서 업무를 수행할 가능성이 높아진다고도 할 수 있으나 반면에 내부정보를 이용하여 시세차익(trading gain)을 추구할 수도 있기 때문에 이러한 주식소유를 금지할 수 있다. 즉, 주주의 부의 극대화를 위해서 주가를 올리는 것이 아니라 본인의 시세차익을 위해서 단기적으로 주가 움직임에 영향을 미치는 의사결정을 수행할 수 있다는 것이다. 어떤 면에서는 내부정보에 의한 투자이익일 경우 이사회의 상근이사에게도 해당될 수 있으며 일반 직원에게도 해당될 수 있기 때문에 특별하게 감사인에게만 국한된 내용은 아니다.

한국공인회계사회의 입장은 공인회계사윤리규정에 의해서 이미 비감사서비스를 규제하였기 때문에 별도로 공인회계사법령에서 이에 대한 제재를 가한다는 것이 불필요하다는 의견도 있었으나 감독기관의 입장은 이러한 내용은 자율기관의 규정으로 정할 부분이 아니라 법령화하여 규제기관이 규제하여야 한다는 입장이다.

일부 회계법인에서는 기업 정보 유출이라는 측면에서 비감사서비스를 감사인 이외의 회계법인에 맡기는 것이 매우 부담된다는 입장이다. 아무래도 기업과 관련된 어떠한 용역을 맡는다고 하여도 기업 내부의 대외비와 같은 정보를 접할 기회도 있기 때문에 이러한 정보의 유출을 기업은 당연히 최소화하려고 할 것이다.

Chapter 28

연결재무제표 감사

정부가 연결재무제표를 주 재무제표로 하려는 의도는 이미 여러 단계에서 수행되었다. 그러나 이는 정부의 의지에 의해서 수행되는 것이 아니라 시장에 의해서 결정되어야 한다. 개별재무제표의 결산시점과 연결재무제표의 결산시점이 동일하다면 연결재무제표일 경우 개별재무제표의 가결산 정보에 근거하여 작성되어야 하는 문제점이 있다. 물론 연결재무제표가 가결산된 정보에 근거하여 작성되었다는 점을 명시할 것이지만 현재와 같이 사업연도 경과 후 4개월 이후 시점에 연결재무제표가 작성되어서 가결산한 정보에 의해서 연결재무제표가 작성이 되어도 기업들이 음성적으로 회계정보를 부풀리는 경향이 있는데 이 시점을 일치시킨다면 이러한 문제점이 더욱 심각하게 부각될 가능성도 매우 높다고 할 수 있다.

지분법에 대한 세부적인 지침을 담고 있는 기업회계기준 등에 관한 해석 42-59 "지분법의 회계처리"는 피투자회사의 결산을 투자회사의 결산에 앞서서 완료하기가 불가능하다는 명백한 사유가 있는 경우, 가장 최근 외부감사인의 감사 또는 검토를 받은 재무제표를 기준으로 회계처리를 할 수 있다는 규정이 있다. 지분법피투자회사가 당기순이익을 보고할 것으로 예상되면 지분법피투자회사의 결산시점을 앞당겨 지분법이익을 인식하고, 반대로 지분법피투자회사가 당기순손실을 보고할 것으로 예상되면 지분법피투자회사의 결산시점을 고의로 지연시켜 지분법손실을 인식하지 않는 방식으로 투자회사는 선택적으로 당기손익을 조작할 가능성을 갖고 있었다.[1]

연결재무제표가 지분법 기준서 15호에 의해서 피투자회사의 결산을 투자회사의 결산에 앞서서 완료하기가 불가능할 경우, 신뢰할 수 있는 가결산 재무제표를 사용가능하게 되었다.

정부의 정책방향을 크게 구분하면 개별재무제표에서 연결재무제표로 나가려는 한 방향이 있고 또 다른 방향은 연차 재무제표에서 분반기 재무제표로 나가려는 것이 있다. 이를 종합한 분반기 연결재무제표의 내용도 물론 포함된다.

감리는 2004년부터 연결재무제표에 대해서도 수행되고 있는데 일부에서는 중간재무제표인 분반기 재무제표에 대해서도 감리가 수행되어야 한다는 주장이 있다. 반면 기업집단재무제표인 경우, 2004년 현재 14개 기업의 집단재무제표가 발표되고는 있으나 삼성이나 LG 이외의 경우는 대규모 기업집단의 기업집단재무제표가 공표되는 것이 아니라 이들에 대한 감리에 대해서는 아직 구체적인 계획이 없다.

회계 인프라가 구축되지 않은 많은 중소기업들이 주석을 감사인이 작성해 주는 것을 당연시한다. 대기업에서도 연결재무제표 작성이 익숙지 않기 때문에 많은 경우에 감사인의 도움을 받는다. 이론과 현실의 괴리가 나타난다.

실질적으로 분반기 재무제표의 적정성에 대한 설문지를 조사해 보면 감리가 수행되는지 여부에 따라 분반기 재무제표를 작성함에 있어서의 due care의 정도에 차이가 있다는 의견을 실무의 공인회계사들이 보이고 있다.[2] 당연히 규제가 수행될 경우와 규제가 수행되지 않을 경우에 따라 공인회계사의 업무에는 차이가 발생할 것이다.

감독기관에서는 2004년부터 연결재무제표에 대한 감리를 개별재무제표에 대한 감리와 별도로 진행하고 있다. 그러나 아직 연결재무제표가 정착되지 않은 시점에 이를 시행함에 있어서 많은 문제점이 제기된다.

---

1) 신현걸. 2000. 연결당기순이익을 이용한 지분법적용의 적정성. 회계와 감사연구: 99-117.

2) 손성규. 2004. 분반기 재무제표 검토의견의 중요성.

상법상 규정을 살펴보면, 주식회사의 재무제표는 정기주총 1주 전부터 공시하도록 하고 정기주총의 승인을 요하므로 실질적으로 연결재무제표는 상법상의 재무제표로 인식되지 않고 있다. 또한 증권거래법상 사업보고서 제도는 개별재무제표를 준 재무제표로 공시하도록 하고 있으며 연결재무제표는 사업보고서의 보충적 재무정보로서 개별회사의 사업보고서 제출 후 30일 이내에 연결재무제표를 명시하도록 하고 있어 개별재무제표 위주의 사업보고서 공시제도임을 명확히 보여 주고 있다. 그러나 한편 연결재무제표를 1992년 이후에 공표하고 있다.

연결재무제표의 감사에 있어서는 실무에서 여러 가지 어려운 점이 많이 표출된다. 연결재무제표가 단계적으로 작성되는 경우에는 개별재무제표만이 연결되는 것이 아니라 중간지배회사(차상위지배회사)의 재무제표가 작성되고 그 다음 단계에서 연결재무제표가 작성되어야 하기 때문에 시간적으로 여유가 없다. 한 회계법인은 차상위지배회사의 재무제표가 작성되고 최상위지배회사의 재무제표가 작성되는데 이틀의 여유만이 있는 경우도 있었다고 한다. 예를 들어 금호석유화학은 차상위연결재무제표(중간지배회사)이다.

일부에서는 연결재무제표제출 시한을 단축하여 개별재무제표와 같이 사업연도 경과 후 4개월 이후까지가 아니라 3개월 이후까지 작성하여야 한다는 주장도 있지만 연결 관련된 회계 인프라가 아직 매우 미비한 현실에서는 어렵다고 판단된다.

분반기보고서도 연결재무제표 제출을 의무화하려는 논의가 제안되고 있으나 많은 기업이 이에 대한 반대의견을 내고 있다. 아직 시기상조라는 것이다. 연차 연결재무제표도 작성하기가 버거운 입장에서 분반기보고서의 연결재무제표화는 대부분의 기업에 대해서는 해당되지 않는다는 판단을 할 수 있다.

연결재무제표와 해외현지법인에 대한 감사인의 정보접근을 원활히 하는 방안에 대한 연구가 필요하다. 최근 회계관련 법률개정으로 연결재무제표를 주재무제표로 전환하는 것을 검토하고 있는바 이와 관련하여 연결 감사인을 통일하는 방안을 고려해 볼 수 있다.

또한 최근의 사태를 통해 우리나라 기업의 해외현지법인의 회계투명성에 대한 의혹이 제기되고 있는 것과 관련되어, 해외현지법인에 대한 효과적인 회계감사 방안이 필요하다. 그러나 연결 감사인을 통일한다고 해도 동일 회계법인 내의 다른 감사팀에 의해서 감사가 수행된다면 타 감사인에 의해서 연결회사에 대한 감사가 수행되는 것보다는 정보의 흐름이 수월하겠지만 큰 도움은 되지 않을 수 있다.

해외현지법인의 재무제표일 경우는 local 회계법인에서 감사를 받을 내용을 대부분 그대로 인정하도록 되어 있다. 지분법이 적용되는 기업에 있어서 피투자기업의 감사의견일 경우 크게 문제가 부각되지 않는다면 당연히 이를 인정하게 된다. 그러나 극단적인 경우에 문제를 발견하게 되면 이에 대한 의문을 제기하여야 한다. 이러한 경우로는 다음의 예를 들 수 있다. 지분법 대상 기업일 경우에 자본잠식이 발생하여 누가 판단하거나 감액이 발생하는 경우가 있는데 이러한 부분이 지분법 대상 기업의 재무제표에 반영되지 않았다고 하면 이러한 부분에 대해 의문을 제기하여야 한다.

Chapter 29

재무제표 확정기관

재무제표 확정기관을 이사회로 변경하려는 논의는 회계관련 법률개정 공청회에서 논의되었으나 회계관련 법률개정에는 포함되지 않았다. 개정된 법률에 포함되지도 않은 부분을 이곳에 기술하는 이유는 회계적으로 issue가 되는 부분을 미리 검토할 수 있기 때문이며 2003년의 법안의 개정에는 포함되지 않았지만 언젠가는 개정될 수 있는 소지가 있기 때문이다.

이러한 점이 직접적으로 적용되는 부분이 6호 기준서의 내용(대차대조표 이후에 발생한 사건)이다. 6호 기준서 부록11의 내용을 이곳에 인용한다.

> 국제회계기준 제10호 문단 11에서는 대차대조표일 후에 발의 또는 선언된 배당의 경우 이를 대차대조표일 현재의 부채로서 인식해서는 안 된다고 규정하고 있다. 그러나 국제회계기준의 이러한 규정은 이사회에서 결의된 현금배당액을 부채인 미지급배당금으로 인식하고 있는 미국의 재무회계기준이나 이사회가 주주총회에 제안한 현금배당액을 부채로 인식하고 있는 기존의 기업회계기준과 다른 입장이다. 본 기준서에서는 주주총회에 제출하기 위하여 대차대조표일 후에 이사회에서 승인한 이익잉여금처분계산서에 포함된 배당은 대차대조표에 부채로 인식하지 아니한다고 규정하고 있다. 이에 대한 근거는 이익잉여금의 처분은 주주총회의 고유의 권한으로서 대차대조표일 현재는 배당과 관련하여 기업이 부채로 인식해야 할 어떠한 사건도

발생하지 아니하였기 때문이며 이와 같은 처리는 국제회계기준과도 일관성이 있는 것이다.

즉, 회계기준서 6호의 내용은 주총의 최고의사결정기관인 것을 중시하여 이사회에서 결의되었다고 해도 이는 최종적인 의사결정이 아니기 때문에 확정된 사안이 아니며 따라서 부채로 표시될 수 없다는 것이다. 물론, 이사회에서 의결된 배당결정액이 주총에서 변경되는 경우는 거의 없지만 그럼에도 이는 법적인 문제이다.

이 항목일 경우는 공청회에서도 많은 논란이 있었다. 지금 현재 주주 중심으로의 정부에서의 모든 정책이 결정이 되고 있는데 유독 재무제표 확정기관이 주주총회인 것을 이사회로 변경하면서 주주총회에는 단지 추후 보고하는 것으로 정책의 방향을 한시적이기는 하지만 논의되었다. 이는 어찌 보면 정부의 큰 정책 방향에 반대되는 정책을 시행하는 것일 수도 있다.

이러한 정책 방향이 설정된 이유는 사업보고서 등의 제출시한이 지연됨으로써 시장으로의 정보흐름이 늦어지고 시장의 정보효율성이 저하되는 점이 지적되었으며 또한 더욱 중요한 사항은 재무제표상 허위기재 등이 발견된 경우에도 수정 재무제표의 공시가 곤란하여 차기 주총까지 잘못된 재무정보가 통용되기 때문이다.

이사회 통과 이후에 이미 일부의 투자자들이 주총이 수행되기 이전까지 회계정보를 알게 되기 때문에 재무정보의 확정을 당길 필요성이 존재한다. 또한 이사회가 주주의 위임을 받아서 회사의 경영을 대리 운영하는 입장에서 이러한 이사회의 의결사항을 별도로 확인할 필요가 있는지도 의문이다. 이사회 이후 주총까지의 기간이 길어진다면 이사 및 직원들만이 접근 가능한 정보에 의한 정보의 비대칭성의 문제가 심각하게 부각될 위험도 존재한다.

특히, 많은 경우에 재무제표를 공표한 이후 이를 수정하는 경우가 발생한다. 가장 대표적으로는 감리에 의해서 회계정보의 적절치 않은 부분이 지적되는 경우이다. 이 경우 임시주총을 개최하여 내용을 수정하거나 다음 주총 때까지 재무제표의 수정을 연기하여야 한다.

재무제표의 확정기관은 미국의 경우는 이사회이며 우리와 같은 상법 국가인 일본의 경우도 감사위원회가 설치된 기업은 이사회에서 확정된다. 일본에서 감사위원회가 설치된 기업일 경우 재무제표 확정기관을 이사회로 차별화하는 것은 매우 큰 의미가 있다. 이러한 정책 의지는 감사위원회가 설치된 기업일 경우, 재무제표를 감사위원회가 확인하였기 때문에 그 정도로 신뢰할 수 있으며 그러한 경우, 예외적으로 이사회가 재무제표를 확정할 수 있다는 의미이다.

회계 관련 법률 제정의 논의 과정에서는 일본의 사례와 같이 감사위원회 설치기업에 한하여 우선 시행한 후 단계적으로 확대 시행하는 방안도 검토하였으며 다만 이사회가 감사(위원회) 및 외부감사인의 의견을 반영하지 않을 경우 현행과 같이 주주총회가 승인토록 한다고 논의되었다. 물론, 수용되지 않은 내용이지만 이사회가 감사(위원회) 및 외부감사인의 의견을 반영하였는지 여부를 확인하기도 용이하지만은 않다는 판단이다.

주식투자가 단기 투자 중심화하면서 정보의 적시성의 문제가 매우 중요하다. 반면, 재무제표의 확정이 중요한 사항이기 때문에 주주가 이사회에 경영과 관련된 책임을 위탁하였다고 하여도 재무제표 확정과 같은 중요한 사항은 위탁할 성격이 아닐 수 있다. 이는 신속성의 문제라기보다는 기업을 구성하는 각 기관의 고유한 법적인 권한의 문제이기도 하다.

Chapter 30

이익의 조정

회계와 관련되어 아마도 가장 시사적으로 문제가 되는 부분은 이익의 조정(조절)일 것이다. 이익의 조정에 불법적인 요인이 가산되면 이익의 조작이 된다. 이익의 조정에는 여러 가지 방법이 있을 터인데 자세한 재무회계측면에서의 접근방법에 대해서는 권수영 등 4인(2003)의 8, 9장의 내용을 참조한다. 감리 양정기준에 있어서도 경영자보상과 관련된 회계이익의 조정은 질적 기준에서 강한 조치를 받도록 규정되어 있다.

이익의 조정은 크게 수익/비용 인식 시점의 조정, 회계정책의 변경, 회계추정치의 변경 등으로 수행된다. 무형자산을 20년 이내에 상각할 수 있는 자율권을 기업에 허용한 것도 큰 자의성을 허용한 것이다. 즉, 무형자산을 20년에 상각하는 기업과 즉시 상각하는 기업을 비교한다면 동일한 영업이 수행되었다고 하여도 이 두 기업 간에는 큰 차이가 존재한다. 이익의 조정은 기업회계기준에서 대안적인 회계정책을 허용하고 있기 때문에 어느 정도 범주를 넘지 않으면 문제가 되지 않는다. 기업회계기준에서는 각 개별기업의 환경에 적절한 회계정책을 선택하도록 허용하고 있다. 일관적인 회계원칙과 비교가능성을 제고하기 위해서는 회계정책의 선택적 적용을 허용하지 않아야 하지만 각 기업이 처한 경제 환경에 적절한 정책을 선택하도록 기준에서 인정하고 있다. 예를 들어 탈세와 절세도 그 경계선상에 있게 되면 판단하기가 용이하지만은 않고 전문가적인 주관적인 판단을 필요로 한다.

자동차의 warranty 보증수리 기간과 관련되어서도 이익의 조정을 생각할 수 있다. 예를 들어 3년에 걸쳐서 보증수리를 자동차회사가 보장한다고 하면 이러한 금액의 추정치를 어느 시점에 예측하는지가 문제시될 수 있다. 자동차회사의 입장에서는 자동차를 판매하는 시점에 어느 정도의 보증비용이 발생할 것이라는 것을 예측하여 이를 비용화하면서 충당금으로 적립할 수 있으며 또는 대안적으로 보증수리의 금액 및 빈도수를 판매 이후에 매년 측정하면서 보증비용을 재추정할 수도 있다. 이는 기업회계기준의 문제가 아니라 기업만이 추정가능한 금액의 산정과 관련된 문제이다. 물론, 전자의 방법으로 보증비용을 계상하다가 어느 시점에 후자의 방법으로 추정방법을 수정할 수 있다. 이러한 경우는 전자의 방법으로 계상한 비용이 실제로 보증수리를 수행하면서 판단하니 너무 높게 책정되었기 때문에 이러한 비용을 하향조정하려는 취지에서 수행될 수 있다.

회계방법의 변경이 경제위기 시점에 문제로 제기되었기 때문에 한번 채택된 회계원칙은 수년간은 변경하지 않는 것으로 논의되었으나 이러한 정책은 수용되지 않았다. 단, 소급법이 수년 전부터 채택되었으므로 전진법이 적용되던 기간에 비해서는 회계방법의 변경은 기업에게 부담을 준다.

이익의 조정이 수익/비용 인식 시점의 문제와 연관된다면 회계감사인이 이를 감지하여서 수정을 요구한다는 것은 매우 어려운 일이다. 수익/인식의 시점의 조정과 관련되어 어느 정도 유연성이 있다. 또한 어느 범주를 넘지 않는 한 수익/비용 인식의 시점을 조정하는 이익의 조정은 크게 문제가 되지 않는다.

단지, 이익을 보고함에 있어서 aggressive(공격적)에 의한 회계처리 또는 conservative(보수주의)에 의한 회계처리인지의 구분이 달라지는 것이다. aggressive의 범주를 초과한다면 이러한 회계처리는 분식의 범주에 포함될 수 있다. 문헌에서는 모형을 사용하여 재량적 발생액을 구하지만 이는 학술적인 연구의 범주이고 이러한 접근이 실무에서 적용되기는 어렵다. aggressive accounting과 분식회계를 구분하는 것이 실제상황에서는 그렇게 분명하지는 않다. 분식회계는 accounting fraud라는 표현을 사용한다.

이익의 조정은 적절치 않게 회계처리한 기업을 선정함에 있어서 감리대상 중 지적된 기업과 같이 빈번하게 사용된다. 즉, 적절치 않게 회계처리한 피감사기업과 이들을 감사한 감사인의 특성을 연관시키는 연구들이다.

이익조정의 측정은 매우 주관적이다. 이익조정을 측정하기 위해서 빈번하게 사용되는 변수는 재량적 발생액인데 재량적 발생액의 측정이 '재량적'이다. 최근에는 유동적 재량적 발생액과 비유동적 재량적 발생액을 구분하여 구하기도 한다. 모형 추정기간에서 발생액을 추정하는 모형을 추정해서 이를 이용하여 검증기간 동안의 모형에서 예상하지 못하였던 발생액을 재량적 발생액으로 사용한다. 추정하는 방법으로는 각 개별기업에 대해서 시계열적인 방법을 사용할 수 있으며 이러한 방법론의 장점은 기업간 횡단면적 차이를 통제할 수 있는 데 있다. 횡단면적인 접근을 수행할 수도 있는데 각 산업군별로 모형을 추정할 수 있으며 이러할 경우 시계열적인 차이점을 통제할 수 있는 장점이 있다. 시계열적인 또한 횡단면적인 접근 방법 모두 장단점이 있다. 발생액이 이러한 측정상의 문제점에도 불구하고 널리 사용되는 이유는 아마도 실무에서 가장 높은 관심을 갖고 있는 주제이기 때문일 것이다.

Chapter 31

산업별 전문감사인

기업이 산업별 전문감사인과 계약을 맺을 유인은 산업별 전문감사인이 좀더 양질의 감사를 수행할 수 있다는 데 있을 것이다. 그러나 외부감사의 역할은 이보다는 복잡한 것이어서 피감사기업이 감사로부터 기대하는 것은 피감사기업의 회계정보가 적절한지와 관련된 감시 역할을 수행하기를 기대하고 있다. 따라서 어찌보면 감사인이 회계와 관련된 모든 문제를 드러내는 것을 부담스러워 할 수도 있으며 문제를 발견하지 못하면 이를 더욱 바람직하다고 생각할 것이다. 이러한 측면에서 판단한다면 감사의뢰인은 산업별 전문감사인이 아니라 산업별 비전문감사인을 선호한다고도 할 수 있다. 그러나 반면에 산업별 전문감사인을 선호할 수도 있는 두 가지 논리를 찾는다면 첫째는 전문감사인을 고용함으로 인한 신호효과(signaling effect)를 생각할 수 있다. 즉, 일반 회계정보 이용자가 판단하기에 산업별 전문감사인이 감사한 회계정보일 경우에 더 높은 신뢰성을 동반한다고 할 수 있다. 그러나 감사의견은 90퍼센트 이상이 적정의견을 받기 때문에 엄밀하게 따지면 대부분의 감사의견은 차별성이 없다. 어차피 큰 문제가 없을 경우는 적정의견을 받게 되는 것이다. 이러한 논리의 전개는 big 4 감사인에 의한 brand name recognition이 있는지와도 연관된다. 위와 같은 논리로 big 4 회계법인의 감사품질이 좋다면 숨길 내용이 있는 피감사기업에는 big 4 회계감사인과의 계약 또는 산업별 전문감사인과의 계약은 부담으로 작용할 수 있다. 물론, 이는 big 4 회계감사인의 감사업무가 양질의 감사를 제공한다는 가정하에서 이다. 특히, 대기업일 경우에 big 4 회계법인에 의해서 감사를 받는 것을 일반투자자들은 당연시할 것이며 오히려 이들 대기업이 big 4 회계법인이 아닌 회계법인으로부터 감사를 받는다면 이들 기업이 big 4에서 감사를 받지 않는 이유에 대해 궁금해 할 것이다.

이러한 신호효과는 1. 감사 제도가 도입되기 이전에 이미 미국에서 자발적으로 감사를 받는 기업이 있었다는 점, 2. 감사위원회가 강제가 되지 않는 기업이 감사위원회를 도입하는 점, 3. 분기검토가 강제되지 않는 기업이 검토를 받는 점, 4. 이사회의 사외이사 비율을 정해진 한도보다도 많은 사외이사로 구성하는 점, 5. 외감법에 의해서 감사인 강제교체가 예외인데도 불구하고 감사인을 7년 만에 강제 교체하는 기업의 경우 등과 동일 선상에서 해석할 수 있다. 즉, 강제되지 않음에도 불구하고 규제 대상 기업에서 자발적으로 강한 제도의 선택을 수행하는 것이다. 이 모든 내용이 신호효과와 연관될 수 있다. 2. 4와 관련해서 최정호는 이들 내용이 정보비대칭과 관련됨을 보였다.

최정호, 임창우, 김성중(2001)은 사외감사를 자발적으로 선임한 기업 특성을 대리인이론을 바탕으로 실증분석을 진행한 결과 경영자의 주식소유비율이 낮을수록, 기업규모가 클수록, 기관투자자의 소유비율이 클수록, 대형회계법인을 선임한 기업일수록 사외이사를 자발적으로 선임하는 것으로 결과를 보고하였다.

최정호, 김성진, 김성중(2003)은 사외이사제도의 실태를 대리인이론을 중심으로 실증분석을 진행한 결과, 경영자 주식소유비율이 작을수록, 등기이사 총수로 측정한 이사회 규모가 큰 기업일수록 사외이사를 자발적으로 선임하는 것으로 나타났다.

위의 내용은 회계 및 회계감사와 관련된 내용이지만 일반적인 공시와 관련되어서도 유사한 논리를 전개할 수 있다. 즉, 수시공시 사항 중에 자진공시가 존재한다. 어떠한 기업이 자진공시를 수행할 것인지를 생각해 보면 정보비대칭의 문제가 심각한 기업에서 이러한 자진공시가 나타날 가능성이 높으며 또한 1-5의 사항이 발생할 확률이 높다고도 판단된다.

그러나 김정국, 장지인, 조장연(1998)의 설문지 조사에 의한다면 회계정보 이용자들은 big 4에 의해서 감사가 수행되었거나 non big 4에 의해서 감사를 받았는지를 구분하여 재무제표의 품질을 측정하지는 않는다는 설문지 결과도 있기 때문에 위의 논지에도 논란이 있을 수 있다. quality control의 측면에서 판단한다면 어떠한 회계감사법인이 되었거나 내부적인 quality control에는 차이가 있지만 이러한 점을 이용자들이 차등화하지 않는다는 점이다. 즉, 최종적으로 회계법인이 생산하는 산출물은 동일한 수준 이상의 품질을 만족시켜야 하기 때문에 어떠한 과정을 거치든, 즉 심리실의 심리를 거치거나 concurring review partner의 검토를 거치거나 최종적인 산출물이 만족스러운 품질을 보여야 한다.

어차피 대부분의 감사의견이 적정이고 어떠한 과정을 거쳐서 감사의견이 표명되었는지를 관찰할 수 없는 투자자들에게서 어느 회계법인의 의견인지가 차별성을 갖는다고 기대하기는 어렵다. 또한 많은 상장기업일 경우는 미국의 big 4와 제휴된 국내회계법인, 삼일, 삼정, Deloitte안진, 한영에 의해서 감사가 수행되는 실정이다.

또한 미국에서의 이러한 전문감사인과 관련된 논의는 우리와 같은 과점적 형태의 감사시장에는 적절하게 적용되지 않을 수도 있다. 우리는 거의 전 산업에 대한 감사를 모든 법인이 진행하고 있기 때문에 특별히 전문성을 논의하기가 매우 어렵다.

둘째는 산업별 전문감사인으로부터 감사를 받을 경우는 공인회계법에 저촉이 되지 않는 한 감사 이외의 비감사서비스도 동시에 받게 되어서 외부감사인으로부터 컨설팅업무를 동시에 받는 장점도 존재하며 이들이 산업 전문가이기 때문에 높은 품질의 컨설팅 서비스를 받게 된다.

이를 회계서비스와 유사하다고 할 수 있는 법률서비스에 대비하여 설명한다. 법률서비스를 제공하는 변호사 또는 법무법인을 선임할 때에는 법정소송의 결과가 승소 또는 패소의 이분법적인 결과로 나타나기 때문에 유능한 변호사를 선임하여 소송을 승소로 이끄는 것이 중요하며 그 결과 또한 매우 가시적으로 나타난다. 그러나 감사의견일 경우, 적정의견은 대부분의 감사인이 표명하는 의견이며 간단한 감사보고서로 그 결과가 귀결된다. 비적정의견을 보일 경우도 비적정의견을 보였다는 결과가 중요하지 왜 비적정의견을 보였는지는 대부분의 경우는 논란의 대상이 되지 않는다. 회계감사 이용자에게 전달되는 것은 감사보고서이지 work paper가 아니다.

법률서비스일 경우 성공보수(contingency fee)를 대부분의 법률 계약에서 체결하게 되는데 회계서비스에서는 이러한 계약이 제한된다. 이는 회계감사 용역에서 성공이라는 개념이 존재할 수 없기 때문이다. 분식이 포함된 재무제표일 경우는 비적정의견을 표명하는 것이 성공일 것이며 분식이 포함되지 않은 재무제표일 경우는 적정의견을 표명하는 것이 성공일 것이다. 따라서 성공 여부가 감사의 결과에서 판명되어야 하므로 법률서비스와 같이 어떠한 가정하에 추가적인 보수를 받는다는 것은 적절치 않다. 오히려 성공보수의 여부가 의견을 의미한다면 오히려 독립성이 훼손될 위험이 존재한다. 성공보수에 관한 규정은 다음과 같다.

공인회계사윤리규정

제16조(독립성이 훼손되는 위험)

① 공인회계사가 감사업무를 수행함에 있어 독립성이 훼손되는 위험은 다음 각호와 같다.

1. 이기적 위험: 공인회계사와 의뢰인 · 의뢰인의 이해관계자와의 재무적 또는 사업적 이해관계로 인하여 감사업무의 수행결과가 공인회계사 자신의 이익에 영향을 미치게 됨으로써 발생하는 위험

[별표 1] 독립성이 훼손되는 위험의 사례(제16조 제2항 관련)

1. 이기적 위험

3. 감사업무수임보수를 성공보수방식으로 계약하는 경우

Chapter 32

감사수임료

감사수임료가 너무 낮은 수준에서 결정되기 때문에 적절한 감사가 수행될 수 없다는 주장이 빈번하게 피력된다. 상장기업에 대한 감사시장은 과점적인 형태를 갖으며 감사인들은 가격으로 즉, 감사수임료로 저가 경쟁을 치열하게 전개하고 있다. 감사의견은 품질이 외관적으로 차별화된 상품이 아니다. 물론, 비적정의견을 받아야 할 기업이 적정의견을 받는다면 이러한 극단적인 부실 감사는 추후에 지적이 될 수도 있겠으나 감사는 대부분 감독기관이나 자율기관의 감리의 대상이 되지 않는다면 감사과정이 적절하였는지에 대한 검증은 이루어지지 않는다. 적정의견을 받는 감사의견이 95퍼센트에 달하고 있기 때문에 차별적인 상품이 아닌 것은 분명하다.

경쟁요인은 품질과 가격인데 품질로 차별화한다는 것이 어렵기 때문에 가격으로만 경쟁하게 되며 그렇기 때문에 덤핑경쟁이 초래된다. 이는 감사용역이 공모된 이후에는 거의 공모가액 위주의 최저가낙찰제도가 시행되기 때문이다.

회계법인과 유사한 업무를 수행한다는 법률 용역에 대해서는 덤핑과 관련된 부분이 문제되지 않는 이유는 법률 서비스 계약이 낮은 가액으로 계약된다면 당연히 이러한 낮은 가액은 용역의 품질에 반영될 것이기 때문이다. 반면에 감사용역은 과정이 확연하게 나타나지 않으므로 이러한 문제가 발생하지 않는다. 위에서도 기술되었듯이 감사품질은 사후적으로 문제가 제기되지 않는 한 감사과정의 즉, work paper의 품질이 아니다. 이러한 측면에서 감사과정은 진실로 black box와 같은 존재이다.

이러한 감사시장의 현상은 일반적인 정부공사와 일치한다. 일단 공모에 의해서 공사를 수주하면 수주하는 시점에 공사수익은 결정되며 이 공사로부터 얼마의 이익을 남길 것인지는 원가절감에 의해서 결정된다. 공사를 진행하는 입장에서는 공사비용을 최소화하여 공사를 마치려 할 것이다. 공사비용을 최소화한다는 것이 인적자산을 운용하는 회계법인의 입장에서는 감사시간을 최소화하는 것과 동일하다. 과도한 원가절감으로 공사가 적절하게 수행되지 않았다면 이는 부실공사를 초래할 것이며 감사시간이 적절치 않게 투입되었다면 부실감사를 초래할 것이다. 부실공사에 대해서도 건설교통부 및 지방자치단체가 감리업체로 하여금 감리를 수행하도록 함이나 금감원이 감리를 수행함은 동일한 논리로 움직이는 것이다.

가격 때문에 품질이 훼손되는 문제를 방지하기 위해서 규제개혁위원회에서는 최근 '최고가치낙찰제' 도입을 추진하고 있다.[1] 공사 입찰 때 가격과 기술력을 함께 고려하는 제도이다.

공공적 성격을 갖는 기업들의 회계감사시장이 적은 시장은 아니나 많은 대형 회계법인들은 이들 시장이 매력적이 아니라고 판단한다. 감사인 선정과정이 주로 감사수임료에 의한 최저가낙찰제인 것뿐만 아니라 감사수임료가 너무 낮게 책정되기 때문이다.

현재의 제도가 거의 최저가낙찰제도이기는 하지만 저가심사(의)제와 같은 성격이 없지는 않다. 위에서도 기술하였듯이 지금은 폐지되었지만 자산규모 8,000억원이 초과되는 피감사기업의 감사일 경우는 공인회계사를 100인 이상 고용하고 있는 회계법인으로 경쟁이 제한된 적도 있으며 또한 지금도 금융기관의 감사일 경우는 이에 공모할 수 있는 자격을 대형 회계법인으로 제한하고 있다.

1999년까지는 감사보수규정에 의해서 최대감사수임료 guideline이 정

1) 매일경제신문. 2005. 10. 18. '최고가치 낙찰제' 도입 추진.

부(재정경제부)에 의해서 제시되었으나 1999년에 이 제도가 폐지되었다. 이 법안은 "독점규제 및 공정거래에 관한 법률의 적용이 제외되는 부당한 공동 행위 등의 정비에 관한 법률(카르텔일괄정리법)"인데 경쟁제한성이 큰 전문화된 용역에 대해서 자유경쟁을 도입한다는 입법취지를 갖는다. 공정거래위원회는 공공성이 매우 강한 상품인 감사용역에 대해서 최소한의 품질을 유지할 수 있도록 제도를 유연하게 운용하여야 한다.

카르텔일괄정리법이 통과되었지만 국선변호인에 대해서는 아직까지 수임료를 정해 주고 있다. 즉, 자유시장에 의하여 결정되는 것이 아닌 경우는 정부가 개입될 밖에 없다.

이러한 규정이 최대감사수임료인 것은 다음의 법령에 나타난다.

> (舊) **공인회계사법 14조(보수)** 공인회계사는 재정경제원 장관의 승인을 얻은 금액을 초과하여 보수를 받지 못한다.

카르텔일괄정리법의 내용의 배경을 검토하면 1997년 OECD에서 각국에 가격조정, 생산제한 등 경성카르텔(hard core cartel)을 금지하는 적절한 법적 조치를 취할 것을 권고하였다. 즉, 이 내용을 간단하게 정리하면 민간간(피감사기업과 감사인)의 경제활동에 정부가 불필요하게 간섭하지 말라는 의미이다. 경제위기 상황에서 외국 기관으로부터 원조를 받는 입장에서 정부는 그들이 요구하는 내용을 수용하지 않을 수 없었을 것이다.

그러나 감사보수규정이 재정경제부에 의해서 마련되었던 당시의 상황을 보면 정부가 일방적으로 이러한 감사보수규정을 작성하였던 것이 아니라 재무제표의 제공자 대표라고 할 수 있는 한국상장회사협의회와 감사 용역 제공자 대표라고 할 수 있는 한국공인회계사회가 이 보수규정을 협의하여 작성하였다. 재무제표의 제공자 대표가 반드시 상장회사인 것은 아니며 모든 경제주체가 재무제표 사용자이지만 현재의 제도하에서는 기업이 재무제표를 모든 사용자에게 제공할 의무를 띠고 있기 때문에 제공자 대표의 역할을 하였다. 또한 거의 모든 경제 활동이 공개기업/상장회사 위주로 수행됨과도 무관치 않다.

따라서 이러한 규정이 없이 완전 자유경쟁하에서 계약을 체결하는 것이나 양자의 대표가 이러한 guideline을 두고 협약을 맺는 것 사이에는 차이가 있다. 물론, 감사보수규정에 나타난 보수가 최대 보수이기 때문에 이러한 보수규정하에서도 덤핑 경쟁을 완전히 방지할 수는 없으나 적어도 guideline이 제시되는 것이나 아무런 guideline이 없는 것 간에는 큰 차이가 있다.

그러나 자유시장경제체제라고 해서 항상 자유방임만이 최선의 정책방향이라고 하기는 어렵다. 때로는 정부가 민간 경제라고 하여도 개입하는 것이 최선의 정책방향일 수 있다.

이러한 카르텔일괄정리법이 통과된 이후에 법률전문가의 용역수임료는 상승하였는데 감사인의 용역 수임료는 감소하였다. 이러한 의미에서 감사보수규정을 다시 설정하여야 한다는 논의가 활발하게 진행된다. 이러한 논의의 기초는 기존의 감사보수규정이다. 참고로 부록에 1999년까지 사용되던 감사보수규정을 보인다. 물론, 법률전문가의 수임료도 경제 상황에 따라서는 변화를 보인다.

기존에 사용하던 감사보수규정을 간략하게 기술한다. 이는 앞으로 감사보수규정이 도입된다면 예전에 사용하던 규정이 그 기초가 될 수 있을 뿐만 아니라 감사보수의 결정요인을 이해함에 있어서 도움이 되기 때문이다. 또한 기존의 guideline이 공개적으로는 아니지만 수임료를 결정함에 있어서 암묵적으로 사용되는 경우도 있다. 공개적으로 인정되지는 않으나 피감기업이 이를 사용함은 막을 수는 없다.

감사수임료를 결정하는 가장 주요한 요인이 자산규모이기 때문에 자산규모별로 기본적인 감사수임료를 책정하고 있으며 여기에 가산요인으로서 사업장 수, 상장/등록여부, 감사인변경(초도감사여부) 및 연결재무제표의 감사여부에 대한 조정이 수행된다. 사업장수가 많을수록, 공개기업일수록, 초도감사일수록, 연결감사를 수행할수록 감사보수는 높게 조정된다.

감사보수와 관련되어 최근 정책 당국에서 진행된 논의를 정리한다. 카르텔일괄정리법이 통과되어 시행되는 시점에 한국공인회계사회는 감사보수규정을 개선하기 위한 연구용역을 진행하였다.[2] 이러한 새로운 법령의 제정과 연구용역의 발표 시점이 우연히도 일치한 것이다. 공인회계사회는 이러한 연구용역을 보고서로 작성한다는 것이 위의 법령의 취지와 상치하기 때문에 보고서를 간행하지 않고 이 보고서에 포함된 감사보수 guideline에 해당하는 내용만을 회계법인에 배포하였는데 이러한 행위가 법령의 취지에 어긋난다고 하여서 공정거래위원회로부터 경고를 받았다. 이러한 사건은 1999년에 발생하였다.

이러한 사건이 있은 후 2001년 5월 재정경제부와 금융감독원은 감사수임료의 덤핑으로 인한 감사품질 저하를 심각한 문제점으로 공동으로 인식하고 재정경제부장관이 한국공인회계사회와 한국상장회사협의회에 공문을 보내서 예년에 사용하였던 감사보수규정을 재작성하는 것이 가능한지에 대한 조회를 하였다.

이러한 공문을 접수한 한국공인회계사회 회장은 공정거래위원회에 재정경제부가 요청한 이러한 작업 진행과 관련된 승인을 요청하게 되고 공정거래위원장은 이러한 용역은 이미 공정거래위원회로부터 경고를 받은 내용이기 때문에 이를 진행한다는 것을 승인할 수 없다는 공문을 보냄으로 이러한 의사결정 과정은 종결된다.

이러한 일련의 사건에서 감사보수와 관련된 유관기관인 재정경제부, 금융감독원, 한국상장회사협의회, 한국공인회계사회 모든 기관이 공정거래위원회만을 제외하고는 감사보수규정 또는 유사한 규정을 새로이 도입하여야 한다는 데 의견을 같이한다. 최근의 고려대학교에서 2005년 5월 개최된 감사수임료 관련 심포지움에서는 금융감독원은 보수를 설정해 주는 정책에 대해 반대 입장을 표명하였다.

공정거래위원회는 정부 안에서의 그 위상이 경제부총리 산하의 경제부처 장관이기는 하지만 그 의사결정에 있어서 독립적인 의사결정을 수행하는 정부부서이기 때문에 재정경제부 장관의 통제하에 있다고 할 수는 없다.

이러한 환경에서 2002년 9월 금융감독원은 공정거래위원회에 다음과

2) 주인기, 최관, 정문종, 김정국. 1999.

같은 내용의 공문을 보낸다. 이 당시 감사인 지정 제도의 시행과 관련해서 문제가 되었던 점이 감사인이 감독원에 의해서 지정된 경우, 감사인은 감독기관에 의해서 강제적으로 지정되었기 때문에 감사계약을 체결할 때 있어서 감사수임료를 높은 가액으로 책정하려고 하였으며 그렇기 때문에 감사보수를 상호간에 타협한다는 것이 쉽지 않았다. 이러한 이유로 감사계약의 체결이 지연되는 문제가 대두되었다. 즉, 감사인이 지정될 경우에 감사인이 피감기업에 비해서 수임료 결정에 있어서 우월적 위치를 점하였던 것이다. 이는 위에서 예로 들었던 국선변호인에 대해서는 경쟁체제라는 것이 의미가 없기 때문이다.

금융감독원은 이러한 문제를 심각한 문제로 인식하여 공정거래위원회에 대해서 이러한 경우에 금융감독원이 감사수임료와 관련된 어떠한 guideline을 제시하는 것이 가능한지에 대한 자문을 하였으며 공정거래위원회는 이를 승인한다. 즉 이러한 계약이 일대일 계약이기 때문에 가격을 정해 주는 것이 경쟁을 제한하지 않는다는 논리에 근거한다. 물론, 지정제일 경우는 일반적인 자유수임제도에 의해서 계약이 성사되는 경우와는 많은 차이가 있지만 공정위가 감사수임료와 관련된 guideline을 허용하였다는 것은 감사수임료 결정과 관련된 정책적인 판단에 있어서 획기적인 사건이다.

이를 허용하는 공정거래위원회의 공문 내용은 다음과 같다.

(1) 외감법 제 4 조의 3에 의거 공정한 외부감사가 필요한 회사에 대하여 외부감사인 지정을 통하여 계약을 강제하여 이미 경쟁을 제한하고 있으므로 가격 결정의 추가적인 경쟁 제한 효과는 미미하다고 판단됨.
(2) 아울러 지정제도와 같은 쌍방독점 상태에서는 협상 등에 의해 가격이 결정된 것이므로, 계약 미체결이나 체결지연 등으로 인한 피해를 막기 위해 불가피한 측면이 있는 것으로 보여짐.

즉, 쌍방 독점일 경우는 가격을 감독기관이 정해 준다고 하여도 이에 해당되는 기관에만 이 내용이 적용되기 때문에 다른 계약건에 영향을 미치지 않으며 그렇기 때문에 가격과 관련된 guideline(지침)을 예외적으로 제시함이 문제가 되지 않는다는 것이다.

앞으로 재경부, 감독원, 한국공인회계사회, 한국상장회사협의회가 감사보수규정을 다시 설정한다면 감독원의 이러한 내용이 그 기준이 될 수 있을 것 같다.

이 내용의 주요한 내용을 아래에 정리하면 이 정책의 핵심은 과도한 감사의 범주를 결정함에 있어서 적정지정감사보수를 초과하는 감사보수를 과도한 감사보수라고 정의하고 있다. 공정거래위원회의 입장에서 판단하면 적정보수의 결정이 가능하지 않다는 이전의 정책적 판단을 보여 왔다.

그러나 현재와 같은 과점적인 시장에서는 원천적으로 적정감사보수를 초과하는 과도한 감사보수는 존재하기 어렵다는 점을 간과하고 있는 듯하다.

적정감사보수는 직전 사업연도의 감사보수에 기초한다. 단정적으로 감사보수를 결정하는 모형을 설정할 수 없기 때문에 다른 대안이 없다. 즉, 감사보수를 결정하는 방법은 크게 보아서 횡단면적인 방법과 시계열적인 방법이 있을 수 있다. 감사보수결정이 존재하는 것을 인정하지 않는다면 가장 기본적인 시계열적인 방법 이외에는 대안이 있을 수 없다.

횡단면적인 방법이란 각 개별기업의 특성에 의한 감사보수를 설정하는 것으로 이미 존재하였던 보수규정에 기인한다면 자산규모가 이를 결정하는 가장 주된 변수가 될 것이다.

시계열적인 방법이란 감독원이 제시한 대로 직전연도의 감사수임료에 기초한 금액이지만 직전연도의 감사수임료가 어떻게 결정되었는지를 추적한다면 여기에 대해서는 궁색한 대답밖에 주어질 수 없다. 결국은 이를 거슬러 올라간다면 어느 시점에서인가 횡단면적으로 또는 매우 임의적으로 감사수임료가 결정되었을 것이다. 시계열적인 접근 방법의 단점은 직전연도의 감사수임료가 어떠한 이유가 되었건 적절치 않게 결정이 되었다고 하면 이후 연도의 감사수임료가 적절치 않게 결정될 수 있다는 점이다.

감사보수가 너무 낮다는 것이 일반적인 믿음이기 때문에 감사보수를 제시함에 있어서 최소감사보수를 제시할 수 있다. 즉, 감사보수가 너무 높다고 판단될 때에는 이를 정책적으로 최대감사보수를 설정하면 되는 것이고 감사보수가 너무 낮다고 판단될 때에는 최소감사보수를 설정할 수 있다.

최근에는 모회계법인이 대한투자신탁의 외부감사인 선임과정에서 입찰에 참여한 7개 회계법인 중 최고가액을 제안한 1억 3,300만원의 44퍼센트에 불과한 5,900만원을 제안하여 4개월간 조사를 받은 바 있다.[3)]

공인회계사윤리규정 제18조 1항의 독립성 유지를 위한 구체적 적용지침에서도 의뢰인에 대한 감사수임료가 종전에 직무를 수행한 다른 공인회계사나 또 다른 공인회계사가 제시하는 보수보다 현저하게 낮게 결정된 경우에는 이기적 위험으로 인해 독립성이 훼손된 것으로 볼 수 있다고 규정하고 있다. 따라서 이 지침에 따라 공인회계사는 현저하게 낮은 감사수임료를 받고도 감사업무에 대하여 적정한 감사시간을 사용하고, 높은 질적 수준의 감사보조자들을 동원하며, 질적 관리정책을 적절히 실시하는 등 감사기준을 준수하였다는 근거를 문서화하여야 한다. 이러한 규정에 따라 한국공인회계사회는 대한투자신탁에 대해 낮은 감사수임료와 관련된 조사를 수행하였다. 즉, 이러한 윤리규정에 의해 한국공인회계사회는 감사의 덤핑수주를 규제하고 있다.

이러한 감사수임료의 덤핑 경쟁으로 인한 감사품질의 저하는 최저가격낙찰제에 기인한다고 할 수 있다. 정부계약과 관련되어 유사한 문제가 많이 발생하는 이러한 문제를 해결할 수 있는 다른 대안으로는 차저가낙찰제(second lowest bidder)가 있다. 즉, 가장 낮은 가격의 입찰일 경우는 어차피 덤핑에 의한 가격일 확률이 높기 때문에 가장 낮은 가액을 제외하고 그 다음 낮은 가액을 채택하는 것이다. 그러나 차저가낙찰제일 경우도 두 업체가 공모하여 첫 공모 시에는 한 업체가 매우 낮은 가액으로 응찰하여 다른 업체에게 낙찰의 기회를 주며 다음 기회에는 공모한 다른 업체가 매우 낮은 가액을 응찰하여 해당 업체에게 낙찰의 기회를 주는 방식으로 공모한다면 차저가낙찰제도의 장점을 쉽게 피해 갈 수 있다.

제한적 최저가낙찰제(pq심사, pre-qualification)는 예정가격의 일정비율 이상으로(예를 들어 90퍼센트) 가장 낮게 입찰한 자를 낙찰자로 선정하

---

3) 한겨레신문. 2003. 11. 12. 회계감사 덤핑 경쟁 확산 우려.

는 방식으로서 최저가낙찰제에서 발생할 수 있는 덤핑과 그로 인한 부실공사의 우려를 방지하고자 고안된 제도이다. 일정 수준의 공사비를 확보하게 함으로써 낙찰자의 성실한 공사를 유도하여 공사품질을 고양시키고자 하는데 그 목적이 있다. 그러나 예비가격을 미리 공개하지 않는 제한적 최저가낙찰제에서는 예비가격 탐지 관련 부조리에 대한 잡음이 끊이질 않고 있으며 공사 수행 능력에 의한 평가가 아닌 운이 많이 작용하는 낙찰자 결정방법이라는 비판을 받고 있다.

위에 제시한 대안들은 정부계약에서 대안으로 제시되는 것인데 이론적으로는 회계감사에 적용될 수 있으나 실무적으로 적용할 때에 어려운 점도 있다. 예를 들어 이러한 제도를 정부에서 강제한다고 할 때에 누군가가 이러한 제도가 적용되는지를 감시/감독하여야 한다. 따라서 이러한 대안은 이론적으로는 가능할지 몰라도 이를 제도화하여 강제한다는 것은 거의 불가능하다.

회계감사 업무는 어떻게 보면 신용평가회사의 신용평가와도 매우 유사한데 신용평가의 경우는 신용정보의 이용 및 보호에 관한 법률 제7조(수수료 등)에서 최대수수료를 정해 주고 있다. 즉 이는 감사보수규정이 적용되던 경우와 유사하다.

신용평가 시장 또한 신용평가 3사, 한국신용평가, 한국기업평가, 한국신용정보가 맡고 있어서 과점적인 성격을 띤다. 단, 이들 신용평가사와 회계법인의 차이는 신용평가일 경우는 감독원에서 수임료를 결정해 주고 있다. 1994년 7월부터 복수 신용평가라는 차이는 있지만 그럼에도 불구하고 성격이 유사한 이 두 시장간에 수임료 결정과 관련된 제도가 차이가 있다는 것은 흥미롭다. 회계법인은 감사수임료를 받고 신용평가기관은 평가수수료를 받는다. 따라서 신용평가사도 회계법인이 독립적인 것과 동일하게 독립적이어야 한다.

동일한 성격의 용역수임료에 대해서 어떠한 업종의 수임료는 정부가 결정해 주고 다른 업종의 경우는 다른 기준이 적용된다. 위에서도 기술되었듯이 신용평가업무와 감사업무간에는 많은 유사한 성격적인 면이 존재한다.

어떻게 보면 회계감사인의 업무는 감정법인의 업무와도 매우 유사하다고 할 수 있다. 감정업무는 회계감사업무와 동일하게 불특정다수에 대한 공공재적인 성격을 갖는다. 감정업무는 회계와 직접적으로 연결되는 경우는 감액손실을 들 수 있다. 회계와 감정업의 업무가 이러한 측면에서 매우 밀접하기 때문에 흥미로운 점 몇 가지를 기술한다.

국내 회계기준은 감액손실만 언급하고 최근 국제회계기준에 상향조정의 건이 언급되고 포함되었으나 이는 수용되지 않고 있다. 대부분 처분이 임박한 자산이 아니면 거의 감액을 하지 않는다. 예를 들면 구조조정 대상 사업부가 이에 해당된다.

이러한 감액의 결정도 감정평가회사의 몫이어야 한다. 이러한 산업조직적 측면에서 감정업의 산업 행태와 회계감사 산업 분야의 산업구조는 매우 유사하다. 공공적인 면이 강하다는 점에도 차이가 없다. 또한 의뢰인에게서 수임료를 받고 용역을 제공함에도 차이가 없다. 위에서도 기술되었듯이 신용평가사가 이러한 면에서 독립성을 상실한 위험 및 이해상충이 존재하기 때문에 복수로 신용평가를 받도록 강제하고 있다. 현실성은 없으나 과거에 dual audit에 대한 논의와 동일한 측면에서 해석할 수 있다.

감정업도 공공적인 업무를 수행하므로 행정자치부가 이 산업에 대한 공정성을 강제하고 이를 규제한다. 다만, 감정업의 경우는 회계감사 산업과는 달리 한국감정원이라는 정부산하기관이 존재하여 민간 기업과 경쟁하는 형태를 띤다. 회계감사법인의 독립성과 관련된 비판이 제기될 때에 흔히 주장되는 부분은 민간에서 수행되는 회계감사의 공공성이 뒤진다면 이를 민간에 맡길 것이 아니라 정부가 직접 감사를 수행하면 되는 것 아닌지에 대해서 논의된다. 물론, 이러한 과정에서 한국감정원이 생성된 것이 아니라 한국감정원이 독점하던 산업이 민간에 개방된 것이다.

신용평가회사의 복수평가와 dual audit은 근원적으로 차이가 있는 것이 회계감사일 경우는 실질적으로 현장에 투입되어야 하기 때문에 주로 외부에서만 작업이 가능한 신용평가사의 복수평가보다는 더욱 중복 작업의 절차가 복잡할 수 있다.

신용평가의 복수평가가 어떻게 보면 회계관련 법률개정의 논의 과정에서 dual audit을 수행하는 피감사기업에 대해서는 감사인 강제교체를 면제해 주겠다는 의견이 제시되었던 점과 맥을 같이한다. 단, 신용평가를 수행하는 기관이 세 기관에 한정되어 있기 때문에 회계법인과 비교해서 선택권이 제한된다. 주관적인 의견을 보일 수 있는 한 평가기관의 평가의견을 희석하겠다는 의도인 것이다. 어떻게 보면 신용평가일 경우는 회계법인에 비해서도 더욱 과점적이라고 할 수 있다. 회계법인은 big 4 회계법인이 회계업계를 이끌고는 있으나 대기업이라고 하여도 반드시 big 4 회계법인에 의해서 감사를 수임 받아야 하는 것은 아니다.

공기업이 민간기업에 비해서 모든 점이 경직되어 있기 때문에 민영화하여 경쟁력을 갖추어야 한다는 주장이 있는 반면에 회계감사업과 같은 공적인 산업은 공공성이 중요하기 때문에 공공부문이 이를 맡아야 한다는 주장은 역설적이다. 감정사업에 있어서도 민간이 꺼리는 경제성이 낮은 사업은 한국감정원이 감정업무를 맡기도 한다.

공적인 성격을 갖는 기업이 민간과 동일하게 경쟁할 경우는 불리한 위치에 처한다는 주장도 있다. 이는 민간기업은 용역을 수주하기 위해서 부적절한 방법을 사용하기도 하지만 공적인 성격을 갖는 기업은 이와 같이 할 수 없기 때문이다.

> 신용정보의 이용 및 보호에 관한 법률 제7조(수수료 등) 〈개정 1997. 8. 28, 1998. 1. 13〉
>
> 신용정보업자는 금융감독위원회가 정한 최고한도의 범위 안에서 신용정보의 이용자로부터 조사료 · 조회료 · 채권추심료 또는 수수료 등을 받을 수 있다.
>
> 여기서 신용정보업자는 다음 업무를 영위하는 자를 말한다.
>
> • 신용조회업무 및 그에 부수하는 업무
> • 채권추심업무 및 그에 부수하는 업무
> • 신용평가업무 및 그에 부수하는 업무

따라서 신용평가수수료는 예전 감사보수처럼 최대한도를 제시한다고 보면 된다.

다음의 A, B 두 주장은 매우 상반되는 주장이다.

A. '감사인은 피감사기업으로부터 감사수임료를 지급받는 한 독립적일 수 없다.'

그럼에도 불구하고 우리는 감사인이 독립적이기를 기대한다. 이는 공인회계사로서의 윤리의식, 사명감, 법정 소송 및 감독원의 조치 등이 존재하기 때문이다.

B. 우리는 동시에 감사보수가 수준이 너무 낮다고 한다. 적정 감사수임료를 받아야만 적절한 감사가 수행된다는 것이다.

즉, A의 내용은 감사수임료를 높게 받을수록 독립성이 훼손될 가능성이 높다는 것을 의미하며 B의 내용은 감사수임료를 높게 받을수록 감사품질이 높아진다는 것을 의미한다. 이 두 내용은 어떻게 보면 상충되는 논리 전개이다. 물론, 극단적으로 보면 이들 두 논리가 상충되지만 중도적인 입장에서는 합리적인 수준에서 감사수임료가 결정된다면 문제가 없다. 그렇기 때문에 감사수임료는 너무 높지도 않고 너무 낮지도 않은 적정한 수준에서 결정되어야 한다. 이 과정에서 적정감사수임료가 논의된다.

감사위원회의 회의록을 검토할 기회가 있었는데 감사수임료와 관련된 흥미로운 몇 가지 내용을 이곳에 기술한다.

사례 1:

회계감사용역 수임료뿐만 아니라 모든 수임료의 결정이 issue가 될 수 있는데 모기업의 감사위원회에서는 세무조정 수임료 결정과 관련되어서 다음과 같은 논의가 진행되었다.

> "××회계법인은 손해배상 책임범위를 용역보수의 3배로 한다는 조건을 꼭 포함해야 한다고 했고, 결과적으로 ○○회계법인에서 책임범위를 수용하면서 작년 수준으로 동결하기로 한 것입니다."

즉, 수임료의 결정은 이러한 용역으로부터 발생될 수도 있는 손해배상 책임의 문제와도 연동될 수 있다고 하는 매우 흥미로운 부분이다.

사례 2:

한 특정 기업의 감사위원회에서 이와 관련되어 논의된 사항을 기술한다.

용역보수는 비슷한 수준인데, 책임범위와 관련해서는 ××회계법인은 '제공자료 부정확시 면책'으로 되어 있고, ○○회계법인의 경우에는 모든 경우에 '면책불가'로 되어 있다. 그렇다면 제공 자료가 정확하지 않을 경우에도 면책되지 않는다는 것입니까?

회계팀장: 용역계약 주요 내용을 보시면 책임범위에서 세무감사업무의 대상은 재무제표, 대사확인 및 검증이 가능한 항목들입니다. 그래서 제시된 자료가 혹시 부정확하더라도 제대로 대사를 한다면 파악해 낼 수 있는 항목들이기 때문에 면책하지 않는다는 것입니다.

××회계법인은 자기들이 외부감사인으로서 확인한 자료를 다 활용할 수 있기 때문에 자신 있다고 보는 것이며 반면 ○○회계법인은 그렇게까지 책임을 지려고 한다면 모든 자료를 처음부터 끝까지 다 확인해야 하기 때문에 많은 인력과 시간이 필요하므로 어렵다는 것입니다.

위의 두 경우의 사례는 감사수임료의 결정요인 중에서 법정소송시에 회계감사인이 어느 정도의 책임을 지는지와 수임료가 연관되어 있다는 흥미로운 내용이다. 이는 피감사기업과 감사인을 공동 피고로 소송이 제기되었을 때 총액을 어느 경제 주체가 부담하는지의 문제로 귀착되기 때문이다. 피감기업이 부도가 발생하였을 경우에는 감사인이 모든 법적 부담을 안게 되는 deep pocket에 대해서는 이미 기술되었다.

Chapter 33

전문가의 독립성

많은 전문가들이 독립적이어야 한다고 말할 수 있다. 예를 들어 최근 들어서는 매수/매도 주식 추천을 내는 재무분석가들이 독립적이지 않다고 한다. 이들은 매도 추천을 표명하기는 매우 부담스러우며 또한 이들이 추천을 악용하여 자신들의 매매차익을 추구하기도 한다. 이들의 매수와 매도 추천은 균형적이지 않다. 그러나 이들에게 어떠한 규제를 수행한다는 것이 용이하지는 않은데 회계감사의 경우는 외감법에 의해서 자산규모 70억원 이상의 모든 기업이 감사를 받도록 강제되지만 매수/매도 추천은 단지 투자의사결정을 위한 부수적인 용역이기 때문에 이 둘을 동일하게 취급할 수는 없다. 즉, 회계감사의견은 강제적으로 제시되어야 하는 정보이지만 매수/매도 추천 없이도 경제주체가 경제활동을 영위할 수 있기 때문이므로 경제활동에 필수적인 정보는 아니다. 이와 관련된 불공정거래로는 쉽게 생각할 수 있는 경우가 재무분석가 또는 재무분석가의 특수관계자가 주식을 매수하고 strong buy의견을 표명할 수 있으며 이러한 의견의 결과 많은 투자자가 주식을 매수하여 주가가 상승된다면 이 시점에 주식을 매도하여 시세차익을 실현할 수 있다.

또한 재무분석가들이 이와 같은 개인적인 영리를 추구할 뿐만 아니라 계열사에 소속된 경우, 조직의 일원으로서의 다른 행태를 보일 수도 있다.

상장기업 계열사의 애널리스트 등은 증권거래법상 '내부자'에 포함시키고 주식 내부거래시 처벌 기준도 대폭 강화하는 방안이 추진된다.[1] 이러한 내용은 감사인의 독립성도 문제가 되지만 애널리스트들도 독립성이 문제가 되어 계열사에 대한 의견을 표명할 때는 의견에 편의를 띨 수 있음을 의미한다.

애널리스트의 투자추천의견의 비중은 다음의 분포를 보인다.

Frequency Table of Analyst Recommendations(2000-2004)[2]

Estimate Year	2000		2001		2002		2003		2004	
Target Year	2000	2001	2001	2002	2002	2003	2003	2004	2004	2005
Strong Buy	181	127	130	120	472	423	564	433	424	238
Buy	3,686	2,910	14,303	12,798	17,594	15,365	39,372	28,750	49,325	31,429
Hold	2,315	1,827	13,780	13,131	10,835	9,912	32,719	24,024	33,102	21,439
Sell	382	326	2,207	2,125	873	807	1,199	774	512	278
Strong Sell	115	111	257	235	72	62	57	46	241	140
부분합계	6,679	5,301	30,677	28,409	29,846	26,569	73,911	54,027	83,604	53,524
Current Year	224,717									
1 year after	167,830									
Total	392,547									

자료출처: FnGuide.

2005년 target 연도를 기준으로 buy recommendation은 59%를 보이며 sell recommendation은 0.005%를 보이고 있어서 균형된 의견을 보이지 않는다. 균형된 의견을 평균적으로 보인다면 반은 buy recommendation이고 반은 sell recommendation일 것이라고 예측하면 hold recommendation 중 많은 부분은 sell recommendation인데 해당 기업과의 관계를 고려해서 분석가들이 그러한 의견을 표명하지 못하는 것에 불과한 것이다.

1) 한국경제신문. 2005. 5. 18. 계열사 임직원 애널리스트도 내부자에 포함시킨다.

2) 이 작업을 수행해 준 박사과정의 이만용 군에게 감사한다.

이러한 불균형이 우리나라의 경우에만 존재하는 것이 아니라 미국의 경우에도 이러한 현상이 나타난다. 다만, 이와 같이 재무분석가의 추천 의견이 bias가 있을 수 있기 때문에 추천의견을 이용하는 이용자들은 이를 고려하여 사용하여야 한다.

1996년-2001년 상반기까지의 I/B/E/S DB를 검토한 결과 전체 151,667개(NYSE, AMEX, NASDAQ 기업전체) 관측치 중에 다음의 분포를 보인다.[3)]

'strong buy'=43,969(28.99%)
'buy'=57,653(38.01%)
'hold'=45,410(29.94%)
'underperform'=2,709(1.79%)
'sell'=1,926(1.27%)

단, 국내의 경우와는 달리 underperform이라는 표현을 사용하였다. 위의 자료에서 우리가 알 수 있듯이 재무분석가가 기업에 유리한 방향으로 주식투자와 관련된 추천을 수행하는 것은 우리나라의 실증분석 결과와 차이가 없다.

3) Boni and Womack. 2003.

Chapter 34

상장폐지

상장법인의 경우,

유가증권상장규정 제42조의 2(주권의 관리종목지정기준 등)에 의하면 주권상장법인이 최근 사업연도의 감사인의 감사보고서상 감사의견이 감사범위제한으로 인한 한정인 경우 관리종목으로 지정된다고 규정되어 있고

유가증권상장규정 제37조(주권의 상장폐지기준) 제 1 항 제 3 호에 의하면 관리종목으로 지정된 주권상장법인이 감사인의 감사보고서상 감사의견이 최근 사업연도에 감사범위제한으로 인하여 한정인 경우 주권의 상장을 폐지한다고 규정되어 있다.

따라서 상장법인이 감사범위제한으로 인한 한정의견으로 인하여 관리종목지정 그리고 또 다시 감사범위제한으로 인한 한정의견일 경우 상장폐지된다. 그러나 관리종목으로 편입된다고 해도 재무제표가 감사를 받는 데는 변화가 없다. 단지, 유일한 변화는 관리종목으로 편입될 경우 감사인이 지정되게 된다.

협회상장법인(코스닥 법인)의 경우,

유가증권협회등록규정 제28조(등록의 취소) 제 1 항 제12호에 의하면 최

근사업연도의 재무제표에 대한 감사인의 감사의견이 감사범위제한으로 인한 한정인 경우 등록 취소된다고 규정되어 있다.

따라서 협회등록법인인 경우 감사범위제한으로 인한 한정인 경우 바로 등록 취소된다. 물론, 협회등록법인일 경우 부적정의견 및 의견거절을 받으면 곧 퇴출된다. 코스닥상장기업은 상장등록기업에 비해서 위험이 높은 모험적인 성격의 기업이기 때문에 정부의 제재도 상장기업보다는 약하다. 단, 감사범위 제한 한정의견에 대한 조치일 경우 코스닥기업은 즉시 퇴출인 반면 거래소 상장기업은 오히려 관리종목으로 분류된다. 이는 코스닥 상장기업일 경우가 위험이 더 높은 기업이기 때문에 이들 기업에 대한 투자자를 보호하기 위해서일 것이다.

참고로 유가증권협회등록규정 제23조(관리종목) 제1항 제6호에 의하면 반기보고서에 대한 감사인의 검토의견이 감사범위제한으로 인한 한정인 경우 관리종목으로 지정된다고 되어 있다.

위의 제도에서 보는 바와 같이 감사범위제한 한정의견은 다른 한정의견과는 달리 취급된다. 이는 감사범위제한 한정의견이 실질적으로 회계정보에 대한 접근에 어려움이 있기 때문에 심각한 한정의견으로 인식되기 때문이다.

부적절의견 또는 의견거절을 받은 기업이 시장으로부터 퇴출을 받게 되는 제도는 2002년부터 시행된 제도로 매우 극단적인 제도이다. 우리나라에서의 대부분의 제도는 미국을 포함한 '회계선진국'에서 이미 도입된 제도를 수입하여 시행하고 있다. 이는 미국의 영향력도 있지만 회계기준도 그러하고 회계와 관련된 모든 제도적인 내용이 전 세계적으로 거의 통일적으로 적용되기 때문이다. 그러나 부적정의견과 의견거절을 받은 기업이 퇴출을 받는 제도는 매우 강력한 특이한 제도이다.

최근 가장 많은 주목을 받았던 SK글로벌의 회계문제를 예로 들어 보겠다. 영화회계법인(현재의 한영회계법인)은 감사보고서에서 SK글로벌이 해외현지법인에 대해 지급 보증한 2조 3,927억원은 대지급손실이 발생할 것으로 추정되지만 해외 현지법인의 추가적인 손실 존재 여부를 검토하기 위한 감사보고서 등 관련자료를 입수하지 못해 감사범위 제한에 따른 한정의견을 제시했다고 밝혔다. 이에 대해 회계업계와 증권업계에서는 SK글로벌의 상장폐지(퇴출)를 피하기 위해 감사의견거절이나 부적정의견이 아닌 한정의견을 제시했다는 지적이 일고 있다.

A 회계법인 회계사는 '2조 3,927억원의 손실액이 SK글로벌 자산이나 부채의 50%에 달한만큼 규모가 큰데다 계속기업으로서의 불확실성이 높은 상황임을 고려할 때 감사의견 거절이 나오는 것이 마땅하다'고 지적했다.[1] 이러한 금액이라면 어떠한 기준을 적용하더라도 중요한 금액이다.

이에 대해 '감사의견 한정이 내려졌다는 것은 상장폐지를 막기 위한 정책적인 고려 때문이라고밖에 볼 수 없다'고 말했다. 상장폐지에 따른 SK 글로벌 소액주주의 반발이나 대내외적인 신뢰도 추락, 주식시장에서의 자금조달 차질 등으로 채권단의 경영정상화 이행 과정에 중대한 차질이 빚어질 수 있기 때문이다.

그러나 감사의견이란 이러한 제반 경제 환경을 고려해서 의견을 표명하는 것은 아니다. 이러한 식으로 접근한다면 경제적 파장이 큰 기업일 경우는 정부가 나서서 부적정의견도 막아주고 의견거절도 막아서 퇴출을 미연에 방지하여야 한다는 결론이 도출된다. 과거 독재정권이 권력을 행사하던 시점에는 정부의 정보기관에서도 부정적인 감사의견을 표명하려는 회계법인에 압력을 가했던 것으로 알려졌다. 물론, 국가 경제를 지탱하는 기업을 보호하려는 점은 이해하지만 부실한 기업이 언제까지나 보호받을 수 있는 것은 아니다. 大馬不死라는 정부의 정책이 경제에 얼마나 큰 부정적인 영향을 미쳤는지는 경제위기 시점에도 우리 모두가 실감하였다.

이와 같이 제도가 너무 강하면 그 반대적인 부작용도 발생하게 된다. 즉, 부적정의견이나 의견거절을 표명한다는 것이 피감사기업에 치명적인 불이익을 유발할 경우, 이러한 의견을 표명한다는 것이 큰 부담으로 작용한다. 따라서 강한 정책은 순기능과 역기능을 동시에 갖는다.

이러한 정책은 부적정의견과 의견거절을 받을 정도의 심각한 회계상의

1) 매일경제신문. 2003. 4. 2. SK글로벌 '한정의견' 논란.

문제가 있을 경우 이에 대한 철퇴를 가한다는 의미가 있다. 그러나 좋은 취지로 시작한 제도에 문제가 있듯이 이 제도에도 시행상에 문제가 없지 않았다. 이러한 제도의 순기능은 기업으로 하여금 부적정의견이나 한정의견을 받을 정도의 회계적인 문제를 유발시키지 않게 하는 순기능이 있는데 이러한 의견을 받을 정도의 피감사기업과 감사인 간에 의견불일치가 존재할 경우는 감사인의 의견을 존중하라는 의미도 내포된다.

강력한 제도의 역기능은 이러한 의견을 표명하는 회계감사인의 입장에서는 이와 같은 의견의 표명이 큰 부담으로 작용한다. 때로는 제도가 너무 강하면 반작용이 발생할 수 있다. 예를 들어 의견거절이나 부적절의견은 감사인이 큰 부담을 느끼는 의견인데 하물며 위의 제도가 시행되기 때문에 감사인들은 감히 이러한 의견을 표명하기가 어렵다. 물론, 이론적으로는 소신있게 이러한 의견을 표명하여서 공개기업을 퇴출까지 시킬 수 있는 강한 무기를 감사인이 갖기 때문에 기업들로 하여금 회계부정을 범하지 않게 하려는 좋은 의미가 담긴 제도이기는 하지만 기업에 미치는 파장이 너무 크기 때문에 섣불리 이러한 의견을 표명하지 못한다면 좋은 제도의 효과가 반감될 수도 있다. 오히려 이러한 강한 제도를 시행하지 않음만 못할 수도 있다. 저자는 이러한 제도에 대한 장단점만을 지적하는 것이지 이 제도의 적절성에 대한 의견을 표명하는 것은 아니다.

반면, 계속기업과 관련된 변형된 의견일 경우도 감사인이 소신을 갖고 의견을 표명하는 것을 보아서는 퇴출 여부를 떠나 감사인 자신도 보호하여야 하기 때문에 피감기업에 부담이 되는 의견도 과감히 표명할 수 있다.

감사준칙에 보면 감사범위 제한의 영향이 매우 중요하고 전반적이어서 감사인이 충분하고 적합한 감사증거를 획득할 수 없었을 경우에는 의견거절을 표명하도록 하고 있다. 따라서 주관적인 판단이 개입하기는 하겠으나 SK 글로벌의 경우에는 의견거절이 표명되는 것이 적절하였으나 증권시장에서의 퇴출을 막기 위해서 한정의견을 표명하였다고도 할 수 있다. 즉, 이러한 제도가 시행되기 때문에 부적정의견과 의견거절을 표명할 감사인의 자유도가 완전히 박탈될 수도 있다.

위의 내용은 언론에 보고된 내용이고 이 건과 관련되어 SK글로벌과 규제기관의 입장의 차이는 다음과 같다.

2002년 감사의견에 대해서:

피감사회사가 해외현지법인에 대한 지급보증추정손실 23,927억원을 반영하지 않은 사실과 해외현지법인의 부실규모 등에 대한 관련자료 불충분으로 피감사회사의 재무제표에 미치는 영향을 판단할 수 없는 사안은, 피감사회사의 재무제표에 매우 중요하고 전반적인 영향을 미치고 있는 사안임에도 한정의견을 표명한 사실이 있다고 감독원은 의견을 보인다.

어떠한 의견이 표명되어야 하는지를 비교하기 위해서 그 판단의 근거가 되는 감사준칙을 인용한다.

감사준칙상 규정

700-37. 감사인과 경영자간의 의견불일치나 감사범위의 제한으로 인한 영향이 중요하여 적정의견을 표명할 수 없지만 부적정의견이나 의견거절을 표명하여야 할 정도로는 중요하지 않거나 전반적이지 않은 경우에 한정의견을 표명하여야 한다. 한정의견은 '한정의견의 사유가 되는 사항의 영향을 제외하고는'이라는 표현으로 표명되어야 한다.

700-38. 감사범위의 제한의 영향이 매우 중요하고 전반적이어서 감사인이 충분하고 적합한 감사증거를 획득할 수 없었고 따라서 재무제표에 대한 감사의견을 표명할 수 없는 경우에는 의견거절을 표명하여야 한다.

700-39. 감사인과 경영자간의 의견불일치로 인한 영향이 대단히 중요하고 전반적이어서 한정의견의 표명으로 재무제표의 오도 또는 왜곡 표시된 내용을 적절히 공시할 수 없다고 감사인이 판단했을 경우에 부적정의견을 표명하여야 한다.

위의 사례에서도 동일 건에 대해서 적정, 한정, 의견거절을 모두 고려한다는 점을 생각할 때 위의 대안인 한정, 의견거절, 부적정의견도 매우 주관적인 판단일 수 있다. 이러한 규제기관의 의견에 대해서 감사인의 답변 내용은 다음과 같다.

> 전반적이라는 용어는 국제회계감사기준의 pervasive를 번역한 것으로 이는 모든 부분에 전체적으로 퍼져 있다는 의미이다. 회계감사 준칙상 감사범위제한의 영향 또는 감사인의 경영자간의 의견불일치로 인한 영향이 전반적이라는 것은 기업회계기준의 위반, 감사범위의 제한, 내부통제상의 결함 등으로 인하여 재무제표상 계정과목 대부분이 중요하게 왜곡표시됨으로써 재무제표가 정보이용자들을 오도하거나 정보이용자에게 실질적으로 유용성이 없게 되는 경우를 의미한다.

반면, SK글로벌에 대한 감사인인 영화회계법인의 한정의견을 표명한 이유로는

> 2002 회계연도 감사보고서에 표시된 한정사항은 해외현지법인과 직접 관련된 항목으로 해외현지법인에 대한 지급보증대지급손실 예상액 23,972억원, 해외현지법인에 대한 매출채권의 대손예상액 등이었는바 이는 추가 손실 예상액 관련 감사범위제한으로서 둘 다 해외현지법인의 재무상황과 관련된 것으로, 이러한 내용은 해외현지법인에 대한 지급보증대지급 손실 및 매출채권에만 국한된 항목으로 '전반적'이지 않으며 특정하게 제한된 항목이므로 이들 항목을 제외한 피감사회사의 재무제표는 여전히 정보이용자에게 의미 있는 정보를 제공하고 있다고 판단한다. 이는 전반적이라는 용어의 사용을 몇 개의 계정에 미치는 영향인지의 측면에서 접근한 것이다.
>
> 감사의견 표명 당시 SK글로벌의 국내 회계부정에 대한 검찰의 철저한 조사가 있었고, 조사결과 해외현지법인과 관련된 항목을 제외하고는 회계부정은 감사 당시 이미 재무제표에 반영되어 있다고 판단하였다.

이에 대한 규제당국의 입장은

> "'전반적'이라는 의미는 영향을 미치는 계정과목의 항목수를 의미하는 것이 아니라 영향의 정도가 중요하다."

이에 대한 저자의 개인적인 의견은 계정과목의 수가 전체 계정과목수에

서 몇 항목에 영향을 미쳐야 이것이 전반적인지는 중요성 못지않게 주관적인 판단이다. 아마도 영향을 받는 계정과목수와 금액이 모두 전반적이라는 용어를 해석함에 중요하다고 할 수 있다.

다시 SK글로벌의 주장은 다음과 같다.

공표된 재무제표상 자산 총계는 55,527억원, 매출액은 188,221억원이었으나, 해외현지법인에 대한 매출채권 할인액 25,800억원을 포함한 실질적인 자산총계는 81,327억원이다. 지급보증 대지급손실 예상액 23,927억원은 해외현지법인에 대한 매출채권할인액을 포함한 실질적 자산 총액 81,327억원의 29%이고 매출액의 13%에 해당되는바, 동 지급보증 대지급손실 예상액이 단지 특정계정과목에만 국한되고, 미계상으로 인한 영향이 재무제표가 실질적으로 무용하다고 여길 정도로 '대단히 중요하고 전반적'이라고는 판단하지 않는다.

이에 대한 규제기관의 의견은 다음과 같다.

감사인의 주장대로라면 피감사회사가 반영하지 아니한 해외현지법인 지급보증에 따른 대지금손실 추정치 23,927억원과 해외현지법인에 대한 순매출채권 28,677억원은 회사의 실질적인 자산 총계의 64%이고 매출액의 28%에 해당되는 매우 중요한 금액이다.

영화회계법인은 이 내용을 다음과 같이 대응한다.

더욱이 해외현지법인에 대한 지급보증 대지급손실 예상액 23,927억원 미계상에 대한 감사인과 경영자간 의견불일치로 인한 영향 및 해외현지법인에 대한 매출채권 추가 대손예상액과 관련된 감사범위 제한은 감사보고서 본문에 충분하고 적절하게 공시되었기 때문에 한정의견의 표명으로도 재무제표의 왜곡표시된 내용을 적절히 공시할 수 있다고 판단하였다.

결론적으로 본 감사인은 감사인의 입장에서 상기 발견사항이 피감사회사의 재무제표에 미치는 영향이 감사준칙에서 정하고 있는 '매우 중요하고 전반적인' 것에 해당되는 것은 아니라고 판단하여 한정의견을 표명한다.

이러한 의견에 대해 규제기관은:

'전반적'이라는 의미가 영향을 미치는 항목수를 의미한다고 볼 때, 감사보고서에 표시된 한정의견은, 대지급채무, 매출채권, 이로 인한 투자유가증권(해외현지법인주식) 등에 영향을 미치는 전반적인 사항이라고 볼 수 있다.

물론, 회계감사기준이나 회계감사준칙에서 또는 기업회계기준에서 중요성을 수치화하여서 정의하고 있지 않기 때문에 이러한 판단은 주관적인 판단이며 그렇기 때문에 위와 같은 동일한 수치에 대해서 다른 판단이 수행되는 것이다.

위의 동일한 현상을 이해하고 해석하는 데도 감사인과 규제당국간에 차이가 있을 수 있다. '전반적'이라는 의미는 영향을 미치는 계정과목의 항목수인지 영향의 정도인지가 회계감사기준/준칙에서 명확히 구분되지 않는다. 또한 중요성의 판단기준도 매우 주관적인 판단인 것과 같이 전반적이라는 용어의 사용도 매우 주관적이다.

위에서 이미 논의된 중요성, 지금 논의되는 전반적의 개념, 합리성의 개념이 가장 대표적으로 주관적인 판단의 대상이 되며 논란의 소지가 있는 개념이다.

실제로 회계법인들은 지난해부터 정부가 '감사범위제한 한정의견'을 받은 코스닥기업은 퇴출토록 기준을 강화하자 궁여지책으로 '계속기업으로서의 불확실성에 따른 한정의견(퇴출기준 제외)을 쏟아내며 물타기를 계속하고 있다. 금융계 관계자는 회계법인이 한정의견을 내는 것은 '제대로 확인이 안됐으니 알아서 투자하라'며 자신들이 져야 할 책임을 회계정보 이용자에게 전가하는 꼴'이라며 '회계투명성을 높이기 위해선 마땅히 폐지해야 한다'고 주장했다.[2)]

2) 한국일보. 2003. 7. 17. 면피성 감사가 부실회계 부른다.

Chapter 35

회계감독기구

본서가 저술되는 2004년 현시점에도 우리나라의 감독기구인 금융감독기구에 대해서도 많은 논란이 있다.[1] 특히 카드부실과 관련되어 감독기구가 효율적으로 움직이지 못한다는 비판이 제기되었으며 이는 감독기구에 대한 논의에서 그치는 것이 아니라 재경부의 금융정책관련된 조직도 포괄한다. 일부에서는 금융정책은 재경부에서 금융감독위원회로 일원화되어야 한다는 주장이다. 현재 정부혁신지방분권화위원회에서 이에 대한 논의를 총괄하고 있다. 본서는 회계와 관련된 내용에 국한되기 때문에 정부의 행정체계에 대한 논의는 논외로 하며 연구자가 이에 대한 전문적인 지식도 없다.

이러한 논의에는 작게는 금융감독위원회와 금융감독원의 통합, 재정경제부과 금융감독위원회의 업무의 통합 등 정부의 구조개편과 관련된 내용이 맞물려 있다. 금융감독원은 금융감독기구설치법에 의해서 설립되었으며 금융감독위원회를 보좌하며 행정행위를 수행한다.

현재의 회계감독기구는 금융감독원과 정부조직인 금융감독위원회로 구성되어 있는데 이 두 구조가 옥상옥의 문제를 초래한다고들 말하기도 한다.

---

1) 미국의 경우는 다음의 문헌을 참조한다.
Panel on Audit Effectiveness. 2000. Public Oversight Board. Chap. 6. Governance of the Auditing Profession.

의사결정구조로 보아서는 회계정책 및 감리업무일 경우 금융감독위원회의 의결기구인 증권선물위원회에서 의사결정을 수행한다. 금융감독위원회에는 금융감독위원회와 증권선물위원회의 두 의결기관을 두고 있는데 이 두 의결기관의 업무가 어느 정도 중복된다는 의견도 있다.

예를 들어 회계감사기준일 경우는 이전의 외감법 제5조 2항에 '회계감사기준은 금융감독위원회가 증권선물위원회의 심의를 거쳐 정한다'라고 규정하고 있는데 이러한 이유에서 이들 위원회의 활동이 중복되는 부분이 있다는 의견이 개진된다. 그렇기 때문에 증권선물위원회와 증권감독위원회는 정기적인 간담회를 통해서 의견을 조정하며[2] 많은 중요한 의사결정이 이 간담회의 토론에 의해서 영향을 받는다.

다음은 감독기관의 회계와 관련된 위원회를 정리한 내용이다.

금융감독위원회의 위원은 위원장, 부위원장과 상임위원, 재경부 차관, 한국은행 부총재, 예금보험공사 사장, 재정경제부장관이 추천하는 회계전문가, 법무부장관이 추천하는 법률전문가, 대한상공회의소 회장이 추천하는 경제계 대표 1인 등 총 9명으로 구성되어 있다. 국무회의의 심의를 거쳐 대통령이 임명하는 금융감독위원회 위원장은 금융감독위원회를 대표하며 회의를 주재하고 사무를 총괄한다. 금융감독원장도 겸직한다. 금융감독위원회의 안건은 재적위원 과반수의 출석과 출석위원 과반수의 찬성으로 의결하며 소관 사무는 다음과 같다.

- 금융감독관련 주요사항의 심의 · 의결 금융기관에 대한 감독과 관련된 규정의 제정 및 개정, 금융기관의 경영과 관련된 인 · 허가, 금융기관에 대한 검사 · 제재와 관련된 주요사항, 증권 · 선물시장의 관리 · 감독 및 감시 등과 관련된 주요사항
- 금융감독원에 대한 지시 · 감독 금융감독원의 정관변경 · 예산 · 결산 및 급여결정 승인, 기타 금융감독원을 지시 · 감독하기 위하여 필요한 사항

금융감독기구설치등에관한법률과 증권거래법 등에서 규정하는 소관 사

2) 머리말에서 이미 밝혔듯이 본 저서에 포함된 모든 내용은 저자의 개인적인 의견이다. 저자가 참여하였던 위원회 및 기관의 공식적인 입장과는 무관함을 다시 한번 밝힌다.

무를 수행하기 위해 금융감독위원회에 증권선물위원회를 두고 있다. 위원장은 금융감독위원회 부위원장이 겸임하고 있으며 상임위원 1명, 금융 · 증권 분야 등에 관한 학식과 경험이 풍부한 자 중 금감위 위원장이 추천한 3인 등 총 5인으로 구성되어 있다. 증권선물위원회의 회의는 3인 이상의 찬성으로 의결하며 소관사무는 다음과 같다.

증권 · 선물시장의 불공정거래 조사
기업회계의 기준 및 회계감리에 관한 업무
증권 · 선물시장의 관리 · 감독 및 감시 등을 위하여 금융감독위원회로부터 위임받은 업무
기타 다른 법령에서 증권선물위원회에 부여한 업무

2005년 가을 현재 금융감독위원회의 비상임위원으로는 재무관리 전공 교수와 회계학 전공 교수 및 변호사가 위원으로 재직하고 있으며 증권선물위원회의 비상임위원으로는 회계학 전공 교수, 재무관리 전공 교수 및 변호사가 활동하고 있다.

증선위 상임위원은 증선위의 자문기구인 감리위원회와 회계제도심의위원회의 위원장직을 겸직하고 있다.

회계제도심의위원회는 증선위상임위원이 위원장을 맡고 회계전문심의위원이 부위원장을 맡으며 회계 전공 교수 3인, 실무 회계전문가 3인(실무공인회계사 1인 포함), 재경부 금융정책국장 등 총 11인으로 구성된다.

감리위원회는 증권선물위원회 상임위원이 위원장을 맡고 있으며 금감원 회계전문심의위원, 상장회사협의회 대표 1인, 한국공인회계사회 대표, 재경부 금융정책국장, 변호사 1인, 회계전문가 2인, 상법교수 1인으로 구성된다.

일부에서는 회계감리업무와 관련되어 증권선물위원회의 자문기구인 감리위원회와 증권선물위원회의 업무가 중복된다는 의견도 있다.

우리나라에서의 회계정책 및 규제와 관련된 최고의사결정기구는 금융감독위원회 산하의 증권선물위원회이다. 미국의 경우는 SEC였는데 2001년 엔론(Enron) 사태 이후에 별도의 감독기구인 회계감독국(PCAOB)이 태동하

였다.[3]

이러한 시점에 국내에서도 새로운 회계감독기구와 관련된 논의가 진행되었으나 어떠한 기구가 설립되어도 기존의 증권선물위원회의 활동과 중복되기 때문에 이 논의는 더 이상 진전되지 않았다. 미국에서의 PCAOB는 5명의 위원으로 구성되며 대형회계법인 관련자는 위원으로 위촉될 수 없도록 하였다. 회계법인 관련자는 이해상충의 소지가 있으므로 당연한 결과이다. 미국의 경우도 이러한 위원회의 활동이 매우 정치적일 수 있는 것이 이 위원회의 위원장으로 임명된 전임 FBI 국장이 임명되고 얼마 되지 않아 전력을 문제로 중도하차하기도 하였다. 5인의 위원 중 2인은 공인회계사이며 5년간의 임기를 유지한다. 앞으로는 300명의 인원으로 Board를 운영할 계획이며 이 인원의 반은 조사업무(inspection)를 수행하게 된다.

이해관계를 사유로 위원회의 자격을 논한다면 거의 모든 위원회에 있어서 실무에서 활동하는 실무자를 위원회에 포함하기도 어렵다. 예를 들어 회계 관련된 실무에서의 전문가를 위원으로 포함하는 경우도 대부분은 big 4 회계법인에서 선임되는 경우가 많은데 해당되는 의사결정이 해당 법인에 관련되거나 아니면 경쟁 대상인 법인의 이해관계와 관련되므로 의견 표명에 자유롭지 않은 경우도 있다. 미국에서의 대형 회계법인 관련자를 배제하는 것은 이러한 맥락에서 이해할 수 있다.

비교적 긴 기간인 5년을 위원의 임기로 정하고 있어서 지속적으로 한 정책기조를 유지하도록 신분을 보장하고 있다.

PCAOB의 목적은 다음과 같이 헌장에 기록되고 있다.

> The Board's mandate is to "protect the interests of investors and further the public interest in the preparation of informative, accurate, and independent audit reports" of public companies.
>
> The Board operates as a private, non-profit corporation; members and employees are not government employees.

---

3) 이 단체는 P cop이라고 발음되는데 cop이라는 영어 단어는 경찰을 의미하기도 한다.

PCAOB의 네 가지 기능은 다음으로 정리될 수 있다.

1. 회계법인의 등록
2. 회계법인의 조사
3. 감 리
4. 외부감사인의 감사기준, 품질관리기준, 윤리기준, 독립성기준의 제정

PCAOB가 설립되기 이전의 미국에서의 감리활동은 문제가 이미 어느 정도 드러난 기업에 대한 감리활동이었는데 즉, 우리나라의 특별감리와 유사한 업무를 SEC가 수행하였는데 PCAOB의 감리활동은 우리나라 금융감독원의 감리활동과 같은 일반감리를 계획하고 있다. PCAOB의 직원이 공무원이 아닌 것은 회계 감독업무를 맡고 있는 금융감독원의 직원이 공무원이 아닌 것과 동일하다.

회계감사기준은 감사인의 독립성 유지와 재무제표의 신뢰성 유지에 필요한 사항 등을 대통령령이 정하는 바에 따라 한국공인회계사회가 정하고, 금융감독위원회의 사전 승인을 얻어야 한다. 과거에는 한국공인회계사회가 회계감사준칙을 정하고 증선위 승인을 얻는 구조로 되어 있었다.

그러나 2003년 11월 외감법 개정으로 말미암아 2005년 3월까지 회계감사기준을 개정하고, 신 회계감사기준은 회계감사준칙을 기본으로 한 문단식으로 변경되었다. 즉, 회계감사준칙이 회계감사기준안으로 포함된다. 그리고 신 회계감사기준은 외감법 시행령(대통령령)을 근거로 하여 한국공인회계사회가 제정하고 금융감독위원회의 승인을 득하도록 되어 있다.

한국공인회계사회는 종전 회계감사기준을 개정하는 대신 이를 완전히 폐지하고 형식상 하위규정으로 운영되어 왔던 종전 회계감사준칙 즉 국제감사기준에서 '기본원리와 주요절차'에 해당하는 부분을 새로운 회계감사기준으로 채택하였다. 따라서 종전 회계감사기준(금융감독위원회 1998. 4. 1 제정, 1999. 12. 24 최종개정)은 폐지되었다. 한국공인회계사회는 종전 회계감사준칙 중 굵은 글씨체로 표시된 '기본원리와 주요절차'를 회계감사기준으로 채택하고, 종전 회계감사준칙 중 '기본원리와 주요절차'의 실무적용 안내 목적으로 제정된 기타 '적용안내'(guidance: 설명/해설/사례/보론) 사항들은

'회계감사기준 적용준칙'으로 하여 별도로 제정하였다.

따라서 종전의 회계감사준칙과 현재의 새로운 회계감사기준 및 회계감사기준 적용준칙이 몇 가지 추가된 내용(공정가액에 대한 감사절차 등)을 제외하고 실질적인 변화가 없다 할지라도, 종전의 회계감사기준을 폐지하고 새로이 채택하였다.

현재 정부 공무원이 금감위원장, 부위원장, 금감위 상임위원, 증선위 상임위원을 맡고 있기 때문에 미국의 과거의 POB나 지금 현재의 PCAOB에 비한다면 관의 입김이 매우 강하게 작용한다는 것을 부정할 수 없다. 이는 관 주도형인 우리나라의 규제기관의 위상을 보여 주는 것이다. 미국의 경우는 엔론(Enron) 사태로 인하여 회계감독위원회가(PCAOB) 구성되기는 하였지만 이 위원회는 SEC의 관료로 구성되지 아니한다.

증권선물위원회는 회계와 관련된 업무뿐만 아니라 증권 및 공시와 관련된 업무를 수행하게 되는데 회계와 관련된 업무의 실무적인 책임은 금융감독원의 회계전문심의위원이 맡는다. 미국 SEC의 Chief Accountant에 해당하는 역할을 맡고 있는 것이다.

Chapter 36

제도의 경직성

제도의 경직적인 운영으로 유발된 한 사례를 인용한다.[1)]

증권거래소와 회계법인의 밀고 당기는 법규 공방 탓으로 한 상장기업이 거래소에서 퇴출될 위기에 처했다.

오토바이 제조업체인 효성기계가 삼일회계법인으로부터 '의견거절' 감사의견을 받은 것은 주총 당일인 지난달 29일 오전. "화의업체로 채무 재조정을 추진중인 효성기계의 채무 재조정안에 대해 주 채권자인 한빛은행이 동의하지 않고 있어 생존 여부가 불확실하다"는 게 그 이유였다.

증권거래소는 올해부터 상장 폐지 요건을 부쩍 강화해 '의견거절'이 나오면 바로 정리매매에 들어가게 된다는 점을 들어 효성기계 주식이 4월 8일 정리매매에 들어간다고 공시했다. 사실상 퇴출 절차를 밟게 된 것이다.

그러나 삼일회계법인이 '의견거절'을 낸 바로 다음날인 3월 30일 한빛은행이 효성기계의 채무 재조정안에 대해 일괄 약정을 체결했다. '의견거절'의 사유가 아예 사라졌던 것이다. 이에 따라 회사측이 삼일회계법인에 감사보고서를 고쳐달라고 요구했지만 거절당했다. 삼일측은 "회계감사준칙에 주총일 이후에 발생한 일에 대해선 정정보고서를 낼 수 없다고 돼 있어 응할

1) 중앙일보. 2002. 4. 15. 효성기계 퇴출 위기.

수 없다"면서 "다만 의견거절 사유가 해소됐다는 확인서만 써주겠다"는 입장을 내놨다. 다급해진 효성기계측은 삼일회계법인이 작성해 준 확인서를 들고 거래소를 찾아갔지만 이번에는 거래소가 퇴짜를 놨다. "'정정보고서'를 정식으로 가져와야만 된다"고 주장했다.

결국 효성기계는 지난 4일 상장폐지 철회 가처분 신청을 냈고 이것이 지난 10일 법원으로부터 받아들여져 정리매매 절차는 중단됐다. 하지만 아직까지 증권거래소나 삼일회계법인 모두 종전 입장을 고수하고 있다.

거래소는 "정정보고서를 낼 수 있음에도 공신력 때문에 꺼리고 있는 것으로 보인다. 정정보고서만 나오면 바로 정리매매 취소공시를 낼 것"이라며 화살을 삼일측에 돌리고 있다. 하지만 삼일회계법인은 "감사 과정에서는 충분히 적정의견을 낼 수 있을 것이라 봤지만 의견을 낸 당일 날 분위기가 급속히 나빠져 '의견거절'을 낼 수밖에 없었다"면서 "지금 와 정정보고서를 낼 생각이 없다"고 말했다.

사정이 이렇게 되자 효성측은 법원에 본안 소송을 낼 예정이며, 거래소는 재판 결과에 따라 상응한 조치를 취하겠다는 입장이다. 최종 판결이 날 때까지 효성기계 주식의 매매는 중단된다.

한편 효성기계 주주의 54%는 일반 소액투자자들이어서 정리매매가 확정되면 큰 손실이 우려된다.

Chapter 37

감사인 지정제도

우선 감사인 지정제도규정을 밑에 기술한다.

2003. 12. 31 외부감사 및 회계 등에 관한 규정

제10조(지정대상회사)

① 증선위는 다음 각호의 1에 해당하는 회사에 대하여 감사인을 지정한다. 이 경우 제2호의 사유에 해당하는 회사에 대하여는 2개 사업연도 범위 내에서, 제3호 또는 제11호의 사유에 해당하는 회사에 대하여는 3개 사업연도 범위 내에서 감사인을 지정한다.〈개정 2001. 10. 31〉

1. 법 제4조 제1항 · 제5항 또는 법 제4조의2 제1항의 규정에 의한 기간 내에 감사인을 선임하지 아니한 회사
2. 회사가 감사인을 교체한 경우 그 사유가 부당하다고 인정되거나 법 제4조 제2항 또는 법 제4조의2 제1항의 규정에 위반하여 감사인을 선임한 경우의 당해 회사
3. 증선위의 감리결과 기업회계기준에 위반하여 재무제표 · 연결재무제표 또는 결합재무제표를 작성 · 공시한 사실이 지적되어 증선위로부터 감사인 지정과 관련된 조치를 받은 회사
4. 다음 각목의 1에 해당하는 회사로서 지배주주 등의 직전사업연도 말 소유주식(의결권 없는 주식을 제외한다. 이하 같다)의 합계가 당해 회사의 발

행주식총수(의결권 없는 주식을 제외한다. 이하 같다)의 100분의 50(주권상장법인은 100분의 25) 이상이고 그 지배주주 등에 해당하는 주주가 당해 회사의 대표이사인 회사

가. 주권상장법인

나. 삭　제〈2001. 10. 31〉

다. 주권상장법인이 아닌 회사로서 자산총액이 1천억원 이상인 회사

5. 삭　제〈2001. 10. 31〉
6. 삭　제〈2001. 10. 31〉
7. 주권상장법인(금융업 · 보험업 및 리스업을 제외한다) 중 직전사업연도말 현재 부채비율이 주권상장법인의 동업종 평균부채비율의 1.5배 이상으로서 주권상장법인평균부채비율 이상인 회사. 다만, 동업종 주권상장법인이 5사 이하인 경우에는 주권상장법인평균부채비율의 1.5배 이상인 회사
8. 주권상장법인 중 지정기준일(당해 회사의 사업연도 개시 후 6월의 초일로 한다. 이하 같다) 현재 거래소의 업무규정에 의거 거래소가 관리종목으로 지정한 경우의 당해 회사
9. 주권상장법인 중 직전사업연도말 현재 자기자본에 대한 대여금 등의 비율이 다음 각목의 1에 해당하는 회사
   가. 회사의 임원 · 지배주주 등(법인을 제외한다. 이하 나목에서 같다)에 해당하는 주주 중 최대주주 및 영 제5조의 규정에 의한 관계회사에 대한 대여금(가지급금 · 담보로 제공한 현금 및 유가증권가액을 포함한다. 이하 나목에서 같다)의 합계액이 자기자본의 100분의 30 이상인 회사
   나. 지배주주 등에 대한 대여금 및 금전채무에 대한 지급보증금액의 합계액이 자기자본의 100분의 10 이상인 회사
10. 영 제4조 제5항 제2호의 규정에 해당하는 회사
11. 증권거래법을 위반하여 금감위 또는 금융감독원장(이하 "감독원장"이라 한다)으로부터 감사인 지정과 관련된 조치를 받은 주권상장법인
12. 회사가 감사인 지정을 신청하거나 다른 법률의 규정에 의하여 관계기관의 장이 감사인 지정을 요청한 경우의 당해 회사
13. 감독원장이 정하는 주채권은행이 회사의 동의를 얻어 증선위에 감사인

지정을 요청하는 경우의 당해 회사

14. 삭 제〈2001. 10. 31〉

② 제1항 제7호의 부채비율 · 동업종평균부채비율 및 주권상장법인평균부채비율은 감독원장이 정하는 바에 따라 산정한다.

③ 제1항 제10호에 해당하는 회사는 지정신청이유를 명시하여 증선위에 감사인 지정을 신청하여야 한다.〈개정 2001. 10. 31〉

④ 제3항의 규정에 불구하고 다음 각호의 1에 해당하는 회사는 감사인 지정의 신청을 하지 아니할 수 있다.

1. 증권거래법 제199조 제2항의 규정에 의한 공공적법인
2. 특별한 법률에 의하여 설립된 법인
3. 은행법에 의한 금융기관
4. 증권거래법에 의한 증권회사
5. 보험업법에 의한 보험사업자
6. 종합금융회사에관한법률에 의한 종합금융회사

⑤ 제1항의 규정에 의하여 증선위가 연결재무제표작성회사에 대한 개별회사 재무제표 감사인을 지정한 경우에는 그 감사인을 연결재무제표감사인(이하 "연결감사인"이라 한다)으로 함께 지정한 것으로 본다.

⑥ 증선위는 제1항 제4호 · 제7호 및 제9호에 해당하는 회사가 선임위원회의 승인을 거쳐 감사인을 선임한 경우에는 감사인을 지정하지 아니한다. 〈개정 2001. 10. 31〉

⑦ 영 제4조의2 제2항의 규정에서 증선위가 인정하는 경우라 함은 다음 각호의 1에 해당하는 경우를 말한다. 〈신설 2003. 1. 3〉

1. 외자도입계약 등에서 감사인을 한정하고 있는 경우
2. 영 제1조의3의 규정에 의한 지배 · 종속관계에 해당하는 회사 상호간에 동일한 감사인을 선임하고자 하는 경우
3. 감사인의 독립성을 저해하는 요소가 있는 경우

주식회사의외부감사에관한법률 시행령

제4조의2(감사인 지명시 감사인 선임등) ①-③ 생략

④ 법 제4조의3 제3항의 규정에 의하여 증권선물위원회가 감사인을 변경

선임하거나 선정할 것을 요구하지 아니할 수 있는 회사는 감사인선임위원회의 승인을 얻어 감사인을 선임한 회사중 법 제4조의3 제1항 제4호, 이 영 제4조 제4항 제1호·제3호 및 제4호에 해당하는 회사로 한다. 〈신설 98. 4. 24, 개정 2001. 6. 8, 2004. 4. 1〉
[본조신설 97. 3. 22]

제4조(감사인의 지정대상) ①-② 생략, ③ 삭제 〈2001. 6. 8〉
④ 법 제4조의3 제1항 제7호의 규정에 의하여 증권선물위원회가 주권상장법인 중 공정한 감사가 필요하다고 인정하여 지정할 수 있는 회사는 다음 각호의 1에 해당하는 회사로 한다. 〈개정 91. 11. 5, 94. 4. 30, 97. 3. 22, 98. 4. 24, 2001. 6. 8〉

1. 자기자본에 대한 부채액의 비율이 금융감독위원회가 정하는 비율 이상인 회사. 다만, 회사의 거래은행으로서 금융감독기구의설치등에관한법률에 의하여 설립된 금융감독원(이하 "금융감독원"이라 한다) 원장이 정하는 주된 거래은행이 감사인 지정에서 제외하여 줄 것을 요청하는 회사를 제외한다.
2. 생 략
3. 법인세법시행령 제87조 제3항 및 제4항의 규정에 의한 지배주주 및 그와 특수관계가 있는 주주의 소유주식(의결권 없는 주식을 제외한다. 이하 같다)의 합계가 당해 회사의 발행주식총수의 100분의 25 이상인 경우로서 그 지배주주 또는 그와 특수관계가 있는 주주가 당해 회사의 대표이사인 회사 〈개정 2001. 6. 8〉
4. 당해 회사의 임원, 금융감독위원회가 정하는 지배주주 및 그와 특수관계에 있는 주주(이하 "지배주주 등"이라 한다) 중 최대주주 및 제5조에 규정된 관계회사에 대한 대여금(가지급금, 담보로 제공한 현금 및 유가증권가액을 포함한다. 이하 같다)의 합계액이 자기자본의 100분의 30 이상이거나 지배주주 등에 대한 대여금과 금전채무를 지급보증한 금액의 합계액이 자기자본의 100분의 10 이상인 회사

감사인 지정제도를 운용함에 있어서 몇 가지 현실적으로 어려운 점도

있다. 예를 들어 법정관리하의 기업일 경우는 법원에서 회계감사인을 선정하도록 되어 있는데 감독원의 감사인 지정 제도와 중복된다. 이는 행정부와 사법부의 제도가 중복되는 경우로 이 두 3권 분립 기관의 의견을 조정하는 조정 기능이 없다. 운영의 묘를 살려야 하지만 현실적인 대안은 없다. 과거에도 이러한 경우가 발생하여 해당 기업이 감독원에 사법부에서 감사인을 지정하였는데 동일한 감사인을 지정하여 주기를 요청하였다. 법정관리라는 사법부에서 주관하는 제도의 취지는 충분히 이해하지만 동시에 감사인 지정이라는 업무는 감독원이 전문적으로 수행하는 것이기 때문에 조정의 필요성이 있다.

2004년 현재로는 약 160여 기업에 대해서 감사인을 지정하고 있고 2005년에는 공개예정기업을 포함하여 약 250개 기업에 대하여 감사인을 지정하게 된다.

위의 지정대상회사 선정 기준에 대해서 몇 가지를 기술한다. 4. 항목의 경우. 지배주주 등의 직전사업연도 말 소유주식의 합계가 당해 회사의 발행주식총수의 100분의 50(주권상장법인은 100분의 25, 코스닥등록법인도 2004. 9. 23. '회계서비스산업 경쟁력강화 방안'에 의해서 동일한 25/100로)이상이고 그 지배주주 등에 해당하는 주주가 당해회사의 대표인 경우는 감사인을 지정하도록 하고 있다.

상법 제401조의2(업무집행지시자 등의 책임)

3. 이사가 아니면서 명예회장 · 회장 · 사장 · 부사장 · 전무 · 상무 · 이사 기타 업무를 집행할 권한이 있는 것으로 인정될 만한 명칭을 사용하여 회사의 업무를 집행한 자

저자의 판단에는 이러한 기준은 외감법에서 지나치게 대표이사의 권한을 확대 해석한 부분이 아닌가 한다. 위의 상법의 경우도 업무지시자의 책임을 명백히 하고 있다. 지배주주일 경우는 굳이 대표이사가 아니더라도 이사회에 이사로 참석하여 경영권에 영향을 미치게 된다. 또한 이사회에 본인이 참석하지 않더라도 특수관계인을 참석시키거나 지배주주의 영향력 내에 있는 인사를 이사회에 참석시킨다면 대표이사 여부와 관계없이 영향력을 행사

할 수 있다. 따라서 지배주주가 어느 정도 이상의 주식을 소유한 경우를 최대주주가 주요한 의사결정을 수행하는 기업으로 분류하려고 하였다면 이들 기업은 최대주주가 이사회가 참여하거나에 무관하게 상당한 영향력을 행사하는 것으로 해석하여야 한다. 또한 위의 외감법 법령에 의하면 최대주주가 대표이사의 직위를 행사하는 경우로만 이를 한정하고 있는데 대표이사의 직위를 보유하고 있는 것이나 최대주주가 다른 직함으로 이사회에 참여하는 것에 이사회에 있어서의 역할에 차이가 있다고 판단하기는 어렵다.

실질적으로 집단 소송제도가 시행되면서 재벌의 최대주주가 지주회사의 등기임원을 제외하고는 대부분의 계열사에서 등기임원에서 해촉되면서 이슈가 되기도 하였다. 등기임원으로서의 직접적인 책임은 피하려는 것이나 그렇다고 영향력이 감소하는 것은 아니다. 상법 401조의 2는 바로 이러한 과정으로 책임을 회피하려는 자들에게 책임을 지우는 법안이다. 즉, 실질적 업무 지시자가 책임을 지라는 내용이다.

이는 지분법의 적용 원칙과 관련되어 실질 지배력 기준이 중요한지 아니면 지분율이 중요한지와도 연관된다고 할 수 있다. 제도적으로는 객관적인 기준을 일률적으로 적용하는 것이 가장 용이하기 때문에 지분율을 적용함이 최선일 수 있으나 내용적인 면을 검토하면 실제적인 영향력으로 평가함이 더 바람직할 수 있다. 다만, 실제 지배력 기준일 경우는 판단에 있어서의 주관이 개입될 수 있다.

지배주주 및 그와 특수관계에 있는 주주(이하 "지배주주 등"이라 한다) 중 최대주주 및 제 5 조에 규정된 관계회사에 대한 대여금(가지급금, 담보로 제공한 현금 및 유가증권가액을 포함한다. 이하 같다)의 합계액이 자기자본의 100분의 30 이상이거나 지배주주 등에 대한 대여금과 금전채무를 지급보증한 금액의 합계액이 자기자본의 100분의 10 이상인 회사는 감사인을 지정하게 되어 있다. 이는 대주주와의 금전거래가 부정의 단초가 되며 시스템이 적절히 갖추어지지 않는 기업에 있어서는 분식회계로 연결되기 쉽기 때문이다.

현재 부채비율이 주권상장법인의 동업종평균부채비율의 1.5배 이상으로서 주권상장법인평균부채비율 이상인 회사를 지정하고 있으며 다만, 동업종 주권상장법인이 5사 이하인 경우에는 주권상장법인평균부채비율의 1.5배 이상인 회사를 감사인 지정기업으로 선정하고 있다. 부채비율이 이 경우에도 지정기업을 선정하는 기준으로 사용된다. 일부에서는 부채비율이 너무 광범위한 잣대로 사용되는 것에 대해서 반대 의견을 표명하기도 한다. 부채비율이 광범위하게 사용되는 이유는 default risk와 연관되기 때문인데 부채비율을 구함에 있어서는 모든 부채가 포함된다. 예를 들어 퇴직급여충당금 등도 포함되어 부채비율을 구하게 되는데 이렇게 포함된 부채비율의 분자에는 dafault risk와 밀접한 관계가 없는 변수들도 많이 포함된다. 예를 들어 퇴직급여충당금 등의 계정은 유럽 일부 국가에서는 부채가 아니라 자본으로 포함되기도 한다. 그렇기 때문에 dafault risk를 측정함에 있어서는 부채비율보다는 이자보상비율 등이 더욱 적절한 비율이라고 부채비율의 사용에 대한 반대 의견도 제시된다. 즉, default risk는 대부분 이자를 지급할 현금의 부족으로 발생하기 때문에 더욱 직접적으로 이자보상비율을 사용하여 측정할 수 있다. 그러나 이자보상비율의 사용도 단점이 없는 것은 아니다. 이자보상비율은 이를 구함에 있어서 이자수익을 고려하지 않는다는 단점을 갖는다. 이자비용이 부담이 되는 기업일지라도 이를 지급할 수 있는 충분한 이자수익을 발생시킨다면 이자지급에 여력이 생기므로 불리한 이자보상비율에 대한 염려를 떨칠 수 있다.

위의 규정에서의 100분의 25의 내용은 1999년부터 적용되었는데 정부는 이 제도를 1997년부터 적용할 계획이었으나 기업들의 반발로 완화된 것이다. 이에 따라 당시 외감대상기준 대상이 되는 대주주 지분을 50%에서 25%로 낮추지 않고 1997년 40%, 1998년 30%, 1999년 25%로 낮추었다. 또한 이 배경에는 이러한 정책이 결정되었던 1997년 다시 기업인수합병 여파로 경영권이 불안한 상황에서 감사인 직권지정 대주주지분율을 25%로 낮추는 것은 불합리하고 감사인 추가 선임에 따른 경영혼선이 우려된다는 점을 반영한 것이다.[1)] 이러한 점을 보아서도 기업은 감사인을 정부가 선임한다는 것 자체를 상당히 부담스러워한다는 사실을 알 수 있다.

1) 매일경제신문. 1997. 2. 20. 외부감사인직권지정 완화.

감사인을 선임하는 제도는 자유수임제도와 감사인배정제도가 있다. 1982년부터 자유수임제도가 채택되었는데 이 두 제도 모두 장단점이 있다. 배정제도의 장점은 감독기관에 의해서 감사인이 지정되므로 감사인은 피감사기업의 눈치를 보지 않고 감사를 수행할 수 있다. 동시에 품질 경쟁이 될 수 없고 감독기관에서 정해 주는 대로 감사인이 결정되기 때문에 회계법인은 수동적일 수밖에 없다.

반면에 자유수임제도는 감사인이 경쟁적으로 감사를 수행하기 때문에 경쟁에 의한 감사품질의 제고가 가장 큰 장점이다. 반면, 자유수임제도의 단점은 피감사인에게 감사인 선임 권한이 있기 때문에 피감사인의 의견구매(opinion shopping)에 기초해서 감사인을 선임할 수 있다는 것이다. 감사품질을 구분하기 어려운 것도 의견구매가 더욱 빈번하게 나타날 수 있는 요인이다.

그러나 자유수임제도가 장점을 갖고 있다는 감사품질의 제고도 관찰할 수 있는 변수가 아니기 때문에 매우 불투명하다. 이미 기술되었듯이 감사품질은 비적정의견을 받지 않는 한 적정의견일 경우는 감사의 과정에서만 차이가 있는 것인데 이는 관련자 이외에는 알 수가 없다. 즉, 회계감사가 품질경쟁인지 여부가 매우 불투명하다.

피감사기업에 우호적일 즉, 적정의견을 표명할 감사인을 선임할 수 있다는 것이다. 지난 20년 동안 자유수임제도에서 다시 지정제로 가야 한다는 주장은 거의 없었으나 최근에 와서 다시 지정제로 가야 한다는 주장이 제기된다.

감사인 지정일 경우는 규제기관에서 감사인을 선임한 것이기 때문에 감사인과 피감사기업간에 용이하게 감사수임료와 관련된 합의점을 찾기 어렵다. 감사인의 입장에서는 감사인이 지정되었기 때문에 감사수임료 협상에 있어서 우월적 위치를 점할 수 있으며 그렇기 때문에 수임료 협상이 쉽게 타결되지 않을 확률이 높다.

감사인 지정제도가 확대된다면 감독기관은 어느 기업을 어느 감사인에게 배정하여야 하는지에 대한 추가적인 부담을 안게 된다. 어느 감사인이거나 자산규모가 큰 피감기업에 대한 회계감사를 선호할 것이기 때문에 이와 관련된 물밑 경쟁도 치열할 것으로 예측된다.

Chapter 38

회계감사에서의 추정치

은행의 대출의사결정에 있어서도 FLC(forward looking criterion)가 채택되는 등 미래의 영업 결과에 대한 내용이 더욱 중요시된다. 재무제표에도 주석사항에 미래에 대한 예측이 포함되는 경우가 있고(MD&A, Management Discussion & Analysis, 경영자의 토론과 분석에) 주석도 재무제표의 일부이기 때문에 이러한 예측 내용 또는 회계추정에 대해서도 감사인은 의견을 표명할 수 있다. 그러나 예측이라는 것이 확정적인 사항에 대한 판단이 아니기 때문에 주관적인 판단이 개입될 수밖에 없으며 경영자의 자의적인 예측에 대해서 감사인이 의견을 표명한다는 것이 용이한 것만은 아니다.

미국의 집단소송제도의 빈도수에도 보이지만 예측치가 적절치 않다고 해서 집단소송이 수행된 경우가 두 번째로 빈번한 경우이다.

감사준칙은 회계추정에 대한 감사에 대해서 다음과 같이 기술하고 있다. 본건에서 같이 생각해 볼 만한 주요한 부분만 추려서 밑에 기술한다.

회계감사준칙 540. 회계추정에 대한 감사

2. 감사인은 회계추정치에 대한 충분하고 적합한 감사증거를 입수하여야 한다.
4. 경영자는 재무제표에 포함된 회계추정치에 대한 책임이 있다. 이러한 추정치는 발생하였거나 발생할 사건의 결과에 대한 불확실성에 따라 이루

어지며 판단을 요구한다. 결과적으로 중요한 오류의 위험은 회계추정치가 포함되었을 때 더 크다.

8. 감사인은 회계추정치가 해당 상황에서 합리적이고 적절하게 공시되었는지 여부에 대해 충분하고 적합한 감사증거를 수집하여야 한다.

10. 감사인은 회계추정에 대한 감사에 있어서 다음의 접근방법 중 하나 혹은 그 조합을 채택하여야 한다.

⑴ 추정치를 만들기 위해 경영자가 이용한 과정을 검토하고 조사한다.

⑵ 경영자의 추정치와 비교할 목적으로 독립적으로 추정해 본다.

⑶ 추정치를 확인해 주는 대차대조표일 후 발생할 사건을 검토한다.

11. 경영자가 이용한 과정을 검토하고 조사하는 것은 다음의 단계를 거친다.

⑴ 추정치가 근거한 자료의 평가와 가정에 대한 고려

⑵ 추정치에 포함된 계산 검증

⑶ 가능한 경우 전기에 이루어진 추정치와 당기의 실제결과와 비교

⑷ 경영자의 승인과정

24. 감사인은 회사영업에 대한 감사인의 지식에 근거한 추정치의 합리성과 추정치가 감사과정에서 수집한 다른 감사증거와 일치하는지 여부에 대해 최종평가를 하여야 한다.

25. 감사인은 회계추정치를 결정하는 데 사용한 자료와 가정에 영향을 미치는 중요한 후속거래나 사건이 있는지 고려한다.

즉, 경영자가 추정한 추정치를 추가적인 분석을 수행하지 않고 그대로 받아 인증한다면 이는 적법한 절차를 밟은 감사절차라고 할 수 없다. 그러나 회계에서 추정치란 말 그대로 추정치로 그치는 것이다. 위의 내용 어느 것 하나 확정적인 부분은 없다고 판단된다. 어떠한 객관적인 자료에 근거하여 과학적으로 예측이 수행되었다고 하여도 예측은 잘못될 수 있다. 추정이 수행된 이후의 전개되는 경제상황에 따라 예측이 달라질 수 있는 것이다. 사후적으로 예측이 정확하지 않다고 해서 이에 대한 책임을 묻는 것은 적절치 않다. 이는 예측치 정보를 이용하는 이용자들도 예측치는 예측치에 그친다는 사실을 인지하고 있기 때문이다. 다만 사후적으로 예측이 정확하지 않다고

하면 정확하지 않았던 예측치를 속죄양으로 삼으려고 할 수도 있기 때문에 이 점을 유념하여야 한다.

프랑스에서는 경영자의 자발적 공시의 일환으로 제시되는 예측에 대해서 항시 감사인이 인증을 수행하여야 한다고 한다.[1] 자발적 공시에까지 감사인으로 하여금 인증을 강제하는 것을 어떻게 해석하여야 할지는 의문이다. 물론, 프랑스에서 이러한 실무가 수행되는 사유는 무분별하고 무책임한 자발적 공시로 인한 정보의 과대 포장을 일단 감사인으로 하여금 한번 점검하도록 하는 정책의지가 담겨져 있지만 지나친 책임을 감사인에게 요구하는 것은 아닌지에 대한 의문도 동시에 존재한다.

대차대조표일 후 발생한 사건과 관련한 회계추정치에 대하여 충분하고 적합한 감사증거를 수집, 검토하지 못하는 등, 감사절차를 소홀히 함으로써 피감사회사의 부당한 주석기재를 감사의견에 적절히 반영하지 못하였고 또한 감사보고서의 특기사항에도 피감사회사의 주석기재 내용을 가감 없이 그대로 기재한 사실이 있어서 감독원에서 조치를 받은 건이 있다.

대차대조표일 이후 주주총회일까지 매출 및 당기순이익이 계속 감소 변경되어 왔음에도 전문가적인 의구심도 없이 회사의 주장을 가감 없이 그대로 받아들였음을 감독원이 문제로 삼은 것이다. 객관적인 자료나 합리적인 근거가 추정의 기초가 되어야 한다. 그러나 이러한 모든 사항이 미래에 전개될 경제 환경에 의해서 영향을 받을 것이기 때문에 매우 어려운 업무라는 데에는 이견이 없다.

다음의 내용은 회계법인이 관련된 예측 작업과 관련된다. 관련된 감사인이 인증을 하였는지는 명확하지 않지만 인증이라는 작업이 개입되었는지 또는 인증이라는 형태를 띠지 않았다고 하더라도 당연히 공인회계사가 관여되었다면 이를 읽고 이용하는 자들은 이를 인증으로 이해할 수도 있다. 이러한 까닭에 公認이 일반인과 다른 것이다.

---

1) Choi, F., C. A. Frost, and G. K. Meek. 2001. *International Accounting*. Prentice-Hall.

서울지법 파산부는 2001년 5월 17일, 1998년 이후 법정관리를 신청한 36개 사에 대한 회계법인의 조사보고와 회계실적간의 차이가 너무 크다며 조사를 맡았던 7개 회계법인과 3개 신용평가 기관에 대해 전망과 실적간의 격차에 대한 답변을 요구하는 공문을 보냈다고 밝혔다. 이는 회계법인들의 전망 실패가 회사갱생이라는 법정관리 제도 본래의 취지를 훼손할 만큼 심각하다는 판단에 따른 것으로, 앞으로 법정관리의 조사를 맡는 회계법인의 책임범위에 대해 논란이 예상된다. 법원관계자는 법정관리중인 상당수 회사의 매출실적이 회계법인의 전망과 큰 차이를 보이고 있으며 이는 결국 기업의 조기 퇴출로 이어진다고 밝혔다. 이 관계자는 또 이들 기업에 대해 회계법인의 전망을 믿고 신용등급을 분류, 돈을 빌려준 금융기관은 결국 부실 채권을 떠안게 되며, 정상적인 동종업체들마저 교란시키는 결과를 낳게 된다. 특히 퇴출여부 판단에 결정적인 요인인 영업이익의 경우 IMF 사태와 직접적인 관련이 없는 1998년 이후의 기업들만을 조사대상으로 했음에도 전망에 부합하는 실적을 기록한 회사는 36개 중 극히 일부에 불과한 것으로 밝혀졌다. 한편 해당 회계법인측은 이번 수치는 현금흐름에 반영되지 않는 영업이익까지 포함된 것으로 보인다며 참조했던 다른 경제기관의 전망이 맞지 않는 것도 한 원인이라고 해명하였다.[2)]

전망치에 대한 관심이 높아지고 있으므로 예측치에 대한 인증에 대해서도 감사인은 신중을 기해야 한다. 예측치가 미래 전개될 환경에 의해서 가변적이기 때문에 별 책임을 느끼지 않고 감사인이 인증을 수행한다면 이는 곤란하다.

한 특정 회사의 경우 회계법인 등은 지난 99년의 매출액과 영업손실로 각각 381억원과 34억여원을 전망했지만 실제로는 19억원과 100억원의 매출 및 영업손실을 기록하는 등 법정관리 기업들의 실적이 당초 전망치를 상당히 밑돌고 있는 것으로 나타난다.[3)] 물론, 회계기준 준수 여부를 판단하는

2) 조선일보. 2001. 5. 18. 법원, 회계법인에 전망치-현실차이 해명 요구.

3) 서울경제신문. 2001. 5. 18. 회계법인 부실보고 법원서 제동.

감사도 동일하지만 예측치에 대한 확인도 기본적으로 client에 대한 서비스를 제공한다는 차원에서는 client에 우호적일 가능성이 높다.

인증을 동반하지 않는 경영자의 예측, 또는 인증이 아닌 재무분석가의 추천 등에 편의(bias)가 존재함은 기존의 연구에서 보이고 있다. 단, 감사인이 이러한 예측에 대해서 인증을 수행함은 公人으로서 업무이기 때문에 문제가 되는 것이다.

Chapter 39

S 기업 사례

S 기업의 다음 사례는 흥미로운 두 가지 점을 제시한다. 첫번째는 재고자산의 순실현가치의 결정이며 두 번째는 계류중인 사건에 대한 하급 법원의 판단을 어떻게 회계정보에 반영할 것인가의 문제이다.

재고자산의 평가는 기업회계기준에 저가법에 의해서 수행하며 순실현가치가 낮을 경우 이를 순실현가치에 의해서 평가하도록 되어 있다. 그러나 순실현가치의 결정이 주관적인 판단의 결과에 따라 달라지는 경우가 있다. S 기업의 사례인데 S 기업은 기말시점의 가치를 평가하면서 재고자산의 가치가 조만간 회복될 것으로 예측하였고 재고자산의 매출시점을 추정하여 그 시점에서의 추정판매가격으로 재고자산을 평가하는 것이 수익비용대응의 원칙에 부합한다는 판단으로 재고자산을 평가하였다. 이는 재고자산을 평가하는 연말시점의 재고자산의 가치가 비정상적으로 낮은 가격을 보였기 때문에 재고자산을 이렇게 평가하는 데 대한 부담이 기업에게 작용하였다. 즉, 순실현가치가 미래 추정 판매가인지 현재 판매가인지의 문제이다.

이러한 문제를 해결하기 위해 기준서 10호에는 '보유목적일 경우는 추정가액'이라고 규정하고 있지만 S 기업의 경우는 기준서 10호가 적용되기 이전에 발생한 문제로 기준서가 적용되기 이전에는 보유목적에 대한 별도의 기준이 존재하지 않았다. 기준서가 적용되기 이전이라고 하여도 미래 추정

판매가의 추정 자체가 매우 불투명할 경우에는 현재의 판매가액으로 평가하는 것이 가장 안전하고 보수적이라고 할 수 있다. 물론, 기업의 입장에서는 자의적으로 이를 해석할 수도 있다. 물론, 추정가액이라고는 되어 있으나 미래 추정가액을 어떻게 추정할 것인가는 또 하나의 난제이다.

후입선출과 재고자산회전율의 논의

현재의 판매가액인지 또는 미래의 추정 판매가액인지의 논란에 있어서 S 기업은 후입선출을 근거로 미래의 판매가액이 순실현가치가 되어야 한다는 주장이며 감독원은 재고자산회전율에 근거한 논리로 현재의 판매가액이 순실현가치가 되어야 한다는 주장이다.

후입선출이기 때문에 미래 시점의 매출은 미래 시점에 취득한 가액이 먼저 비용화된다. 또한 현재 보관하고 있는 재고자산은 판매되지 않다가 그 다음해 8월에 판매된다고 한다. 그러므로 S 기업의 주장은 현재 재고는 어차피 일정한 기간 후에까지 판매되지 않기 때문에 이들에 대해서는 미래 추정가액이 추정판매가로 사용되어야 한다고 주장한다. 회계기준서 10호와 일치하는 보유목적이라는 주장이다. 즉, 기준서를 적용하지 않더라도 논리적으로도 S 기업의 회계처리가 적절하다는 주장이다. 어떻게 보면 원가흐름의 가정의 논리를 이용하기는 하였지만 원가흐름의 가정에 실물의 흐름을 적용한 것과 동일하다.

반면 규제기관의 입장은 기말 재고가 다음달 매출과 거의 동일한 금액이므로 재고로 가지고 있었던 상품은 그 다음달에 매출된다고 보아야 한다는 주장이다. 즉 재고자산회전율이 높기 때문에 현재의 재고는 곧 판매된다는 논리 전개이다. 따라서 미래 시점의 추정 판매가로 순실현가치를 추정함은 불합리하다는 주장이다. 이는 실물의 일반적인 흐름에 중심을 둔 접근방법이다. 따라서 이번달 말의 재고는 다음달에 매출된다고 한다면 기말시점의 공정가액은 현재시점의 판매가액이어야 한다는 주장이다.

이는 매우 원론적인 시각의 차이인데 원가흐름의 가정은 가정에 불과하며 실질적인 물량의 흐름은 일반적으로 선입선출이기 때문에 S 기업은 원가흐름의 가정을, 감독원은 물량의 흐름을 그 논지의 가정으로 하고 있다. 이러한 경우에 어떠한 접근이 더 적절하다고 판단하기는 매우 어렵다.

원가흐름(추정)의 가정은 가정에 불과하기 때문에 재고자산의 평가와는 무관하다고 할 수 있다. 반면, 재고자산의 가치평가는 원가흐름의 가정에 의해서 기말재고와 매출원가가 계산되는 것이기 때문에 실질적인 물량의 추적이 아닌 가치평가와 관련된 문제는 원가흐름의 가정이 도입되어도 큰 문제가 아니라고도 생각할 수 있다.

하급심 판결의 인정건

S 기업의 입장: 계류중인 사건에 대해 상급심의 판단이 확정된 이후 감독원의 행정적 절차가 진행되는 것이 적절하다고 판단하였다. 현재 회사의 회계처리가 적정한 것으로 판단하여 상소를 제기하였으며 '확정 판결 전 무죄추정의 원칙'에 근거 재무제표를 수정하지 않은 것이다.

그러나 하급심도(서울지방법원) 엄연한 사법부의 일부이며 상소가 제기되고 상급심이 아직 판단을 수행하고 있지 않다고 하더라도 하급심의 판단을 존중하여야 한다. 물론, 상급심에서 하급심의 판단을 뒤집는 판결이 진행될 경우는 이에 따른 회계적인 절차를 밟아야 한다. 단, 이는 사후적인 처리의 문제이다. 또한 S 기업의 경우와 같이 하급심의 판단이 명백하게 잘못되었다고 기업이 판단한다면 전문가의 의견을 받아서 이를 증거로 제시하여야 한다. 이 경우에도 회계적으로 적용하여야 하는 원칙은 회계적인 보수주의이다. 물론, 구체적이지 않은 포괄적인 원칙의 문제점은 있으며 어디까지 회계적인 보수주의를 적용할 것인지의 문제도 있다. 기업의 입장은 이 사실을 각주에 보고하였으므로 문제가 없다는 입장이다.

물론, 기업이 하급심의 판단이 적절한지에 대한 법률전문가의 자문을 받고 이러한 판단에 근거하여 회계정책을 결정한다고 하여도 기업으로부터 자문료를 수임하는 법률전문가가 큰 위험 부담도 안지 않는 의견의 표명 건에 있어서 독립적으로 의견을 표명할지에 대한 의문도 제기될 수 있다. 또한 법률전문가가 상급법원에서 기업이 패소할 가능성이 높다고 판단한다면 이는 사법부의 의사결정에 불리하게 작용할 수도 있다.

즉, 현재 2심 상소에 들어가 있는 소송이라면 소송에 전혀 지식이 없는 감사인은 법무팀(회사내 자체부서)으로부터 1심 판결문을 가지고 대개 법무팀의 변호사(일정 자산 이상의 회사는 자체적으로 변호사를 1명 정도는 고용하고 있음)에게 질의를 해서 우발채무를 인식할지를 결정하곤 한다. 즉, 이러한 판단은 거의 법률전문가의 의사결정이지 회계전문가의 의사결정은 아니다.

그리고 소송금액이 큰 소송사건의 경우 회사는 법무법인 태평양이나 김&장 등의 대형 법인을 대리인으로 두고 그 대리인은 유능한 회계사를 고용하여 자체적으로 소송사건에 대한 변론을 하고 있다.

회계와 국한된 내용이 아니라 일반적인 상소의 문제에 있어서도 많은 비율의 상소에 있어서 형량이 낮아지기 때문에 법관들도 이 문제를 심각한 문제로 인식한다는 통계치가 보도된 적이 있다. 이러한 확률이 높기 때문에 기업들은 상소가 계류중인 경우는 기업이 승소할 가능성이 또는 최소한 형량이 감량될 가능성이 높다는 자의적인 해석 아래에 S 기업과 같은 판단을 수행할 수 있다.[1)]

미국에서는 전문가의뢰신뢰이론(Reliance on Advice Theory)이라는 이론이 있다. 이는 비전문가가 전문가의 의견을 신뢰하여 회계처리 등을 한 경우 비전문가의 회계처리에 의하여 주주 등 이해관계자들이 손해를 입더라도 비전문가에게 손해배상책임이 없다는 법리이다.

즉 첫째, 비전문가가 전문가에 대하여 정보를 충분히 공개한 사실, 둘째, 비전문가의 행위에 대한 적합성에 관하여 전문가가 의견을 구한 사실,

1) 민사일 경우 상소에서(1, 2심에서) 손해배상금액이 거의 동일한 금액으로 판정될 경우가 개략적으로 50% 정도이고 승패소가 뒤바뀔 경우는 30%이며 금액이 변경될 확률은 20%이다. 3심(대법원)으로의 상소일 경우는 80%의 경우가 2심에서의 결과와 유사한 판결이 내려지며 20%만이 승패소 및 손해배상금액이 변경된다. 따라서 일반적으로 형량이 낮아지는 형법의 판결과는 달리 민법의 경우는 상소의 결과가 어떠한 방향으로도 진행될 수 있기 때문에 상소에 계류중이라고 하여서 원심에 비해 피고에 유리한 방향으로 판결될 것이라는 기대는 잘못된 것이다.

셋째 전문가로부터 비전문가의 행위가 적합하다는 의견을 받은 사실, 넷째 전문가의 의견을 신뢰하여 전문가의 의견에 부합하는 행위를 한 사실 등이 인정될 경우 비전문가의 행위로 인하여 주주, 채권자 등 이해관계인들이 손해를 입더라도 비전문가는 손해배상책임을 지지 않는다.[2)]

즉, 이러한 자문을 받을 경우는 책임이 비전문가인 기업으로부터 자문을 받는 전문가에게로 전환된다는 것이다. 이러한 책임의 전가는 윤리적인 책임의 문제이지 법적인 또는 경제적인 책임의 문제는 아니다. 즉, 전문가의 판단은 전문가가 법적인 책임을 지는 것이지 비전문가의 입장에서는 전문가에게 자문을 구하면서 책임을 전가할 수 있다는 것이다.

그러나 이러한 접근을 어렵게 만드는 요인 중의 하나가 자문을 받아 회계처리를 수행하였다고 하여도 회계정보의 전달 주체는 기업이라는 데 있으며 자문은 자문의 역할에 그칠 수밖에 없다. 위의 책임의 이관 문제는 한가지 이론에 불과하다. 수임료만 지급한다면 이러한 위험을 감수하겠다는 전문가는 언제나 얼마든지 있다고 판단되므로 이와 같은 전문가의뢰신뢰이론을 지나치게 폭넓게 적용함도 필요 이상으로 기업에게 책임을 회피할 수 있는 정당성을 부여할 수 있다.

A 기업건

한 분식회계 issue가 문제로 제기되었을 때에

감독원 문건

"전문가로부터 자문을 받을 수 있는 것이고 당시 규정에는 외부감사인으로부터 회계처리에 관한 자문을 받는 것을 금하고 있지 않았으므로 외부감사인에게 의견을 구했다는 이유로 고의적 행위로 보기는 어렵다.

---

2) 김&장 법률사무소. 2004. 7. 29. 합병회계처리에서 전문가의 의견을 신뢰한 데 대한 책임 문제의 건.

그러나 이를 적용함에 있어서 매우 어려운 정책적인 issue가 있다. 기업이 가장 손쉽게 접할 수 있는 전문가는 감사인이며 또한 감사인에게 회계자문을 구할 경우는 별도의 자문료를 지급할 필요가 없다. 따라서 감사인에게 자문을 구하는 것은 기업의 입장에서는 당연하다. 또한 이러한 회계적인 판단에 대한 자문을 기업은 당연히 감사인이 제공하여 주는 용역의 일부로 인식할 것이다. 다른 건이라면 비감사서비스 용역으로 감사인이 아닌 다른 전문가에게서 자문을 받을 수 있지만 회계와 관련된 건은 감사의 고유 영역이기 때문에 다른 전문가가 개입되기 어렵다. 물론, 다른 회계법인으로부터 의료행위에서와 같이 second opinion을 구할 수는 있다.

일부의 기업은 감사인 이외에 회계적인 이슈를 자문하기 위한 별도의 consulting 회계법인과 계약을 맺기도 하고 감사인에게 감사를 받기 이전에 이 법인으로부터 회계와 관련된 자문을 받는다. 외국에서는 대기업 중심으로 이러한 기업의 수가 늘고 있다.

피감사기업의 회계와 관련된 당면 과제는 우선 적정의견을 받는 것이다. 여기에서도 심각한 문제점이 발생할 수 있다. 피감사기업은 기업회계기준을 준수하는 것이 가장 중요한 의사결정기준이어야 하는데 피감사기업의 입장에서는 기준을 준수하는 것보다는 우선적으로 적정의견을 받는 것이 가장 시급하다. 일단 감사인의 적정의견을 받을 경우는 규제기관에 의해서 조치를 받지 않는 한 회계적으로 문제가 되지 않는다.

여기에서 심각한 감사인의 독립성의 문제가 대두될 수 있다. 감사인은 주관적인 판단이 개입될 수 있는 건에 대해서 피감사기업에 유리하도록 의사결정을 수행할 유인이 충분히 있으며 피감사기업은 적정의견을 받는 것이 '목적'이기 때문에 감사인에게 피감사기업이 수행하는 회계처리를 용납하도록 강력하게 요구할 수 있으며 감사인도 이러한 피감사기업의 요구가 부담이 된다.

분식회계로 감독기관의 조사를 받던 피감사기업의 회계담당자와 감독원 담당자의 대화 내용은 시사하는 바가 크다. 감독원은 해당 기업에게 감독원 회계처리와 관련해서 질의하지 않은 이유가 무엇인지를 질의하였으며 기업은 기업회계기준에 위배되는지 안 되는지의 문제가 아니라 감사의견상 적정의견을 받는 데 문제가 없느냐 하는 것이 관심사였다고 답변하며 감독당국에 대한 질의는 기업회계기준위배냐 아니냐에 대한 질의이므로 질의할 생각을 하지 않았다고 답변하였다.

이러한 답을 보고 한편으로 생각해 보면 피감사기업과 감사인이 공동운명체인가에 대한 심각한 의심을 하게 된다. 또한 회계담당 직원의 심각한 도덕적 해이를 읽을 수 있다. 물론, 피감사기업은 기업회계기준을 준수함과 동시에 적정의견을 받아야 한다. 그러나 기업회계기준의 준수가 선행되어야 한다. 회계정보가 생성된 이후에 이에 대한 인증과정으로서 감사가 존재하는 것이다. 기준의 준수가 적정의견을 의미함이 분리될 수 없는 내용이지만 감사인의 독립성이 훼손된다면 이 두 내용이 일치하지 않을 수도 있다. 위의 회계담당자의 회신은 완전히 본말이 전도되었다는 판단을 할 수 있다. 피감사기업과 감사인의 경우, 의견 조정 과정에서 의견불일치를 보일 수 있으나 일단 의견이 조정된 이후에는 이 두 경제주체가 공동 운명체와 같이 행동한다는 점에서는 현실을 무시할 수 없다.

그러나 이러한 회계처리 자문과 관련된 업무는 가장 중요한 감사인 고유의 업무이기 때문에 이를 비감사서비스로 분류하여 감사업무와 병행을 금지하도록 할 수는 없다. 이러한 회계처리에 대한 한 회계법인에서 monitoring할 수 있는 경우는 concurring review 파트너로 하여금 이를 검토하도록 하는 것이며 또는 한 일정 회계법인의 한계를 넘어서 이를 통제하는 경우는 dual audit 체제로 가는 것이다. 회계법인 심리실의 존재도 전자의 경우와 동일한 목적으로 이해할 수 있다.

회계감사인은 전문가로서의 의견을 표명할 때 피감사기업이 요구하는 방향으로 의견을 표명하면 아니 된다. 이는 감사인이 법률전문가와 다른 점이다. 법률전문가인 변호사는 client의 이익만을 위해서 용역을 수행하지만 감사인일 경우는 시장 전체를 위해서 업무를 수행하는 것이기 때문에 공정한 의견을 내려야 한다.

위의 건에서 보는 바와 같이 회계처리상의 문제가 발생할 경우 피감사기업이 가장 안전하게 본인들을 보호하는 방법은 감독원이나 회계연구원에 질의하는 것이다. 질의의 대상이 감독원인지 회계연구원인지에 대해서는 논란이 있으며 아직 이 두 기관간의 조정이 필요하다.

Chapter 40

수시공시

회계정보는 크게 보아서 공시의 한 부분이다. 공시를 크게 분류하면 회계정보와 같은 정기공시가 있으며 수시공시가 있다. 회계정보를 미시적으로 보면 수시공시의 내용은 회계에는 포함되지 않지만 정보의 전달적인 측면에서 판단하면 회계와 같은 정기공시와 수시공시를 구분할 이유도 명확하지 않다. 2004년 7월 수시공시에 대해 금융감독위원회가 "수시공시제도 선진화 방안"을 발표하였다. 이는 회계제도 선진화 방안에 대응하는 내용이라고 해석할 수 있다. 투자의사결정이 단기화되면서 정기공시에 비해서 수시공시의 중요성이 더욱 강화되었다. 이는 투자의사결정이 단기화되면서 연차 재무제표보다는 분반기 재무제표의 중요성이 강조되는 것과 궤를 같이한다. 물론 수시공시 분야는 회계감사인이 인증을 수행할 역할이 거의 없기 때문에 수시공시가 회계에서 관심을 가졌던 부분은 아니다. 그러나 회계학적 측면에서 수시공시는 앞으로도 중요성이 더욱 강조될 것이다. 공시와 관련된 부분은 규제기관의 입장에서는 회계정보와 동일하게 증권선물위원회의 규제대상이다. 회계정보와 관련된 자율규제는 한국공인회계사회에서 수행하지만 수시공시와 관련된 규제는 증권거래소의 공시위원회에서 수행한다. 이전에는 공시와 관련된 내용도 증권거래소의 상장위원회에서 다루어졌으나 공시와 관련된 내용이 더욱 중요시되면서 최근 공시위원회가 증권거래소에 별도로 설치/운영되고 있다.

최근 공시 제도와 관련되어 제도적으로 변화된 부분은 다음과 같다.[1] 즉, 금감위는 중요한 정보가 투자자들에게 제때 제공될 수 있도록 다음날까지 공시해도 되는 공시사항(익일공시)의 상당부분을 당일 공시로 바꿨다. 이에 따라 당일 공시 비중을 거래소는 종전 25%에서 72%까지, 코스닥은 34%에서 75%까지 확대하였다. 장 마감이 지난 후 악재를 공시하는 소위 올빼미 공시를 막기 위해 익일공시(다음날까지 공시하는 것) 시한을 저녁 9시에서 오후 4시로 단축했다. 기존에는 특별손익, 시설투자, 금전대여 등에 관한 공시는 해당 회사 자본금의 5-10% 이상일 경우에만 공시하도록 했으나 이 기준을 자기자본의 5-10%로 변경했다. 이와 함께 감자비율, 주식소각, 분할, 합병 등이 공시 내용보다 갑자기 20% 이상 변경되거나 고정자산 처분, 공급계약 체결, 특별손실의 경우에는 공시 내용보다 50% 이상 변경된 경우 공시 위반에 따른 제재를 받게 된다.

2004년 9월부터 퇴출 누진 점수제가 도입되고 집단소송제도가 본격적으로 도입되면서 기업들의 행정상 실수 등으로 퇴출이나 집단소송에 휘말릴 위험을 최소화하기 위해서 금감원과 상장등록법인의 공시 담당자간 핫라인을 개설하기로 했다.[2] 이 핫라인은 금감원 공시담당부서와 거래소 코스닥 기업 1,550여개에 달하는 각 기업 공시담당 정/부책임자 3,000여명을 쌍방향으로 이어주는 전용 통신망이다.

위의 제도의 변화에서 읽을 수 있듯이 회계감사인들은 회계정보뿐만 아니고 기업의 수시공시에도 지속적으로 신경을 써야 한다. 이는 수시공시가 인증의 대상이라서가 아니라 수시공시중에 정기공시와도 관련이 되는 많은 정보가 포함되기 때문이다.

1) 조선일보. 2004. 7. 6. 기업공시 오후 4시 이후에 안돼.

2) 매일경제신문. 2004. 7. 16. 금감원-공시담당자 핫라인 개설.

Chapter 41

분식회계 사면

정부는 과거 분식을 사면하기 위한 구체적인 방법으로 다음의 두 대안을 제시하였다. 1. 과거의 분식행위로 작성된 재무제표상 금액을 가감 없이 그대로 유지하는 것과 2. 과거 분식으로 이미 계상된 금액을 실질에 맞는 방향으로 바로잡는 경우만 정당한 분식해소 행위로 규정하였다. 실질에 맞는 방향이란 과다 계상된 부분은 축소하고 과소 계상된 부분은 확대하는 것을 뜻한다. 또한 과거 분식으로 계상된 금액을 새로운 항목으로 대체하는 경우는 정당한 분식해소로 볼 수 없다. 이는 분식을 해소하기 위해서 또 한번의 분식을 수행하는 것과 동일하다.

분식되었던 부분을 해소하기 위해서는 역분개가 수행되어야 한다. 즉 과거에 비용이 낮게 계상되었다면 이를 수정하는 과정에서는 이 해당 비용을 높게 계상하여야 한다. 즉, 그렇지 않으면 적절하게 계상되어야 할 금액보다 높은 비용 금액이 계상되는 것이다. 따라서 과거의 분식을 해소하는 연도의 회계정보가 또다시 왜곡되는 것이다.

이 과정에서 역분식(분식을 해소하는 과정에서 발생하는 회계기준 위반 행위)을 어디까지 허용할 것인가를 분명히 하여야 한다. 즉, 집단소송법의 유예와 관련된 논의에서 그간 국회의원들이 기존의 정부안대로라면 과거 회계분식과 현재 회계분식을 구분하기 어렵다며 반대 입장을 보여 왔다. 즉, 과거에 높게 계상된 비용을 상쇄하기 위해서 비용과목을 낮게 계상하여야 하는데 이 과정에서 비용을 과소계상하려는 유인이 존재한다면 과거의 적절치 않은 부분을 상계하려는 것인지 아니면 이를 초과해서 비용을 낮게 계상하려는 것인지를 구분한다는 것이 실질적으로 어렵다. 또한 위에서도 기술되었듯이 과대 계상된 금액을 조정하려면 해당 계정과목을 조정하여야 하는 것이지 다른 계정과목으로 대체하여서는 안 된다.

수정안은 기업이 과거 분식을 해소하는 과정을 허용함에 따라 재무제표를 감사한 감사인에 대해 2년간 손해배상 책임을 묻지 않는다는 내용을 추가했다. 역분식도 분식행위의 하나인만큼 감사인으로는 별도의 면책조항이 없을 경우 당연히 이를 문제 삼을 수밖에 없다는 현실론에 기초한 것으로 이와 같이 과거 분식을 해결하려는 목적에서의 분식은 분식으로 인식하지 않는다는 것이다.

누적된 과거분식을 자발적으로 해소할 수 있는 환경을 조성하기 위해 기업들이 전기오류수정 방식으로 과거 분식행위 내용을 공시한 재무제표와 감사보고서를 냈을 때 이를 근거로 감리를 추진하지 않겠다는 것이 정부의 정책방향이다.

SK글로벌의 분식 건도 사면과 연관된다. SK글로벌 사태의 심각성은 최태원 SK 회장측이 밝혔듯이 보고된 분식액의 상당 부분이 오랫동안 누적된 금액이라는 사실이다.[1] 그 금액이 너무 커서 떨궈낼 기회를 찾다가 그만 기회를 놓쳐버렸다는 그런 내용이다. 일단 문제를 드러내지 않을 것이면 이를 진행하는 방법은 계속 덮고 넘어가는 것이다. 이러한 문제를 안고 있는 기업은 비단 SK글로벌에 그치는 것은 아니다.

2005년 1월 1일부터 분식이 없다고 해도 회계정보는 누적되기 때문에 과거의 분식이 이미 재무제표에 나타나는 것과 동일하다. 즉, 회계정보는 누적되기 때문에 언젠가 한번 분식이 수행되었다고 하면 이를 역전시키는 분개가 수행되지 않는 한 회계정보는 지속적으로 잘못된 정보가 공시된다.

이렇듯 분식규모 공개는 오히려 긍정적인 측면이 많다고 판단되며, 기

1) 매일경제신문. 2003. 4. 14. 회계분식 공개하게 만들자.

업이 자발적으로 과거 분식액을 공개할 수 있도록 유인하는 극단의 정책적 고려가 필요한 시점이다. '자백하는 자에게는 벌을 감해 주노라'는 식의 자백유인제도가 필요하다는 논지이다.

> 두산산업개발은 건설사 회계처리기준의 맹점을 최대한 활용하며 분식회계에 나섰다. 건설공사는 수년에 걸쳐 진행되기 때문에 분기, 반기, 연간 매출을 확정할 때 공사진척도를 기준으로 한다. 두산산업개발은 이러한 진척도를 부풀리는 방법으로 매출을 실제보다 크게 늘린다. 예를 들어 A 프로젝트 도급액이 1,000억원인데 실제 투입된 매출원가가 1,200억원이라면 200억원의 손실이 불가피하지만 두산산업개발은 200억원의 원가를 B프로젝트로 떠 넘기면서 B프로젝트의 공사진척도를 200억원어치 원가만큼 부풀렸다.[2)]

동일 기업의 내용이므로 내용은 상이하지만 아래에 같이 기술한다.

> 두산산업개발은 기재오류에 따라 반기보고서에 대한 감사인의 감사의견을 '적정'에서 '한정'으로 변경한다고 16일 공시하였다. 두산산업개발은 16일 오후 5시 38분 한영회계법인으로부터 반기보고서 감사의견으로 '적정'을 받았다고 공시한 이후 30분 정도가 지난 오후 6시 5분에 '한정'의견으로 정정공시를 냈다.[3)]

사면이 적용되는 기간에 분식회계를 고해성사하였기 때문에 감독원에서 별도의 감리를 수행하지 않았다. 반면, 기아자동차와 대한항공의 경우는 감리를 받던 중 분식회계 사실을 털어 놓았기 때문에 감리면제 조치를 받지 못하고 제재 수위를 2단계 낮추는 경감을 받았다.

---

2) 매일경제신문. 2005. 8. 8. '면죄부' 받고 집단소송 미리 차단.

3) 한국경제신문, 2005. 8. 17. 두산산업개발 '한정의견' 반기보고 30분 만에 정정보고.

9월 27일 금융감독원 감사에서 여야 의원들이 일제히 감리면제가 부당하다고 지적하고 나섰다.[4] 이에 대해 금감원은 "분식회계로 인한 민형사상 책임까지 면제하는 것은 아니다"고 해명했다.… 금융감독원 관계자는 "외부감사 규정은 외감법에 근거해 제정된 것"이라며 "과거 분식을 수정한 경우 한시적으로 행정권의 행사를 유예함으로써 조기에 회계투명성을 높이기 위한 조치"라고 해명했다.… 채수찬 의원은 "감리 면제의 근거가 되는 금감원의 외부감사 규정은 상위법인 외감법에 정면으로 위배되며 헌법이 부여한 국회의 입법권을 침해한 것이라고 지적했다.

4) 한국경제신문. 2005. 9. 27. 과거분식 자진신고 면죄부 논란.

Chapter 42

회계와 관련된 법적 문제

민법 제162조(채권, 재산권의 소멸시효)

① 채권은 10년간 행사하지 아니하면 소멸시효가 완성한다.

② 채권 및 소유권이외의 재산권은 20년간 행사하지 아니하면 소멸시효가 완성한다.

민법 제163조(3년의 단기소멸시효) 다음 각호의 채권은 3년간 행사하지 아니하면 소멸시효가 완성한다. 〈개정 1997. 12. 13〉

1. 이자, 부양료, 급료, 사용료 기타 1년 이내의 기간으로 정한 금전 또는 물건의 지급을 목적으로 한 채권
2. 의사, 조산사, 간호사 및 약사의 치료, 근로 및 조제에 관한 채권
3. 도급받은 자, 기사 기타 공사의 설계 또는 감독에 종사하는 자의 공사에 관한 채권
4. 변호사, 변리사, 공증인, 공인회계사 및 법무사에 대한 직무상 보관한 서류의 반환을 청구하는 채권
5. 변호사, 변리사, 공증인, 공인회계사 및 법무사의 직무에 관한 채권
6. 생산자 및 상인이 판매한 생산물 및 상품의 대가
7. 수공업자 및 제조자의 업무에 관한 채권

민법 제750조(불법행위에 대한 손해배상책임)

고의 또는 과실로 인한 위법행위로 타인에게 손해를 가한 자는 그 손해를 배상할 책임이 있다.

상법 제399조(회사에 대한 책임)

① 이사가 법령 또는 정관에 위반한 행위를 하거나 그 임무를 해태한 때에는 그 이사는 회사에 대하여 연대하여 손해를 배상할 책임이 있다.

② 전항의 행위가 이사회의 결의에 의한 것인 때에는 그 결의에 찬성한 이사도 전항의 책임이 있다.

③ 전항의 결의에 참가한 이사로서 이의를 한 기재가 의사록에 없는 자는 그 결의에 찬성한 것으로 추정한다.

상법 제401조(제3자에 대한 책임)

이사가 악의 또는 중대한 과실로 인하여 그 업무를 해태한 때에는 그 이사는 제3자에 대하여 연대하여 손해를 배상할 책임이 있다.

상법 제401조의 2(업무집행지시자 등의 책임)

① 다음 각호의 1에 해당하는 자는 그 지시하거나 집행한 업무에 관하여 제399조 · 제401조 및 제403조의 적용에 있어서 이를 이사로 본다.

1. 회사에 대한 자신의 영향력을 이용하여 이사에게 업무집행을 지시한 자
2. 이사의 이름으로 직접 업무를 집행한 자
3. 이사가 아니면서 명예회장 · 회장 · 사장 · 부사장 · 전무 · 상무 · 이사 기타 업무를 집행할 권한이 있는 것으로 인정될 만한 명칭을 사용하여 회사의 업무를 집행한 자

② 제1항의 경우에 회사 또는 제3자에 대하여 손해를 배상할 책임이 있는 이사는 제1항에 규정된 자와 연대하여 그 책임을 진다.

[본조신설 1998.12.28]

외감법 제17조 2항(손해배상책임)

감사인이 중요한 사항에 관하여 감사보고서에 기재하지 아니하거나 허위의 기재를 함으로써 이를 믿고 이용한 제3자에게 손해를 발생하게 한 경우에는 그 감사인은 제3자에 대하여 손해를 배상할 책임이 있다. 다만 연결재무제표 또는 결합재무제표에 대한 감사보고서에 중요한 사항을 기재하지 아니하거나 허위의 기재를 한 책임이 종속회사 관계회사 또는 계열회사의 감사인에게 있는 경우에는 당해 감사인은 이를 믿고 이용한 제3자에게 손해를 배상할 책임이 있다.

외감법 제17조 7항

제1항 내지 제4항의 규정에 의한 손해배상책임은 그 청구권자가 당해 사실을 안 날로부터 1년 이내 또는 감사보고서를 제출한 날로부터 3년 이내에 청구권을 행사하지 아니한 때에는 소멸한다. 다만 제4조의 규정에 의한 선임에 있어서 계약으로 그 기간을 연장할 수 있다.

증권거래법 제14조(허위기재 등으로 인한 배상책임)

유가증권신고서와 제12조의 규정에 의한 사업설명서 중 허위의 기재 또는 표시가 있거나 중요한 사항이 기재 또는 표시되지 아니함으로써 유가증권의 취득자가 손해를 입을 때에는 다음 각호의 자는 그 손해에 대하여 배상의 책임을 진다. 다만, 배상의 책임을 질 자가 상당한 주의를 하였음에도 불구하고 이를 알 수 없었음을 설명하거나 그 유가증권의 취득자가 취득의 청약시에 그 사실을 안 때에는 그러하지 아니하다.

1. 당해 유가증권 신고서상의 신고자와 신고 당시의 법인의 이사
2. 당해 유가증권 신고서의 기재사항 또는 그 첨부서류가 진실 또는 정확하다고 증명하였거나 서명한 공인회계사, 감정인 또는 신용평가를 전문으로 하는 자

증권거래법 제197조(감사인의 손해배상책임)

선의의 투자자에 대한 감사인의 손해배상책임은 주식회사의 외부감사에 관한 법률 제17조 제2항 등을 준용한다.

위의 법 조항에 대해서 다음과 같은 저자의 해석을 추가한다.

상법은 소멸시효규정이 없는 만큼 일반 법정채권과 마찬가지로 소멸시효는 10년으로 보는 것이 타당하다는 의견이 있다. 민법의 규정에 보면 시효를 3년, 10년, 20년으로 정하고 있다. 일반 채권은 10년, 채권 및 재산권 이외의 소유권은 20년이지만 공인회계사의 직무에 대한 채권은 3년으로 규정하고 있다.

증권거래법과 외감법의 시효가 소멸되면 시효가 10년인 민법으로 갈 수도 있다. 그러나 민법의 단기 소멸시효는 3년이다.

증권거래법은 '배상의 책임을 질 자가 상당한 주의를 하였음에도 불구하고 이를 알 수 없었음을 설명하거나' 라고 기술하고 있어 피고가 입증책임이 있음을 명확히 하고 있으나 민법은 원고가 입증책임이 있음을 판례에서 읽을 수 있다(흥양의 판결 사례).

과거 분식회계는 상법과 형법, 증권거래법, 외감법, 특정경제범죄가중처벌법 등을 위반한 것이기 때문에 민형사상 처벌뿐만 아니라 일반투자자들로부터 소송을 당할 수 있다.

상법 401조의 2항 법령은 실질적 업무 지시자에 대한 책임을 지우는 것이다. 분식회계와 부실감사에 대한 책임도 실질적으로 이를 지시한 자가 지게 되는 것이 당연하며 상법상 업무 집행 지시자, 실질적 업무 지시자가 실질적으로 책임을 지게 되는 것이 당연하다. 즉, 회사 내에서의 어떠한 직을 갖는 것이 중요할 뿐만 아니라 책임질 수 있는 위치에 있지 않다고 하여도 실질적으로 업무를 지시하였다고 하면 책임이 있다는 것이다. 특히 실질적인 최대주주가 등기를 하지 않은 상태에서 회장 등의 명칭을 사용하면서 영향력을 행사하였다고 하면 그 책임에서 면제될 수 없음을 의미한다. 이러한 법령은 법상으로 등기가 되지 않았으므로 법적인 책임이 없다는 내용과는 상충되는 것이며 사법부의 주관적인 판단이 필요한 부분이기도 하다.

증권거래법 197조에서 외감법으로 해당 감사인의 손해배상 책임을 이관하는 것은 증권거래법은 거래소 상장과 코스닥 상장에만 해당하는 기업에 대한 손해배상 책임을 규제할 수 있는데 이러한 기업에 대한 감사인의 책임을 규정하는 것이 아니라 모든 외감대상 기업에 대한 손해배상 책임을 규정하려면 증권거래법이 아니라 외감법에서 이를 규제함이 적절하다고 판단된다.

외감법 17조 7항에서 증권거래법상의 손해배상책임에 소멸시효를 둔 것은 선의의 투자자가 신속하게 구제 받을 수 있게 하기 위한 것이며 한편으로 유가증권 시장의 안정을 도모하게 하기 위하여 청구기간을 단기간으로 제한한 것이다.

법적 시효와 관련되어

회계법인에 족쇄처럼 따라 다니던 기업 부실 감사에 대한 무한책임이 완화된다.[1] 그 동안 공인회계사만 혜택을 받던 3년의 징계제척기간이 회계법인에도 적용되는 길이 열렸기 때문이다. 국회 재정경제위원회는 최근 회계법인이 부실감사를 한 날로부터 3년이 지나면 자격정지, 감사업무 제한 등 금융당국의 징계를 받지 않는 내용의 공인회계사법 개정안을 통과시켰다. 오는 10월 말께부터 새 제도가 적용될 전망이다. 공인회계사법의 3년 징계 제척기간과 관련된 법령은 아래와 같다.

공인회계사법 제7장 징계

제48조(징계)

① 재정경제부장관은 公認會計士가 다음 各號의 1의 사유에 해당하는 때에는 公認會計士懲戒委員會의 의결에 따라 제2항에서 정하는 懲戒를 할 수 있다. 〈개정 2001. 3. 28〉

1. 이 法 또는 이 法에 의한 命令에 위반한 때
2. 監査 또는 증명에 중대한 錯誤 또는 漏落이 있는 때
3. 公認會計士會會則에 위반한 때
4. 職務의 內外를 불문하고 公認會計士로서의 品位를 損傷하는 행위를 한 때

④ 第1項의 規定에 의한 懲戒는 第1項 各號의 1에 해당하는 사유가 발생한 날부터 3年이 경과한 때에는 이를 할 수 없다.

1) 한국경제신문. 2005. 6. 28. 부실감사 회계법인도 3년 지나면 징계 면제.

현재 변호사와 법무사, 법무법인, 법무사 합동법인 등은 변호사법 등에 따라 2-3년의 징계제척기간이 지나면 징계받지 않는다. 즉, 법률행위를 수행하는 개인 변호사와 법무법인에 대해서 동일한 제척기간이 적용되는 것이다.

그러나 공인회계사법의 경우 부실감사를 한 회계사에 대해서는 3년이 지나면 재정경제부와 금융감독원의 징계 대상에서 제외해 주지만 회계법인은 별도 규정이 없어 부실감사 사실이 드러나면 언제라도 징계를 받아야 한다. 공인회계사가 회계법인 소속으로 공인회계사로서의 업무를 수행하였는데 공인회계사에 대해서는 3년의 징계 한도를 설정한 반면, 회계법인에 대해서는 이러한 한계를 설정하지 않은 것은 적절치 않다.

민법에서도 채권은 10년의 소멸기간을 갖는 반면 3년의 단기 소멸 기간을 인정하는 것은 변호사, 의사, 변리사 등의 전문인들이 계속되는 소송으로부터 고유의 업무를 방해받는 점이 바람직하지 않기 때문에 제척기간을 인정하는 정신과 궤를 같이한다.

이러한 법 정신은 위의 전문인들은 다른 국민에 비해서 소송의 대상이 될 가능성이 매우 높은데 너무 오랜 기간 동안 소송의 위험에 노출된다는 것이 정상적인 업무를 수행하기 어렵다는 취지가 반영되어 있다.

한편, 회계법인에 손해배상한도를 두어야 한다는 주장이 대두되었다.

1995년 민간증권소송개혁법(PSLRA)에서는

1. 원고가 손해배상을 입증하는 것으로 법을 개정하였으며
2. 과실의 책임에 따른 비례책임대표제를 도입하였다.

즉, 단순한 연대책임이 아니라 기업의 이사가 되었건 아니면 회계법인의 파트너가 되었건 자기가 수행하지도 않은 업무에 대해서 동일한 책임을 물리는 것은 적절치 않다는 것이다. 연대책임을 물리는 목적은 누구의 책임에 의해서도 피해를 볼 수 있기 때문에 상호간에 견제하고 통제하여 보다 적절하게 업무를 수행하도록 하라는 의미를 띤다. 그러나 이러한 연대 책임의 순기능은 이해하지만 그러기에는 소송으로부터의 배상 책임이 매우 가중하다. 집단소송 피고가 연대 책임을 지도록 돼 있는 것을 비례책임으로 전환하는 방안도 고려중이다. 이러한 내용은 사회적으로 보증과 관련된 연대책임을

제한하려는 움직임과 연관된다.

반면에 거의 모든 회의의 의사결정이 회의체를 중심으로 한 의사결정이므로 어떠한 안에 누가 찬성하고 누가 반대하였는지를 구분한다는 것이 의미있는 일인지에 대한 논란도 있다.

스스로 인식하여 증권 법령을 위반한 경우(고의성)만 연대책임을 지며 그렇지 않을 경우 실질적으로 법을 어긴 이사가 가중된 처벌을 받는 것은 당연하다.[2)]

기업 내 담당 임원진의 실무형평성을 제고하기 위해 손해배상 비례대표제 도입을 검토하고 있다.[3)] 현행 연대 책임제도를 유지할 경우 실질적인 책임여부에 상관없이 불이익을 받는 피해자들이 발생할 수 있다고 판단했기 때문이다. 비례책임제가 도입될 경우 임원진의 실질적인 업무성격에 따라 손해배상 책임이 돌아가게 된다. 재경부는 아울러 공시서류나 회계서류기재 실수로 인한 허위공시 등 고의성이 없는 경미한 사안에 대해서는 집단소송 대상에서 배제하는 보완대책도 검토하기로 했다.[4)]

연대책임과 손해배상에 한도가 없는 것은 일맥상통한다. 즉, 과도한 책임을 부과하면서 책임을 묻는 것이다.

독일은 미국, 영국 등과 달리 회사에 대한 감시기능을 시장이 아니라 은행이 수행하고 있으며 은행이 공개기업의 소유권을 갖는 지배구조를 보이고 있다. 이에 따라 회사법에서는 법정감사에 따른 손해에 대해 소송을 제기할 수 있는 당사자로 피감사회사와 관련회사만을 규정하고 있다.[5)] 우리나라에서도 피감사회사가 감사인을 대상으로 소송을 제기하는 경우가 발생하는데 같은 맥락에서 이해할 수 있다.

이사들의 제3자에 대한 손해배상책임을 규정한 상법 401조에는 이사가 회사의 임무에 관해 '악의' 또는 '중과실'한 경우 책임을 묻게 돼 있어

---

2) 이준섭. 2004. 손해배상책임제도의 정비방안이라는 보고서를 통해(이하 이준섭. 2004라 칭함).

3) 매일경제신문. 2004. 1. 19. 집단소송제 임원 책임 어떻게.

4) 이준섭. 2004. p.66.

5) 고종권, 전규안. 2005. 손해배상 한도와 관련된 심포지움. 서울대학교.

'고의' 또는 '과실'을 요구하는 민법과는 다르다.

미국의 경우 우리의 증권거래법 제14조에 열거된 배상책임질 자에 해당하는 자는 명문으로 연대책임 관계에 있음을 규정하고 있다(1933년 미국증권거래법 11조). 그 결과 자기의 책임비율이 아무리 작더라도 전액 배상의 책임을 지게 된다. 이는 증권법령의 위반을 알지 못하던 피고라 하더라도 상당히 큰 배상의 책임을 부담한다는 압박 때문에 거품소송의 화해에 응하게 되는 결과를 낳게 되었고 특히 사외이사에 대한 연대책임을 부과하는 것이 과도하다는 비판이 있어 왔다.[6)]

그러나 상법 401조는 과대 해석되어 적용되어서는 안 된다. 아래에서도 기술되지만 이 법조항은 1993년 대법원의 판례에 의해서 주주에 대한 간접손해는 적용되지 않는다. 그러나 직접손해와 간접손해를 명확하게 구분할 수 있는 것인지는 분명하지 않다.

회삿돈으로 부실계열사를 불법지원해 회사를 부도냈다며 낸 손해배상 청구소송에서 배상 책임을 인정한 원심을 깨고 원고패소 판결했다.[7)] 재판부는 판결에서 이사가 악의나 중과실로 주주가 '직접손해'를 입으면 상법 401조에 따라 배상받을 수 있지만 회사 재산 감소로 인한 '간접손해'는 상법 401조로 배상받을 수 없다며 주주의 간접손해는 '회사가 이사로부터 배상을 받거나' 주주대표 소송을 제기하면 해결되기 때문이다. 상법 401조는 이사가 악의 또는 중대한 과실로 임무를 해태한 경우 제3자에 대해 배상하도록 하고 있으며 1993년의 대법원 판례는 이 같은 배상책임 대상에서 주주의 간접손해는 제외하고 있다.

즉, 이 판결은 이사의 책임을 399조의 회사에 대한 책임과 401조 3항의 제3자에 대한 책임으로 구분하고 있다. 이사는 주주에 대한 fiduciary

---

6) 이준섭. 2004.

7) 매일경제신문. 2005. 2. 14. 계열사 불법지원 전 한라그룹회장 주주에 배상책임 없다 판결. 한국경제신문. 2005. 2. 14. 경영진 주가하락 배상책임 없다.

(수탁자의) 의무를 갖지만 회사라는 법인격을 통한 의무이다. 따라서 어떻게 보면 회사에 대한 의무가 좀더 직접적인 의무이며 주주에 대한 의무는 회사를 통한 간접적인 의무라고 할 수 있다. 제 3 자에 대한 의무는 대부분이 주주에 대한 의무일 것이다. 또한 이러한 차이는 주주는 항상 변경될 수 있다는 점과 무관하지 않으며 이사의 주주에 대한 의무를 일단계적으로 회사를 통한 의무라고 판단하는 것이다.

현재 한라건설 회장인 정몽원 씨는 한라그룹 회장시절인 1997년 한라시멘트와 만도기계, 한라건설 등 한라그룹의 3개 우량계열사에서 2조 1,000억원을 빼내 사실상 본인 소유의 한라중공업에 지급보증 및 자금대여 등 형식으로 지원한 혐의 등으로 기소돼 지난달 대법원에서 징역 3년에 집행유예 5년이 확정되었다.

만도기계의 소액주주 2명이 정몽원 한라건설 회장을 상대로 부실계열사에 대한 무리한 자금지원으로 만도기계가 부도가 난만큼 주가 하락에 따른 손해를 배상하라며 낸 소송에서 원고 승소한 원심을 깨고 원소패소 판결했다.

대법원은 지난 1993년 판결에서 이사가 회사 재산을 횡령해 회사 재산이 감소하고 그 결과로 주주의 경제적 이익이 침해되는 것과 같은 간접손해는 상법의 손해의 개념에 포함되지 않는다고 판시했다. 재판부는 주주의 간접손해는 회사가 이사로부터 배상을 받으면 자연히 보전되는 것이고 '회사가 이사의 책임추궁에 소극적인 경우'에는 주주가 대표소송을 제기해 해결하면 된다고 설명했다.

즉, 손해를 이사의 악의 또는 중대한 과실로 인한 주주에 대한 직접손실과 회사자산 감소로 인한 주주에 대한 간접손실로 구분하는 것이 매우 흥미롭다. 즉, 회사라는 법인격은 이사와는 완전히 별개의 법적인 실체이며 이사가 적절치 못하게 의사결정을 수행하여 회사의 재산이 감소되었고 이를 통해서 주주의 부가 영향을 받았다면 이를 해결하는 방법은 법인격인 회사가 이사의 책임을 추궁해야 하는 것이지 주주가 직접 이사의 책임을 추궁하지 못한다는 매우 흥미로운 사례이다. 즉, 이러한 법원의 판단은 이사의 이러한 잘못으로부터의 기업에 대한 피해를 일차적인 피해로 보고 있으며 주주의 피해를 이차적인 즉, 간접적인 피해로 해석하고 있다.

그러나 기업의 경영을 위탁받은 것이 이사이기 때문에 기업의 책임과 이사의 책임을 별도로 구분한다는 것이 매우 어렵다. 또한 직접피해와 간접피해도 구분한다는 것은 여간 어려운 일이 아니다.

민법의 조항을 상법과 일대일로 비교한다면 상법은 악의 또는 중대한 과실로 인한 이사의 배상책임을 규정하고 있으며 민법은 상행위와는 무관하게 배상책임을 묻고 있다. 물론, 상법은 특별법이고 민법은 일반법이기 때문에 민법의 적용이 더욱 포괄적이다. 민법에서는 고의 또는 과실을, 상법에서는 악의 또는 중대한 과실을 규정하였기 때문에 표면적으로 원고의 입장에서는 민법으로 소송을 제기함이 더욱 유리하다고 판단되며 피고의 입장에서는 상법에 의해 소송을 당함이 유리하다고 판단된다.

상법에 의한다면 '악의나 중과실'을 입증해야 그 회사 임원에 대해 공시책임을 물을 수 있기 때문이다. 따라서 분식회계와 관련해서 회사 임원에 대한 책임을 부과하기는 매우 어렵게 상법이 규정되어 있다. 즉, 단순한 과실일 경우의 책임을 상법은 부정한다. 단, 민법일 경우는 단순 과실일 경우라도 처벌의 대상이 된다.

상법을 회사 임원에 대한 조치를 취함에 있어서 적용하고 거래법이나 외감법을 회계감사인을 조치할 때 적용한다면 당연히 감사인에 대한 조치가 더욱 가중할 수 있다. 이는 상법으로 임원을 처벌할 경우는 악의 또는 중과실인 경우만 조치가 가능하기 때문이다. 단, 이사에 대해서도 거래법을 적용할 경우는 악의 또는 중과실을 보일 필요가 없다.

즉, 상법상으로는 기업의 임원에게 책임을 물리기 위해서는 회사의 임원일 경우는 악의나 중과실을 입증하여야 하지만 외부감사인은 이러한 입증이 없이도 손해배상에 대한 책임을 지게 된다. 즉, 적절치 않은 회계정보가 공시될 수 있는 경우를 악의(고의), 중과실, 과실로 구분한다면 과실일 경우도(증권거래법 14조나 외감법 17조 2항에 의해서) 감사인을 처벌할 수 있다. 물론, 악의, 고의, 중과실, 과실을 엄격하게 구분하는 것 자체가 불가능하지만 이를 구분하는 것이 가능하다는 가정 하에 논리를 전개한다. 그러나 상법에 의해서 이사를 처벌할 때는 악의 또는 중대한 과실이 입증되어야 한다.

공인회계사법, 증권거래법, 외감법은 모두 민법에 대해서는 특별법의 위치에 있다. 그리고 상법도 민법과의 관계에 있어서는 특별법이다.

투자자를 보호하기 위하여 특별히 정한 조건이 있는 증권거래법상의 손해배상책임이 있는 한 동일한 내용을 가지고 민법상의 불법행위에 따른 손해배상책임을 지우는 것은 문제가 있다는 주장이 있다. 즉, 특별법이 있으므로 일반법을 적용하지 말라는 의미이지만 주장에 그친다.

흥양의 경우에서 2심에서는 감사인의 부실감사에 관하여 민법상 불법행위 책임을 묻기 위하여는 감사인의 고의, 과실, 투자자의 손해의 발생, 인과관계의 존재, 손해액 등에 대하여 별도로 주장, 입증을 원고가 수행하여야 할 것이라고 하면서, 이 사건에서 원고가 분식된 재무제표와 부실한 감사보고서를 신뢰하고 이를 투자 판단의 자료로 삼아 주식을 취득하게 되었는지에 관하여는 이를 인정할 아무런 증거가 없다고 판결하였다. 특히 인과관계와 손해액산정은 '직접적'이고 '명백한' 것에 한정하고 '간접적이고 포괄적인' 것은 책임을 묻지 않는 것이 과거의 경향이었다고 판결하였다.

이사의 책임일 경우는 상법, 민법(750조), 증권거래법(14조)이 경합할 수 있으며 감사인의 책임일 경우는 상법은 이사의 책임과 관련된 규정을 하고 있으므로 감사인에게는 적용되지 않으며 증권거래법(197조)과 민법(750조), 외감법(17조 2항)이 경합할 수 있다. 그러나 증권거래법일 경우는 책임과 관련된 부분을 외감법에 이관하고 있으므로 민법과 외감법이 경합하고 있다고 함이 적절할 것이다.

증권거래법 14조(허위기재 등으로 인한 배상책임)와 197조(감사인의 손해배상 책임)는 중복된다. 14조의 2항에도 공인회계사에 의한 배상책임을 기술하고 있다.

상법 399조는 정관에 있어서의 위임에 의해서 채무보상 책임을 지며 또한 민법에 의해서도 일반적인 불법행위로 인한 손해배상책임을 진다. 즉, 채무보상과 불법행위로 인한 손해배상은 별개이다.

사법부는 성명권을 통해서 어느 법령으로 소송을 제기하는지를 변호사에게 문의할 수 있다. 즉, 재판의 진행과정에서 민법 또는 상법에 근거해서 소송이 제기되었는데 다른 법령에도 즉, 민법에도 또는 상법에도 적용되는 경우에 성명권이라고 해서 재판부가 이를 변호사에게 알려줄 수는 있다.

사례 1: 다음의 사례는 1962년의 사례이어서 현행 상법과는 상이하나 두 개의 청구가 동시에 이루어진 경우를 보인다(대법원 1962. 6. 21 62다102).[8)]

가. 구 상법 577조에 의한 손해배상청구권과 불법행위를 원인으로 하는 손실배상청구권은 소위 청구권이 경합하는 경우로 위의 두 청구권은 동시에 성립할 수 있는 것이고 서로 표리관계에 있어 하나가 성립하면 다른 것은 성립할 수 없는 것은 아니다.

나. 민법은 특별법인 상법에 대한 원칙법이므로 상법 제577조에 의한 손해배상청구권의 경우에도 민법의 과실 상계에 관한 규정의 적용이 있는 것이다.

가.의 경우 따라서 본건 청구의 병합은 선택적(택일적)인 것이 명백하다. 그리고 택일적 청구의 병합인 이상 그 중 하나인 청구원인에 의하여 원고의 청구를 인용하였다면 나머지 청구에 대해서는 심판을 할 필요가 없는 것이고 더욱이 불법행위를 원인으로 하는 손해배상 청구권을 행사하는 것이 구 상법 제577조에 의한 손해배상 청구권을 행사하는 것보다 피고측의 항변을 배척함에 있어 원고에게 유리한 본건에 있어서는 원고로서는 원심이 위 불법행위를 원인으로 하는 손해배상청구권에 관하여서만 심판하였다고 하여 불평할 수는 없는 것이다.

사례 2: 대법원 1989. 1. 31. 선고 87누760판결

가. 주식회사의 대표이사의 대표권 남용에 따른 불법행위에 대하여 상법 제399조의 손해배상청구권 이외에 불법행위를 이유로 한 손해배상청구권도 행사할 수 있는지 여부(적극)

8) 본 판례를 제공해 준 정창호 판사께 감사한다.

나. 위의 경우 총 주주의 동의로써 상법 제399조에 의한 이사의 책임을 면제한 경우 불법행위로 인한 손해배상청구권까지 소멸하는지 여부(소극)

당해 주식회사는 대표이사의 위와 같은 행위가 상법 제398조 소정의 이사와 회사간의 이해상반하는 거래행위에 해당한다 하여 이사회의 승인여부에 불구하고 같은 법 제399조 소정의 손해배상청구권을 행사할 수 있음은 물론이고 대표권의 남용에 따른 불법행위를 이유로 한 손해배상청구권도 행사할 수 있다.

감사인과 공인회계사를 구분하여야 한다. 외감법과 증권거래법에서 규정하고 있는 것은 모두 감사인이며 공인회계사 개인에게 해당되는 것은 공인회계사법에 그친다.

입증에 대한 책임은 회사거나 공인회계사거나 거래법(14조)일 경우는 피고에게 있다. 이러한 점을 deep pocket의 내용과 연관시킨다면 회사와 외부감사인의 처벌도 형평에 문제가 있지만 일단 부도가 발생할 경우의 모든 재정적인 부담을 회계법인이 감수할 수 있다. 즉, 이는 두 단계로 이해할 수 있다. 책임의 문제와 사후적인 비용 부담의 문제이다.

따라서 부도가 발생하거나 발생하지 않거나 많은 부담이 회계법인에 주어지는 것이 사실이다. 부도가 발생할 경우는 deep pocket의 문제로 감사인이 큰 부담을 지게 되며 부도가 발생하지 않아도 사후적으로 회계적인 문제가 발행하게 되면 증권거래법(외감법)에 의해서 더 많은 부담을 지고 있다.

상법은 회사의 이사에게 해당되는 법령이며 증권거래법은 이사와 감사인에게 해당되며 외감법은 감사인에게만 해당되는 법령이다. 민법은 이사나 감사인에게 모두 해당될 수 있는 법령이라고 할 수 있다. 민법에서 고의나 과실에 대해서 책임이 있다고 규정하였기 때문에 고의성 여부에 무관하게 감사인이나 이사는 책임이 있다고 할 수 있다. 즉, 모든 잘못에 대해서 책임이 있다고도 법적으로 해석할 수 있다. 그러나 이사는 민법도 적용되지만 상법이 고유하게 적용되는데 이 경우에는 이사를 처벌하기가 더욱 어렵게 되어 있다. 증권거래법일 경우도 14조일 경우는 이사나 감사인이나 모두 해당된다.

증권거래법상의 손해배상책임의 경우에는 위 법령에서 정한 바와 같이 입증책임이 피고에게 지움으로써 전환되어 있고 손해배상액도 추정되어 있으므로 민법상의 불법행위에 따른 손해배상책임판결에서는 위법행위여부 및 위법행위와 손해 사이의 인과관계에 대하여 손해배상을 청구하는 측에서 분명히 거증을 하여야 할 것이며 손해액에 대하여도 분명히 밝혀야 할 것이다.

Chapter 43

손해배상액 산정*

손해배상액 산정은 매우 어려운 계산이다. 누가 어떻게 금액을 산정한다고 하여도 여러 가지 가정을 필요로 한다. 몇 논문에서 금액산정의 대안으로 기술된 내용을 정리한 것이다.

> 손해배상액 산정 방법 I
> 대법원의 한국강관 판례:
> 분식결산 및 부실감사로 인하여 상실하게 된 주가상당액은 특별한 사정이 없는 한 분식결산 및 부실감사가 밝혀져 거래가 정지되기 직전에 정상적으로 형성된 주가와 부실감사로 인한 거래정지가 해제되고 거래가 재개된 후 계속된 하종가를 벗어난 시점에서 정상적으로 형성된 주가와의 차액 상당으로 계산하였다(1999. 10. 22. 97다26555 판결).

위의 대법원 판례는 법령은 아니지만 법조문 못지않게 손해배상액 산정과 관련된 문헌에 널리 인용된다. 가격형성 I 은 상당히 합리적이다. 단, 매입가격이 금액 산정에 사용되는 것이 아니라 분식결산 및 부실감사가 밝혀지기 이전 가격이 기준가액으로 사용된다. 즉, 매입가격은 분식회계/부실감사와 무관하게 결정된 투자자의 의사결정이므로 고려하여서는 안 된다. 단,

* 본 chapter의 내용은 저자의 많은 주관적인 판단이 개입된 장임을 밝힌다.

매입시점 이전부터 분식이 이미 수행되었다고 하면 의사결정이 매우 어려워진다. 이는 매입시점의 취득가액이 이미 정상가액이 아니기 때문이다. 따라서 가격 I 의 방법은 매입 이후에 분식이 수행되었다면 합당한 방법이지만 그렇지 않을 경우 완전한 손해배상액 추정방법은 아니다.

> 손해배상액 산정 방법 II
> 원고가 매수할 당시 분식결산이 이루어지지 않았다면 형성되었을 회사의 주식가격과 원고의 실제 취득 가격과의 차액 상당이다.

즉, 처분과는 무관하게 취득 시점의 주가의 차이가 이 손해배상액 산정의 기초이다. 즉 I 의 방법은 분식이 매수 후 발생하는 것을 가정하고 있으나 II 의 경우는 매수할 당시에 분식이 이미 수행되었다는 것을 가정하고 있다.

부실공시가 없었더라면 취득하지 않았을 터인데 그 부실공시를 믿고 취득하였기 때문에 발생한 손실에 관한 것이다. 따라서 일반적으로 취득자가 매수할 당시 만일 허위 또는 부실기재가 아니었더라면 형성되었을 주식가격과 취득자가 실제 매입한 가격과의 차이가 바로 위법행위자의 위법행위(분식결산 및 그 공시)가 발생한 손해에 미친 범위라고 해석한다.

문제는 허위 또는 부실기재가 아니었더라면 형성되었을 주식가격을 구해야 하는데 이러한 가격 산정이 이론적으로는 가능하지만 이를 객관적으로 구할 수 없다는 데 어려움이 있다. 이를 박종성과 위경우(2004)는 PBR을 사용하여 측정하였으며 최기호와 최원석(2004)은 Ohlson 모형을 사용하여 추정하였다.

그러나 이러한 접근은 PBR을 사용하기 위해서는 분식된 금액이 예를 들어 손익계산서에는 영향을 미치지만 대차대조표에는 영향을 미치지 않는다는 것을 가정한다. 그래야만 PBR을 B/S에 곱하여 분식이 없는 경우의 주가의 산정이 가능하다.

분식회계가 수행되지 않았다면 주가가 얼마였을 것인지를 추정하는 것이 가장 어려운 문제이다. 이는 이러한 상황이 전개되었을 경우에만 나타나는 것이기 때문이다.

Ⅰ에 대해서 결론적으로 대법원이 부실감사행위라는 위법행위가 직접적으로 주가하락에 영향을 준 부분만을 손해의 범위로 파악하고자 한 것이지만 부실감사라는 위법행위만이 직접 주가하락을 야기한다는 것은 현실적으로는 상정하기 어려운 것이므로 결국 잘못된 판단을 야기할 수밖에 없다. 주가에 영향을 미치는 여러 가지 요인이 있는데 사후적으로 분식에 의해서 주가가 하락한 부분을 모두 분식에 의한 영향이라고 판단하는 것에 대한 적법성에 문제가 될 수 있다.

Ⅰ의 견해에 따른다면 부실감사와 부실공시를 믿고 취득한 '높은' 취득가액의 손해는 손해의 범위에 포함되지 않기 때문에 일반법리에 반한다. 즉, Ⅰ의 접근은 Ⅱ가 구하는 손해배상액은 구하지 못한다.

Ⅱ의 접근은 매수 시점에 이미 분식이 있었다는 점을 가정한다. 그러나 매수 시점에는 분식이 없고 그 이후 시점 분식이 있는 경우에 분식으로 인해서 가격이 하락하였다면 이 방법으로는 손실금액 추정이 어렵다.

SK 글로벌의 경우처럼 오랜 동안 분식이 진행되었다고 하면 매수 시점의 주가는 이미 수년간 수행된 분식의 결과이므로 이 경우도 손해배상액 산정을 어렵게 한다. 즉 Ⅱ 방법은 주식을 매입하였던 시점에 분식이 처음 수행되었으면 금액을 구하기 용이하지만 분식이 그 이전과 이후에 수행되었다면 접근하기 어렵다. 즉, 이미 과거부터 수행된 분식에 의해서 주가가 과거부터 고평가 또는 저평가되어 왔기 때문에 매수 시점에 회계 분식에 의한 고평가/저평가되었던 부분을 구분해 내는 것이 매우 어렵다.

Ⅱ의 방법에서 취득 후 분식회계가 수행되었고 이러한 분식회계의 결과, 주가가 하락하였다면 이 부분도 어떠한 방식이거나 손해배상금액 산정에 사용되어야 하는데 Ⅱ방법은 이 부분에 대한 배상액이 구해지지 않는다.

손해배상액 산정 방법 III

증권거래법 제15조(손해배상액)

① 제14조의 규정에 의하여 배상할 금액은 청구권자가 당해 유가증권을 취득함에 있어서 실지로 지급한 액에서 다음 각호의 1에 해당하는 금액을 공제한 금액으로 한다.

1. 당해 유가증권에 관하여 소송 제기되어 있을 때에는 변론종결시에 있어서의 시장가격
2. 제1호의 변론종결 전에 당해 유가증권을 처분한 때에는 그 처분가액

② 제1항의 규정에 불구하고 제14조의 규정에 의하여 배상책임을 질 자가 청구권자가 입은 배상액의 전부 또는 일부를 허위 기재 표시하거나 중요한 사항을 기재 표시하지 아니함으로써 발생한 것이 아님을 입증한 경우에는 그 부분에 대하여 배상책임을 지지 아니한다.

증권거래법 제15조는 아예 부실 작성 및 공시라는 가해행위가 처음의 취득시로부터 변론 종결의 현재 시점까지 또는 처분한 때까지는 모두 영향을 미쳤다고 간과하고 있다.

주식을 취득하는 시점에 있어서 분식이 수행되지 않았다면 취득시점의 가액은 분식회계와 무관한데 손해배상액을 구함에 있어서 취득가액을 이용함이 문제가 될 수 있다. 즉, 취득시점부터 분식회계로 인하여 문제가 제기된 시점까지의 기간에 여러 가지 경제 상황이 전개되는데 이 모든 주가의 하락을 분식회계를 수행한 기업과 감사인이 책임질 수는 없다. 주식 투자자가 자유의지로 시장가격에서 취득한 것인데 투자손실을 제3자에게 부담시킬 수는 없다. 기업이나 감사인은 분식회계로 인한 주가하락에 대해서만 책임이 있다.

물론, 이와 같이 접근한다면 분식회계로 인한 손해배상액을 초과해서 산정할 가능성도 있고 반대로 낮게 산정할 가능성도 존재한다.

반면에 Ⅰ의 접근은 처분시점을 기준으로 손해배상액을 구한 것이며 Ⅱ의 접근은 취득시점을 기준으로 금액을 구한 것이다. Ⅲ의 방식이 처분과 취득 시점의 주가를 모두 감안하였다는 점은 개선된 방식이기는 하지만 위에 지적된 문제점을 내포한다.

피해 금액을 산정하기 위해서 일부에서는 일일 가격 제한 폭을 이용하는 방안도 제시하고 있다. 즉, 이 접근은 분식회계에 의한 효과가 수일 이내에 발생한다고 가정하고 이러한 문제가 계속 주가의 하한가의 문제로 연결된다면 적어도 이러한 분식의 문제로 인해서 가격이 얼마나 낮아졌는지를 측정

할 수 있다는 주장이다. 그러나 이도 문제를 극단적으로 단순하게 만든 것이 회계분식의 공표가 어느 기간에 영향을 미칠지를 알 수 없기 때문이다. 이는 분식회계가 미치는 영향이 매우 단기간에 나타난다는 가정을 하고 있다.[1)]

한국강관의 손해배상 사례가 많은 경우에 인용된다.[2)]

대법원 97다32215 / 대법원 96다41991 / 대법원 97다26555

청운회계법인은 한국강관의 1992회계연도 회계감사를 수행하였는바 회사의 재무제표에는 상당한 기업회계기준 위반 사항이 있었고, 1993년 11월에 발표된 금융감독원의 감리 결과 발표에서 회계법인의 부실감사에 대한 조치가 발표되었다. 이 발표 이후에 한국강관의 소액주주들은 다수의 소송을 제기하였는바 그 중 3건이 대법원 판결까지 진행되었다. 이들 판결 내용 중 중요한 것은 다음과 같다.

한국강관은 대불공단 신공장 건설에 따른 자금소요 및 금융비용 과다부담 등으로 인하여 당기순손실이 18억원, 잉여금 손실(결손금)이 458억원에 이르게 되자, 신용도 하락으로 금융기관 대출이 불가능하고, 토지 매입, 설비 자금 대출이 불가능할 것으로 우려되어, 경영이 더 어려워질 것이므로 분식처리를 하기로 하였다.

(1) 보람은행 등 4개 거래은행에 보관되어 있는 보관어음이 129억원이나 받을 어음 보관잔액증명을 위조하여 209억원으로 조정하였으며
(2) 대우 등 거래 회사들에 대한 채권채무조회서를 위조하여 외상매출채권으로 외상매출금 및 외화외상매출금을 31억원 과대계상하였고
(3) 포항제철에 대한 선급금 채권으로 79억원
(4) 미착원재료로 92억원
(5) 전기이전분 제품으로 94억원
(6) 재공품으로 28억원 등을 조정하였다.

---

1) 한종철. 2003.

2) 장춘구. 2003. 부실감사에 대한 회계법인의 배상책임 토론의 요지. 기업소송연구회 창립총회. 자유기업원.

이상의 분식회계 결과로 실제로는 18억원 손실을, 19억원 이익으로 조정하는 허위 재무제표를 작성하게 되었다.

청운회계법인은 2월 4일부터 14일까지 외부감사를 실시하였으며 금융감독원의 지적에 따른 부실감사로 볼 수 있는 주요내용은 다음과 같았다. 법원에서 금감원의 분식 지적 사항이 법원 판례에서 그대로 인용된 것을 알 수 있다.

(1) 매출채권, 선급금 담당자는 회사가 제출한 허위 어음보관 잔액증명원을 그대로 믿었다. 또한 채권채무잔액조회서를 직접 회수하지 않고 회사를 통하여 전달받음으로써 동 허위 계상 사실을 발견하지 못하였다.

(2) 재고자산 담당자는 감사시간이 부족하다는 이유로 재고자산이 총자산의 21%, 매출의 38%임에도 불구하고, 2000개 항목 중에서 36개만을 확인함으로써 재고자산이 과대계상되었다는 사실을 발견하지 못하였다.

(3) 청운회계법인은 이러한 감사의 결과, 1993년 2월 13일에 위 회사의 재무제표에 대하여 적정의견 보고서를 제출하게 된다.

금융감독원의(당시 증권감독원) 동 회계감사에 대한 금융감독원의 감리 진행 경과는 다음과 같다. 1993년도 감리계획에 따라 670여 상장회사 중 88개를 무작위로 표본 추출하여 일반 감리대상을 선정하였다.

이와 관련된 판결에서 제일 중요한 것은 증권거래법상의 손해배상책임과 민법상의 불법행위로 인한 손해배상 책임이 모두 청구 가능한 것인가 아니면 특별법이라고 할 수 있는 증권거래법상의 손해배상책임만이 청구 가능한 것인가 하는 것이다.

그러나 대법원에서의 최종 판결을 보면 증권거래법상의 손해배상책임은 민법상의 손해배상책임과 별도로 인정되는 법정책임으로서 주식투자자는 증권거래법상의 손해배상책임과 민법상의 불법행위로 인한 손해배상책임을 다 함께 물을 수 있는 것으로 판시하고 있다.

민법이 적용될 경우는 거증의 책임이 원고에게 있고 거래법이 적용될 경우는 거증의 책임이 피고에게 있다. 따라서 피고의 입장에서는 민법을 적용하는 것이 더욱 유리하다.

외감법 17조 7항은 당해 사실을 안 날로부터 1년, 감사보고서 제출일로부터 3년이라고 감사인의 손해배상 시효를 적고 있다. 대법원 판결에서는 청구권자가 외감법 제17조 2항 '소정의 감사보고서의 기재누락이나 허위기재의 사실을 현실적으로 인식한 때'로 판시하고 있다. 여기서 현실적으로 인식한 때란, 실제로 원고가 그 사실을 안 날이 아니라, 일반인이 인식할 수 있는 정도인 때라는 것이다. 이는 원고가 이 사실을 실질적으로 인식한 시점을 명확하게 추정한다는 것이 현실적으로 가능하지 않기 때문이다. 따라서 공표된 사실을 인지한 일자는 달라질 수 있다.

여기서 앞에서 본 감리 결과의 발표 경위를 좀더 살펴본다. 왜냐하면 그에 따라서 일반인이 인식할 수 있는 정도라는 것을 알 수 있기 때문이다.

증권거래법에서는 손실금액을 법에서 정하여 놓았다. 그러나, 이는 민법에서 그대로 원용하여 사용할 수 있는 것이 아니므로, 본 판결에서는 손해배상책임을 인정한 후에 손해배상액에 대하여는 부실감사로 인하여 상실하게 된 주가상당액으로 판시하였다(민법과 증권거래법을 동시에 적용하고 있다).

이는 부실감사가 밝혀져 거래가 정지되기 직전에 정상적으로 형성된 주가와 부실감사로 인한 거래정지가 해제되고 거래가 재개된 후 계속된 하종가를 벗어난 시점에서 정상적으로 형성된 주가와의 차액 상당으로 계산하였다.

원고들의 주식 거래 일지는 다음과 같다.

▶ 1993. 10. 22; 원고가 한국강관(주) 주식 매수
(1,000주×@15,000=₩15,000,000)

▶ 1993. 11. 5; 원고가 한국강관(주) 주식 매수 주문
11. 8; 원고가 강국강관(주) 주식 매수
(1,000주×@13,000=₩13,000,000)

- 1993년 7월 12일부터 11월 5일까지 감독원 감사보고서 감리
- 1993년 11월 5일 외부감사 심의위원회[3)]
- 1993년 11월 5일 증권감독원에서 한국강관(주)의 분식결산 및 청운회계법인의 부실감사를 기자실에서 발표하였고 증권시장지에 게재되었으며 주가가 하락하기 시작하였다. 또한 피감사기업에 대한 조치로 한국강관의 경리담당이사를 해임 권고하였으며 청운회계법인은 법인경고, 한국강관 감사는 제한되었다.

청운회계법인 담당회계사는 1년간 직무정지를 받았으며 증권거래소와 증권업협회에 통보되었다. 1993년 11월 6일, 분식결산/부실감사 사실을 공시실에 공시 및 증권시장지에 배포하였으며 일간신문의 주식시세란에 보도되었다.

1993년 11월 6일 전장부터 11월 8일 전장에 증권거래소에서 거래가 '중요한 재무내용 변경 공시: 상장법인의 직접공시 등에 관한 규정'에 의해서 정지되었다.

1993년 11월 12일, 원고가 해당주식 매도(100주×@11,200=₩1,120,000)
1994년 1월 7일부터 부도설 유포로 주가 급락(1994. 1. 8 주가; @9,000)
1994년 1월 10일, 회사정리절차 개시 신청(주가 @8,600)
1995년 5월 20일, 주가 @2,620
1995년 11월 16일, 원고가 해당 주식 매도(1,900주×@4,550=₩8,645,000)

투자손실은 총매도가격－총매수가격=₩9,765,000－₩28,000,000=₩18,235,000으로 계산된다. 즉, 1,000주 매수, 1,000주 매수 후, 100주 매도, 1,900주 매도로 투자의사결정을 수행하였다.

매도가격이 모두 분식회계의 결과라는 가정 하에서는 위의 접근이 적절하지만 매수가격은 투자자의 자유의사에 의해서 수행되었으며 매도가격도 온전히 분식회계에 의해서 결정된 사항은 아니다. 모든 투자손실을 기업과 감사인이 떠안는 문제점이 있다.

---

3) 현재의 감리위원회의 전신 위원회이다.

증권감독원의 감리결과 발표는 1993년 11월 5일이었고, 바로 주가는 하락하기 시작하였다. 그 다음에 주식 거래는 11월 6일부터 정지되었다가 11월 8일에 거래정지가 해제되었다.[4)]

1994년 1월 7일부터는 다시 부도설이 유포되면서 주가는 급락하기 시작하였고, 1월 8일의 주가는 9천원이었다. 마침내 1994년 1월 10일에 회사는 회사정리절차 개시 신청을 냈다.

원심에서는 손해배상액에 대한 판결에서 실제매수가액에서 그 매도가액을 공제(1994. 1. 10 이후 매도분에 대하여는 1월 8일의 종가로 산정한 금액 공제)한 것으로 판결하였다. 1994년 1월 10일 이후 매도분에 대하여 1월 8일의 종가로 하도록 한 것은 회사가 회사정리절차개시 신청을 함으로써 그 주가가 급격히 하락하고 거래조차 거의 이루어지지 않고 있던 시기에 뒤늦게 그 매수주식을 매각한 잘못이 있으므로, 원고(투자자)들에게 잘못이 있는 부분까지 피고의 부실감사로 인한 손해로 보기 어렵고, 또 감사인의 손해배상책임액을 규정한 법의 각 규정 역시 그 책임을 한정하려는 데 목적이 있을 뿐 실손해액이 그보다 적음에도 법정액까지 올려서 배상한다고 하는 취지는 아니라고 할 것이다.

바로 위의 내용은 정상을 참작하여 회사정리절차 개시 신청 직전의 시세인 주당 9천원에 매도한 것으로 보아 이를 기준으로 하여 손해액을 결정하여야 한다고 판단한 것이다.

즉, 이렇게 접근한다면 분식과 무관한 금액도 산정될 위험이 있다. 즉, 실제 매수가격은 투자자 본인들이 결정한 것인데 이러한 투자자들의 투자의사결정을 감사인이나 회사가 보상할 수는 없는 것이다.

한편, 대법원에서는 판례에 의해서 손해가액을 부실감사가 밝혀져 거래가 정지되기 직전에 정상적으로 형성된 주가와 부실감사로 인한 거래정지가 해제되고 거래가 재개된 후 계속된 하종가를 벗어난 시점에서 정상적으로

4) 감리지적이 공시되는 일자에 거래가 수일간 정지되었다고 판단된다. 현재 적용되지 않는 제도이다. 이는 불성실공시로 지적될 때, 매매거래가 정지되는 것도 동일한 제도이다. 이러한 매매거래 정지의 목적은 시장으로 하여금 이러한 정보의 효과를 다시 분석하고 가격이 재조정되는 시간적 여유를 갖게 함을 위함이라고 판단된다.

형성된 주가와의 차액 상당이라고 볼 수 있다고 하여 그 이전에 매도가 이루어지고 그 가액이 그 후 다시 형성된 정상적인 주가를 초과하는 경우에는 그 매도가액과의 차액 상당액으로 판결하였다.

위의 접근 방법의 문제는 손해액의 산정에 있어서 매수 가격의 사용이 문제가 있다는 점이다. 따라서 부실감사가 밝혀져 거래가 정지되기 직전의 가격에 근거해서 손해액을 산정한다는 대법원 판례의 접근이 필요하다.

적어도 주식의 매수시점부터 계산된 손해배상액을 구하는 것보다는 후자의 내용이 개선된 계산법일 수 있다. 즉, 매수시점보다 문제가 발생하기 이전 시점의 주가에서 문제가 발생한 시점의 하락한 주가의 차액을 구한다면 이 차액은 분식회계에 의해서 주가가 하락한 부분이라고 이해할 수 있다.

원고가 위 재무제표와 부실한 감사보고서를 이용하여 주식을 매수하였다고 하더라도 이로 인하여 발생한 손해는 증권거래법에 의한 손해가 아니라 원고가 매수할 당시 분식결산이 이루어지지 않았다면 형성되었을 회사의 주식가격과 원고의 실제 취득 가격과의 차액 상당이라고 할 것이다. 즉, 이에 상당하는 금액이 취득 시점에 분식으로 인한 손실금액이다.

고등법원에서는 아무런 주장 및 입증이 없다는 이유로 원고의 피고에 대한 민법상 불법행위로 인한 손해배상 청구를 배척하였다.

한편, 대법원에서는 주식거래를 함에 있어서 대상 기업의 재무상태는 주가를 형성하는 가장 중요한 요인 중의 하나이고, 대상 기업의 재무제표에 대한 외부감사인의 회계감사를 거쳐 작성된 감사보고서는 대상 기업의 정확한 재무상태를 드러내는 가장 객관적인 자료로서 일반투자자에게 제공, 공표되어 주가 형성에 결정적인 영향을 미치는 것이므로, 주식 투자를 하는 일반투자자로서는 그 대상 기업의 재무상태를 가장 잘 나타내는 감사보고서가 정당하게 작성되어 공표된 것으로 믿고 주가가 당연히 그에 바탕을 두고 형성되었으리라는 생각 아래 대상 기업의 주식을 거래한 것으로 보아야 한다고 판시하였다.

물론, 이러한 결정이 잘못된 의사결정은 아니지만 투자자가 사용가능한 정보는 이 정보 이외에도 너무 많다는 데 문제가 있다.

대법원에서 뒤바뀐 판결에서 재무제표에 기초하여 투자의사결정한 것으로 판결이 되었으나 2심에서 민법에 의해 원고에게 입증책임을 묻는 것이 불법행위에 따른 손해배상책임에서는 더 타당한 것으로 보인다. 분명히 재무제표를 얼마나 신뢰를 하였는지는 원고가 입증하여야 할 것이다. 즉, 2심에서는 원고가 입증을 못하였기 때문에(민법 적용) 원고가 패소하였는데 대법원에서 원고가 승소하였다.

물론, 위의 내용과 같이 기업의 내재가치의 결정이 모두 발표된 회계정보에 의해서 수행되는 것은 아니다.[5] 우리나라의 투자행태가 OECD 국가 중에서도 매우 단기투자 중심인 것은 이미 널리 알려졌기 때문에 그러한 측면에서는 정기 공시인 재무제표의 상대적인 중요성은 수시공시 등과 비교하여서도 낮아진다고 할 수 있다. 반면에 적시의 정보 전달이 중요하기 때문에 정기공시의 형태보다는 수시공시가 이전과 비교하여 더욱 중요해진다고 하더라도 정기공시의 중요성은 변하지 않을 것이다. 이는 수시공시는 증권거래소, 감독기관의 제재가 있다고 하여도 공인된 자격증을 갖는 감사인이 인증하는 정기공시와 비교하여서는 정보의 신뢰성에서 결코 앞서기는 어려울 것이다. 수시공시 건수는 너무 많기 때문에 이러한 모든 정보에 대해서 그 공정성을 규제기관이 통제하고 판단한다는 것이 여간 어려운 일이 아니다. 물론, 정기공시 이외에도 기업의 내재가치에 영향을 미치는 정보는 매우 많다.

통상적으로 개인투자자(소액주주)가 주식을 매수할 때는 해당 회사의 재무제표만을 보고 매수하는 것은 아니고 업종의 비전, 해당 회사에 대한 업계의 평판, 장단기 투자계획 등과 관련한 비정기적인 정보 및 업종, 회사규모, 고가주/저가주 별로 어떤 종목이 당시 증권시장의 흐름을 타고 있는지 등에 기인하여 매수하는 경우가 많기 때문에 회계감사인에게 재무제표의 부실감사를 이유로 100% 손해배상 책임을 물을 수는 없다.

만약 원고가 오로지 재무제표만을 기준으로 주식투자를 해 왔다는 것을 입증하여 회계감사인에게 100% 손해배상책임을 지우고자 한다면 원고는

5) 장춘식의 토론 내용을 이곳에 많이 인용한다.

오래 전부터 본인이 취급한 주식 종목들의 주가가 재무상황과 직접적인 연관관계가 있는 종목들이었다는 점을 구체적으로 입증해야 할 것이다. 즉, 해당기업의 주가는 재무상황을 나타내는 회계정보와 같이 움직인다는 점을 보여야 한다는 의미이다.

특히 본 건에 있어서는 대법원 판결 이전의 원심에서는 우려할 만한 판결결과가 나왔는데, 피고에게 부도설이 유포된 1994년 1월 7일(부도설 유포로 주가가 급락하는 시점) 이후의 하락분까지 포함하여 매수가격과 매도가격의 차액에 대해 손해배상 책임을 묻고 있었다. 민법상 불법행위에 따른 손해배상 책임을 묻기 위해서는 고의, 과실, 손해의 발생뿐 아니라 인과관계의 존재, 손해액 등에 대하여 별도로 원고가 주장, 입증하여야 하며 특히 인과관계와 손해액산정은 '직접적'이고 '명백한' 것에 한정하고 '간접적이고 포괄적인' 것은 책임을 묻지 않는 것이 과거의 경향이었는데 근래에 와서는 사회분위기에 편승하여 이러한 경향이 바뀌고 있다.

민사사건이든 형사사건이든 대법원의 최종 판결 이전에 1심, 2심의 판결결과도 피고에게 물적, 정신적 피해를 크게 입히는 것이므로, 모든 재판부가 사회분위기와는 무관하게 뚜렷한 기준을 가지고 자본주의 경제원칙하에서 판단을 하는 것이 매우 중요하다.

근본적으로 자본주의 경제체제하에서의 경제행위 의사결정의 책임은 원칙적으로 본인에게 있고 주식투자행위는 원래 리스크를 부담하는 의사결정행위이므로, 부실감사와 주식투자손실과의 인과관계 및 그 손해액의 범위에 대해 원고가 명백하고 구체적으로 입증하지 못한다면 투자손실의 책임은 본인이 져야 할 것이다. 그럼에도 불구하고 원고가 주식매도 시점을 놓친 부분까지 감사인에게 책임을 물은 원심의 판결은, 소액주주들은 약자이고, 회계감사인, 경영자, 대주주들은 강자이므로 약자의 편을 들어야 한다는 다분히 감정적인 요소가 작용하지 않았는가 하는 우려를 하지 않을 수 없다.

사법부의 판결은 존중되어야 한다.[6] 반면, 사법부에서 판결을 내리는 법관도 사회의 한 구성원이기 때문에 사회의 일반적인 분위기, 정서를 무시

6) 조선일보. 2004. 7. 28. 개혁만 좇으면 사법부 위기 올 것.

할 수 없다. 다만 모든 사법부의 판결은 법에 근거한 것이지만 회계기준의 적용에서와 같이 법령의 적용에 법관의 주관적인 판단이 개입되는 것은 불가피하다. 그러나 법관은 균형된 감각을 가지고 판결에 임하여야 한다.

'개혁성, 진보적 성향을 내세우며 사법부에 영향력을 행사하는 작금의 환경은 대단히 위험하다며 이는 진보와 보수라는 두 눈을 가리고 중립적이어야 할 법관들을 분위기에 편승하게 해 사법부를 중대한 위기로 몰 수도 있다'며 '최근 진보적인 것으로 평가받는 일부 판결들도 만약 이러한 분위기에 법관들이 편승해 나온 것이라면 매우 위험하다'는 서울중앙지법원장의 의견은 예사롭지 않다.

일반투자자들의 이익이 중시되어야 하지만 그렇다고 기업과 공인회계사가 이들 이익 때문에 매도되어서도 안 된다. 기업은 국가의 부를 형성하고 있으며 고용을 창출한다. 어떠한 이유가 되었건 건전한 기업이 매도되는 경우는 없어야 자본주의가 건전하게 형성될 수 있다. 또한 공인회계사도 공적인 업무를 수행하는 공인이므로 그들이 맡은 책무를 다 수행하지 못한다면 이에 상응하는 조치를 받는 것은 당연하지만 동시에 이들이 제3자가 범한 잘못까지 책임을 지며 매도되어서는 더더욱 바람직하지 않다.

또한 1993년 당시에는 분식결산이 불법행위라는 인식이 지금보다 매우 약했다. 따라서 감사인의 입장에서는 회사에서 제시하는 자료가 허위인지 여부를 엄격하게 점검하지 않는 분위기가 어느 정도 있었고, 또한 분식사실을 알았더라도 이는 투자자나 금융기관을 속이는 것이라는 인식은 거의 없었을 것이며, 오히려 감사인이 감사하는 회사가 어려운 고비를 넘기고 정상화될 수 있는 기회를 주는 것이 국가경제적으로도 도움이 된다는 것이 당시의 분위기였다는 것도 고려되어야 할 것이라고 기술한다.[7)]

이러한 논리전개는 최근의 분식회계의 사면과 관련된 논의와도 연관된다. 사회 정의적인 차원에서는 당연히 일벌백계로 분식회계를 처벌하여야 하지만 회계도 국가 경제를 위해서 존재하는 것이기 때문이다.

---

7) 이 사례에서의 토론자의 의견을 존중하여 이를 직접 인용하였으나 이 문단의 내용일 경우 극단적으로 기업과 공인회계사에 우호적인 의견이라 할 수 있다.

현재로는 회계법인 내부적으로도 담당 파트너가 피감기업에 대한 감사를 우호적으로 수행하려고 하여도 junior회계사들이 이를 수용하지 않는 분위기이다. 모든 공인회계사가 자기가 맡았던 업무에 대해서 책임을 져야 하기 때문에 상급자와 의견이 상이한 부분에 대해서도 당연히 이를 조서에 기록으로 남겨두기 때문에 책임의 한계가 명확하다.

한편 사법부의 입장에서는 사회 전 부문에 걸쳐서 잘못된 관행을 바로잡고 하루 빨리 정의로운 사회를 구현하는 것도 중요하겠지만, 경제사건과 관련한 판결에 있어서는 해당 판결의 결과가 사회 전반에 미치는 파급 효과가 엄청나기 때문에 이를 감안하여 경제관행이 점진적으로 개선되도록 유도하는 판결이 무엇보다도 중요하다고 생각된다.

현재 실물경제에 대하여 익숙지 않을 수 있는 사법부에서 경제사건에 대하여 정확한 이해 없이 윤리적, 정서적 기준으로 판결을 하는 경향이 있는바, 이는 기업의욕을 크게 저하시키고 소송꾼들을 양산하는 부작용을 초래하게 되어 결국은 국가와 국민 전체에 피해가 돌아가게 될 요인이 있다.

따라서 경제사건에 대하여는, 첫째 법의 논리와 경제논리가 충돌하는 경우에는 가능한 한 경제논리를 존중해야 할 것이며, 둘째 경제와 경영을 이해하며 실물경제를 경험한 법관에게 경제사건을 전담시키는 것이 필요할 것이다.[8)]

8) 경제를 이해하는 법관을 매도할 의사는 없으며 경제와 관련된 소송을 다루는 법관들이 경제와 관련된 전문적인 지식을 겸비할 필요가 있다는 정도로 이해할 수 있다.

Chapter 44

집단소송제도

상법은 주주총회의 권한을 일정한 범위로 한정하고 이사회나 대표이사가 실질적으로 회사를 운영하는 것으로 한다. 이사와 회사의 관계는 준위임관계이므로(상법 제382조 제2항) 선량한 관리자로 사무를 처리하지 않으면 손해배상책임을 지지만 상법은 이사의 책임발생원인을 명백히 하고 책임범위를 확장하기 위해 특칙을 두고 있다. 이 경우 발생한 모든 손해를 상당인과관계의 범위 내에서 배상할 책임이 있다.

집단소송은 다음과 같은 조건을 만족하여야 한다. 투자자가 허위공시를 신뢰하여 투자하였어야 한다. 그리고 투자자의 신뢰여부에 대한 입증은 현재 피고측에 있다고 해석된다. 이 부분이 피고측에는 상당한 부담으로 작용한다. 투자자가 허위공시된 정보에 근거하여 투자를 수행하였는지 또는 다른 정보에 근거하여 의사결정을 수행하였는지를 밝히는 것은 매우 어려운 일인데 이러한 부담을 피고가 안는 것이다.

집단소송허가 요건으로 구성원이 50인 이상이어야 하며 이들이 보유하고 있는 주식이 피고회사발행주식의 1만분의 1(0.01%) 이상이어야 한다. 제외의사(opt out)를 밝히지 않은 모든 사람에서 그 판결 효력이 미친다. 자산규모 2조원 미만의 경우는 2007년부터 집단소송제도가 시행된다.

집단소송법은 절차법이며 그 내용은 실체법인 증권거래법을 따른다. 따라서 분식회계 또는 부실감사 사실 유무에 대한 거증책임이 발행시장의 경우와 유통시장의 경우 모두 피고에게 있다. 미국의 경우처럼 유통시장에서의 고의 또는 과실에 대한 입증책임은 원고에게 부담하도록 하는 대안에 대해서도 고민하여야 한다

이는 유통시장의 경우, 회계정보 이외에도 사용 가능한 정보가 매우 많기 때문에 잘못된 의사결정이 순수하게 회계정보에 기인한다고 판단하기 어렵다.[1] 유통시장에서의 투자의사결정에 사용 가능한 기타의 정보로는 수시공시, 경제 매체 등 시장에서 생성되는 모든 정보가 직간접적으로 해당 기업에 영향을 미치며 그렇기 때문에 정기공시인 회계정보는 그 중의 하나이다. 특히 투자의사결정이 단기투자의 행태를 띠면서 수시공시가 정기공시에 비해서 상대적으로 더 중요해진다고도 할 수 있다. 이렇게 많은 정보의 전달수단이 존재하는데 굳이 잘못된 회계정보에 근거하여 의사결정이 수행되었다고 주장할 때에 이러한 책임의 많은 부분을 회계법인이 안을 수 있다. 물론, 수시공시 또는 정기공시가 동시에 잘못되었다면 이러한 공시의 주체인 기업이 책임을 안는 것은 당연하지만 정기공시에는 인증이 동시에 수행되므로 회계법인이 공동 책임을 지는 경우가 많다.

회계사들의 위헌법률심판 제기와 더불어 논란이 될 만한 부분이 바로 이것이다. 회계사들은 발행시장에서는 기업에 대한 여러 가지 정보가 없기 때문에 모든 투자정보를 사업보고서 또는 감사보고서에 의존한다는 점을 인정한다. 그러나 유통시장에서는 감사보고서뿐 아니라 증권회사 분석보고서 등 여러 가지 다양한 정보가 있기 때문에 감사보고서만 믿고 주식투자를 했다고 보기 어렵다고 주장한다. 즉, 모든 사회 현상에 대해서 인과관계를 규명하는 것은 매우 어렵다. 적절치 않은 회계정보에 근거해서 투자의사결정을 수행하였는지 또는 다른 정보에 근거하여 의사결정을 수행하였는지를 객관적으로 보이는 것이 불가능하다. 따라서 누가 어떠한 정보에 근거하여 투자의사결정을 수행하였는지를 입증하여야 하는 입증책임이 누구에게 있는지는 재판의 결과에 영향을 미치는 매우 중요한 사항이다.

1) 최명수. 2003. p.65.

미국의 경우에는 다음의 네 가지 조건이 만족되어야 집단소송의 요건이 된다.

가. 재무제표의 중대한 왜곡표시

나. 고의성(scienter)

다. 보고서를 신뢰하였을 것(reliance)

라. 손해의 발생

고의성이란 고의로 재무제표가 왜곡되었다는 의미인데 고의성은 금액으로 판단할 수밖에 없다. 이는 어차피 주관적인 판단이기 때문에 큰 금액의 오류일 경우에 고의성이 개입되었다고 판단하거나 또는 오류의 성격을 보고 판단하여야 한다.

한국공인회계사는 증권관련집단소송법 제정과 보완과제 세미나에서 주석기재의 오류 등 경미한 사안도 증권집단소송의 대상이 될 수 있기 때문에 남소를 방지하기 위하여 회사나 감사인에게 회계부정에 대한 고의성이 있을 경우 소송을 제기할 수 있도록 하고 이를 원고가 입증토록 해야 한다고 주장한다. 그러나 주석기재의 내용이 경미한 내용이라는 점은 통상적으로 사용되는 내용이지만 실제로 이러한 주석기재가 잘못되었다고 감리에서 지적되었을 경우에 부정적인 주가 반응이 있는지를 실증적으로 검토할 가치가 있다.

현재의 제도에 의하면 집단소송제도는 자산 규모 2조원이 넘는 기업에 대해서만 적용되는 것으로 제도화되었다.[2] 그러나 일부에서는 문제가 되는 것은 이러한 조직화된 대기업이라기보다는 조직화되지 않은 중소기업이기 때문에 중소기업에 대해서 우선적으로 집단소송제도가 도입되어야 한다는 주장이 제기되기도 하였다. 그러나 정부가 자산규모 2조원이 넘는 대기업에 대해서 이러한 정책을 우선적으로 적용하는 것은 이들 기업이 전체 국가 경제에 미치는 영향이 클 뿐 아니라 외국투자자들의 관심이 높은 대상인 것과도 무관하지 않다. 중소기업에 집단소송제도를 우선적으로 도입하여야 한다는 주장에는 대기업이 시스템이 더 적절하게 갖추어진 기업이기 때문에 회

2) 투명회계포럼에서의 이승철 상무의 토론에 근거한다.

계정보가 왜곡될 가능성이 낮고 그렇기 때문에 이러한 시스템을 갖추진 못한 기업에 이 제도가 도입되어야 한다는 주장이다. 그러나 대우, 기아, SK 글로벌, 동아건설 등의 분식건에서 경험하였듯이 대기업은 시스템을 잘 갖추고 있기 때문에 분식의 수법도 더욱 높은 차원에서 수행될 수 있다.

자산 2조원 미만인 상장기업도 고의로 회계기준을 위반해 유상증자 또는 회사채 발행을 위한 유가증권신고서를 제출하거나 시세조종 등 불공정거래 혐의가 드러나면 올해부터 증권관련 집단소송 대상이 된다.[3)]

집단소송제도가 도입되면서 감리지적도 경미한 부분은 공시를 말아야 하며 과실은 면책하여야 한다는 의견도 제시되었으나 다른 측면에서는 감독원이 수행하였던 정책이 새로운 법령의 도입과는 무관하여야 한다고도 판단할 수 있다.

집단소송제도가 정보의 공시를 저해할 위험도 있다. 예측과 전망 정보의 전달 또한 기업으로 하여금 공시를 꺼리게 하는 요인으로 작용할 것이다. 미국의 집단소송에서도 두 번째로 소송의 빈번한 사유가 되는 것이 예측정보의 전달이다. 예측과 전망 정보가 회계정보 이용자에게 유익한 정보로 사용된다면 이를 제공하는 것이 바람직하지만 이러한 내용이 집단소송의 대상이 된다면 기업이 이 정보를 제공할 유인을 잃게 된다. 이는 자발적 공시는 정보의 불균형을 해소한다는 입장에서는 순기능적인 요인이 작용하기 때문이다. 집단소송제도허가 신청만으로도 공시해야 한다는 주장도 제기되었다.

수시공시 사항 중에서 증권거래소에서 제재하는 공시번복도 집단소송제도의 대상으로 적용될 수 있는데 이러한 내용도 거래소에서의 제재를 결정할 때, 자유도에 영향을 미칠 수 있다. 즉, 공시번복으로 제재를 가함이 매매거래 정지 등의 조치로 그치는 것이 아니라 집단소송 등으로 연관된다면 조치를 취하는 입장에서도 큰 부담을 안고 이러한 조치를 결정하게 된다. 이는 이미 기술되었듯이 부적정의견, 의견거절 등이 표명될 때에 이들 기업이 공개기업일 경우 퇴출로 이어지므로 이러한 의견을 표명함에 감사인이 큰 부담을 안고 있으며 코스닥 기업일 경우에는 감사범위 제한 한정의견일 경우

3) 매일경제신문. 2005. 2. 17. 작전 위한 분식회계땐 자산 2조 미만 기업도 집단소송.

도 퇴출사유가 되므로 이러한 의견을 부담 없이 표명하기 어려운 것과 같이 생각할 수 있다.

미국에서는 집단소송의 65%가 분식회계 관련 소송이다. 미국의 집단소송제도의 경우 대부분은 화해로 종결된다고 하며 피해액의 25%만이 지급된다고 한다. 미국의 경우 판결로 가는 경우는 2%에 그친다고 한다. 피해액의 25%만이 지급된다는 것은 어느 정도 남소의 결과라고 해석할 수도 있으며 원고도 법정에서 판결이 종결되기보다는 화해를 기대하고 있다고 볼 수 있다. 집단소송에서 모든 사람이 배상받기 때문에 소액주주들은 거의 배상액이 푼돈에 불과한 것이 미국의 사례이다. 따라서 변호사만 배상액 또는 화해금의 20-30%를 보수로 받아 미국에서는 변호사만 좋은 소송제도라는 비판들이 많다. 남소의 가능성과 연관되어 파파라치 변호사(집단소송전문 변호사)가 등장할 위험도 있다.

집단 소송을 미국에서 가장 많이 진행하는 Milbank 법무법인은 승소가능성을 8단계로 구분하는데 사후적으로 화해에 의해서 해결되는 경우는 8단계에 무관하게 75%이다. 결국 기업은 금액을 얼마 지급하더라도 이를 무마하려고 한다.

집단소송제도의 도입이 주주보호를 목적으로 해서 결정된 정책인데 대다수의 혜택이 변호사에게 돌아간다면 이 제도가 진정한 주주를 위한 제도인지에 대해 논란이 있을 수 있다. 즉, 이 제도의 취지가 주주보호를 목표로 하지만 과연 이러한 제도가 주주보호 차원의 제도인지에 대해서도 의구심이 생긴다. 미국에서의 남소방지책으로는 기관투자자가 집단소송을 대표하도록 하여 일반 개인투자자가 소송을 무차별적으로 제기하는 것을 방지한다.

책임성립은 신뢰의 인과관계를 의미하며 범위의 인과관계는 손해배상과 관련되어 어디까지 책임을 져야 하는지와 연관된다. 즉, 범위의 인과관계는 손해배상액의 산정과 연관된다.

발행시장공시에서와 같이 책임성립의 인과관계는 물론 손해범위의 인과관계마저 추정시킨다면 유통공시를 전혀 듣거나 읽지도 않은 자들에게까지 손해배상을 해야 할 것이고, 또한 그 기간 동안에는 우연히 다른 연유로 가격이 하락하여 입은 손해까지도 배상해야 하는 불합리한 결과가 초래될 수 있다.

집단소송법은 피해와 이에 따른 처리 방식에 대한 절차만 규정한 법으로 구체적인 판단근거는 실체법인 증권거래법이 규정한다. 손해배상체계에서 필수적인 인과관계요청과 관련한 근거규정이 제대로 갖춰지지 않은 상태에서 집단소송제를 실시하면 투자자들이 무분별하게 소송을 제기할 가능성이 있다.

우선적으로 개선이 필요한 부문은 배상책임 규정이다. 현재와 같은 연대책임규정으로는 기업들이 과도한 책임을 부담하게 된다. 인과책임 부문에서는 입증책임을 피고가 져야 하는 것으로 해석될 소지가 있으므로 규정을 명확히 할 필요가 있다.

미국법은 신뢰인과관계를 엄격히 요구한다. 원고가 그 부실 기재 내용을 신뢰하여 손해가 발생하였다는 인과관계를 입증하여야 한다. 현재 우리의 법령에서는 분식회계로 피해를 본 주주들이 집단소송을 제기할 경우, 입증책임은 피고(기업 또는 회계법인)가 져야 한다.[4] 입증책임이란 재판과정에서 자기 주장에 대한 증거를 제시해야 하는 의무로 이 책임이 누구에게 있느냐에 따라 유/불리가 갈린다. 재정경제부는 집단소송법 시안에는 입증책임을 누가 질 것인가에 대한 명시적인 규정이 없다며 소송대상 행위를 증권거래법상 손해배상책임이 있는 위법행위로 규정했으므로 증권거래법 관련규정을 준용하는 것이 맞다. 현행 증권거래법에서는 분식회계로 인한 피해발생시 피고에게 입증책임이 있다고 명시하고 있다. 거래법 14조 '상당한 주의를 하였음에도 불구하고 이를 알 수 없었음을 증명하거나 그 유가증권의 취득자가 취득의 청약시에 그 사실을 안 때 조항이다.' 거래법은 그러나 주가조작, 미공개정보 이용 등 나머지 위법 행위와 관련해서는 입증책임에 대한 명확한 규정을 두지 않고 있다.

미국의 집단소송제도는 재판실무상 해당 소송이 불가피하게 집단소송으

4) 한국경제신문. 2001. 10. 16. 분식회계로 피해본 주주들 집단소송 제기할 땐, 기업, 회계법인에 입증책임.

로 할 수밖에 없는 것들을 추출하여 미국 민사소송규칙 제23조가 정하는 요건을 설정한 것이다. 그리고 불가피하게 집단소송으로 할 수 있는 공통적인 전제조건은 집단소송의 구성원들 모두에게 따로 가해행위와 손해간의 인과관계를 증명할 필요가 없을 정도로 인과관계가 추정되거나 명확한 경우를 전제로 한다. 만일 그렇지 않다면 우연히 시간적 또는 지역적으로 그 그룹에 속해 있었기 때문에 소위 집단(class)에 속하게 되는 자도 가해자의 가해행위와 아무런 인과관계 없는 자신의 손해를 배상받을 가능성이 생기기 때문이다. 이러한 어원에서 class action suit이라는 용어가 생성되었다. 그렇게 되는 경우에는 일반적인 손해배상법체계의 구조를 훼손하는 것이다. 남소의 가능성도 커진다.

피고가, 원고가 해당 부실 공시서류를 읽고 믿고 투자를 하지 않았다는 것을 입증하는 것이나 원고가 해당 부실 공시서류에 근거해서 투자하였다는 것을 입증하는 것은 양자가 모두 다른 측면에서의 입증의 책임을 지는 것이다.

전경련은 집단소송법은 미국식 소송절차법이므로 실체법인 증권거래법도 이와 상응하게 개선돼야 한다고 밝혔다.[5] [6] 보고서는 또 손해배상 책임 규명에 필수적인 인과관계 요청에 대한 근거 규정이 현재처럼 제대로 갖춰지지 않으면 투자자들의 무분별한 소송 제기 가능성이 우려된다고 주장한다. 책임소재를 피고가 입증하도록 되어 있는 규정을 명확히 하는 추가 규정이 필요하며 또 손해액을 원고가 입증하도록 해야 한다고 주장하였다. 책임소재와 손해액에 대한 입증 책임이 동일하지 않을 수 있다. 손해액의 계산이 더 어렵기 때문에 이를 전경련이 원고가 입증하도록 정책방향을 정한 것은 아닌지 추측된다. 전경련은 심정적으로는 모든 것을 원고가 입증하도록 하고는 싶겠으나 증권거래법에서는 이미 피고가 이러한 원인관계와 손해액을 확인하는 책임을 진다고 규정되어 있으므로 원인관계는 양보하더라도 금액에 대한 입증은 원고에게 미루고 싶은 정책의지가 있는 듯하다.

---

5) 이준섭. 2004.

6) 매일경제신문. 2004. 1. 16. 과거분식일괄사면 없다.

미국의 1995년 PSLRA 법 개정의 배경에는 책임의 존재 여부는 따지지 않고 공인회계사, 인수증권사 등 재력이 있는자를 상대로 무작성 소송을 제기하는 데 대한 대비책으로 어느 정도 공인회계사를 보호하는 법령을 제정하였다.

미국의 경우와 유사하게 독일의 경우에도 비록 집단소송의 형식은 아니더라도 회사법상의 청구원인을 근거로 소위 원자소송이 유행한 바 있다. 이는 거대한 상장회사의 주식을 10주 미만으로 취득하여 두고 있다가 회사를 괴롭혀 화해로 몰고 가거나 손해배상을 얻어내는 것이다. 이를 원자소송이라고 한다. 즉, 소액의 주식을 갖은 자(원자주주)가 직업적 원고가 되어 변호사에게 즉각 증권소송을 제기하게 한다. 이 경우 통상 직업적 원고는 대표원고(대표 당사자)가 되게 되는데 대표 원고를 맡는 서비스의 대가로 소유하는 주식지분에 걸맞지 않는 보수가 지급되는 것이 통례이다. 그리고 법원은 최초로 소송을 제기한 변호사를 집단소송의 대리변호사로 임명하고 최초로 소송을 제기한 자가 일반적으로 대표 원고가 되기 때문에 법정을 향한 질주경쟁(race to the courthouse) 현상이 발생하기도 한다.

다만 정보를 공시해야 할 의무를 부담하는 자가 중요한 사실을 공시하지 아니한 경우, 그리고 허위의 또는 오해를 야기하는 기재로 인해 영향을 받은 시장가격으로 매매한 경우 등에 있어서는 이 신뢰 내지 거래 인과관계는 추정되어 원고의 입증은 불필요하다는 것이다. 이는 시장의 사기이론(fraud on the market theory)이라고 하는데 피고가 이를 밝혀야 하므로 피고에게 큰 부담이 있다. 즉, 거의 모든 분식의 문제가 이에 해당된다고 판단된다. 그러나 손해의 인과관계는 시장에 대한 사기이론에 의하더라도 추정되지 않으며 항상 원고의 입증이 필요하다.

부실공시 서류를 읽고 믿었기 때문에 유가증권을 취득 또는 매도하였는지에 대한 인과관계가 반드시 필요하므로 집단소송의 구성원들 중에서 이 인과관계의 존재가 증명되지 않는 자에 대해서는 집단소송의 구성원이 될 수 없도록 되어야 한다고 주장된다. 그러나 이를 일일이 밝힌다는 것은 거의 불가능하다.

집단소송제도와 직접적으로 연관되는 내용은 아니지만 집단소송제도에 반대하는 전문가의 다음의 예를 인용한다. 우지라면(삼양식품)의 경우를 검토한다.[7] 우지라면이 인체에 유해한 성분을 포함한다는 소송이 제기되면서 삼양식품은 어려움을 겪었다. 결국 대법원에서 우지라면은 인체에 유해하지 않다는 결정을 내렸지만 법정 소송이 진행되던 기간에 우지라면 소송은 삼양식품에 치명적인 상처를 입혔다. 이와 같이 사실 여부에 무관하게 진행되는 소송은 기업 가치에 치명적인 영향을 미치며 경제적인 혜택은 소송을 담당하는 법률전문가에게 집중된다.

집단소송의 피해자와 수혜자가 누구인지를 생각해 본다.[8] 수혜자는 변호사와 손해배상금을 받는 투자자들일 것이지만 위에서도 기술되었듯이 집단소송에서 모든 사람이 배상받기 때문에 소액주주들은 거의 배상액이 푼돈에 불과할 가능성도 있다. 피해자는 배상을 해주어야 하는 기업과 감사인인데 기업일 경우는 주주가 주인이므로 배상을 해주는 시점의 주주가 배상을 받는 시점의 주주에 대해서 이를 배상한다고 판단하면 되는 것이며 감사인의 경우는 실제의 직접적 불법행위(발행회사에 의한 회계서류의 허위, 부실작성)에 대하여 제2차적인 불법행위(부실감사)로 인한 책임이라는 점에서 외부감사인에게 모든 책임을 전가시킬 수 있다는 형평의 문제와 함께 남소 가능성이 있다.

특히, 감독기관에서 조사중인 사건에 대해서는 이것이 확정되기 이전의 시점에는 가능하면 언론에 보도되지 않는 것이 좋다. 언론 재판식의 여론 몰이에 의해서 감독기관의 의사결정 과정이 부적정하게 영향을 받을 수 있다.

집단소송제도 도입과 관련되어 외국의 전문가들도 다양한 의견을 우리나라에 제시하고 있다. KPMG 회장은 사회적 비용 및 기업부담을 고려, 집단소송제 도입에 신중을 기해야 한다는 의견을 제시하면서 집단소송비용이

7) 투명회계포럼. 2004. 집단소송제도. 전국경제인연합회 이승철 상무 토론 내용.

8) 당연히 배상해 주어야 할 부분을 배상해 주는 것이라는 접근에서 피해자의 용어를 사용하였으나 이 용어의 적정성도 논란의 대상이다. 다만, 의사전달에는 문제가 없다는 판단이다.

미국의 경우 GDP의 2-3%에 이른다고 주장하였다.[9]

집단소송과 관련되어 국가 기관간에 법의 해석에 있어서 차이가 있는 부분도 표출되었는데[10] 행정부와 사법부에서의 해석의 차이를 보이고 있다. 법무부 법무심의관실은 "증권집단소송법에서 '정확한 손해액 계산이 곤란할 경우에는 법원이 표본적, 평균적, 통계적 방법, 그 밖의 합리적 방법으로 정할 수 있다'고 규정한 것이며 이는 판사의 재량권을 인정한 것"이라고 해석을 하고 있는 반면, 법원행정처 송무국 관계자는 "판사가 다른 사정을 감안해 재량껏 손배액을 깎을 수 있다고 해석될 수는 없다"고 해석하고 있다.

일본에서도 1970년대에 집단소송제 도입이 검토됐지만 원고의 재판 받을 권리가 오히려 침해당할 수 있고 미국에서 집단소송제가 피해자 이익 구제보다 변호사 이익추구 수단으로 이용된다는 점 때문에 보류되었다.

금융감독원의 조치 결과가 재판과정에서 분식회계여부를 결정하는 기준으로 사용될 수 있다. 집단소송의 피고가 감독원에 이 건의 특별감리를 요청하고 감독원은 이를 받아들일 수 있다. 규제기관인 감독원의 입장에서는 자체적으로 어떠한 기업에 대해서 감리를 수행할 것인지를 결정한다. 규제기관의 입장에서 집단소송과 관련된 모든 피고들의 요구를 수용하여 감리를 수행할 수는 없으며 수행해서도 안 된다.

물론, 시민단체 등에서 많은 이해관계자가 관계된 건이나 정치적으로 민감한 건에 대해서 감독원에 감리를 요청할 수 있으며 이를 수용하여 감리가 진행된 경우도 있지만 시민단체에서 요구하는 모든 조사를 감독원이 수행할 수는 없다. 이는 집단소송 관련된 일반 재판일 경우는 더더욱 그러하다. 따라서 집단소송의 경우는 모든 회계와 관련된 판단이 법정에서 자체적으로 수행되어야 한다. 법정 소송이 걸린 건에 대해서 감독원이 유권해석을 내릴 수는 더더욱 없다. 입법부와 사법부가 엄연히 구분되어 있으며 감독원의 의견은 오히려 독립적이어야 하는 사법부의 의사결정을 더욱 복잡하게 만들 가능성이 있다.

---

9) 한국경제신문. 2004. 6. 10. KPMG 회장 한국에 조언.

10) 조선일보. 2004. 6. 18. 내년 시행 앞둔 증권집단소송제 모의재판 해보니.

또한 대부분의 시민연대에서 관심을 갖고 있는 사항은 정치적으로 민감한 부분의 분식과 관련된 문제인데 감독기관의 입장에서 이러한 부분의 문제만을 검토할 수는 없는 것이며 또한 규제기관에서 시민단체의 요구에 대해서 지속적으로 이들이 요구하는 기업에 대해서 감리를 수행할 수도 없다.

감리가 수행된 경우는 그나마 행정부서에서 객관적인 기준에 의해 판단을 수행하였지만 그렇지 않은 집단소송일 경우는 또한 다수의 집단소송이 제기된다면 사법부가 이를 어떠한 과정으로 회계적인 잘잘못을 판단할지도 논란의 대상이다.

미국의 경우에도 이러한 판단의 기초는 전문가 의견(expert witness)에 의존한다. 이러한 경우 독립적인 전문가의 의견을 구하는 것이 어느 정도 용이할지가 매우 민감한 부분이다. 회계와 관련된 전문적인 판단 수행은 실무의 공인회계사가 가장 적절할 것인데 이들의 경우 여러 가지로 이해관계가 얽힐 수밖에 없다. 모든 관계가 학연, 지연, 혈연에 의해서 연결된 우리 사회에서 동료 공인회계사에게 불리한 법적 증언을 할 공인회계사가 얼마나 되겠는지는 의심스럽다. 이는 모든 실무 공인회계사가 언젠가는 유사한 소송의 대상이 될 개연성이 있기 때문이다.

미국에서도 회계법인간의 상호감리(peer review)가 엔론(Enron) 사태의 경우에 실패하였다고 하며 한국공인회계사회에서 진행하였던 상호감리 계획이 시행되지 않는 것도 모두 이러한 사유에 근거한다. 이러한 점이 자율의 한계이다.

집단소송제도가 시행되기 이전에 이러한 판단을 수행할 수 있는 전문가 집단을 법원이 확보하는 것도 시급하다고 할 수 있다. 미국의 경우는 실무를 수행하지 않는 공인회계사나 대학교수가 이러한 역할을 하는 경우도 있으나 현실적인 실무 경험/감각이 뒤질 수 있다. 단, 이러한 전문가 집단일 경우, 업무에 대한 전문성 만큼 독립성이 중요하다.

전문가의 의견이 법정이나 감리과정에서 증거로 채택되는 데 대해서도 문제로 제기될 수 있는 부분이 있다. 반대되는 의견이 제시될 때 전문가의 의견도 나뉠 수 있다. 자문을 받는 입장에서는 이 논란이 되는 안건을 전문가에게 제시하게 되며 용역을 위탁하는 주체의 의견에 동조하지 않는 판단을 수행하는 전문가는 원천적으로 이러한 자문 용역에서 배제된다. 그렇기 때문에 전문가의 의견은 이러한 용역을 요청하는 입장을 지지하는 의견만이 남게 된다. 따라서 전문가의 의견에는 selection bias가 존재한다. 누구의 입장이 되었건 이러한 입장을 지지하는 의견은 이들이 의견을 구한 여러 전문가의 의견 중에서 지지하는 입장만이 남게 되므로 이러한 의견을 이해하는 데 있어서 주의하여야 한다. 물론 전문가의 논지가 합당한지가 감리과정 또는 법정에서 판단의 대상이 될 수 있다. 전문가들의 의견이 client가 주문하고 기대하는 답을 정당화시키는 방향으로 bias된다면 전문가로서의 의견에 의존하는 것이 문제가 있다. 물론, 다른 방향의 결론을 도출하는 제3의 전문가의 의견을 비교/평가하여 어떠한 전문가의 의견이 더욱 논리적이고 합리적인지를 비교할 수는 있다. 다만, 모든 전문가들의 의견은 매우 정교할 것인데 이를 회계의 비전문가인 사법부에서 판단할 수 있는지의 문제도 있다.

이와는 별개로 법정에서 선임하는 전문가일 경우는 원고와 피고가 모두 전문가로서 인정할 경우는 이 전문가가 어떠한 방향의 의견을 보이거나 이를 전문가 의견으로 인정하여야 한다. 이렇게 법정에서 선임된 전문가는 원고와 피고 어느 경제 주체로부터도 경제적으로 중립적이어야 하기 때문에 양측에서 동일한 금액으로 기탁된 자금으로 법원으로부터 용역수임료를 수수한다.

이러한 전문가 의견과 관련된 역할을 학회가 수행할 수 있을지도 논란의 대상이다. 국민은행건에 있어서도 이 점이 논란이 되었다. 학회는 가장 독립적인 기관이라는 점에서는 이견이 없으나 사회적으로 이슈가 되는 문제에 있어서 학회의 의견이 있을 수 있는지는 의문이다. 학회의 의견이란 학회 회원들의 의견이어야 하는데 회원의 의견이 나누어진 경우는 결국은 다수의 의견이 학회의 의견이어야 한다. 그러나 국민투표하듯이 회계적으로 이슈가 되는 건에 대해서 회원들의 의견을 모을 수도 없는 것이며 그렇다고 회장의 의견이 학회의 의견이 될 수는 더더욱 없다. 또한 전문가 집단이라고 하는 학회에서 시사적으로 문제가 되는 점에 대해서 의견이 없이 나몰라라 하는 것도 어떻게 판단하면 무책임하다고 볼 수 있다.

현재 회계학회에서는 이러한 건을 해결하기 위해서 각 분과위원회에서 사회적인 이슈에 대해서는 의견을 표명하도록 하고 있다. 그러나 이 위원회의 의견이 곧 학회의 의견인 것은 아니며 단지 학회에 조회되는 내용에 대해서 학회를 대신해서 의견을 표명할 뿐이지 학회를 대표하는 의견은 아니다.

이러한 전문가 의견을 학회가 아닌 특정 학교가 표명할 수 있는지도 의문이다. 물론, 개인 교수가 연구자의 입장에서 연구를 수행하여 의견을 표명함은 자유의지이지만 이들 개별 교수가 속한 회계연구센터 등의 입장에서 의견을 표명함은 객관성의 문제가 개입될 수 있으므로 주의하여야 한다.

Chapter 45

경영의사결정과 회계의사결정

경영의사결정과 회계의사결정에 대한 논의에 대해 기술한다. 우리는 경영의사결정과 회계의사결정을 분명히 구분하여야 한다. 회계는 기업회계기준에 의해서 작성하여야 하며 감사는 회계감사기준과 준칙에 의해서 수행되어야 한다. 이를 준수하지 않을 경우 전자는 분식회계, 허위공시이며 후자는 부실감사에 해당된다. 기준이나 준칙을 지키지 않은 것은 경영의사결정과는 전적으로 무관하다. 물론 기업회계기준을 해석함에 있어서 회계담당자가 주관적인 판단을 수행할 때가 있다. 기업과 관련된 수많은 거래에 대해서 회계기준이 모두 회계처리를 규정할 수는 없기 때문이다.

회계기준을 준수하지 않고 이를 경영의사결정이라고 분류한다면 이는 매우 잘못된 것이다. 예를 들어 신제품이 개발단계에 진입하였는지 아니면 아직 그 이전 단계에 머무는지는 어느 정도는 경영의사결정이다. 물론, 본 저서의 앞쪽의 감리사례에서 보는 바와 같이 이러한 내용이 명확하게 드러나지 않는 경우도 있다.

이는 소송과 관련된 이사회의 의사결정과 관련되어서도 동일한 문제가 발생한다. 사후적으로 경영의사결정이 잘못되었다고 해서 이를 법적으로 문제 삼는 것은 결과론적인 접근이다. 이렇게 경영의사결정이 사후적인 평가의 대상이 된다면 경영진은 사후적으로 책임을 지지 않는 보수적인 의사결정만을 수행할 것이고 이러한 일은 기업의 경영활동을 위축시키는 결과를 유발할 뿐만 아니라 도전적이어야 하는 기업가 정신(entrepreneurship)에 위배된다. 경영판단과 관련된 의사결정은 모험적일 수도 있다.

경영판단과 관련되어서는 이러한 판단이 기준에 근거한 기업회계기준을 준수하는지와도 연관되지만 또한 경영판단은 지속적으로 법원에 의한 소송의 대상일 수 있다. 감사와 관련되어서도 기준을 준수하였는지의 인증도 존재하지만 기업의 운영이 적절하였는지에 대한 업무감사(operational audit)도 수행된다. 경영의사결정이 과연 법적 판단의 대상이 될 수 있는지에 대한 논란이 있을 수 있으며 또한 이것과는 별개로 이러한 판단이 결과론적인 판단이 되어서는 아니 된다.

경영판단의 원칙은 최소한 150년 이상 판례법으로 형성된 회사통치원칙이다.[1] 미국에서의 이 내용을 검토하면 다음과 같다.

> Tries Sports Enterprises inc. vs. Cleveland Browns Football co. 1986
>
> 1. 이사가 사업판단에 법원보다 더 적절함.
> 2. 사업이 번창하고 확대되기 위해서는 위험의 인수와 창의적 개혁이 반드시 필요함.
> 3. 경영판단의 원칙을 인정하지 않으면 이사들은 필연적으로 보수적이고 위험회피적으로 의사결정을 수행함.
> 4. 전문경영인인 이사의 결정을 비전문가인 법원이 판단하는 것은 비적절함.
> 5. 판단시의 상황하에서는 충분히 합리적이었던 결정이 이후에 상황이 변하여 비합리적인 결정으로 된 경우도 있다.

마지막 항목인 5. 내용은 결과론적인 판단을 수행치 말라는 의미이다. 그러나 참으로 어려운 판단이다. 좋지 않은 결과를 확인하려다 보니 의사결정 과정에서 잘못된 절차가 포함되어 있다면 이는 문제가 된다. 그러나 내부통제제도에 대한 인증에서도 그렇고 현대상선의 대북문제와 관련되어서도

1) 최병규. 2003. 분식회계로 인한 이사의 책임.

그러하지만 이는 경영의사결정과 관련된 부분을 법원이 판단하는 것이 아니라 적법하지 않은 의사결정을 기업이 수행할 경우, 이에 대해서 적법한 절차에 의한 통제가 수행되어야 한다는 것이다.

사후적으로 적절치 않았던 경영의사결정이라고 하여도 의사결정 과정이 적절하였고 적법하였다고 하면 문제로 삼아서는 아니 된다. 사후적으로 성공적인 경우는 이러한 절차상의 확인 작업이 수행되지 않음도 사실이다. 이러한 결과론적인 접근은 굳이 회계학에서만 국한된 것은 아니다.

위의 내용에 의해서 경영의사결정은 경영자의 독자적인 결정사항이어야 한다. 위의 2. 항목일 경우 재무관리에서의 전형적인 risk와 return의 상호작용이다. risk를 감수하여야 return이 발생하며 어느 정도의 risk를 감수할지는 전적인 경영의사결정이며 이사진의 risk 선호도에 의해서 결정된다. 또한 이사진의 위험 선호도는 주주들의 위험 선호도를 대변한 내용일 수 있다. 예를 들어 코스닥상장 기업에 투자한 투자자와 거래소상장 기업에 투자한 투자자들은 태생적으로 다른 투자성향을 갖고 있어서 선호하는 주식에도 차이가 있는 것이다.

대법원은 기업의 최고경영자가 개인적인 이익을 취할 의도가 없이 경영상 판단의 결과로 기업에 손실을 끼쳤다면 CEO에게 책임을 물을 수 없다고 판정하였다.[2] 이번 결정은 실패한 경영에 대해 책임을 묻는 방법인 '배임죄'를 적용하는 데 있어 '고의성'을 엄격하게 해석해야 한다는 취지로 풀이된다. 삼미종합특수강, 한보철강 등 부실기업에 거액의 지급보증을 해줘 회사에 손실을 초래한 혐의로 기소된 전 대한보증보험 사장에 대한 상소심에서의 결과이다.

재판부는 판결문에서 "배임죄의 성립 여부는 손해가 발생했다는 결과만으로 판단할 것이 아니라 판단을 내린 경위와 상황 등 모든 사항을 면밀히 검토해야 한다"며 특히 "배임죄의 성립조건인 '고의성'은 제 3 자가 재산상 이익을 얻는 반면 자신은 손해를 입는다는 인식을 한 상태에서 의도적으로

2) 한국경제신문. 2004. 8. 4.

한 행위에 대해서만 적용해야 한다"고 밝혔다.

재판부는 "대한 보증보험은 대출금 전액 회수를 전제로 한 일반은행과 달리 보험사고가 발생할 위험이 어느 정도 있음을 전제로 영업을 하는 특성이 있다"며 "지급보증과정에서 관련 법령이나 영업지침 위반이 없는 등 피고인들의 지급보증 행위가 배임죄를 성립시킨다고 보기 어렵다"는 판정을 내렸다.

태생적으로 위험을 안고 사업을 수행하는 기업에 있어서 경제 환경 등의 변화에 의해서 사후적으로 판단하기에는 잘못된 판단일 수 있으나 사전적으로는 이를 알 수 없을 경우는 경영의사결정에 책임을 물을 수 없다는 판결내용이다.

거수기로 불려온 대기업 이사회의 이사들이 잘못된 의사결정을 내렸다면 이사들이 개인 돈으로 배상해야 한다는 대법원 확정 판결이 나왔다. 이에 따라 이사회가 경영주 의사를 그대로 반영해 의사결정을 해온 업계 관행이 크게 바뀔 것으로 보인다.[3] 경영의사결정과 관련되어 매우 흥미로운 판결이다.

대법원 재판부 판결문에서 '1988-1994년 사이 삼성전자가 계열사인 삼성종합화학 주식을 주당 1만원에서 2,000만주를 사들인 뒤 1994년 12월에 주당 2,600원에 다른 계열사에 되판 것은 5명이 이사로서 책무를 다하지 않은 것으로 손실액 626억원을 배상할 의무가 있다'고 밝혔다. 2심 재판부는 삼성전자의 손실을 626억원으로 봤으나 이사들이 이윤창출에 많은 기여를 한 점을 감안해 과실 책임을 20%로 한정, 120억원만 배상토록 했었다.

삼성이 등기임원의 보수를 크게 올려준 것도 배상금 납입과 무관치 않다는 분석도 있다. 보수가 업무에 대한 보상일 뿐만 아니라 위험의 부담에 대한 추가적인 보상이라는 점은 흥미롭다.

대법원은 비상장회계법인의 삼성종합화학의 주식가치 평가와 관련해 실제 거래된 사례가 있으면 그 가격에 따르고, 거래된 적이 없으면 장부상 기업가치를 기초로 주당 '순자산가액'을 산정해야 한다고 판단했다.

3) 조선일보. 2005. 10. 29. 삼성전자 경영진 6명 190억 배상 확정.

한 삼성전자 관계자는 '짧은 시간에 최대한 합리적인 의사결정을 이끌어내야 하는 소수 이사진의 절박한 입장을 이해해 달라는 주장이 받아들여지지 않았다. 한 관계자는 '삼성종합화학 주식 저가 매각은 공정거래법 출자 총액제한 규정이 바뀌는 바람에 서둘러 매각하는 과정에서 발생할 것이고 따라서 법 환경의 변화로 인한 계열사 지분거래 내용일 뿐'이라고 주장하였다.

결 언

두서없이 위에서 회계감사제도 및 회계감사정책에 관한 내용을 기술하였다. 무슨 일을 하게 되거나 더 잘할 수 있었는데라는 아쉬움이 남는다. 학자가 남기는 것은 결국은 제자, 논문과 저술인데 저자의 나이가 40대 중반에 이르니 논문보다는 뭔가 한 특정 분야에 업적을 남기고자 2003년 1월 시작한 일이 2005년 가을에 그 과정을 모두 마치니 감개가 무량하다. 2년 반의 기간이 짧지 않은 기간이었는데 책을 저술한다는 것이 매우 어려운 과정이라는 점을 실감케 한다. 인생은 계속적으로 도전할 때 살맛이 난다. 이 책에 포함된 모든 잘못은 본인 저자의 잘못이다. 아마도 본서에서 가장 미흡하였던 부분은 법적인 부분일 것이다. 법에 문외한이기 때문에 여러 가지 내용을 인용하고 공부하고 자문받은 내용이다. 활동을 할수록 법에 대한 지식이 회계학자에게도 가장 필요한 지식이라는 판단을 하게 된다. 계속 공부할 부분이 있으므로 학자로서 인생에 할 일이 많은 것이다. 저자가 교수 생활을 한 기간이 14년이고 앞으로 19년이 남았다. 건강하게 좋은 직장에서 교수활동을 하고 있으니 주위의 모든 분들과 환경에 감사할 뿐이다.

[부록] 감사보수규정

자산규모	보수액(단위: 천원)	자산규모	보수액(단위: 천원)
5억원 이하	3,210	500억원 이하	18,740
10억원 이하	3,560	1,000억원 이하	21,230
30억원 이하	4,780	3,000억원 이하	28,540
50억원 이하	5,910	5,000억원 이하	33,950
80억원 이하	9,210	1조원 이하	44,160
120억원 이하	13,550	1조원 이상	44,160+1조 초과자산×(0.044/10000)
300억원 이하	16,230		

가산 보수

(가) 사업장 수

피감사회사의 본사와 각 공장 영업소(지점, 출장소 포함), 장기건설공사현장 등을 각각 한 단위의 사업장으로 하여 사업장의 수에 따라 다음과 같이 가산한다.

사업장 수	가산율
1개	10퍼센트
2개	15퍼센트
3개	20퍼센트
4개 이상	25퍼센트

(나) 상장법인 및 등록법인

상장법인 및 등록법인인 경우에는 기본보수와 사업장 수에 따른 가산금을 합한 금액에 상장법인인 경우에는 19퍼센트, 등록법인인 경우에는 14퍼센트를 가산한다.

(다) 감사인 변경

초도감사에는 계속감사보다 감사업무량이 많기 때문에 이에 따라 기본보수, 사업장 수에 따른 상장법인, 등록법인에 대한 가산금의 합계금액에 10퍼센트를 가산한다.

(라) 연결재무제표의 감사

연결재무제표가 있는 법인에 대하여는 앞에서 언급한 기본보수 및 가산보수 합산금액에 10퍼센트를 가산한다.

참 고 문 헌

고종권, 전규안. 2005. 손해배상 한도와 관련된 심포지움. 서울대학교.

곽태철. 상장회사 감사 및 감사위원과 외부감사인의 책임과 그 범위(최근 판례를 중심으로). 2005. 2. 24. 상장회사협의회 상장회사감사회 조찬 강연자료.

국민일보. 2003. 3. 18. SK 분식 회계의 교훈.

권수영, 김문철, 손성규, 최관, 한봉희. 2003.「자본시장에서의 회계정보 유용성: 분석 · 평가 · 활용」. 신영사.

권수영, 손성규. 2002. 감사업무와 컨설팅업무의 병행이 감사인의 독립성에 미치는 영향의 분석 및 독립성 제고 방안.「회계저널」. 209-252.

권수영, 손성규, 이영한. 2005. 적정감사 보수에 관한 연구.「회계와 감사연구」. 2005년 6월: 27-64.

권수영, 손성규, 이은철. 2004. 비감사서비스가 감사인의 독립성에 미치는 영향.「회계학연구」. 249-280.

김건식, 김일섭, 남상구, 서윤석, 정갑영. 2004. 8. 30. 감사위원회 운영지침(안). 감사위원협의회.

김석웅. 2003.「분식회계 방지와 적발」. 조세통람사.

김정국, 장지인, 조장연. 1998. 한국회계정보의 신뢰성 제고 방안. 한국증권연구원.

김효연. 2003. 2. 대표회계사의 법적 책임.「공인회계사」. 한국공인회계사회.

김&장 법률사무소. 2004. 7. 29. 합병회계처리에서 전문가의 의견을 신뢰한 데 대한 책임문제의 건.

나인철, 정문종. 회계투명성과 향상방안. 회계연구원심포지움. 2002. 11.

노준화. 2003.「회계감사의 이해」. 제 4 판. 탐진.

대법원 판례. 대법원 97다32215 / 대법원 96다41991 / 대법원 97다26555.

매일경제신문. 1995. 12. 23. 각국 회계법인 손해배상무한책임 큰 부담, 유한, 주식회사 전환 러시.

______. 1997. 2. 20. 외부감사인직권지정 완화.

매일경제신문. 1999. 3. 24. 기업 회계투명성 더 높여야.
______. 2002. 3. 16. 금감원, 5-6사 배당금환수 여부 검토.
______. 2002. 9. 20. 분식회계사처벌 위헌 제청.
______. 2003. 4. 2. SK 글로벌 '한정의견' 논란.
______. 2003. 4. 14. 회계분식 공개하게 만들자.
______. 2003. 5. 9. 회사측 서류조작, 은폐불구 '적정의견'은 회계사 잘못.
______. 2003. 6. 12. 감사인에 강제 정보조회권 논란.
______. 2003. 6. 14. 분식회계로 퇴출된 기업 3년간 증시 발 못 붙인다.
______. 2003. 11. 8. 삼일회계법인 특별감리.
______. 2004. 1. 16. 과거분식일괄사면 없다.
______. 2004. 1. 19. 집단소송제 임원 책임 어떻게.
______. 2004. 1. 30. 분식회계 CPA 처벌 부분위헌.
______. 2004. 7. 16. 금감원-공시담당자 핫라인 개설.
______. 2004. 7. 28. 국민은 분식회계 논란 누가 맞나.
______. 2004. 8. 27. 분식회계로 더 낸 법인세 돌려줘야.
______. 2004. 9. 11. 분식회계로 입은 손실 배상.
______. 2004. 9. 13. 분식회계로 더 낸 세금 환급?
______. 2004. 9. 17. 고합 '부실 회계' 손배소송 패소.
______. 2004. 9. 24. 코오롱그룹주 급락. 캐피탈 횡령 손실 계열사, 주주에 떠 넘겨.
______. 2004. 10. 4. 조회공시 답변 70%.
______. 2004. 10. 11. 허위재무제표 발견 못한 회계사 손배 의무 없다.
______. 2004. 10. 29. 분식회계 손배소 시효는 10년.
______. 2004. 11. 27. 증선위 고발업체에 자백 공시 요구 거래소 이상한 중복조치.
______. 2005. 1. 7. 월드컴 집당소송 5,400만불 지급
______. 2005. 1. 15 부실회계자료 제출 은행 '10억 배상하라' 판결.
______. 2005. 2. 2. 집단소송대리전 시작됐다.
______. 2005. 2. 14. 계열사 불법지원 전 한라그룹회장 주주에 배상책임 없다 판결.
______. 2005. 2. 17. 작전 위한 분식회계땐 자산 2조 미만 기업도 집단소송.
______. 2005. 2. 23. 분식 단순 가담 손배책임 없다.
______. 2005. 3. 3. 우리 금융 지주 임원—스톡 옵션 잔치, 개인—초라한 배당금.
______. 2005. 4. 7. 비상장 중기 회계부담 완화를.
______. 2005. 4. 20. 법원 경영참여 안 했을 땐 책임 없다. 단순 등재이사 잇단

구제.

매일경제신문. 2005. 5. 18. 에버랜드 금융지주사 탈출 돌파구. 새 회계기준 공정성 논란.

_____. 2005. 6. 9. 외부감사 대상기업 줄어든다.

_____. 2005. 6. 27. 미도파 경영진 70억 배상하라.

_____. 2005. 7. 25. 사외이사 선임 은행장님 마음대로.

_____. 2005. 7. 26. 간편 납세제 시행땐 치명타. 세무 회계법인 반발.

_____. 2005. 8. 8 '면죄부' 받고 집단소송 미리 차단.

_____. 2005. 9. 21. 이웅렬 코오롱 회장 등 부실회계로 피해 삼일회계에 210억 배상청구.

_____. 2005. 9. 22. 코오롱 측 216억 손배소 제기에 삼일회계 맞소송 대응.

_____. 2005. 10. 18. 삼일회계, 금감원 제소 '하이닉스, 현대상선 부실감사 과징금은 부당'.

_____. 2005. 10. 18. '최고가치 낙찰제' 도입 추진.

머니투데이. 2004. 3. 18. 현대상선, 회계원칙대로 했다.

_____. 2004. 3. 18. 현대상선 회계원칙 처리 합당.

_____. 2004. 3. 18. 현대상선, 분식한 게 아니라 과거분식 털어낸 것.

_____. 2004. 3. 18. 현대상선분식의혹… 보완 조사.

_____. 2004. 3. 19. 참여연대 '현대상선 과거분식 철저히 감리해야.'

_____. 2004. 9. 17. 법원, 분식회계 적발 못한 회계법인 책임 없다.

박광훈, 이명곤, 박종일, 박종찬, 2005. 9. 기업지배구조와 회계투명성 - 회계기준제정의 관점. 회계연구원 보고서 17호.

박종성, 손성규. 2000. 감사의견 표명 후 감사인이 부담하게 될 잠재적 비용이 감사의견 형성에 미치는 영향. 「회계학연구」. 57-78.

박종성, 손성규, 오원정. 2003. 계속감사기간이 감사품질에 미치는 영향. 「회계와 감사연구」. 243-267.

박종성, 손성규, 오원정. 2004. 파트너교체가 감사품질에 미치는 영향. 한국회계학회 하계학 술대회 논문집. 2004. 6.

박종성, 위경우, 이재현. 2004. 회계부정으로 인한 손해배상청구소송에서의 적정 손해배상금 산정에 관한 연구. 한국경영학회 하계학술발표대회 논문집.

삼일회계법인. 2003. 3. 회계투명성개선방안. 내부보고서.

_____. 2005. 내부회계관리제도의 운영과 개선과제. 제1회 삼일포럼.

서울경제신문. 2001. 2. 13. 금감원 눈 뜬 장님.

______. 2001. 5. 18. 회계법인 부실보고 법원서 제동.

______. 2005. 11. 6. 외부감사 기준 완화… 중견기업 부담 줄듯.

손성규. 1999. 감사인 지정이 감사의견의 공정성에 미치는 영향. 「회계와 감사연구」. 219-252.

______. 2000. 감사인 교체와 계속감사기간이 경영자의 이익 조절 행위에 미치는 영향. 「상장협」. 97-112.

______. 2000. 감사인 교체가 감사의견의 공정성에 미치는 영향: 감사의견예측모형을 중심으로. 「회계와 감사연구」. 35-72.

______. 2001. 감사인의 독립성 제고. 「공인회계사」 지령 100호 기념 논단. 회계투명성과 회계감사: 62-66.

______. 2002. 계속기업과 관련된 변형된 의견의 의미. 「회계저널」. 25-49.

______. 2002. 감사위원회와 관련된 주요 이슈들. 「공인회계사」 논단: 32-35.

______. 2004. 내부통제제도에 대한 공인회계사의 인증: 이론과 현상. 「공인회계사」 논단. 2004년 1월: 22-27.

______. 2004. 외부감사인의 내부감사의존도에 관한 연구. 「회계저널」. 1-42.

______. 2004. 외부감사인의 내부감사의존도에 관한 연구. 「감사회보」. 한국상장회사협의회. 2004년 3월.

______. 2004. 회계실패사례 분석 및 회계실패 방지를 위한 개선방안에 대한 토론. 「회계저널」. 177-180.

______. 2004. 분반기 재무제표 검토의견의 중요성. 「공인회계사」. 2004. 7: 22-26.

______. 2004. 내부통제제도에 대한 인증과 앞으로의 방향. 「상장」 논단. 한국상장회사협의회.

손성규, 김연화. 2004. 감사인 교체의 주식시장반응에 관한 실증연구. 「경영학연구」. 685-702

손성규, 박종성. 1998. 감리지적의 현황과 정보효과. 「회계학연구」. 107-132.

손성규, 이영한. 2004. 회계기준서 1호 적용시 중요성 판단의 문제점. 「회계저널」. 22-27.

손성규, 이영한, 김태동. 2005. 계속기업 의문에 대한 감사인 의견 표명의 자체예언 실현효과. 「회계저널」. 169-190.

손성규, 이은철. 2005. 반기재무제표에 대한 검토의견의 정보효과. 「회계학연구」.

2005년 3 월: 1-34.
손성규, 이은철. 2005. 경영자와 감사인 간의 의견불일치에 대한 실증분석—기업특성, 감사 품질, 감사인 교체를 중심으로—. 회계학회 2005년 하계학술대회 발표논문.
손성규, 최정호, 이은철. 2004. 감사위원회의 효과: 회계오류를 중심으로. 「회계학연구」. 61-90.
신현걸. 2000. 연결당기순이익을 이용한 지분법적용의 적정성. 「회계와 감사연구」. 99-117.
연합뉴스. 2004. 9. 16. 거액 횡령사건 코오롱 캐피탈 회계법인 분식감사 도마.
______. 2005. 1. 28. 대우차 분식회계 부실감사 회계법인 전 대표 집행유예.
이원흠, 최수미. 2001. 비적정 감사의견에 대한 기업의 주가반응에 관한 실증연구. 「증권학회지」. 1-28.
이준섭. 2004. 증권집단소송제의 전제조건으로서의 손해배상책임제도의 정비방안. 전국경제인연합보고서.
이창우. 2002. 「회계감사」. 경문사.
이효익, 박철우. 1990. 적정 이외의 감사의견 공시와 주가의 반응. 「증권조사월보」. 1990년 11월.
장춘구. 2003. 부실감사에 대한 회계법인의 배상책임 토론의 요지. 기업소송연구회 창립총회. 자유기업원.
전국경제인연합. 2004. 증권집단소송제 시행관련 정책토론회. 2004. 8. 26.
정광선, 김영호, 문형구. 1999. 한국형 사외이사제도에 관한 연구. 한국상장회사협의회.
조세일보. 2003. 4. 2. 기업 분식회계 책임 회계법인에만 전가 안돼.
______. 2005. 1. 19. 중소회계법인도 금융기관 회계감사 허용 추진.
______. 2005. 6. 24. 회계처리 위반 제재 '담당이사'에 주책임.
조선일보. 2001. 5. 18. 법원, 회계법인에 전망치-현실차이 해명 요구.
______. 2003. 11. 8. 분식회계 손해배상 소멸시효는 10년.
______. 2004. 6. 3. 불교계도 투명경영바람.
______. 2004. 6. 18. 내년 시행 앞둔 증권집단소송제 모의재판 해보니.
______. 2004. 6. 30. 사학 회계 공개해 이사회 비리.
______. 2004. 7. 6. 기업공시 오후 4시 이후에 안돼.
______. 2004. 7. 14. 금감원 내부, 금융회사 회계처리방식 이견.

조선일보. 2004. 7. 28. 개혁만 좇으면 사법부 위기 올 것.

______. 2005. 7. 4. 김우중 씨 대우 분식회계 소멸시효 지나.

______. 2005. 9. 23. 내년부터 5개 회계법인 금융감독당국 직접 검사.

______. 2005. 10. 29. 삼성전자 경영진 6명 190억 배상 확정.

주인기, 최관, 정문종, 김정국. 1999. 적정감사시간과 감사보수에 관한 연구. 한국공인회계사회.

중앙일보. 2001. 2. 28. 과거 분식회계 대사면 필요.

______. 2002. 4. 15. 효성기계 퇴출 위기.

최기호, 최원석. 2004. 12. 분식회계로 인한 증권집단소송에서 손해배상액의 추정. 미발표 논문. 서울시립대학교.

최명수. 2003. 6. 뒤집어보는 경제, 회계부정이야기, 굿인포메이션.

최병규. 2003. 분식회계로 인한 이사의 책임. 기업소송연구회 창립총회 발표논문.

최외홍. 2005. Speed와 투명성 확보를 위한 재무보고 및 내부통제 시스템. 서울대학교 경영대학 30주년 기념 통합학술대회. 2005. 10. 19.

최정호, 김성진, 김성중. 2003. 대리인비용과 사외이사선임의 관련성에 관한 연구. 「회계저널」. 61-86.

최정호, 임창우, 김성중. 2001. 사외감사의 자발적 선임과 기업특성. 「회계학연구」. 177-197.

투명회계포럼. 2004. 집단소송제도. 전국경제인연합회 이승철 상무 토론 내용.

파이낸셜뉴스. 2003. 10. 2. 분식기업 투자사도 회계감리.

한겨레신문. 2003. 11. 12. 회계감사 덤핑 경쟁 확산 우려.

한종철. 2003. 부실감사에 대한 회계법인의 배상책임. 한국강관사례. 기업소송연구. 자유기업원.

한국경제신문. 1999. 6. 29. 회계부실감사에 60% 책임.

______. 2001. 10. 16. 분식회계로 피해본 주주들 집단소송 제기할 땐, 기업, 회계법인에 입증책임.

______. 2002. 3. 16. 분식회계 무더기 징계 파문 확산, 백지로 변한 재무제표, 후폭풍.

______. 2002. 3. 26. 감사인 독립성의 조건.

______. 2002. 11. 20. 회계감사 적법했으면 부도책임 없다.

______. 2003. 3. 15. 은행도 SK 분식회계 책임 있다.

______. 2003. 4. 7. 기업재무제표 적정성여부 4가지로 표시.

한국경제신문. 2003. 5. 9. 회계사 서류조작 은폐했어도 회계사, 부실감사 책임져야.
______. 2003. 12. 26. 분식회계 기준 정비를.
______. 2004. 2. 5. 국민연금 등 자산 3천억 이상 29개 기금 올해부터 회계법인 감사.
______. 2004. 6. 10. KPMG 회장 한국에 조언.
______. 2004. 6. 18. 대손충당금 기준 강화.
______. 2004. 6. 21. 회계법인, 분식회계 제한해야.
______. 2004. 6. 28. 내년 증권 집단소송제도 시행. '공인회계사들 나 떨고 있니.'
______. 2004. 7. 24. 국민은 '회계조사 받고 있다' 미 SEC에 보고.
______. 2004. 8. 4. 경영판단 손실 법적 책임 없다.
______. 2004. 9. 6. 12월말 결산 때 충당금 엄격 적립을.
______. 2004. 9. 11. 분식회계투자자 손실 기준 실사 결과 확정 발표 때까지.
______. 2004. 10. 6. 증권 집단소송제 보완한다.
______. 2004. 11. 24. 상장사 과거분식 사면 추진
______. 2004. 11. 25. 대우차 분식회계로 대출 손실 전 임원들 60억원 배상하라. 법원, 은행도 일부 책임.
______. 2005. 1. 10. '눈먼' 사외이사들 회계부정 덤터기.
______. 2005. 1. 27. 사외이사 자격 요건, 금융 주식보유완화.
______. 2005. 2. 5. 보고서 오류 애널리스트 징계 논란.
______. 2005. 2. 14. 경영진 주가하락 배상책임 없다.
______. 2005. 2. 28. 분식회계.
______. 2005. 3. 29. 회계법인 '국민은행 잡아라'.
______. 2005. 4. 25. 기업 투명성 요구수준 너무 높다.
______. 2005. 5. 17. 노조 외부감사제 도입.
______. 2005. 5. 18. 미 '깐깐한 회계기준' 부담 줄여준다.
______. 2005. 5. 18. 계열사 임직원 애널리스트도 내부자에 포함시킨다.
______. 2005. 5. 23. 내부회계제 논란 재연될 듯. 미 SEC 기업 부담 가중 등 지적.
______. 2005. 5. 27. 기업보고서 비리 보여 달라.
______. 2005. 6. 15. 상장 유지비용 부담 크다.
______. 2005. 6. 28. 부실감사 회계법인도 3년 지나면 징계 면제.
______. 2005. 8. 17. 두산산업개발 '한정의견' 반기보고 30분 만에 정정보고.
______. 2005. 9. 6. 삼성그룹스톡옵션제 폐지.
______. 2005. 9. 27. 과거분식 자진신고 면죄부 논란.

한국경제신문. 2005. 10. 31. 국민은, 이사회 독립강화.

______. 2005. 11. 1. 회계법인 '편법수주' 논란.

______. 2005. 11. 2. 부실감사에 따른 과징금 회계법인에 부과 못한다.

한국공인회계사회. 2003. 10. 외감법 감사 이외의 인증서비스 실태와 문제점 및 개선방안.

______. 2004. 「공인회계사 50년사」.

한국상장회사협의회. 2001. 7. 27. 상장회사 표준 감사위원회규정.

______. 2003. 10. 10. 상장회사 감사의 표준직무규정.

한국일보. 2003. 7. 17. 면피성 감사가 부실회계 부른다.

한국회계연구원. 2002. 중요성의 결정(토론서 제17호).

______. 2005. 8. 회계기준 제정기구의 독립성 보장 어떻게 할 것인가?

한국회계학회 재무분과위원회. 2003. 2003구합 3529 감사보고서 감리결과 조치처분 취소 사건 감정 관련.

Economist. 2005. 8. 23. 분식회계 고백과 주가 움직임.

e-daily. 2004. 7. 6. 전경련 '연결재무제표 폐지해야'.

______. 2005. 8. 7. 증선위, 회계법인 품질감리 실시 재천명.

Excellence Korea. 2005. 8. 이사 선임때 이런 원칙을 지켜라. p. 93.

KAI 포럼. 2005. 10. 기업지배구조와 회계투명성.

American Accounting Association. 1988. *Research Opportunities in Auditing: The Second Decade*. Auditing Section.

Beasley, M. 1998. "Boards of Directors and Fraud." *The CPA Journal*: 56-58.

Berenbeim, R. 2004. Ethics Programs: The Role of the Board. Conference Board. *How to Prevent Corporate Corruption*. Hills Governance Center Conference at Yonsei University. 2004. 6. 4.

Boni, L., and K. Womack. 2003. Analysts, Industries, and Price Momentum. *Working Paper*. Dartmouth College.

Cadbury Report. 1992. *Financial Aspects of Corporate Governance*. London: Gee.

Carcello, J. 2002. "Board Characteristics and Audit fees." *Contemporary Accounting Research*: 365-384.

Choi. F., C. A. Frost and G. K. Meek. 2001. *International Accounting*. Prentice-Hall.

DeAngelo, L. 1981. "Auditor Size and Audit Quality." *Journal of Accounting and Economics*: 183-199.

Dechow, P., R. Sloan, and A. Sweeney. 1996. "Causes and Consequences of Earnings Manipulation: An Analysis of Firms Subject to Enforcement Actions by the SEC." *Contemporary Accounting Research*: 1-36.

Defond, M., and K. Subramanyam. 1998. "Auditor Change and Discretionary Accruals." *Journal of Accounting and Economics*: 35-67.

DiPizza, S., and R. Eccles. 2002. *Building Public Trust*. John Wiley & Sons.

Fama, E., and C. Jensen. 1983. Separation and Ownership and Control. *Journal of Law and Economics*: 301-355.

Feroz, E., K. Park, and V. Pastena. 1991. "The Financial and Market Effects of the SEC's Accounting and Auditing Enforcement Releases." *Journal of Accounting Research*: 107-142.

Financial Accounting Standard Board(FASB). 2002. Proposal for Principle-based Approach to U.S. Standard Setting. Stanford CT: FASB.

Hampel Report. 1997. The Committee on Corporate Governance. Gee Publishing.

Hermanson, D. 2003. "Does corporate governance really matter? What the research tells us." *Internal Auditing*: 44-45.

Institute of Internal Auditors. 2001. *Standards for the Professional Practice of Internal Auditing*. (Red Book) http://www.theiia.org/ guidance /framework.

Institute of Internal Auditors. 2001. *Improving Audit Committee Performance: What Works Best*.

Institute of Internal Auditors. 2003. *Research Opportunities in Internal Auditing*.

Johnson, R., R. Hoskisson, and M. Hitt. 1993. "Board of Directors Involvement in Restructuring: The Effect Importance of Board versus Managerial Controls and Characteristics." *Strategic Management Journal*: 33-51.

Kinney, W. 2000. *Information Quality Assurance and Internal Control*.

Irwin McGraw-Hill.

Levitt, A. 1998. "Numbers Game." New York University Speech.

Loebbecke, K., M. Eining, and J. Willingham. 1989. "Auditors' Experience with Material Irregulaties: Frequency, Nature, and Detectability." *Auditing: A Journal of Practice and Theory*: 1-28.

Means, K. and P. Kazenski. 1987. "Improved Internal Controls Can Cut Audit Costs." *Management Accounting*: 48-51.

Mulford, E. E. and C.W. Comiskey. 1986. "Investment Decisions and the Equity Accounting Standard." *The Accounting Review*: 519-525.

Myers, J. N., Myers, L. A., Palmrose, Z. and S. Scholz. 2003. "Mandatory Audit Rotation: Evidence from Restatements." *Working paper*. University of Southern California

Palmrose, Z. 1999. *Empirical Research in Auditor Litigation: Considerations and Data*. American Accounting Association.

Panel on Audit Effectiveness. 2000. Public Oversight Board.

Rezaee, Z. 2002. *Financial Statement Fraud*. John Wiley & Sons.

Schipper, K.. 2003. "Principles-based Accounting Standards." *Accounting Horizons*: 61-72.

Shivdasani, A. 1993. "Board Composition, Ownership Structure, and Hostile Takeover." *Journal of Accounting and Economics*: 167-198.

Wall Street Journal. 2001. 2. 9. 'Going Concern': Did Accountants Fail to Flag Problems at Dot-Com Casualties?

Wallace, W. 1980. *The Economic Role of the Audit in Free and Regulated Markets*. Touche Ross Foundation.

Watts, R., and J. Zimmerman. 1983. "Agency Problems, Auditing, and the Theory of the Firms: Some Evidence." *Journal of Law and Economics*: 613-633.

Watts, R., and J. Zimmerman. 1986. *Positive Accounting Theory*. Prentice-Hall.

Zahra, S. 1996. "Governance, Ownership, and Corporate Enterpreneurship: The Moderating Impact of Industry Technological Opportunities." *Academy of Management Review*: 1713-1735.

색 인

손 성 규

학 력:
연세대학교 경영학과 졸업
University of California, Berkeley, MBA
Northwestern University, Ph.D.

경 력:
미국공인회계사
뉴욕시립대학교 조교수
공인회계사 시험 출제위원
기획예산처 정부투자기관 경영평가위원
금융감독원 감리위원회 위원
한국경영학회 상임이사
한국회계학회 상임간사
한국경영사례연구원 상임간사
한국전력 발전자회사/출자회사 평가위원
현, 연세대학교 경영대학 교수
　재무처장 겸 기획실 정책부실장
　YBM시사닷컴사외감사
　KT재무회계자문단 위원
　기획예산처 정부산하기관 경영평가위원
　회계학연구 편집위원장
　회계연구원 회계기준 자문위원회 위원

수 상:
연세대학교 상경대학 우수 업적 교수상
한국공인회계사회 최우수논문상
한국공인회계사회 우수논문상

저 서:
회계원리 2003. 송자, 주인기와 공저. 법문사
회계정보 유용성. 2003. 권수영, 김문철, 최관, 한봉희와 공저. 신영사

논 문:
Journal of Accounting and Economics,
회계학연구, 경영학연구, 회계저널, 회계와 감사연구 등에 논문 다수

용역/공동연구/보고서:
한국공인회계사회, 금융감독원, 코스닥증권시장, 한국상장회사협의회, 회계연구원 등

e-mail: sksohn@yonsei.ac.kr

이 저서는 2004학년도 연세대학교 학술연구비의 지원에 의해서 이루어진 것임.

회계감사이론, 제도 및 적용

2006年 1月 1日 初版印刷
2006年 1月 10日 初版發行

著 者 손 성 규
發行人 安 鍾 萬
發行處 (株)博英社
서울特別市 鍾路區 平洞 13-31番地
電話 (733)6771 FAX (736)4818
登錄 1959. 3. 11. 제300-1959-1호(倫)

www.pakyoungsa.co.kr e-mail: pys@pakyoungsa.co.kr

정 가 30,000원 ISBN 89-7189-300-1